2016 年度西藏大学珠峰人才发展支持计划——"珠峰学者"计划项目成果

西藏经济增长问题研究

图登克珠　主编

科学出版社

北 京

内 容 简 介

西藏因其独特的地理位置、人文环境、资源禀赋而被世界人民所关注，也因其独特性而成为我国的安全、生态屏障，国家高度重视西藏的政治稳定与经济发展，各界学者就西藏经济社会发展问题，已产生大量具有"中国特色、西藏特点"的理论研究成果。本论文集的研究成果主要以西藏自治区改革开放 30 年来经济发展现实为背景，以经济增长理论为基础，研究西藏经济增长的动态特征、要素构成、产业结构及相关政策的经济效应。这些成果构成西藏经济增长理论研究的重要组成部分，也为促进西藏经济稳定持续增长提供实践指导。

本书适合经济与管理类专业本科生、硕士研究生、博士生阅读，并可供相关领域学者、政府管理人员及经济决策的制定者参考。

图书在版编目(CIP)数据

西藏经济增长问题研究/图登克珠主编. —北京:科学出版社,2017.8
ISBN 978-7-03-053972-4

Ⅰ.①西⋯ Ⅱ.①图⋯ Ⅲ.①经济增长-研究-西藏 Ⅳ.①F127.75

中国版本图书馆 CIP 数据核字 (2017) 第 168353 号

责任编辑：张 展 朱小刚/责任校对：曹 玮
责任印制：罗 科/封面设计：旦 曲

科 学 出 版 社 出版

北京东黄城根北街16 号
邮政编码：100717
http://www.sciencep.com

四川煤田地质制图印刷厂印刷
科学出版社发行 各地新华书店经销

*

2017 年 8 月第 一 版 开本：787×1092 1/16
2017 年 8 月第一次印刷 印张：17 1/4
字数：400 千字
定价：119.00 元
(如有印装质量问题,我社负责调换)

序

经济增长是经济学界研究的一个经久不衰的热点话题,中国的经济奇迹引发了人们对中国经济增长模式的广泛研究。西藏是我国西南边陲的重要窗口,面积占中国国土八分之一,但经济基础非常薄弱。其独特的自然环境、人文环境和社会环境也深刻地影响着其自身经济增长的内在机理和发展轨迹。在平均海拔 4000 米的广袤的雪域高原,实现绿色、平稳、可持续的经济增长,没有任何国际经验可以借鉴,也是中国改革开放以来推进经济社会发展的重大实践课题和理论难题。

2016 年西藏生产总值达 1148 亿元、增长 11.5%,连续 24 年保持两位数增长,但与全国大部分地区相比,西藏的发展水平还相对落后、基础设施还很薄弱。加快西藏发展,促进西藏经济增长事关 2020 年西藏与全国人民一道如期实现全面建成小康社会的宏伟目标,事关西藏的发展稳定;也是习近平总书记"治国必治边、治边先稳藏"的战略思想,和第六次西藏工作会议提出的"依法治藏、长期建藏、富民兴藏、凝聚人心、夯实基础"方针的重要组成部分;西藏的发展对于中国西南边疆的安全、稳定、繁荣至关重要;在"一带一路"倡议的框架下,西藏从改革开放的末梢变成开放的前沿,是面向南亚大通道开放的窗口,也是孟中印缅经济走廊的重要组成部分。西藏的经济增长可以带动尼泊尔、不丹、印度等邻国的经济增长,也会促进印度次大陆地区的繁荣稳定。

据观察,西藏现实发展问题的研究有两个极端:一方面是藏学的研究注重历史文化的发掘,但是关注西藏社会经济发展面临的重大现实问题较少;另一方面,实际问题的研究往往过度关注政策解读,具有深度和前瞻性的研究较少。图登克珠教授和他的团队长期从事西藏经济和社会研究,近期主编的《西藏经济增长问题研究》一书汇聚了西藏大学近几年关于西藏经济增长的各研究专题成果,这些成果找到了一个理论和现实的较好结合点,兼具理论贡献和现实意义。全书包括四篇,分别是综合篇、要素篇、产业篇和政策篇,各专题研究极具"西藏特点",并得出了很多有意义的结论。宏观视角,研究主要关注西藏经济增长的动态特征、要素构成、产业结构及相关政策的经济效应,具有新意;微观视角,研究主要以典型案例为主,利用田野调研或问卷调查的数据进行实证分析,体现亮点。基于宏微观视角,分析影响西藏经济增长的因素,发现西藏经济增长的短板,提出具有指导意义的政策建议,具有现实意义。

本研究报告的学者们,长期扎根西藏,服务于西藏的财经人才培养和经济社会研究,把文章写在大地上,是当代西藏经济改革发展的见证者、参与者和研究者。他们的研究充满着科学理性、人文关怀和对这片土地的挚爱。

西藏的繁荣稳定是全国人民的共同心愿。西藏的发展得到了党中央的关怀和全国各族人民的支持。我很乐意推荐此书给广大读者,希望有更多国内外的学者研究西藏的经济增长,记录西藏社会经济发展历程,解读经济增长的内在机理,更好地服务西藏社会经济发展。

杨　丹

西南财经大学副校长

中组部第八批援藏干部

二〇一七年四月于西藏大学至善楼

前　言

西藏位于我国的西南边陲，北邻新疆，东接四川，东北方紧靠青海，东南方与云南相连，周边与缅甸、印度、尼泊尔、不丹等国家相接壤，是国家西南边陲的重要门户。由于地理环境、政治环境、自然环境、社会环境等禀赋的差异，西藏在经济发展水平、发展方式等方面与我国其他省份均有很大差异。为促进以西藏为代表的西部地区大开发，国家制定并实施了一系列的政策，立志促进西部与中东部的均衡发展。为了更加详细地了解西藏的整体发展状况，本书汇聚了关于西藏增长要素、产业、政策等多个方面的研究成果，并且这些成果大多均已公开发表在学术期刊上。本书共分为四篇，共计二十六章，从上到下形成了一个系统的逻辑框架。

第一篇为综合篇。1999~2013 年间西藏经济呈现高速增长，但随着投资边际收益下降，西藏的经济增长遇到了瓶颈。一方面，庞洪伟和巩艳红（2015）使用 Ali 提供的社会机会函数方法测度西藏经济发展的包容性，利用样本数据测算西藏经济发展的包容度及全要素生产率，以此为基础进一步探讨西藏经济发展水平、西藏经济增长质量对西藏经济发展包容性的影响。徐爱燕、滕永乐和陈雯（2015）则认为长期以来，西藏的城镇化进程一直处于缓慢发展甚至停滞的状态，远远落后于地区经济发展速度，在一定程度上延缓了西藏内生经济增长动力的形成。侯霞（2012）认为发展生态经济是实现经济腾飞与生态保护、物质文明与精神文明、人类生态与自然生态高度统一的可持续发展的经济模式。走生态经济之路是构建和谐社会、实现可持续发展的必然要求；建立生态型企业是西藏经济发展的必然选择。王晓芳，杜青龙（2014）从西藏地区的实际情况出发，研究西藏地区国有企业现代化与居民现代化相互影响的路径。另一方面，刘天平、杨阿维和张建伟（2016）关注西藏农牧区贫困问题，分别探讨了西藏农牧区反贫困治理和西藏农牧区贫困代际传递问题。

第二篇为要素篇。全要素生产率的增长是反映经济增长效率的重要注解，大部分的学者研究了西藏的人力资本对于地区经济增长的贡献度。贡秋扎西（2011）从经济增长源泉、全要素生产率分解和计量方法等层面对全要素生产率增长进行了理论分析，并以西藏经济总量和产业结构为例进行了实证研究，认为西藏经济维持长期持续增长的一个重要政策取向应该是进一步加强人力资源的积累。久毛措和翟元娟（2015）以工布江达县150 户农牧民的调查为例，对西藏农牧民人力资本现状及问题进行研究，得出西藏农牧民人力资本存在着文化素质普遍较低，教育观念落后；农牧民医疗卫生条件和保健意识不充分；农牧民职业技能素质有待提高等问题。图登克珠、杨阿维和张建伟（2014）基于人力资本理论视角下研究西藏农牧区反贫困问题，发现有效解决西藏农牧区连片贫困问题需从人力资本的投资、利用角度着手。罗明（2014）采用卢卡斯人力资本增长论的思想及西藏的统计数据对其进行了实证检验，得出"人力资本存量和人力资本水平"对西藏经济增长有显著的促进作用，因此，西藏应采取提高教育投资效率，重视发挥人力资本作用，实施人力资本激励和制度创新等措施，以促进西藏经济增长的质量。另一方面，徐爱燕、安玉琴和周密（2014）研究西藏公共支出与经济增长关系；王晓芳和肖彩波（2013）发现了我国自治消费发展的问题并提出对策；郭健斌、刘天平和宋连久（2015）从西藏农村土地流转的特征入手，分析了土地权流转中存在的问题，提出了加强宣传引导、健全农地流转市场体系、做好土地整理工作、完善农村社会保障体系、转移农村剩余劳动力和培育农业大户等建议。徐爱燕和张兴龙（2016）从劳动力流动视角下研究西藏城镇化进程，发现只要通过合理疏导、有效管理以及适当的宏观控制，劳动力流动必将给西藏城镇化带来巨大的福音。

第三篇为产业篇。西藏自古以来就是一个传统的农牧业经济社会，农牧业生产历史悠久。刘天平（2014）研究了西藏第一产业的发展问题；辛馨和张晓莉（2014）对西藏农牧民的收入满意度水平进行了定量分析，研究西藏社会主义新农村建设；顾正纲（2015）基于西藏自治区产业结构与区域经济增长的实证分析显示：第三产业对西藏经济的拉动作用最大，第二产业和第一产业次之。而一部分学者研究了西藏金融业的发展问题，侯霞（2013）针对西藏银行业是否对当地经济的增长具有政府所期望的促进作用进行研究；贡秋扎西等（2010）借鉴金融发展理论和 SCP 产业分析范式构建了金融发展的分析框架对西藏农区金融发展进行了实证分析；肖彩波和刘红卫（2014）选取西藏 GDP 和"金融相关率"分别作为经济发展和金融发展指标，利用计量经济分析方法，发现西藏金融对经济发展具有促进作用，但还存在很大提升空间。还有一部分学者关注具有西藏特色的产业发展问题，陈青姣和王晓芳（2015）从循环经济视角下研究了西藏矿业价值链优化模式，解析西藏矿业企业价值链和产业价值链的构成与特点，从"行为主体－优化途径"两个维度构建西藏矿业价值链优化矩阵，提出四种优化模式，体现了企业与政府在优化过程中的不同角色定位。杨阿维和张建伟（2013）基于 SCM 下西藏民族手工业成本抑制的研究，得出削减成本的方法：降低生产者与零售商之间的中间环节来减少运输成本；降低从原材料到成品的一切存货，并通过不断加快交货速度来缩短生产周期；在市场上提供民族手工业公开信息系统，方便消费者购买来减少交易成本；加强政府的执行力，来降低经营者的风险成本。

第四篇为政策篇。西藏经济的快速发展离不开中央与地方政府的各项政策支持，研究政策实施的经济效益对于各方都有重大意义。徐爱燕、杨斌和郭宗娟（2014）研究发现从户籍、土地、社会保障及财税制度四方面进行合理安排，西藏特点新型城镇化过程才能实现资源的最优配置，实现各种要素的良性互动和持续健康地发展。顾正纲（2015）基于西藏自治区下发的《西藏自治区人民政府关于机关事业单位工作人员提前退休和离岗休养有关问题的通知》，分析此文件的退休政策不同于内地政策的特点，深入研究该文件对西藏公共事业带来的影响。王晓芳和刘佩珊（2012）通过对历史数据的分析，对西藏生态环境质量进行了动态分析评价，并据以提出西藏环境政策市场化工具选择。张晓莉和钱小荣（2014）从西藏民俗文化旅游资源的现状入手，分析了西藏民俗文化旅游的经济效益和社会效益，提出了提升西藏民俗文化旅游的对策。

长期以来，西藏经济社会发展取得了巨大成就，离不开党中央、国务院的亲切关怀，离不开全国人民的大力支持，也离不开全区各族群众的艰苦奋斗。当前，尽管西藏在经济、社会、文化、科技、教育等领域还存在诸多不足与短板，但我们坚信，通过不断的理论探索和具体实践，西藏经济社会必将实现新的历史跨越，相关理论研究也会取得更加丰硕的成果，对西藏的未来我们充满信心与期待。

本书共引用了 26 篇优秀的文章，它汇集了西藏经济增长的最新研究成果，可读性、前瞻性、指导性、科学性、实践性强，使用价值高。特此对以下学者表示致谢：

安玉琴，陈雯，陈青姣，曹志敏，杜青龙，德吉央宗，郭健斌，郭宗娟，顾正纲，贡秋扎西，巩艳红，侯霞，久毛措，刘红卫，刘天平，刘佩珊，罗明，尼美旦真，庞洪伟，钱小荣，宋连久，滕永乐，图登克珠，王晓芳，辛馨，徐爱燕，肖彩波，杨斌，杨阿维，张建伟，张阿兰，张晓莉，张兴龙，周密，翟元娟。

本书每一章都凝聚了作者们的心血，由于水平有限，在编辑过程中难免尽善，望各读者、专家不吝赐教，我们必将广泛听取各界读者、专家提出的意见和建议，加以完善。

目　　录

第一篇　综合篇

第二篇　要素篇

第三篇　产业篇

第四篇　政策篇

第一篇　综　合　篇

第一章　西藏经济包容性增长的实证研究[*]

庞洪伟　巩艳红

摘要： 1999~2013 年西藏经济呈现高速增长，但随着投资边际收益下降，西藏的经济增长遇到了瓶颈。本章使用 Ali 提供的社会机会函数方法测度西藏经济发展的包容性，利用样本数据测算西藏经济发展的包容度及全要素生产率，以此为基础进一步探讨西藏经济发展水平、西藏经济增长质量对西藏经济发展包容性的影响。

关键词： 包容性；社会福利；经济增长质量。

2010 年 9 月 16 日，胡锦涛主席在演讲中提出了包容性增长理念，强调包容性增长是解决当前我国经济社会矛盾的新思路，将包容性这个概念推向了我国学术界最高峰。我国的社会主义现代化建设在取得巨大成就的同时也出现了不少问题，如贫富差距不断扩大、生态环境恶化、官员腐败、看病难等突出问题。要解决诸如此类社会问题，需要实现经济的包容性增长。

包容性增长要求在保持经济增长的同时，积极转变经济发展方式，不断提高经济发展质量，夯实社会发展的物质基础；还要主动维护社会公平，保障人人享有社会机会，清除人们参与、分享经济发展成果的障碍，确保经济发展成果由全体人民共享。

一、研 究 述 评

"包容性增长"这一概念在 2007 年由亚洲开发银行首次提出，其内涵逐步得到完善。比较广泛的定义是包容性增长即为倡导机会平等的增长。

国内学者相继对包容性增长概念及必要性进行了解析。方大春（2011）认为包容性增长是经济总量与人民幸福指数的协调增长，胡象明（2010）指出包容性增长的实质就是强调大力发展人本经济，这与广义虚拟经济理论提出的增长模式是一致的。

岳彬（2010）强调它对未来中国的发展影响深刻，决定着民生幸福和社会和谐的社会理想能否实现。张梦涛（2011）指出实现包容性增长是我国国情发展的必然要求，是贯彻落实科学发展观、构建社会主义和谐社会的具体体现，是全面建设小康社会的现实需要。

经济增长质量的概念有狭义及广义之分。经济增长质量狭义的说法是用全要素生产率进行测算。俞安军、韩士专、张顺超（2007）把经济增长质量的概念解释为全部投入生

＊ 原载于《西藏发展论坛》2015 年第 3 期。

产要素的效率，用柯布道格拉斯生产函数利用 24 年样本数据，测算了我国经济增长质量，得出样本期间内我国经济呈粗放式增长。改革开放以来我国的全要素生产率曾一度上升，但 1995 年以后则呈现下降趋势（郑京海 等，2004）。经济增长质量广义来说指经济增长质量需用综合评价指标体系来核算（刘海英 等，2006；李延军 等，2007）。

目前，国内很多学者对包容性增长的内涵及政策方面已做了大量有价值的研究，但还没有对西藏经济发展的包容性有合理测定。本章借鉴 Ali 和 Son 的方法主要从教育服务方面对西藏包容性进行测算，进而判断西藏经济增长是否具有包容性，并在此基础上探讨经济增长质量对包容性的影响。

二、西藏经济包容性增长测度

1. 包容性测度方法介绍

本章根据 Ali 和 Son(2007)的有关包容性增长的实证方法对西藏经济的包容性增长进行实证研究。根据社会福利函数的思想建立社会机会函数，从中得到包容性增长的度量方法。社会机会函数的大小取决于以下两个方面：①人们享受到机会的多少；②机会是如何分配给各个成员的。越贫穷的人享受到的机会在社会机会函数中的权重越大。

首先假设一个经济体有 n 个成员，按收入从低到高排列时收入分别记为 x_1，x_2，…，x_n。定义社会福利函数 $W = W(x_1, x_2, …, x_n)$，根据社会福利函数我们定义社会机会函数 $O = O(y_1, y_2, …, y_n)$，其中，y_n 表示收入为 x_n 的第 n 个成员享受的机会情况。社会成员的平均机会 $\bar{y} = \dfrac{1}{n}\sum_{i=1}^{n} y_i$，它表示享受到此机会的成员人数占所有成员数的百分比。

假设有 t 的机会从最穷的成员转移给次穷的成员，转移后，最穷的人将享有 $y_1 - t$ 的机会，而次穷的人享受到的机会变为 $y_2 + t$。我们可以说向量 $Q(0)$ 代表的机会分配优于 $Q(t)$，即对 $\forall t$ 向量 $Q(0)$ 代表的机会分配比 $Q(t)$ 更公平。构造 $Q(t)$ 的累积分配可表达为 $Q^C(t) = \left(y_1 - t, \dfrac{y_1 + y_2}{2}, \dfrac{y_1 + y_2 + y_3}{3}, …, \dfrac{y_1 + y_2 + \cdots + y_n}{n} \right)$，它表示当各成员按收入从低到高排列时，$Q(t)$ 的累积平均机会分配。类似于洛伦兹曲线，我们把 $Q^C(t)$ 叫作分配 $Q(t)$ 的广义集中曲线。

显然，对 $\forall t > 0$，$Q^C(0)$ 所代表的广义集中曲线总是高于 $Q^C(t)$ 所代表的广义集中曲线。假设分配是连续的，引入变量 $\bar{y}_p$，它表示按收入从低到高排列的成员中前 $p\%$ 的成员享受到的平均机会大小。这样，每一个具体的 p 的值，将对应一个 $\bar{y}_p$ 的值。于是作 $\bar{y}_p$ 关于 p 的曲线，称为机会曲线。从上述理论我们可以得出：机会曲线越高，社会机会函数越大。因此，如果机会曲线向上移动了，说明经济增长是具有包容性的。于是，增长的包容性程度取决于下面两个因素：①机会曲线上升了多少；②是哪一部分成员的分配发生了变化。

图 1-1 刻画了具有相同 $\bar{y}$ 的两条机会曲线：一条是向上
倾斜的机会曲线 AB 和一条向下倾斜的机会曲线 CB。机会
曲线 CB 表示公平的机会分配，它表示越穷的成员享受到的
机会比越富的成员享受到的机会要多。相反，机会曲线 AB
表示越富的成员享受到的机会比越穷的成员享受到的机会
要多。

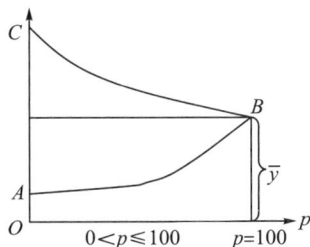

图 1-1　机会曲线分布图

为了得到包容性增长程度的大小，我们需要对社会机会
函数的形式做更进一步的规定。一种简单的社会机会函数形
式是用机会曲线与横轴所围成的面积来度量的，记

$$\bar{y}^* = \int_0^{100} \bar{y}_p \, \mathrm{d}p \tag{1-1}$$

即用 $\bar{y}^*$ 来度量机会指数，$\bar{y}^*$ 越大，社会机会就越大，我们的发展目标就是使 $\bar{y}^*$ 的值达
到最大。如果社会成员所享受到的机会完全均等，则有 $\bar{y}^* = \bar{y}$。基于此，便可以用 $\bar{y}^*$
偏离 $\bar{y}$ 的程度来表示机会分配的公平情况。如果 $\bar{y}^* > \bar{y}$，则机会分配是公平的，反之则
是不公平的分配。定义公平机会指数 φ：

$$\varphi = \frac{\bar{y}^*}{\bar{y}} \tag{1-2}$$

式(1-2)表明，如果 $\varphi > 1$ 则机会分配是公平的，反之，如果 $\varphi < 1$ 则机会分配是不公
平的。也可表达为 $\bar{y}^* = \varphi \bar{y}$，即机会指数等于公平机会指数与平均机会水平的乘积。为
实现包容性增长，我们需要使 $\bar{y}^*$ 增加，使 $\bar{y}^*$ 增加的途径有：增加社会平均机会水平 $\bar{y}$；
增加公平机会指数 φ；同时增加社会平均机会水平和公平机会指数。为了探讨包容性增
长的变化情况，对 $\bar{y}^* = \varphi \bar{y}$ 两边进行全微分，有

$$\mathrm{d}\bar{y}^* = \varphi \mathrm{d}\bar{y} + \bar{y} \mathrm{d}\varphi \tag{1-3}$$

这里，$\mathrm{d}\bar{y}^*$ 表示增长的包容性变化程度，如果 $\mathrm{d}\bar{y}^* > 0$ 则表示增长的包容性程度增
加。式(1-3)右边第一项表示，在公平机会指数一定的情况下，社会平均机会水平的变化
对包容性增长的贡献；第二项表示，在社会平均机会水平一定的情况下，公平机会指数
对包容性增长的贡献。

从以上分析影响包容性的因素出发，本章试图通过机会曲线的走势和机会指数两个
因素来度量包容性程度的大小。因为如果机会指数相等并不能说明包容性程度一样，当
出现机会指数相等，且其中一条机会曲线是向上倾斜而另一条是向下倾斜的情况时，它
们所反映的包容性程度明显不一样(后者比前者更具有包容性)。前一个因素用机会曲线
的斜率来刻画，后一个因素用机会曲线及其与横轴所围成的面积来刻画。

2. 度量结果

前面有关包容性的理论都只是从静态的角度来考察包容性的度量方法，本章希望从
动态的角度来研究西藏包容性增长的问题。首先需要对各个时期的包容性进行度量，然
后利用得到的数据建立模型。

本章所需数据有西藏 7 地市 GDP、15 岁以上人口、文盲率，均来自《西藏统计年

鉴》及 7 地市的地方志，并由 15 岁以上人口和文盲率推算出西藏 7 地市受教育人口比例，把受教育人口比例看作受教育机会的比例。

本章在机会函数中的个体就是西藏 7 个地市，因此按各地市的人均 GDP 从小到大排序，根据前文所述的方法推算 $\bar{y}_p$（受教育机会）的值。具体推算思路为：以西藏 7 地市为个体，在计算累积的平均机会分配时按照 7 地市为单位进行累积，即 GDP 最低地区的受教育机会分配，前两个较穷的地区的平均分配，然后前三个较穷地区的平均分配，以此类推，得到表 1-1。

表 1-1　1999～2013 年 $\bar{y}_p$ 值

平均机会 \ p	14.29	28.57	42.86	57.14	71.43	85.71	100.00
1999 年	34.47	28.29	41.36	46.51	47.42	50.73	50.49
2000 年	44.64	40.12	52.99	55.24	61.43	59.54	63.89
2001 年	50.06	43.50	54.37	57.62	64.81	64.92	67.27
2002 年	49.57	49.54	56.41	57.66	63.85	63.96	66.31
2003 年	56.46	56.15	59.02	62.27	67.46	67.57	69.92
2004 年	63.79	64.34	65.21	68.46	71.65	69.76	74.11
2005 年	66.91	63.82	70.69	72.94	75.13	77.24	77.59
2006 年	69.18	70.81	71.68	77.93	78.12	79.23	80.58
2007 年	70.37	72.00	76.87	80.12	80.31	81.42	82.77
2008 年	72.29	73.32	78.19	81.44	81.63	81.74	84.09
2009 年	73.63	74.25	80.12	82.37	82.56	82.67	85.02
2010 年	80.70	77.21	82.43	83.47	84.72	85.87	87.09
2011 年	81.37	79.34	82.57	83.97	85.33	84.40	87.39
2012 年	82.64	80.96	82.75	83.27	84.11	86.26	88.03
2013 年	82.96	81.40	83.86	84.85	84.51	87.23	89.29

数据来源：《西藏统计年鉴》《西藏地方志》。

图 1-2 是根据表 1-2 的数据做出来的 1999～2013 年的受教育的机会曲线，从中可以看出，样本年间的机会曲线大致都是向上倾斜的，说明西藏经济增长是不具有包容性的，也就是富人享受的机会更多一些。但是，对于前 15% 的成员来说，越穷享受到的机会越多，可以说经济增长在这些成员中是具有包容性的。2013 年的机会曲线位于 1999 年的上方，说明经过 15 年发展西藏经济增长使所有地区享受到的机会都得到了增加，西藏经济增长的包容度在提高。但总体来说增长是不具有包容性的，因为西藏经济增长的结果是越富的人享受的机会越多。

在得到西藏各年的机会曲线后，便可以求出机会曲线的斜率和它与横轴所围的面积。对于斜率这一因素，可以用每相邻两点的斜率的和来度量，记为 k，这样的话，可以用 $p=100$ 时的 $\bar{y}_p$ 即全体平均机会与 $p=100/7$ 时的 $\bar{y}_p$ 来刻画 k，即 $k=\bar{y}/\bar{y}^*$；对于面积这一因素，本章利用微分的思想，细分的尺度为 100/7，即计算 30 个小梯形的面积的和记

为 $\bar{y}^*$。在量化这两个因素后，记西藏经济包容性程度为 IC，则

$$\ln \mathrm{IC} = \begin{cases} \ln \bar{y}^* + \ln|k|, & k < 0 \\ \ln \bar{y}^* - \ln k, & k > 0 \end{cases} \tag{1-4}$$

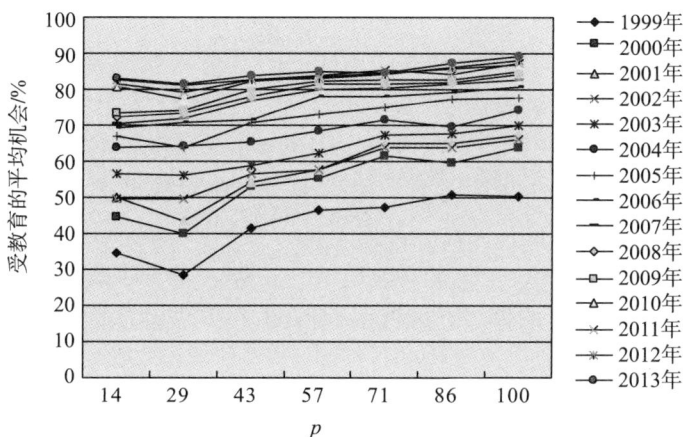

图 1-2　1999～2013 年机会曲线分布图(见彩图)

通过计算，得到 1999～2013 年对数包容性 lnIC 序列如表 1-2 所示。

表 1-2　1999～2013 年西藏经济包容性度测算结果

年份	1999	2000	2001	2002	2003	2004	2005	2006
lnIC	8.589	8.797	8.795	8.806	8.802	8.821	8.876	8.927

年份	2007	2008	2009	2010	2011	2012	2013
lnIC	8.969	8.973	8.980	8.945	8.945	8.942	8.963

三、经济增长质量

1. 测算方法的选择

虽然用全要素生产率(total factor productivity，TFP)对经济增长质量进行测算有局限性，但 TFP 能够全面揭示技术进步、生产要素质量、制度安排、生产结构等非物质生产要素对产出的作用。产出的增加，部分源于劳动、资本等要素的增加，决定了经济增长的量；另一部分则源于 TFP 的变动，左右了经济增长的质量。可见，TFP 是衡量一个经济体经济增长质量的重要指标。

从实用的角度来说，C-D 生产函数的公信度和权威性是其他任何类似模型难以取代的。美国、日本等发达国家的许多权威机构现在仍然在采用 C-D 生产函数测算 TFP 贡献率。采用 C-D 生产函数和索罗方程对 TFP 进行估算便于操作，且作为一个对整体经济高度概括的计量模型，其理论基础是明确的，可比性较高，假设柯布－道格拉斯生产函数

$$\mathrm{GDP} = A K^{\alpha} L^{\beta} \tag{1-5}$$

式中，GDP、L、K 分别为产出、劳动力投入量、资本投入量；A 为全要素生产率（TFP）。

2. 测算结果

本章选取了 1999～2013 年的西藏总产出（GDP）、劳动投入量（L）、资本投入量（K）等时间序列数据，数据主要来源为 1999～2013 年《西藏统计年鉴》和中经网统计数据库。为了使数据具有纵向可比性，本章数据以 1998 年为基期，对数据进行了处理。首先对柯布－道格拉斯生产函数两边取对数，用最小二乘法对模型进行回归处理，并消除了模型中存在的多重共线性、自相关性、异方差性，得到西藏的 TFP。

由表 1-3 可知，西藏 TFP 在样本期内呈增高趋势，表明西藏经济增长质量是逐年改善的。TFP 是经济增长质量的体现，因此引起西藏 TFP 波动的因素，也会影响西藏经济增长的质量及经济的包容性。

表 1-3　西藏历年 TFP

年份	1999	2000	2001	2002	2003	2004	2005	2006
TFP	0.111	0.1127	0.1135	0.1124	0.1099	0.1074	0.1062	0.1078

年份	2007	2008	2009	2010	2011	2012	2013
TFP	0.1074	0.1065	0.1083	0.1108	0.1134	0.1176	0.1222

根据上述理论，西藏经济包容性与西藏人均 GDP（PCGDP）及全要素生产率（TFP）之间具有一定的关系，根据这三列数据，建立 lnIC 与 lnPCGDP 及 lnTFP 的时间序列模型来探讨经济增长和技术进步对包容性的影响。

四、计 量 分 析

1. 数据图示分析

从图 1-3 中可以看出，这三个变量都具有上升的趋势。

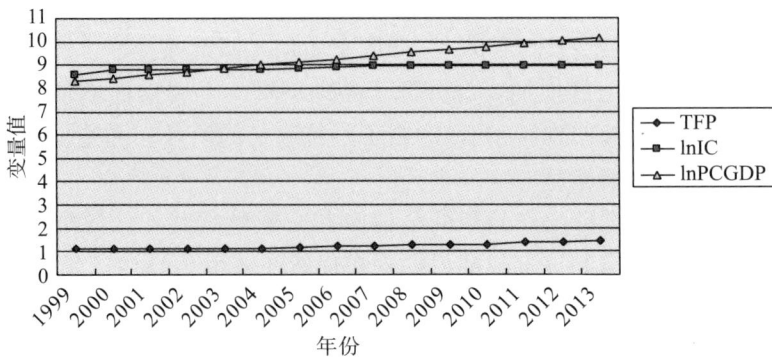

图 1-3　西藏 1999～2013 年的 lnIC、lnPCGDP、TFP

2. 单整检验

首先对 lnIC、lnPCGDP 及 lnTFP 进行单整检验，经过试算，发现 lnIC、lnPCGDP 及 lnTFP 在 10％显著性水平下是一阶单整的，即三个序列的一阶差分都是平稳的，因此它们之间可能存在长期的均衡关系，检验结果如表 1-4 所示。

表 1-4　变量单位根检验

变量	检验统计量	10％显著性水平
lnIC	−4.376	−1.647
lnPCGDP	−3.964	−3.746
lnTFP	−2.887	−2.493

3. 协整检验

lnIC、lnPCGDP 及 lnTFP 之间是否真正具有单整检验所述的长期均衡关系，还要进行协整检验，检验结果如表 1-5 所示。

表 1-5　协整检验结果

残差	检验统计量	10％显著性水平
ecm1	−3.426	−1.526
ecm2	−3.047	−2.541
ecm3	−3.164	−2.479

检验结果表明，在 10％显著性水平下，lnIC 与 lnPCGDP、lnTFP 之间都是(1, 1)阶协整，可以认为它们之间存在着长期均衡关系。

4. 计量模型

根据以上分析，尝试设定以下三个模型：

模型 A $\quad \ln IC_t = \sum_{i=1}^{t} \alpha_i \ln IC_{t-i} + \sum_{i=0}^{p} \beta_i \ln PCGDP_{t-i} + \mu_t$

模型 B $\quad \ln IC_t = \sum_{i=1}^{t} \alpha_i \ln IC_{t-i} + \sum_{i=0}^{q} \beta_i \ln PCGDP_{t-i} + \mu_t$

模型 C $\quad \ln IC_t = \sum_{i=1}^{t} \alpha_i \ln IC_{t-i} + \sum_{i=0}^{p} \beta_i \ln PCGDP_{t-i} \times \ln TFP_{t-i} + \mu_i$

用最小二乘法估计三个模型，其中滞后期 l、p、q 由经反复试验利用 AIC 统计量以及相应滞后期系数的显著性来决定。

5. 实证结果

采用 Eviews 软件，最后得到的三个模型的估计结果，如表 1-6 所示。

表 1-6　回归结果

参数	模型 A	模型 B	模型 C
lnPCGDP	0.1542 ***、DW=2.106 AIC=2.17、R^2=0.723		
lnTFP		0.647 *、DW=2.014 AIC=3.124、R^2=0.546	
$\ln PCGDP_t * \ln T$			0.045 **、DW=2.071 AIC=2.36、R^2=0.6067

注：***、**和*分别表示系数的估计值在 1%、5% 和 10% 水平上显著。

在 10% 显著性水平下，三个模型的系数都是显著的；从 DW 值来看，三个模型都不存在序列相关，因此模型的设定是正确的。

6. 结果分析

从可决系数来看，模型 A 拟合得最好，因为技术进步只是导致经济增长的一个方面，其还跟劳动力、资源等因素有关，所以模型 A 包含的信息是最全面的。从 AIC 值来看，也是模型 A 最好，模型 C 次之。

三个模型中，模型 B 的 lnIC 关于变量的长期弹性是最大的，在只考虑一个因素对 lnIC 的影响时，TFP 对它的影响是最大的，这也证实假说——技术进步有利于促进包容性。而在模型 C 中，TFP 和 PCGDP 的交互作用对 lnIC 的影响比较小，这是因为当技术进步到某个程度时就会取代部分人力劳动，这样人们的就业机会就会减少。

五、结论与含义

通过以上分析可知西藏经济包容性增长与经济增长的包容性为正相关关系，一方面经济增长的包容性要求经济保持高速增长；另一方面，如经济增长缺乏包容性，那么经济就不会保持持续、高速增长；另外技术的发展、进步有益于经济的包容性增长。总之，要想实现西藏经济的可持续增长，势必要先实现西藏经济的包容性增长，并且经济的包容性增长有利于实现西藏经济社会的长久稳定。

要实现西藏经济的包容性增长，必须在包容性理念指导下形成一个完善、高效的宏观机制，使参与西藏经济发展的每个个体都有公平的机会分享西藏经济发展的成果。西藏经济包容性增长需要从以下方面着手。

1）逐渐增加西藏全区的基本社会服务投资，实现公共服务均等化，尤其在教育方面。以此提高全区各族人民尤其是弱势群体基本素养，夯实西藏经济包容性增长的软件条件，优化全区人力资源，不仅能提高人们参与经济发展的能力，而且可以提高自身生存发展的基本素质和能力，有利于实现西藏经济的可持续发展，进而实现西藏经济的包容性增长。

2)坚持政策法规制定、制度设计的公平原则。坚持政策、制度公平的目标是弘扬西藏社会公平、平等,逐步完善市场机制,使西藏全区人民、中小微企业均能有机会享受到高质量的市场环境。经济增长和机会公平相互促进,经济增长为实现机会公平提供物质基础,机会公平的制度设计可以提高西藏公平机会指数,为弱势群体提供高质量机会,有效促进西藏经济的可持续增长。

3)全区内鼓励技术创新、技术引进,提高科技进步对经济增长的贡献水平。因为技术进步有利于西藏经济的包容性增长。

参 考 文 献

范永忠,范文昌. 2010. 包容性增长及现实意义 [J]. 理论与改革,(6):85-86.

方大春. 2011. 包容性增长的内涵与转变 [J]. 中共中央党校学报,(1):25-28.

胡象明. 2010. 基于广义虚拟经济的包容性增长内涵解析 [J]. 广义虚拟经济研究,1(4):14-20.

李延军,金浩. 2007. 经济增长质量与效益评价研究 [J]. 工业技术经济,26(2):73-76.

刘海英,张纯洪. 2006. 中国经济增长质量提高和规模扩张的非一致性实证研究 [J]. 经济科学,(2):13-22.

王克群. 2011. 胡锦涛对增长方式理论的丰富与贡献 [J]. 当代社科视野,(1):1-8.

俞安军,韩士专,张顺超. 2007. 利用 C-D 函数测算中国经济增长的质量及方式 [J]. 统计与决策,(24):48-49.

岳彬. 2007. 包容性增长的时代价值和与实践取向 [J]. 安徽师范大学学报(人文社会科学版),38(6):1116.

张梦涛. 2011. "包容性增长":科学内涵、时代价值与实践取向 [J]. 理论探索,(1):9-12.

赵晔. 2011. 包容性增长:渊源、概念及实践 [J]. 学理论,(2):59-61.

郑系海,胡鞍钢. 2005. 中国改革时期省际生产率增长变化的实证分析(1979—2001 年) [J]. 经济学,4(1):263-296.

Ali,Son H H. 2007. Mearuring inclusive growth [J]. Asian Development Review,24.

Williamson J. 1965. Regional Inequality and the process of national development [J]. Economic Development and Cultural Change,17(Volume 13,Vumber 4,Part2):89-97.

第二章　西藏特点新型城镇化建设的动力机制研究*

徐爱燕　滕永乐　陈　雯

摘要：长期以来，西藏的城镇化进程一直处于缓慢发展甚至停滞的状态，远远落后于地区经济发展速度，在一定程度上延缓了西藏内生经济增长动力的形成。本章通过分析西藏城镇化发展的基本状况和存在问题，提出应从以人为本、改善民生、环境保护和民族文化四个方面把握新型城镇化建设中的西藏特点。在此基础上，重新构建西藏特点新型城镇化建设的动力机制，包括科学规划、产业支撑、全面深化改革和生态保护四个方面。

关键词：新型城镇化；西藏特点；发展要求；动力机制。

城镇化是伴随工业化发展，非农产业在城镇集聚、农村人口向城镇集中的自然历史过程，是人类社会发展的客观趋势（国务院，2014）。世界城市发展的事实表明，城镇化水平是一个国家或地区工业化、现代化的重要标志。从人口和经济活动由农业向非农部门转移的角度看，城镇化是经济社会发展的必然规律，地区经济水平的提高直接推动了各类生产要素向城镇集聚；从城镇化与工业化、信息化和农业现代化同步发展的角度看，城镇化又是经济社会发展的重要载体和平台，是推动经济增长的重要动力。正确处理城镇化与地区经济发展水平之间的关系也是社会稳定、民族和谐的重要保障。

改革开放以来，随着西藏自治区城乡各族人民生活水平的提高，西藏的城镇化发展也取得了巨大的成就。特别是进入新世纪之后，以农牧民安居工程为突破口的新农村建设使广大农牧区面貌焕然一新；城区基础设施建设的大改造，使西藏城镇公共服务设施更加完善，居民生活质量明显改善。然而，由于历史、自然和社会等因素的影响，西藏的城镇化进程仍然十分缓慢，远远落后于本区经济发展水平，存在一些亟须解决的问题，如城镇的集聚能力不强、城镇化地域差距大、小城镇发展不平衡等。这些问题的出现，从根本上讲就是因为没有设定明确的城镇化发展要求，未能因地制宜的构建城镇化的动力机制。近年来，越来越多的学者开始关注西藏，研究西藏滞后的城镇化问题。然而，多数研究是基于已有成熟理论解释西藏城镇发展中的问题，缺乏对西藏自治区的地域特色、文化特色的考量，对区情、民情的特点关注较少，得到的结论也并不全面。为此，本章将立足于西藏经济社会发展的特点，结合国家新型城镇化规划的要求，提出具有西藏特点的新型城镇化建设的动力机制。

---

* 原载于《西藏经济发展论坛》2015 年第 4 期。

一、西藏城镇化发展的总体概况

（一）西藏城镇化的基本情况

西藏自治区自然地理环境十分独特，地域辽阔，自然条件恶劣、地形高低不平，以寒旱为主的气候条件，以高寒草甸、草原及荒漠三大脆弱生态系统为主的自然环境使其具有多样性、复杂性和脆弱性的特点。西藏自治区现有面积 120.22 万 km^2，约占全国总面积的 1/8，80% 海拔高于 4500m。2013 年末全区常住人口总数为 312.04 万人，其中藏族人口占比为 90%，人均密度仅为 2.6 人/km^2，是全国省、市、自治区中人口数量最少、人口密度最低的地区。基于这一特殊的区情，西藏自治区的城镇化发展与国内其他地区相比，有着完全不同的基础条件和发展状况。

1. 城镇化水平相对较低

由于受到历史、地理、经济发展水平等因素的制约，民主改革以来，西藏的城镇化水平一直处于低位(图 2-1)，部分年份城镇人口和城镇化率甚至出现了下降。20 世纪 90 年代末，随着中央和各省区加强支持建设的力度，西藏的城镇化开始进入稳步上升的发展阶段，但是增长速度仍十分缓慢。特别是在同一时期经济迅猛增长并接近全国平均水平的背景下，城镇化水平仍然处于相对低位，与其他省区存在显著差距。数据显示，2001~2012 年，西藏人均 GDP 增长 307.49%，城镇化率却仅增加了 3.11%。2013 年末西藏城镇人口 73.99 万人，乡村人口 238.05 万人，城镇化率仅为 23.71%，较西部地区平均水平低 21.7%，较全国平均水平低 30%。因此，西藏经济发展路径具有明显的"非城镇化"特征(李粲，2013)。

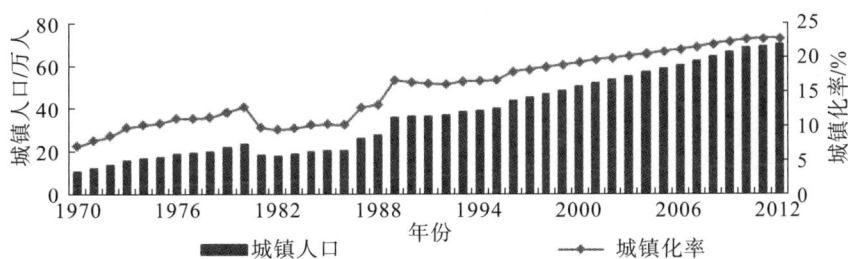

图 2-1　西藏城镇化率变化趋势

数据来源：《西藏统计年鉴 2013》《新中国六十年统计资料汇编》

2. 城镇数量少、规模小

2013 年末，西藏自治区共有 2 个地级市、5 个地区、1 个市辖区、1 个县级市、72 个县，140 个建制镇(表 2-1)。拉萨市是全区最大的城市，常住人口为 55.94 万人，面积仅有 29.5km²。除拉萨市和日喀则市以外，其他地区因为人口数量规模均未达到建市标准。西藏自治区内的建制镇大部分设立在县级国家机关所在地、边境口岸和旅游景点，人口规模较小。实际上，西藏自治区的建制镇大多数为 2000 年前后出于行政管理需要补偿性设立的，且按照特例标准执行，因此城镇人口规模普遍较小且多数为公职人员及其家属。城镇人口构成中，社会福利性行业和管理部门的就业人口高达 60% 以上，大部分镇的经济职能非常薄弱，经济活动以自我服务为主，只限于满足日常基本需求的交易和农副产品的初级加工，一般城镇与农村较少有经济间的联系。同时由于地形和土壤承载力等天然因素影响，居民点分布也极为散落且交通不便。区域面积大、人口密度小、居住分散等特点，导致公共服务和能源供应困难、成本极高，进一步限制了城镇规模的扩张。

表 2-1　西藏自治区行政区划（2013 年）

地区	市辖区	县级市	县	乡	民族乡	镇	街道	居民委员会	村民委员会
全区	1	1	72	543	9	140	10	209	5255
拉萨市	1		7	48		9	8	44	224
昌都地区①			11	110	1	28		23	1119
山南地区①			12	58	5	24		61	493
日喀则市①		1	17	174		27	2	30	1643
那曲地区			11	89		25		37	1153
阿里地区			7	30		7		7	134
林芝地区①			7	34	3	20		7	489

数据来源：《西藏统计年鉴 2014》。

3. 产业支撑力度不足，劳动力转移能力不强

城镇化的发展必须以产业为依托，在推进城乡协调发展过程中，产业结构失调或产业结构不合理，会导致城镇化的停滞甚至畸形。长期以来，西藏产业基础十分薄弱，发展相对落后，三次产业发展极不协调。除了部分中心城市（镇）具备一定的工业和服务业基础外，其他多数地区的非农产业发展非常滞后，基本上没有真正意义上的工业。服务业比重过大，且主要分布于传统的低端服务业，只是为了满足城镇居民的基本生活需要。而在广大的农牧区，农业生产效率十分低下，由于农户缺乏资金以及自然环境的限制，机械化无法大规模展开。数据显示，从地区生产总值构成看，西藏第二产业极为滞后，2012 年占地区 GDP 的比重仅为 34.6%，而第三产业占比早在 2001 年就已经超过 50%（图 2-2）。从经济发展阶段来看，西藏的产业发展在未顺利实现工业化之前就过早地进入服务化时代。同时，第二产业中的工业和建筑业发展也不平衡，工业发展严重滞后，占地区 GDP 的比重长期低于 10%。从就业结构看，尽管新世纪以来，第一产业从业人员占比快速下降，然而比重仍接近 50%，考虑到农牧区存在大量的隐性失业人员，劳动力转移的压力依然十分巨大。

---

① 经国务院批复：2014 年 10 月，撤销昌都地区，设立地级昌都市；2016 年 2 月撤销山南地区，设立地级山南市；2014 年 6 月撤销日喀则地区，设立地级日喀则市；2015 年 3 月，撤销林芝地区，设立地级林芝市。

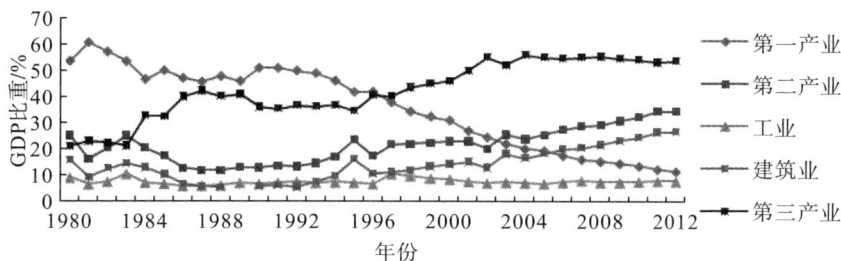

图 2-2　西藏自治区地区生产总值构成

数据来源：《西藏统计年鉴 2013》，其中第一产业+第二产业+第三产业=100，第二产业=工业+建筑业。

4. 城镇经济实力弱，缺乏经济辐射能力

西藏和平解放后，各级政府机构的设置，使城镇成为贯彻、落实上级政策的载体，但西藏城镇基础设施落后、经济实力差、缺乏现代工矿企业（王小彬，2002）。改革开放之前，甚至很多城镇居民基本生存所需的食品和生活用品都需要从内地调拨。城镇自身生产能力和经济活力的欠缺，不仅极大地削弱了城镇之间、城镇和农牧区之间的经济联系，难以形成城镇发展的区域支撑体系，而且阻碍了城乡交流，形成城乡各自为政、单一、封闭的社会发展轨迹。由于缺乏产业基础和支撑，西藏大部分城市（镇）的经济实力不强，难以发挥经济中心的作用，难以实现产业和人口的集聚，无法发挥区域性经济发展的增长极作用，因此，经济辐射能力和经济外溢效果未能很好地体现。

（二）西藏城镇化滞后的原因分析

面对西藏城镇化与经济增长缺少关联的问题，即经济发展路径的"非城镇化"特征，单纯从经济问题角度，如产业发展滞后等因素予以解释是不充分的。鉴于已有研究对经济因素的分析比较深入，本章将着重从非经济因素等方面分析当前西藏城镇化滞后的制约因素。

1. 自然环境因素

西藏自治区地处青藏高原，自然环境恶劣，交通不便。除个别中心城镇外，城镇建设水平落后，基础设施很不完善，这也使得西藏历史上的城镇绝大部分沿江河分布（唐也，2004）。西藏和平解放后，随着交通运输业的发展，公路沿线新兴城镇逐渐增多，呈现沿公路、河流和边境线分布的特征；改革开放后，西藏的边境口岸型城镇更随边贸的发展而增多。目前，西藏的城镇主要集中在自然条件相对较好的藏东峡谷地区和藏中南宽谷地带，其土地面积仅占全区的 39%，分布了 30 个城镇，占全区的 90.91%。特别是经济相对发达、人口较为集中的"一江两河"中部流域，城市化水平相对较高。而自然条件恶劣的藏西北高原，尽管占全区面积的 61.3%，但仅有 3 座小城镇。

同时，城乡间也存在较大的发展禀赋差距。城镇一般位于交通比较便利、自然条件相对较好、发展基础相对较高的地区，而西藏广大农牧区自然条件十分恶劣，交通和基础设施条件极差，可适宜开发的土地面积分割严重，难以成片开发，社会发展面临众多制约因素。落后的发展基础和环境不仅加大了社会管理、公共产品和服务的供给难度，还增加了经济社会活动的成本，导致经济社会活动的交易成本大幅上升。

2. 人口因素

西藏民主改革之后，随着人民生活水平的显著提高，西藏各地的医疗卫生条件也得到了明显改善，人口死亡率逐年降低，人口规模扩张的压力也在不断加大。较高的人口增长率是西藏人口快速增长的主要原因，并且农牧区人口增长的速度高于城镇人口，因此，在20世纪的大部分时间西藏的城镇化几乎处于停滞状态。1970～2000年的30年是西藏人口高速增长时期（图2-3），人口自然增长率年平均达到15.6‰。1982～2002年，西藏农村人口的平均自然增长率达到17‰左右，比同期城镇人口平均自然增长率高出3‰～4‰（樊杰　等，2005）。因此，西藏人口的自然增长主要是农业人口的大量增加，这对城镇化水平的提高产生了一定的负效应。进入新世纪以来，随着中央和其他省区援藏力度持续加大，以及西藏经济发展水平的提高，大量外来迁入人口涌向西藏的城镇地区，在一定程度上抵消了农牧区人口过快增长对城镇化产生的负面影响，成为增加西藏城镇人口、加快西藏城镇化进程的重要因素。

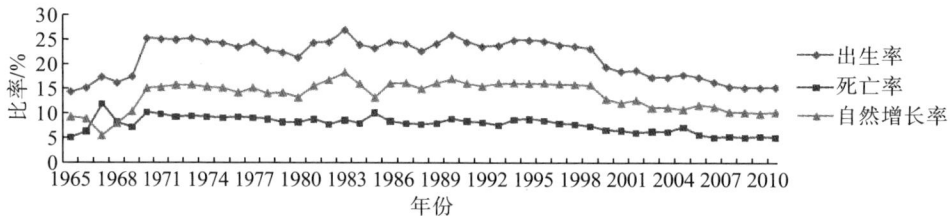

图2-3　1965～2012年西藏自治区人口出生率、死亡率和自然增长率

资料来源：《新中国60年统计资料汇编》和《西藏统计年鉴》2010～2013年。

3. 公共服务因素

西藏自和平解放以来，尽管在城乡公共服务方面取得了长足进步，但民生性的基本公共服务与社会成员的需要仍存在较大差距。支撑城镇发展的区域基础设施落后，交通、能源、通信设施发展缓慢，严重制约着城镇的进一步发展。由于西藏城镇经济实力普遍较差，尽管有着较好的外部支撑条件，仍不能改变城镇基础设施投入少、欠账多的现实，因此市政基础设施和社会服务功能落后。目前，西藏多数城镇道路、供排水、能源、通信、绿化等设施仍维持在较低水平上，基本公共服务设施严重不足，城镇综合服务功能差。

在教育方面，西藏的教育发展水平不仅远远落后于全国平均水平，而且城乡之间存在巨大差距。在部分农牧区，义务教育普及成果还不巩固，而且高中阶段的瓶颈问题在农村更加严重，教育质量普遍不高，这也导致农牧民缺少必需的知识储备。城镇公共卫生与医疗保健资源不足，卫生技术人才数量较少。妇幼保健水平远远落后于全国整体。政府对城镇劳动力的就业扶持政策多、力度大，而对农村劳动力的就业扶持力度不足，凸显出政府对农村劳动力的就业歧视。同时，劳务输出管理部门无编制、无机构，现为虚设机构，兼职工作人员，工作经费严重不足。此外，农牧区公共就业服务体系不健全，有形人力资源市场建设滞后。

4. 文化观念因素

历史上，宗教在西藏城镇产生和发展的过程中起到了十分重要的作用，甚至决定了一些城镇的兴衰，许多城镇的大小就是取决于寺庙的大小和知名度。例如，大小昭寺在7世纪的兴建，直接促成了拉萨城的兴盛；扎什伦布寺的建筑使桑珠孜城堡（今日喀则）成为后藏[①]地区的经济文化中心，成为全藏区仅次于拉萨的第二大城市。尽管在和平解放后，经济因素在城镇形成和发展中发挥的作用更加重要，但仍然不能忽视宗教文化对西藏城镇发展的影响，这也是其与我国其他省区城镇化不同的一大特色。

同时，农牧区长期自给自足的生产方式，不断滋生和强化着保守、封闭的落后思想观念，因循守旧，不愿接受或不善于接受新事物，害怕承担风险，害怕变革，难以打破传统的生产方式，不仅严重束缚了经济发展，也使农牧民抱有小富即安的思想，不愿离开故土到城镇就业。我们在另一项研究中曾对日喀则部分乡镇的居民贫困问题发放过调查问卷[②]，40.9%的被调查户对自己的家庭收入比较满意，22.2%的被调查户对自己的家庭收入没有意见，31.5%的被调查户对自己的家庭收入不满意，5.4%的被调查户对自己的家庭收入非常满意。显然，受调查的农牧民普遍存在小富即安、知足常乐的生活心态。

鉴于特殊的地理环境、人口增长与迁移因素和宗教文化背景，西藏在城镇发展过程中面临着一些不同于内地、沿海省份的环境。同时，由于经济发展的内生性动力不足、财力、物力无法满足城镇发展的需要等一系列突出矛盾决定了西藏城镇化道路不可能照搬发达国家和国内其他地区在城镇发展过程中的模式和经验。

二、西藏特点新型城镇化的发展目标

推进西藏自治区新型城镇化建设，既是造福各族群众的必然途径，也是实现跨越式发展和长治久安的重要保障，更是实现全面建成小康社会的必由之路。城镇化对经济发展的促进作用不言而喻，城镇化的发展既可以创造巨大的有效需求，也能够提高产业竞争力。就西藏自治区而言，城镇化可以有效促进产业的集聚和分工，发挥集聚效应，创造的就业岗位可以满足农牧民非农就业，从而达到提高居民收入、释放有效消费需求的目的。助推西藏自治区经济发展方式向依靠投资和消费双重拉动转变，成为西藏自治区转变经济增长方式、实现长期健康良性发展的有力抓手。

然而，西藏的城镇化还必须立足西藏经济社会发展的阶段性特征、自然地理资源条件和欠发达的边疆少数民族地区现状，着眼全面建成小康社会这一宏伟目标。不能以追求城镇化的速度为标准，必须符合当地实际、不搞一刀切，既不能照抄照搬内地模式，又不能全面开花、突击建设；既要突出地域、民族、文化特色，又要呈现现代文明成果。坚持量力而行和尽力而为的原则，积极稳妥地推进新型城镇化进程，真正实现"以人为本"和"西藏特点"的城镇化这一根本要求，对于西藏自治区而言格外重要。

---

① 拉萨山南地区称为"前藏"，日喀则地区则称为"后藏"。
② 西藏县域贫困问题与扶贫模式研究课题组. 关于日喀则地区扶贫绩效的调研报告，2014.

1. 以人为本

西藏特点新型城镇化的本质属性就是坚持以人为本的城镇化。在过去的经济发展和城镇建设中，部分地区或多或少的存在"重物轻人"、"见物不见人"的问题，由此产生了一些负面问题，这也在一定程度上解释了为何西藏经济在实现快速发展的同时，城镇化不仅没有取得重大突破，反而在较长的一段时间内处于停滞状态。因此，不能把城镇化简单地归纳为城市建设，而是要坚持以人为本的城镇化这一核心，推动经济发展、就业方式、产业结构、人居环境、社会保障等一系列由"乡"到"城"的转变，最终落脚到提高全区各族群众的社会福利上。

坚持以人为本的城镇化并不仅仅是关注城镇居民的发展，还需要切实提高广大农村特别是农牧区群众的生活水平，真正做到统筹城乡，共同富裕。在化解农牧区贫困问题的同时，继续加大对农牧民的培训，合理引导农牧民向城镇转移，在城镇化过程中促进人的全面发展和社会公平正义，使全体居民共享现代化建设成果。

2. 质量优先

过去，我国东部省区的城镇化经历了粗放式发展的过程，其中最典型的问题就是城镇化率提高的速度远高于按照户籍人口计算的农业转移人口市民化速度，户籍制度的限制导致进城的农业转移人口不能享受与城镇居民同等的基本公共服务。而西藏特点的城镇化不能重复这条老路，要让农业转移人口真正实现"市民梦"，融入城市社会，提升人民群众的生活水平和质量，这就需要促进新型城镇化提质增效。必须加快中央户籍制度改革的有关规定，完善农村产权制度，扩大基本公共服务覆盖面，切实保障农牧业转移人口及其他常住人口合法权益等。

同时，大量农村人口向城市（小城镇）快速聚集也有可能带来公共基础设施不足、环境污染、社会保障制度、社会治理结构滞后等问题，产生所谓的"半城市化"难题。国际上，部分拉美和非洲国家都存在过度城镇化的问题，城镇化的速度远远超过经济发展的速度，超过了城镇资源和环境的承载力。因此，实现西藏特点的新型城镇化必须要优化城镇化布局和形态，促进大中小城市和小城镇协调发展，着力提高城镇综合承载能力，发挥好城镇对农村的辐射带动作用，壮大县域经济，重点放在加强中小城市和小城镇发展上。

3. 人与生态环境和谐相处

中央第五次西藏工作座谈会明确提出，西藏是重要的国家安全屏障、重要的生态安全屏障、重要的战略资源储备基地、重要的高原特色农产品基地、重要的中华民族特色文化保护地、重要的世界旅游目的地。西藏的重点生态功能区和禁止开发区的面积分别占全区面积的 67.8% 和 37.6%。因此，西藏特点的新型城镇化也必须做到人与生态环境和谐相处。

西藏是我国重要的生态安全屏障，在自然生态保护中具有特别重要的地位，在推进城镇化的过程中，必须把生态保护放在优先考虑的位置。在关系到发展与生态、效率与环境的效益权衡问题时，应优先考虑生态环境的安全。西藏特点的新型城镇化，必须建立在一套绿色城镇化指标体系下，要坚守生态底线。衡量西藏新型城镇化质量的指标不仅包括产业和人口集聚，还应该纳入绿色指标体系；对大气排放、污水、垃圾制定出接近零污染的严厉指标；将生态文明理念融入城镇化发展全过程，高度重视生态安全，推动城镇化绿色发展，切实保护好雪域高原的一草一木、山山水水，保护"世界上最后一方净土"。

4. 彰显地区民族文化

西藏特点的新型城镇化是文化传承的城镇化，这是西藏城镇化的应有之义。当今世界正处于大发展、大变革、大调整时期，各种思想文化交流交融交锋更加频繁。西藏文化作为中华文化的重要组成部分，是中华民族无比珍贵的财富。城镇是文化融合的平台，是人们的精神家园，因此，西藏特点的新型城镇化要创造性地保护和传承好历史文化。

坚持文化传承，就是要根据不同地区的自然历史文化禀赋，体现区域差异性，提倡形态多样性，防止千城一面，发展有历史记忆、文化脉络、地域风貌、民族特点的美丽城镇，形成符合实际、各具特色的城镇化发展模式。要把握民族的特点，注重保护藏民族文化，使城镇村街建设既满足当地居民需要，又保持历史文化魅力、民族风情浓郁；把握佛教文化的特点，贯彻党的宗教政策，加强佛教文化遗产保护和文物保护力度，增添城镇亮点；把握边疆的特点，结合扩大开放，建设一批边境口岸城镇；把握多样性特点，西藏地域广阔、地区差别大，要尊重现实基础，统筹安排好资源禀赋和承载能力不同区域的城镇化工作；把握多元化特点，建设以拉萨为中心、地区所在地为重点、县城为依托的层次有序、功能互补的城镇体系。

三、西藏特点新型城镇化的动力机制

建设中国特色、西藏特点的新型城镇化是一项复杂的系统工程。既要避免城市建设"重面子轻里子"、"重短期轻长期"的粗放发展模式的弊端，又要符合西藏经济社会发展的实际；既要借鉴国内外城镇发展的经验，又要因地制宜，符合西藏地区的现实需要；既要考虑到自治区自身经济发展的要求，又要考虑到国家和社会整体的全局利益。西藏特点新型城镇化的动力机制，就是要搞清楚如何划分政府和市场的边界，在发挥市场决定资源配置的同时，如何更好地发挥政府的作用；就是要协调好经济发展与保护生态环境、建设美丽西藏之间的关系；就是要既能满足当地居民需要，又要保持历史文化魅力、体现浓郁的民族风情，巩固和发展民族团结，推动各民族和睦相处、和衷共济、和谐发展。为此，需要从整体、从全局的角度重新构建西藏特点新型城镇化的动力机制。

1. 以科学规划为引领

西藏特点的新型城镇是人的城镇化，其中一个很重要的方面就是大量分散居住的农牧民的城镇化。西藏的城镇化一方面是农牧民的市民化，是人口的迁移；另一方面，城镇化不是消灭农村，走新型城镇化必须统筹城乡，协调发展。与此同时，西藏自治区不同的区域，具有不同的资源、人口、市场、技能等禀赋和经济、生态、国防等功能定位，这就决定了新型城镇化必然是多样化的路径。因此，要把规划作为城镇建设的"龙头"，提升城市水平的突破口，发挥好规划的规范引领作用。要保证地方城镇化规划和城市规划的科学性、权威性、严肃性，坚持一张蓝图绘到底，不断优化城市功能布局，加强相关标准和制度建设。符合城镇化在全区全局中的定位，符合我区产业发展的总体布局和产业政策，符合民生改善、社会进步的美好愿景，符合生态环境保护、建设美丽西藏的要求，符合长远发展的需要，同时与各项规划做好衔接。

首先，要把握多元化特点，城镇化在空间布局上可选择"一圈两带多中心"的路径。"一圈"就是加快拉萨中心城市圈的建设，充分发挥拉萨市在西藏城镇化过程中的中心作用，根据分工和产业规划，推进周边城镇的建设和发展。"两带"就是沿青藏铁路的城镇带和雅鲁藏布江中上游城镇带。"多中心"是指在日喀则市、山南市、那曲地区、林芝市、昌都市和阿里地区加大中心城镇的建设和联网，发挥多中心发展对广阔地区的服务中心的功能，为区内均衡发展和改善民生创造有利条件。其次，推进中心城镇与农牧区小城镇的道路交通建设，加强中心城镇与小城镇的联系，逐步形成以中心城市为枢纽，农牧区城镇为节点，干支衔接、快速便捷的现代化交通运输体系。

2. 以产业发展为支撑

现阶段，西藏城镇的产业结构还停留在比较传统的水平上，企业数量少、规模小、生产效率低，传统产业和初级产品比重大，而技术水平高的产业发育严重不足。产业结构层次低，产业基础薄弱直接影响城镇经济的繁荣程度和集聚效应的发挥，进而影响地区经济的带动与辐射作用和整个西藏的城镇化进程。因此，加快产业结构升级步伐，增强经济增长的内生性动力，促进城乡产业共同发展，提升城镇产业支撑能力，是推进西藏城镇化的重要途径。

首先，做好城镇产业规划，立足于自身的资源特色和产业布局，加快培育有资源禀赋支撑、市场前景广阔、就业吸纳能力强的优势产业，发展各具特色的城市产业体系，提高产业发展对城镇化的支撑能力。其次，要把农牧业产业化发展与小城镇建设相结合，提高农牧业生产效率。延长城镇二、三产业的产业链，促进非农部门向农牧区延伸。再次，改变城镇产业单一的局面，推动产业多样化发展，加快运用先进技术改造传统产业。最后，积极创造条件，改善城镇投资环境，大力引进和利用区域外资金、技术和管理经验，使城镇经济的触角不断延伸，让更多的企业落户中小城镇。

3. 以全面深化改革为保障

十八届三中全会提出，"使市场在资源配置中起决定性作用和更好发挥政府作用"，处理好政府和市场的关系。经济体制改革的核心问题就是处理好政府和市场的关系，通过全面深化改革，推动各项改革措施顺利推进，才能克服城镇化发展中"重物轻人"的传统模式，妥善处理好政府、市场与农牧民(社会)的功能边界，做到市场主导与政府引导相协同，真正实现以人为本，改善民生。西藏特点的新城镇化绝不能超越现实条件而急于求成、一哄而上，要尊重规律、量力而行，顺势而为、积极稳妥，以足够的耐心、顽强的决心、坚定的信心扎实推进城镇化。

首先，进一步优化产业发展的环境，放宽市场准入条件，放宽个体私营经济的经营范围，简化工商登记和管理，制定科学合理的税收优惠、融资和信用服务政策。其次，在稳定和完善农牧区基本经营制度的基础上，推进农牧区土地制度改革，建立农牧区的土地流转市场和租赁市场，促进土地的有效集中和规模化经营。再次，改革城乡分割的户籍制度并制定相配套的政策，减少黏附在户籍关系上的种种社会经济差别，探索城乡户口改革新路径，逐步地、有条件地解决长期在城镇就业和居住的农牧民工的户籍问题，消除户口对农牧区劳动力转移的障碍。最后，统筹城乡就业，改革城乡分割的就业管理体制，建立城乡统一、平等竞争的劳动力市场，逐步形成市场经济条件下促进农牧区劳动力转移就业的机制，为城乡劳动者提供平等的就业机会和服务。

4. 以生态保护为红线

中央城镇化工作会议指出，要让城市融入大自然，让居民望得见山、看得见水、记得住乡愁。国家新型城镇化规划进一步强调，要发展有历史记忆、文化脉络、地域风貌、民族特点的美丽城镇。西藏是我国重要的生态安全屏障，在自然生态保护中具有特别重要的地位，在推进城镇化的过程中，必须把生态保护放在优先考虑的位置。在关系到发展与生态、效率与环境的效益权衡问题时，应优先考虑生态环境的安全。对西藏所承担的生态保护功能，可以通过建立生态保护的补偿机制，如通过征收生态保护税费，建立生态文明发展基金，用于西藏的环境保护、扶贫和发展项目。农牧区是城镇的天然屏障，退耕还林、退耕还草、防风固沙，有利于改善城镇的生态环境。合理制定城镇范围内的绿化空间，最大限度的美化和绿化环境。围绕城镇干线和水系建设绿色走廊，形成点、线、面结合的绿化格局，塑造有西藏特点的特色城镇和个性城镇。

四、结　语

当前我国已经进入全面建设小康社会的关键时期，西藏跨越式发展进入关键阶段。城镇的集聚经济和规模经济决定了其在西藏经济社会发展中的重要战略地位，以城镇开发带动区域开发是提高西藏开发的投资效益，实现西藏经济社会跨越式发展的必然选择。西藏推进新型城镇化必须紧紧把握西藏特点，既不能走老路，又不能盲目照搬其他国家和地区的发展经验。必须尊重城镇化发展的一般规律，坚持以人为本、质量优先，着力提升公共服务水平，推进城乡一体化发展。同时，要构建科学有效的动力机制，扭转经济发展中的"非城镇"和"非本地化"局面，真正做到西藏各族人民的新型城镇化。

参 考 文 献

樊杰，王海. 2005. 西藏人口发展的空间解析与可持续城镇化探讨 [J]. 地理科学，(4)：385-392.

国务院. 2014. 国家新型城镇化规划（2014—2020 年）[M]. 北京：人民出版社.

李粲. 2013. 西藏特色区域城镇化路径模式探讨 [J]. 城市规划学刊，(6)：33-39.

李继刚. 2014. 西藏农牧区剩余劳动力转移与二元经济发展初探 [J]. 常州大学学报(社会科学版)，(1)：45-47.

石人炳，石玲. 2014. 西藏流动人口状况与特点——基于"全国第六次人口普查"数据的分析 [J]. 西南民族大学学报(人文社会科学版)(7)：49-52.

唐也. 2004. 西藏城镇化道路问题初探 [J]. 西藏发展论坛，(2). 26-29.

王小彬. 2002. 西藏城镇建设的几个问题 [J]. 西藏民族学院学报，(4)：20-26.

夏保林，康美寅，乔建平，等. 2003. 西藏城镇发展环境分析 [J]. 人文地理，(6)：58-61.

岳颂东. 2009. 关于西藏经济发展战略的思考 [J]. 中国藏学，(2)：81-90.

第三章　西藏农牧区反贫困治理研究[*]

刘天平

摘要：贫困人口众多、贫困程度深重、扶贫难度很大是西藏农牧区全面建设小康社会和社会主义和谐社会面临的重大挑战与严峻制约。针对西藏农牧区反贫困治理存在的生存环境恶劣、自然灾害频发、经济实力薄弱、发展能力低下、治理结构缺陷、人力资本不高、资金投入不足等特殊困难，全面推进西藏农牧区反贫困必须确立崭新的治理结构，其治理重点是建设特殊制度、创新管理结构、发展特色产业、重建教育结构和强化基层政权。

关键词：反贫困；特殊困难；治理结构；西藏农牧区。

西藏自治区是列入《中国农村扶贫开发纲要(2011—2020)》14 个连片特困地区中唯一的省级集中连片贫困地区，面临着贫困人口众多、贫困程度深重、扶贫难度很大的严峻态势和特殊的治理困难，系统研究、探索建立新时期西藏农牧区反贫困治理结构对全面推进西藏农牧区反贫困进程，迅速有效地缓解和逐步消除农牧区的贫困状况，促进西藏经济发展，维护社会稳定具有重要的战略意义和实践意义。

一、西藏农牧区贫困的基本态势

西藏是全国经济最落后的省份之一，农牧民生活水平总体偏低。2011 年西藏 230 多万农牧民人均纯收入 4904.28 元，为全国平均水平的 70.29%，居全国第 27 位；人均生活消费支出 2741.60 元，为全国平均水平的 52.51%，位于全国最后一位；农村居民恩格尔系数(50.51%)处于倒数第二位。同时，西藏农牧区还面临着严峻的贫困问题。长期以来，西藏农牧区贫困人口数量众多、贫困发生率非常高且贫困程度深重依附并存。通过几十年的扶贫，西藏农牧区贫困问题有所缓解，但依然不容乐观，在全国 14 个连片特困地区中贫困率排在第三位。2010 年末西藏农牧区按照人均纯收入 1300 元的标准，贫困人口 16.8 万人，贫困发生率 7.64%；按照人均纯收入 1700 元的标准，贫困人口 50.2 万人，贫困发生率 16.8%；按照人均纯收入 2300 元的最新标准，贫困人口 83.3 万人，贫困发生率 34.42%，贫困程度远高于全国同期水平(按照人均纯收入 1274 元的标准，全国农村贫困发生率为 2.8%；按照人均纯收入 2300 元的标准，全国贫困发生率为 13.4%)。

---

[*] 原载于《农业经济》2013 年第 5 期。

西藏农牧区贫困人口分布呈现出"大分散，小集中"的特点，主要分布在以昌都市为主的藏东深山峡谷地区，以那曲地区、阿里地区和日喀则市为主的藏北高寒荒漠地区，以日喀则市、山南市和阿里地区为主的边境贫困地区，以及以珞巴族、门巴族为主的人口较少民族地区，以大骨节病为主的地方病贫困地区，另有零星分布的藏中谷地贫困地区。生活在海拔4000m以上或偏远山区、地方病病区的贫困人口占西藏农牧区贫困人口的60%以上。从行政区划来说（表3-1），日喀则市和昌都市贫困人口最多，其次是那曲地区和山南市；而贫困发生率则是阿里地区最高（42.63%），其次是日喀则市、那曲地区、昌都市和山南市，均在30%以上。总体来看，藏东北和藏西南仍然是贫困分布相对集中的高发区，个别贫困地区贫困程度依然十分深重。赵曦教授2003年8月在定日县调查发现其贫困发生率高达89%，而根据有关资料显示这种贫困状况依然触目惊心：盆吉乡是定日县最偏远的高寒贫困乡之一，全乡平均海拔4560m，辖5个行政村7个自然村，2006年年底全乡人均收入626元，其中现金收入483元；曲当乡也是定日县最偏远的贫困乡之一，距离定日县城140km左右，2009年全乡1180户有贫困户821户，贫困户率达到69.6%，70%的家庭没有床、桌、凳、灶，居住房屋脏、暗、危、乱、差，每户只有政府统一发放的1个手电筒，19个行政村中有11个没有通电，通电人口仅35%。贡嘎县昌果乡是全县重点贫困乡，2007年592户中有贫困户258户，贫困户率43.6%，通过四年的扶贫努力只有75户354人脱贫，平均每年脱贫19户88人，照此计算还要10年才能脱贫，如果考虑返贫问题、新生贫困问题以及扶贫效率递减问题，估计20年也难以全部脱贫。另外，人口较少民族的贫困现象也是不容忽视的问题。在国家两次颁布的《扶持人口较少民族发展规划》中都有西藏的门巴族和珞巴族，并特别指出珞巴族自然条件相对恶劣，脱贫难度依然很大。

表3-1　2010年年底西藏农牧区贫困人口分布区划表

地区	乡村人口/万人	贫困人口/万人	贫困发生率/%	地区比例/%
拉萨市	29.1	8.60	29.55	10.32
林芝地区	13.2	3.23	24.46	3.88
山南地区	29.5	10.11	34.27	12.14
昌都地区	58.1	20.12	34.62	24.15
那曲地区	40.9	14.55	35.57	17.47
日喀则地区	63.6	23.45	36.87	28.15
阿里地区	7.6	3.24	42.63	3.89
合计	242.0	83.30	34.42	100

数据来源：本表根据《西藏自治区"十二五"时期扶贫开发规划》（2012年4月稿）数据整理；本表数据按照2300元（2010年价格）标准进行核算。

在农牧民收支水平总体低下的背景下，西藏农牧区面临着贫困人口数量众多、贫困发生率非常高以及贫困程度深重的严峻态势，加之西藏农牧区反贫困的特殊困难，使反贫困治理任务异常艰巨。

二、西藏农牧区反贫困治理的特殊困难

1. 生存环境恶劣，自然灾害频发

西藏高原平均海拔 4000m 以上，气候普遍寒冷干旱，日照短、积温低，无霜期长，土壤贫瘠，草场退化，生态系统非常脆弱，生态环境总体退化，生态压力异常巨大，各种自然灾害频发。恶劣的自然条件强烈地挤压着人类的生存空间，考验着人类的生存极限，120 多万平方千米的土地上居住着 300 余万人口，突出表明了西藏高原人类宜居空间的微弱。在生存条件整体恶劣的情况下，西藏贫困人口的生存环境更加严峻，其主要分布在深山峡谷的藏东南地区、高寒荒漠的藏西北地区、偏远荒凉的边境地区，并有大量的贫困人口生活在大骨节病区，这些地区自然资源匮乏，谋生手段和途径非常有限，如上所述乡村山高路远，交通十分不便，物资流、信息流受到极大阻碍，贫困人口难以受到政府的关怀和温暖，难以受到市场意识的感悟和经济机会的辐射。贫困人口在面临恶劣的生存环境的同时，更常常面临着频发的风沙、泥石流、洪水、寒冻、雪灾、冰雹等自然灾害，因灾致贫、因灾返贫现象非常严重。全区返贫率平均在 20% 以上，易灾多灾频发区在 30% 以上，局部灾区高达 50% 以上；2010 年全区因灾返贫高达 35% 以上。恶劣的生存环境产生了大量的贫困人口，而频发的自然灾害使本以艰巨的扶贫工作雪上加霜，凸显了西藏农牧区反贫困治理的天然难度。

2. 经济实力薄弱，发展能力低下

世界银行认为，经济增长对扶贫一直发挥着重要作用，强有力的经济增长和较雄厚的经济实力能够为反贫困提供坚实的物质基础。然而，西藏经济实力薄弱，发展水平低下，对反贫困所起的支撑作用非常微弱。几十年来西藏生产总值占全国的比重基本维持在 0.1%～0.2%，最近 10 年基本为 0.13%，地方财政收入微薄，90% 左右的财政收入依赖中央转移支付。2011 年西藏生产总值 605.83 亿元，地方财政收入 64.53 亿元，地方财政收入只占西藏生产总值的 10.65%，财政自给率仅 7.22%；人均地区生产总值为 20 077元，为全国平均水平的 57.23%，在全国排名第 28 位。西藏经济在总体实力十分低下的情况下还面临着巨大的内部区域差距。拉萨市、林芝市、山南市是西藏经济实力相对强势的地区，昌都市、日喀则市经济实力相对薄弱，那曲地区和阿里地区则是实力最薄弱地区。2011 年那曲地区和阿里地区生产总值最低，分别为拉萨市的 26.13% 和 9.59%，地方财政收入分别为拉萨市的 10.24% 和 5.51%，而且地方财政收入仅为地方财政支出的 6.80% 和 7.48%，意味着 93% 的财政支出依赖上级转移支付。那曲地区、日喀则市和昌都市人均地方财政收入均不到西藏平均水平(2130 元/人)的 30%，不及拉萨的 15%，人均地区生产总值均不到西藏平均水平的 75%，不及拉萨的 40%(表 3-2)。如果把这些信息同上述贫困分布信息结合起来，不难发现贫困分布广泛、贫困程度深重的地区正是经济实力薄弱、发展能力低下的地区。上述分析表明，西藏经济实力和自我发展能力无论是整体还是区域都极其微弱，尤其是贫困严重地区更是难以从物质上承担起支撑反贫困的艰巨任务，而扶贫任务本已艰巨的贫困地区更加凸现了反贫困治理的物质艰辛。

表 3-2　2011 年西藏各地区经济实力比较

地区	地区生产总值/亿元	地方财政收入/亿元	人均地区生产总值/(元/人)	人均地方财政收入/(元/人)
拉萨市	222.09	23.43	39699.83	4188.24
林芝地区	61.35	11.72	31443.96	6006.90
山南地区	63.37	4.95	19261.98	1504.61
昌都地区	75.40	3.54	11467.59	538.40
日喀则地区	103.91	4.42	14774.80	628.47
那曲地区	58.03	2.40	12550.23	519.05
阿里地区	21.30	1.29	22311.84	1351.28

数据来源：根据《西藏统计年鉴 2012》和《西藏自治区 2010 年第六次全国人口普查主要数据公报》有关数据整理得来

3. 人力素质不高，依赖思想严重

文化程度严重偏低是西藏人力素质不高的集中体现。2011 年西藏 15 岁及以上人口中不识字或识字很少的人口占 29.54%，远高于全国平均水平(5.21%)，比倒数第二的贵州(12.24%)高 17.3 个百分点；2010 年西藏农村劳动力中不识字或识字很少的人口占 48.2%，远高于全国平均水平(5.7%)。根据西藏自治区统计局对 300 户 1867 名常住人口的贫困监测统计，2009 年 1132 个劳动力中文盲半文盲 576 人，占 50.88%；小学文化 501 人，占 44.30%；两者合计超过 95%。人口文化素质普遍较低使贫困人口接受各种知识的能力不强，科技培训成效微弱，难以从事相对复杂的技术劳动，严重制约着脱贫能力的形成，使长期贫困成为可能。地方病导致的身体残疾和健康问题严重影响了西藏人力素质的提升，也是反贫困的极大障碍。列入国家的 8 种地方病中西藏就有 6 种，其中大骨节病、碘缺乏病、地方性氟中毒、鼠疫、布鲁氏菌病均为全国最严重的疾病之一，尤其是大骨节病的严重程度和活跃程度居全国之首。根据第二次全国残疾人抽样调查推算，2006 年西藏各类残疾人 19.4 万人，其中肢体残疾 5.6 万人、听力残疾 4.6 万人、视力残疾 4 万人、多重残疾 3.6 万人、言语残疾 0.5 万人、智力残疾 0.4 万人、精神残疾 0.7 万人。2010 年西藏农村残疾人脱贫率 12.81%，远低于全国平均水平(58.57%)。如果说文化素质和身体素质原因是农牧民脱贫难的客观原因，那么"等、靠、要"这类依赖思想则是农牧民脱贫难的主观原因。在西藏全面开展的定点扶贫工作中，几乎所有的扶贫点都认为贫困人口的"等、靠、要"依赖思想相当严重，宁愿苦熬不愿苦干，不想积极参与到扶贫开发中去，使脱贫成效大打折扣。综合素质十分低下的西藏农牧区贫困人口为反贫困治理形成了难以逾越的贫困陷阱：劳动力素质低下引发劳动生产率低下，劳动生产率低下带来收入水平低下，收入水平低下又导致劳动力素质低下。要打破这个恶性循环陷阱、提高扶贫成效任重道远。

4. 治理结构缺陷，法律反贫乏力

虽然我国建立了面向农村居民的包括贫困救助、自然灾害救助、特殊对象救助以及扶贫工作在内的各种贫困救济制度，甚至有些法律法规也涉及"三农"和反贫困问题，但尚无一部综合的反贫困法律规范，与国外完善的反贫困法律体系相比存在较大差距。西藏地方政府更没有结合民族地区实际制定区域性的反贫困条例，而是执行具有模板化的全国统一的反贫困政策模式，难以适应新形势下农村反贫困的需要，不能为改善扶贫机制运行环境、规范管理体制、整合扶贫资源、完善社会参与和促进监督评估等提供有效的法律保障。扶贫政策多门、决策管理多元、监督机制缺失成为扶贫管理的最大障碍，扶贫资金条块分割、职能部门各行其是、信息传递封闭单一由此滋生，各种扶贫资源不能进行有效整合，监督评估成为摆设和形式，最终导致扶贫效果不理想。扶贫干部尤其是基层扶贫干部在个体瞄准反贫困中具有非常重要的作用，但作为确定贫困户主要人选的村干部往往文化素质不高、工作方式简单，如有些村庄贫困户或轮流坐庄，或抓阄确定，完全违背了筛选贫困户的初衷，甚至一些村干部不公开、不公平地私下确定贫困户，扶贫物资被部分人截留，而一些真正的贫困户却没有得到实质扶贫。具有西藏特点的治理结构缺陷无疑成为西藏农牧区反贫困治理的特殊困难。

5. 资金投入不足，使用效率不高

根据赵曦教授长期对西部贫困地区的调查研究认为，要比较稳定地解决一个贫困人口的温饱问题，至少需要投入 3500~5500 元，而青藏高原则更高；按照郭凤芝、罗绒战堆和樊毅斌的观点，西藏地区扶贫投入至少要比内地高 $50\%\sim70\%$，即西藏扶贫投入标准达到 7000 元左右。西藏扶贫一方面面临着高标准的投入要求，另一方面却存在投入严重不足的困境。西藏反贫困工作几乎完全是一种政府行为，扶贫资金主要来源于中央政府和地方政府，这些扶贫资金远远不能满足脱贫投入要求。由表 3-3 可知，2006 年西藏落实扶贫资金[①] 36 120 万元，瞄准 96.4 万贫困人口，平均每个贫困人口 374.69 元；2010 年人均投入最高，投入 86 238 万元瞄准 59.6 万贫困人口，平均每个贫困人口 1446.95 元，远远不能满足脱贫的资金需求。西藏扶贫资金在总量投入不足的情况下还存在注重短期效应忽视长期发展、注重形象工程忽视民生发展的投入结构扭曲问题，大量的扶贫资金投向了更能体现政绩的形象工程、更能短期见效的资源开发和项目建设方面，而对贫困人口的基本生产生活条件改善和关乎长远发展的人力资本投资与人力资源开发投入不足，没有充分考虑贫困地区和贫困人口的实际需求，排斥贫困人口的决策参与，一厢情愿地安排扶贫资金。扶贫资金效率低下不仅体现在总量投入不足和投入结构扭曲降低扶贫资金的长期效率方面，而且体现在扶贫过程中重资金争取轻资金使用、重项目建设轻项目管理导致扶贫资金的短期效率低下方面。

---

① 西藏扶贫资金主要依靠中央和地方财政资金，社会资金、扶贫贷款非常少，此处扶贫资金包括中央财政发展资金、以工代赈资金、少数民族发展资金、地方财政资金、特色产业项目资金。

表 3-3　　"十一五"时期西藏扶贫资金投入强度

年份	2006	2007	2008	2009	2010
年初贫困人口/万人	96.4	85	75.4	68.3	59.6
扶贫资金/万元	36120	38700	49500	60979	86238
人均投入/(元/人)	374.69	455.29	656.50	892.81	1446.95

数据来源：年初贫困人口数据来源于历年《西藏蓝皮书》；扶贫资金数据来源于《西藏自治区"十二五"时期扶贫开发规划》(2012 年 4 月稿)

6. 宗教影响广泛，制约脱贫成效

经过一千多年的发展，藏传佛教作为一种宗教文化已经渗透到藏族社会经济的各个方面，成为藏民族生产生活中不可或缺的一部分。应当承认这种宗教文化在经济社会发展中具有某些积极作用，然而也应该承认其具有的消极影响，特别是在反贫困治理方面具有的消极影响。藏传佛教中只求来世不重今生和重精神寄托轻物质追求的典型宗教观念已经渗透到藏民族日常生活的方方面面。重视人生哲学、宗教道义等人文科学而忽视自然科学研究与技术创新，使得现代技术尤其是农业技术难以应用在农牧业生产中，导致物质财富的增长受到一定程度的限制；不杀生与放生是善举，有利于环境保护，但一味强调保护而不合理利用动植物资源，会造成"家有牦牛千只，人无口粮半粒"的假贫困真救济现象。如何对传统的根深蒂固的宗教文化进行合理的扬弃，仍然是扶贫工作中需要长期关注的敏感问题。

三、西藏农牧区反贫困的治理结构

作为全国唯一集中连片贫困省区，西藏农牧区贫困面广，贫困程度深重，扶贫难度巨大，要树立长期扶贫的战略谋划意识，避免短期扶贫的急功近利思想。从制度建设、管理创新、产业调整、教育发展、基层政权等方面建立全新的反贫困治理结构显得尤为重要和紧迫。

1. 建设特殊制度

在法律体系建设方面，国家层面应尽快制定《国家反贫困法》，促进中国藏区反贫困法律体系的构建，西藏地区可制定《西藏农牧区反贫困条例》，使反贫困由软约束的政策扶贫转变为硬约束的法律扶贫。在扶贫开发制度方面，有效发挥以工代赈效应，引导和动员群众积极参与农田、草场、水利、道路建设，改变政府唱独角戏的被动局面；加强大棚蔬菜示范种植和技术指导，推广青稞、油菜、牦牛、绵羊、藏猪、藏鸡改良品种，充分利用当地特色旅游资源拓展旅游脱贫，促进扶贫项目良性发展；整合扶贫资金，瞄准贫困人口和贫困乡村，重点投向农牧区基础设施建设、农牧民人力资源开发，加强资金监管，建立扶贫成效评估制度；充分保障矿产资源开发中西藏地方政府和当地群众的权利，合理协调矿产企业、当地群众、地方政府之间的利益关系。在民族区域自治方面，

由发展民族区域经济转向发展民族经济，制定藏族主体民族经济发展规划、门巴族和珞巴族等人口较少民族经济发展规划；广泛宣传民族区域自治法，增强广大藏族民众的自治意识和自治能力，赋予基层群众更多的自我管理本地区内部事务的权力，破除"等、靠、要"思想；充分调动民众参与扶贫开发和社会管理的积极性，让农牧民自己确定贫困户、贫困人口，自主决策生产发展计划；完善农村土地政策和草原承包制度，解决历史纠纷问题；尊重牧民迁徙自由和游牧习俗，积极发挥"马背医生"、"个体村医"① 的作用，同时加强培训和提高待遇。在教育发展制度方面，结合西藏实际制定有别于全国其他地区的特殊的教育发展战略，以教育服务广大农牧区为核心，在基础教育的基础上大力发展农业实用技术教育以及各种形式、各种内容的培训，逐步形成"基础教育＋职业教育＋技术培训"并重的格局；同时，通过改革教师考核办法，提高教师待遇，逐步调整师资队伍结构，强化中学阶段实用技术方面的师资力量。在对口援助制度方面，设立以中央财政为主体的边境特殊扶贫基金，重点解决边境地区的人畜饮水、通路通电、广播通信、医疗卫生、地方病防治；重新确立对 21 个边境县的对口援助单位，加大援助力度，注重援助的政治效应；制定边远地区工作激励制度、提前退休制度、定期轮换制度。在社会保障制度方面，对无生产能力的鳏寡孤独残疾群体提供当地中等水平的生活物品，对患重大疾病、高原性疾病的群体实施免费救助，对遭受自然灾害损失的家庭提供临时救助，对有劳动能力并愿意劳动的贫困家庭提供最基本的生存保障。

2. 创新管理结构

作为全国唯一的省级集中连片贫困地区，能否在 120 多万平方千米范围内组织实施以全区域贫困人口为扶持对象的大规模反贫困治理，关键取决于能否建立起一个强有力的、完整的、高效率的管理结构。由于传统体制、政策思路、干部结构等多方面的原因，现行的自治区及各市、地、县扶贫开发机构已难以担任新时期反贫困治理这一涉及面极广、任务极其繁重、工作难度极大的领导任务，应通过管理体制创新，尽快组建全新的反贫困治理的管理机构，即由自治区党委书记亲自挂帅、自治区党委政府各分管领导参加、各相关职能部门负责同志组成的自治区反贫困治理领导小组，从更高层次充实、加强自治区反贫困治理领导小组的领导力量，直接指挥自治区的反贫困治理。领导机构将包括已担负扶贫开发责任的自治区扶贫开发办公室、财政厅、发展与改革委员会、农牧厅、民政厅、水利厅、民族事务委员会等单位，采取合署办公的方式，整合各方资源，共同参与反贫困治理的规划、决策、计划和管理，对自治区的反贫困治理进行统一领导、指挥、协调和监督，担负起自治区反贫困治理的最高领导责任；自治区各地、市、县也应建立由党委一把手挂帅的对等机构，并以向自治区反贫困治理领导小组签署责任书的方式层层落实反贫困治理计划责任；以设联络员的方式，具体协调自治区反贫困领导小组同各地、市、县的领导关系，联络员对各扶贫开发机构的管理及反贫困治理项目的实

---

① "马背医生"是根据西藏农村地广人稀的特点对西藏村医通过马匹交通行医的一种界定，更有利于农村卫生服务供给的便捷性和可及性，与朱玲对村医的界定不同。根据朱玲的调查，西藏农村医生可以区分为由村委会和卫生部门指定的村医(或卫生员)，办理了个体营业执照的村医称为个体村医，其中个体村医在实践中的作用甚至强于村卫生员。朱玲. 农牧人口的健康风险和健康服务. 管理世界，2005，(2).

施负有相当的监督责任和约束责任，从而形成以自治区反贫困治理领导小组为主导，以各市、地、县反贫困治理领导小组为主体，以自治区联络员为纽带、广大贫困人口为基础的反贫困治理管理结构。该反贫困治理管理结构应该以条例或制度的形式固定下来，不能因主要领导人的更替而改变。

3. 发展特色产业

始终坚持贫困地区的经济开发是中国农村反贫困模式的战略重点。加强西藏特色产业的开发与发展是新世纪西藏反贫困战略的基础，将经济发展与推动社会进步和减少贫困结合起来，发展特色产业是最有效的方式之一。当前，要紧密结合西藏区情，在保护西藏生态环境的前提下，以特色资源为基础，以市场为导向，以增加农牧民收入为核心，发展以特色农牧业、旅游业、藏药业等为主体的特色产业，在科学规划、合理布局、因地制宜、突出重点的基础上，依托产业规模经营和技术升级形成发展链条，构建以旅游业为龙头的、相互支撑和相互发展的特色产业结构体系，形成具有西藏特点的崭新的全面的反贫困治理模式。

特色农牧业按照"特色资源、市场导向"的原则，科学合理地调整产业结构，重点建设以牦牛、绒山羊、藏系绵羊为主的草原畜牧业，以黄牛、奶牛为主的农区和城郊畜牧业，以藏猪、藏鸡为主的养殖业，以高产青稞、优质油菜、藏药材为主的种植业，以食用菌、干果为主的林特产品。继续推广种植丰产青稞（藏青 320）和高 β-葡聚糖青稞（藏青 25），加大对两个品种的精深加工研发力度，形成以青稞为原料的高端食品、饮品和保健品。加大对野牦牛与家牦牛杂交的研究，防止矮化、退化，提升家牦牛品质，加大研发力度充分挖掘浑身是宝的牦牛的潜在市场价值。

藏药业按照"继承创新、规范发展"的原则，以奇正藏药为纽带带领农民大力培育和种植以天麻、红景天、藏红花为主的林芝藏药材基地，以西藏藏药集团股份有限公司为龙头加大藏药研发力度，基本形成藏药材种植、培育与加工一体化和藏药科研、生产、流通现代化的完整体系，使藏药材种植规模化、藏药配方科学化、藏药生产标准化、藏药流通网络化，促进藏药业持续、快速、健康发展，带动农民脱贫致富。

旅游业按照"政府主导、市场运作"的原则，大力开发和发展地方特色、民族特色的多样化旅游产品，探索以珠峰探险旅游、林芝生态旅游、拉萨宗教旅游、藏族发源地旅游为特色的高端旅游产品，适度控制旅游规模，着力打造和壮大以拉萨为中心、以品牌产品为框架、以立体交通为网络形成近程、中程、远程旅游产品组合系列格局，积极组织和引导贫困农牧民参与到旅游业的餐饮、住宿、娱乐、客运、向导中，增加旅游收入。

4. 调整教育结构

针对西藏农牧民人口多、能力素质低等实际情况，大力加强西藏农牧区人力投资显得尤为迫切，而教育投资是其中的一个重要方面，调整教育结构形成特殊的教育培训模式成为首要任务，即摒弃升学的唯一导向，以"升学有基础，就业有技能，致富有能力"为办学目标，逐步建立以基础教育为基础、职业技术教育为主体、成人综合培训为辅助的新型教育结构，彻底打破农牧区教育沿用城市教育的模式，以服务农牧民、农牧业和农牧区为最终目的。

把9年制义务教育调整为"9+2"的"基础教育＋农业教育"模式，即在校学生通过6年小学和3年初中教育后，针对升学无望或者不愿升学的学生，再学习2年的农村适用技术，学习内容主要包括作物耕种、畜牧养殖、经济林果、病虫防治及商品经营等农村实用技术和市场经济知识，针对不同地区学习内容侧重点不同，比如农区更侧重作物耕种、牧区更侧重畜牧养殖、林区更侧重经济林果，授课语言可结合实际选用汉藏双语教学。从某种意义上说，就是将普通初中转变为"基础教育＋农业教育"的结合体。当然，具体操作模式可以在实践中探索完善，比如在特别贫困、偏远的农牧区还可以灵活调整，实施"8+2"、"9+1"、"6+2"教育模式。学习成绩比较好的学生可以通过"推荐＋考试"进入职业高中继续学习，职业高中需要严格把关。

通过9年义务教育的分流筛选，高中阶段的生源质量将有较大提高，教学质量和教学效果也会有较大提高。因此，高中阶段主要以升学为主，推行"3+1"模式，即升学无望的学生(无论是城镇学生还是农村学生)毕业后直接进入职业高中强制接受1年的职业技术培训，培训内容相对集中，除了上述的农村实用技术外，还可以增加汽车驾驶与维修、藏式木工绘画、民族手工艺、美容美发、家电维修、家政服务、宾馆服务等，重点在于增强其就业技能。职业高中以职业教育和技术培训为主，接受初中毕业生和高中毕业生，根据基础不同分班授课，学制1~3年，根据学习情况颁发"绿色证书"或以"推荐＋考试"的形式进入农业院校继续深造。

针对成人培训问题，可以继续发挥现有模式，利用小学(或教学点)场地对农牧民进行定期或不定期的各类培训甚至扫盲教育，利用初中资源对农牧民进行针对性的农村实用技术培训，利用职业高中的优势对农牧民进行专项技术培训。此外，还要高度重视对基层扶贫干部的培训。许多针对贫困乡村的扶贫计划都是通过基层扶贫干部实施的，重点抓好县乡扶贫干部的培训，采用集中培训、现场培训、异地培训等多种形式开展扶贫政策、工作方法、实用技术等方面的培训工作。

5. 强化基层政权

决策者对贫困人口、对贫困人口的组织、对民间团体的责任越直接，把贫困人口的疾苦问题纳入政策制定的可能性就越大。基层政权组织离贫困人口最近，容易考虑贫困人口的疾苦问题，因此，加强基层政权组织建设，尤其是乡、村政权组织建设是促进贫困地区经济发展与贫困人口脱贫致富的重大战略举措。实施教育培训计划，调整基层干部队伍结构，加强基层干部队伍素质建设具有重要的现实意义。调查显示，索县某乡137名党员中小学及以下文化在95％以上，较低的文化素质较难以理解和应用政府的惠民政策，难以发挥党员的模范带头作用，甚至可能有负面影响。落实村官政策，增派高校毕业生尤其是民族院校毕业生到基层就业，充实基层干部队伍，优化队伍结构；利用援藏途径定期选送基层党员干部到内地进行多渠道、多种类的集中性培训，开阔思路视野，提高业务素质；特别要加强村委会活动阵地建设，加强以村委会、村民代表会议、村民小组为主体的村民自治组织体系建设，完善村规民约和村务管理各项制度。同时，建立稳定的财政投入机制，充分保证基层政权组织建设，切实解决基层政权组织建设经费严重不足的问题，为基层干部提供一个尽量舒适宽松的工作环境。在此基础上极力推广参与式扶贫，逐步赋予基层组织更多权力，以充分调动基层组织抓扶贫、促发展的积极性。依据《藏传佛教寺庙管理办法》[①] 加强对西藏寺庙管理，严禁未成年人入寺，鼓励僧人、寺庙从事合法生产经营活动，提高寺庙自养能力建设。

参 考 文 献

北京清华城市规划设计研究院. 2005. 西藏自治区旅游发展总体规划研究报告——西藏自治区旅游发展战略规划研究 [M]. 北京：清华大学出版社.

次旺多布杰. 2011. 全面清理工作思路 切实转变工作重点 开创新时期扶贫农发工作新局面. 调查与研究(内部刊物)，(2)：20.

杜明义，赵曦. 2010. 中国藏区农牧区反贫困机制设计 [J]. 贵州社会科学，(8)：82-86.

郭凤芝. 2004. 区域成本差异对西藏经济发展的影响——一个宏观的研究视角 [J]. 中国藏学，(3)：48-54.

国家统计局. 2012. 中国统计年鉴·2012 [M]. 北京：中国统计出版社.

国家统计局农村社会经济调查司. 2011. 2011 中国农村统计年鉴 [M]. 北京：中国统计出版社.

国家统计局社会科技和文化产业统计司. 2011. 2011 中国社会统计年鉴 [M]. 北京：中国统计出版社.

国家统计局住户调查办公室. 2012. 2011 中国农村贫困监测报告 [M]. 北京：中国统计出版社.

罗绒战堆，樊毅斌. 2011. 西藏与内地区域发展成本差异比较 [J]. 财经科学，(10)：73-77.

青海统计局，国家统计局青海调查总队. 2012. 青海统计年鉴·2012 [M]. 北京：中国统计出版社.

西藏自治区统计局，国家统计局西藏调查总队. 2012. 西藏统计年鉴·2012 [M]. 北京：中国统计出版社.

赵曦. 2004. 西藏边境地区贫困调查 [J]. 财经科学，(2)：73-77.

赵曦. 2009. 中国西部农村反贫困模式研究 [M]. 北京：商务印书馆.

中国(海南)改革发展研究院《反贫困研究》课题组. 1998. 中国反贫困治理结构 [M]. 北京：中国经济出版社.

---

① 《藏传佛教寺庙管理办法》(国家宗教事务局令第 8 号)由国家宗教事务局 2010 年 9 月 30 日颁布，2010 年 11 月 1 日实施。

第四章　西藏农牧区贫困代际传递问题研究[*]

第四章　西藏农牧区贫困代际传递问题研究[*]

杨阿维　张建伟

摘要：十八届五中全会指出，"'十三五'时期是全面建成小康社会的决胜阶段，重点实现现行标准下农村贫困人口脱贫，解决区域性的整体贫困"。西藏农牧区是区域性整体贫困的重要区域、农牧区反贫困问题是国家和西藏自治区政府面临的突出问题。笔者率课题组成员于 2014 年 12 月在拉萨市、日喀则市、昌都市、山南市、那曲地区和林芝市的部分县区的 600 多户农牧区贫困家庭进行入户调查。发现农牧区贫困代际传递家庭面临着收入分配、城镇化、人口流动、就业、因病致贫等困境，针对上述困境，初步提出解决贫困代际传递问题的可行性方案。

关键字：西藏农牧区；贫困代际传递；贫困。

2015 年 11 月 27~28 日，习近平总书记在中央扶贫开发会议上强调，消除贫困改善民生、逐步实现共同富裕，是社会主义本质要求，也是我党的重要使命。他指出，要坚持精准扶贫、精准脱贫，重在提高脱贫成效。

2015 年 12 月 9 日，西藏自治区党委召开常委会，研究部署西藏扶贫开发工作(肖涛，2005)，各级各部门要切实把思想和行动统一到中央扶贫开发工作会议精神和党中央决策部署上来，以习近平总书记重要讲话精神为指导，结合西藏区情，采取超常规措施，深入实施精准扶贫和精准脱贫，必须完成"六个任务"，即"认识到位、明确任务、落实措施、用好政策、体现特点和有力保障"，强化资金保障，加强监督审计，形成攻坚合力，营造舆论氛围，为扶贫攻坚提供有力保障。

研究西藏农牧区贫困代际传递问题，对农牧民来说，可以深入了解导致农牧民贫困代际传递的深层根源，在一定程度上反映农牧民生产生活实际状况，及时采取有效措施抑制贫困的发生。对于各级政府及社会其他成员来说，研究西藏农牧区贫困代际传递问题，加快西藏农牧区发展和扶贫攻坚对西藏落实科学发展观、破解发展难题、实现后发赶超具有重大的战略意义。实现西藏后发赶超，最艰巨最繁重的任务就在农牧区，更在贫困地区，西藏农牧区的扶贫开发在全区经济社会发展中始终处于先行地位。

---

* 原载于《西藏大学学报(社会科学版)》2016 年第 1 期。

一、文献综述

贫困代际传递是指在家族或家庭内部贫困以及导致贫困的因素，由父辈传给子辈，致使子辈成年后继续陷入贫困境遇的一种社会现象。贫困代际传递的理论主要有三种：与文化行为相关；与政策相关；与经济结构等因素相关。

第一种解释重点强调贫困文化(the culture of poverty)行为因素，与奥斯卡·刘易斯(2004)的观点相类似，刘易斯在《五个家庭：关于贫困文化的墨西哥人实例研究》中提出贫困代际传递产生于"贫困亚文化"之后，研究贫困代际传递具有的各种相互作用的经济和心理特征因素。一个固定的家庭单元，成员之间由于亲情、血缘构成某种依赖关系，致使子辈从父辈那里继承其价值观、态度和习俗，从而促成了贫困文化的代际传递。

第二中解释是与社会政策相关，强调福利依赖的代际传递性。米德(Mead，1992)认为，依赖社会福利的家庭，致使这些家庭成员改变了价值观，长期依赖社会福利。亚当·斯密认为，大部分资本就是以牺牲农村利益为代价而在城市中积累起来的。欧洲各国农村的深度改良，都是因城市资本回流到农村而实现的。农村居民一般散布在距城市较远的各个地区，不易联合起来。他们不曾联盟，也不具备协作精神。在传统观念里，从来没有说必须经过学徒才能获得从事农业生产的资格。可是，即使在农业生产领域，也要求具有复杂的知识和经验。城镇同业联盟掌握市场的主动权，制定排外规则，使城镇居民得以提高自己的产品价格而不必担心国内的自由竞争导致价格降低，同业联盟又保证了城市居民不必为外来的竞争忧虑。在这两种规矩下提升的物价，全都由农村的居民承担。人们往往认为，某些行业有必要适当培养一些后备人才，所以一些公共团体或者热心的个人便设立基金，提供助学金、贫困生津贴之类的奖励。结果必然导致这些行业的人数大大超过其自然限度。那些自费学习的人所花费的时间、精力和费用都有可能得不到相应的回报，因为教会中愿意接受低报酬的人比比皆是，哪怕这个报酬远低于他们应得的报酬。对于农牧民因处境困窘、同境遇的人又特别多的境况，人们愿意接受低于应得酬劳的报酬，任何部门却无法干预；对于雇主们急于获取利润而乐于竞相雇佣工人，致使工人获得超过应得酬劳的报酬这一状况，法律也无能为力。

第三种解释强调经济结构对贫困代际传递的影响，其中人力资本起着关键性作用。贝克尔与托马斯(Becker et al，1986)强调了贫困与劳动力市场的关联。其研究认为，阻碍人力资本发展的关键因素是缺乏资源，低的人力资本积累，致使孩子缺少找到好工作的能力。威尔逊(Wilson，1987)指出，贫困代际传递在城市下层阶级形成的一个因素就是就业机会的缺失，大批的制造业迁出城区，导致城市下层阶级失业，也降低了摆脱贫困的机会。

还有学者提出了贫困代际传递产生的原因：要素贫困论、基因决定论、环境成因论、素质贫困论、功能贫困论、社会排斥论、能力贫困论等。也有研究认为，学校教育和家庭结构也是导致贫困代际传递的原因。由于父母受教育程度低而影响他们鼓励和帮助自己的孩子接受适当的教育。家庭结构也是造成贫困本身及其代际传递的一个基本因素，如家庭里孩子特别多，或父母离异都可能导致孩子贫困(child poverty)。拉格纳·纳克斯(1966)提出"地位实现模型"，他在《不发达国家的资本形成问题》中提出"贫困恶性循环"，从资本供给方面看，他认为发展中国家存在"低收入—低储蓄水平—低资本形成—低生产率—低产出—低收入"的恶性循环。

2015 年 4 月 15 日，经济学者辜胜阻(2015)在《切断贫困的"代际传递"》一文中写道："2015 年年初，全国有 14 个连片特困区域，832 个各级贫困县，12.9 万个贫困村，8000 多万的贫困人口。要阻止贫困代际传递必须做到：构建新型'滴灌'式的'到人到户'式扶贫模式；不断完善金融扶贫机制，积极发展普惠金融；重视贫困地区的'软环境'建设和人才开发，使扶贫工作走向'造血式'扶贫；改变资源分散、体制分散和管理分支的'多龙治水'的碎片化现象；加大对贫困地区低保的转移支付力度，在贫困地区将低保与扶贫政策相衔接；统筹扶贫规划与城镇化规划，对生存条件恶劣的地方进行整体搬迁，保障搬迁群众基本公共服务。"

贫困代际传递理论认为在一个社会流动率较高的"开放社会"中，个人自身发展机会较多，穷人及子女可以通过自身努力摆脱贫困。在一个流动率较低的"封闭社会"中，穷人的子女继续贫穷的可能性很大。由此可见贫困的代际传递率在开放社会中较低，而在封闭社会中则较高。西藏农牧区贫困代际传递是指在一定时期内，在农牧业生产区域，藏族及其他少数民族家庭出现的一种由于父辈贫困而传递给子辈贫困的一种恶性循环，传递的条件是自然传递而产生的贫困状况的继承和反复。

西藏农牧区贫困代际传递家庭与其他地区和民族的传递既有相似之处，又有所区别。其相似之处体现在：首先，都是由父辈传递给子辈，而非子辈转移给父辈的逆传递；其次，都使家庭状况陷入贫困境遇；最后，都是在家庭或家族内部之间的代际传递。不同之处体现在：首先，贫困代际传递的主体是藏族和其他少数民族；其次，贫困代际传递发生在比较封闭的环境；最后，贫困代际传递发生率较其他省份高。

二、西藏农牧区贫困代际传递的现状分析

(一)西藏农牧区贫困代际传递的现状

1. 农牧区贫困代际传递家庭发生率较高

西藏农牧区贫困代际传递数据，来源于西藏农牧区家庭入户调查数据，样本量六百多份有效问卷，调查区域分别是拉萨市、日喀则市、昌都市、林芝市、山南市和那曲地区的个别县区，由于阿里地区人口较少，路途较远，故未进行采样。调查对象为成年人家庭，调查内容分别为：子辈已成年时的家庭情况及其父辈青壮年(25～50 岁)时的家庭情况，包括家庭人口规模、人均纯收入、转移就业基本信息等，为防止由于通货膨胀等造成的货币贬值，根据实际购买力衡量是否存在贫困代际传递现象，评价标准依据贫困标准 1985 年人均纯收入低于 200 元的少数民族自治县确定为父辈成年时的家庭人均纯收

入的贫困线;依据 2011 年人均纯收入 2300 元标准作为子辈成年时的家庭人均纯收入贫困线。调查结果显示:362 个家庭发生了贫困代际传递现象,贫困代际传递率为 60.03%;56 个家庭父辈贫困,子辈脱离贫困,贫困未发生传递率为 9.29%;185 个家庭父辈不贫困而子辈陷入贫困,返贫率为 30.68%。

2. 西藏农牧区贫困代际传递的地区间差异

就贫困代际发生传递而言,拉萨市贫困代际传递率发生最低,只有 33.6%,昌都市贫困代际传递发生率最高,达到 62.1%;就贫困未发生代际传递而言,拉萨市父辈贫困,而子辈不贫困的脱贫率达到 42.3%,昌都市未发生贫困代际传递的只有 13.8%;就返贫率而言,日喀则市最高,达到 31.9%,而那曲地区仅有 11.7%(表 4-1)。因此,农业区较牧业区而言,更容易陷入返贫困境,贫困代际传递现象在农牧业结合区的发生率,相对而言较低。

表 4-1　各地区贫困代际传递发生率情况　　　　　　　　　　　　(单位:%)

发生率 ＼ 地区	拉萨市	日喀则市	昌都市	山南市	那曲地区	林芝市
贫困代际发生传递	33.6	54.3	62.1	45.8	56.2	48.2
贫困未发生传递	42.3	14.8	13.8	28.4	32.1	32.3
返贫率	24.1	31.9	24.1	26.8	11.7	19.5

数据来源:西藏大学"西藏农牧业贫困代际传递问题调查问卷"调查结果统计。

3. 贫困代际传递家庭的人口规模相对较大

农牧民认为,人越贫困,就越需要更多的人口来承担家庭负担,导致发生贫困代际传递的家庭人口规模各不相同。但是,忽略了贫困家庭子女在未成年之前和老弱之后,都会给家庭带来负担,承担家庭的负担仅仅只有三四十年时间,非生产时间往往会超过自己从事生产的时间,这种情况验证了马尔萨斯陷阱,人口发展不能超出相应的农牧业发展总体水平,多增加的人口总要以某种方式退出生产,被消灭掉。在社会主义国家,政府的救济必然会避免人员的非自然消失,导致在保证农牧民基本物质生活的基础上,产生所谓的"收入性贫困",即收入达不到 2011 年 2300 元的贫困标准,就会被纳入贫困救助范围。

全西藏农牧区贫困代际家庭人口规模平均为 7.9 人,返贫家庭人口规模为 7.17 人,而 2014 年全国平均家庭人口规模只有 3.35 人,家庭人口规模超过全国平均水平的一倍。区内各地区之间存在较大差异,日喀则市贫困代际传递家庭人口规模最大(8.63 人),拉萨市贫困代际传递家庭规模最小(5.85 人)(表 4-2)因此,家庭人口规模对贫困代际传递的影响显著。

表 4-2　贫困代际传递家庭的人口规模地区比较　　　　　　　　(单位:人)

地区	拉萨市	日喀则市	昌都市	山南市	那曲地区	林芝市
家庭规模	5.85	8.63	7.62	6.43	7.92	6.37

数据来源:西藏大学"西藏农牧业贫困代际传递问题调查问卷"调查结果统计。

(二)西藏农牧贫困代际传递的类型

1. "自愿贫困代际传递"型

这里的"自愿贫困代际传递"不仅包括出自农牧民自愿的贫困，还包括被迫接受贫困代际传递的农牧民。一方面，西藏农牧区劳动力转移规模水平较小，受宗教、政府救助等影响，农牧民固守在原有的土地上，不愿从土地中解放出来；另一方面，西藏农牧民收入结构单一，主要来源于农林牧业的收入，外出务工人员工资性收入占人均纯收入的比重虽然逐年呈现上升的趋势，但是绝对数量仍然较少(表4-3)。

表4-3　农牧民收入结构

年份	农牧民人均纯收入/元	农牧民纯收入年增长量/元	农牧民工资性收入/元	农牧民工资性收入年增长量/元	农牧民工资性收入增量占纯收入增量比例/%
2001	1399	73	—	—	—
2002	1515	116	205	—	—
2003	1685	170	—	—	—
2004	1854	169	530	—	—
2005	2070	216	565	35	16.20
2006	2426	356	568	3	0.84
2007	2777	351	612	44	12.54
2008	3164	387	760	48	12.40
2009	3519	354	753	−7	−1.94
2010	4123	604	891	138	22.85
2011	4885	762	1008	117	15.35
2012	5697	812	1202	194	23.89
2013	6553	856	1475	273	31.89
2014	7359	806	1571	96	11.91

数据来源：国家统计局西藏自治区调查总队《辉煌50年》(2015年)、《西藏自治区统计年鉴(2002～2015年)》，国家统计局网站(http://www.stats.gov.cn/tjsj/)历年数据整理。

2. 周期性代际传递贫困型

周期性贫困是指历代农牧民当中，家庭每隔几代或几十代会出现贫困的所隔时间段。本研究在西藏农牧区调查过程中，由于西藏和平解放，社会历史发生根本性变化，所以仅调查农牧民家庭近四代家庭经济状况，结果如表4-4所示。

西藏农牧区贫困代际传递整体周期较短，易发生贫困代际传递。就各地市而言，昌都市贫困代际传递发生周期最短(1.87代)，拉萨市贫困代际传递发生周期最长(3.08代)(表4-4)。同时，呈现出贫困代际传递率低的地区贫困周期长，贫困代际传递率高的地方贫困周期短的特点。

表 4-4　贫困代际传递家庭的陷入贫困平均周期　　　　（单位：代）

地区	拉萨市	日喀则市	昌都市	山南市	那曲地区	林芝市
贫困周期	3.08	2.36	1.78	2.97	2.52	2.64

数据来源：西藏大学"西藏农牧业贫困代际传递问题调查问卷"调查结果统计。

3. 结构性返贫困型

(1)收入结构状况

在国家统计数据中显示，西藏农牧民工资性收入占总收入的比重相对比较低，工资性收入增量占纯收入增量的比重远低于全国水平(图 4-1)。由于 2008 年的"3·14"事件的发生，2009 年出现从土地中转移出来的农牧民又重新回到农牧区从事农牧业生产，导致工资性收入负增长现象。2014 年西藏自治区农牧民人口 235.78 万人，占西藏总人口的 74.25%，每年农牧民转移就业人口维持在农牧民总人口的 1%～2%，而且转移就业时间不具固定性和规律性(表 4-5)。农牧民根据家庭的实际状况，如果家庭当前消费资金不够，会选择外出打工；如果家庭收入能够满足家庭当前消费，则选择回到居住地。

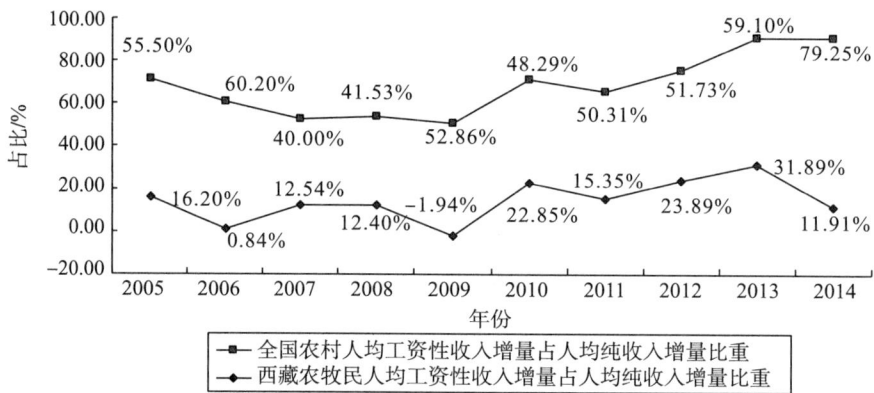

图 4-1　西藏农牧民人均工资性收入增量占人均纯收入增量的比重与全国的比较

表 4-5　西藏农牧区转移就业人口及带来产值增量

年份	农牧区转移人员数量/万人	农牧区转移就业创造 GDP 增量/万元
2001	1.13	8 705
2002	2.86	10 010
2003	4.52	29 326
2004	1.28	40 616
2005	2.8	16 380
2006	0.24	26 717
2007	1.83	49 940
2008	2.04	43 501
2009	1.38	36 939
2010	2.22	41 258

年份	农牧区转移人员数量/万人	农牧区转移就业创造 GDP 增量/万元
2011	3.91	31 674
2012	1.65	91 511
2013	2.64	43 404
2014	3.51	56 612

（2）农牧民转移就业年龄结构

根据对西藏农牧民进城务工人员实地调查数据的整理分类统计，结果显示：农牧民转移就业主要集中在青壮年阶段，比重占总转移就业人口的近 80%；16～20 岁和 50 岁以上的转移就业人口比重逐年降低。其中，随着教育的普及，青少年接受教育的年龄也逐年提高，减少了人口转移；老年人随着社会保障制度的完善，养老有所保障，农牧民不再外出务工（表 4-6）。

表 4-6　农牧民转移就业年龄结构　　　　　　　　　　　（单位：%）

年龄＼年份	2014 年	2015 年
16～20 岁	8.50	7.60
21～30 岁	42.30	44.30
31～40 岁	34.20	36.30
41～50 岁	11.30	10.60
50 岁以上	3.70	1.20

数据来源：西藏大学"西藏农牧业贫困代际传递问题调查问卷"调查结果统计。

（3）农牧民转移就业行业结构

西藏农牧民转移就业主要从事建筑业和其他非农行业，非农行业中有住宿餐饮业、旅游业、代牧业等（表 4-7）。

表 4-7　农牧民转移就业行业结构　　　　　　　　　　　（单位：%）

行业＼年份	2010 年	2011 年	2012 年	2013 年	2014 年
工业	9.77	8.04	8.76	8.10	6.01
建筑业	28.86	33.98	34.39	34.52	36.50
交通运输、仓储和邮政业	12.14	11.37	11.85	11.87	12.32
批发零售业	10.50	9.77	10.52	11.19	10.75
其他非农行业	38.73	36.84	34.48	34.31	34.42

数据来源：国家统计局西藏自治区调查总队. 2015. 辉煌 50 年：148。

总体来说，西藏农牧民结构性贫困中，收入性贫困是主要原因，转移就业人口较少，工资性收入比重低，对农牧民生活产生重要影响；年龄结构相对合理，跟全国年龄结构保持一致；行业结构是由就业需求结构决定的。

(三)西藏农牧区贫困代际传递家庭面临的困境

1. 收入分配困境

西藏农牧民正常生活的前提条件是生产能够满足家庭消费,但是调查显示,发生贫困代际传递的家庭年人均纯收入仅有 810 元,低收入意味着消费受限,生活质量得不到保障。由于土地肥沃程度不高,农牧业生产产出较劳动力投入产出的水平低,所以农牧民会脱离生产,走向乞讨和救助。在调查中显示,整个西藏自治区贫困人口享受政府补贴的占到 82.6% 以上,政府福利对农牧民脱离生产起到一定的助推作用,使贫困家庭即使不从事生产,基本生活也能得到保障。"等、靠、要"的思想已经形成,使农牧民在意识形态领域产生了依赖。

2. 城镇化困境

西藏农牧区人口相对过剩,而城镇的劳动力需求不足。调查结果显示,西藏农牧民进城务工人员仅占总人口的 7.63%,远远低于全国 18.46% 的水平(李旭鸿,2011)。收入差距、城乡差距和地区差距越来越大,农牧区发展落后、农牧业生产率水平低、农民收入增长缓慢等问题日益突出。严格的户籍制度、就业制度和财政制度是形成城乡二元经济社会结构分化的主要原因。城镇社会保障能否满足农牧区贫困人口的需求,是农牧民实现城镇化的重要保障。所以,短时期内很难实现农牧民的城镇化。

3. 人口流动障碍

在西藏现代化过程中,农牧民实现城镇化交通不便和文化差异是阻碍农牧民人口流动的关键原因。人口流动过程中,既有汉族,也有藏族、回族、纳西族等少数民族,而且人口素质水平有高有低,流动人口主要从事商品买卖、餐饮、建筑等行业,各个民族宗教信仰和风俗习惯各不相同,这就增加了相互交流的复杂性,一定程度上弱化了农牧民人口流动的动机和意识,使这些贫困人口难以去尝试。这就是贫困亚文化的代际传递。

4. 就业困境

农牧民的劳动力水平相对比较低,在城镇中很难适应城镇的工作环境,特别是在城镇中工作,早上喝酥油茶的习惯逐渐被改变、自由的农牧业生产方式也被紧张而规律的工作所代替,这是农牧民融入城镇生活最难解决的问题。城镇的工作是一个各民族共同劳动的过程,企业很难改变农牧民自由懒散的生产状态,所以对农牧民的雇佣率相对较低,导致结构性失业。

5. 因病致贫困境

西藏地方病主要有先天性心脏病、克山病、鼠疫、布鲁氏菌病和大骨节病,尤其是大骨节病居全国之首。全区有 36 个县(市、区)、121 个乡镇、386 个自然村流行大骨节病,总人口约为 116.2 万人,占西藏总人口的 1/3 以上,其中病区人口 9.6 万人,现症患者1万多人，成为致贫返贫的主要原因之一（西藏自治区扶贫开发领导小组办公室，2012）。

三、结论与建议

西藏农牧区贫困代际传递发生率较全国其他地区而言，发生率很高，达到60.03%，各地区又存在很大的差异：相对较发达的区域，贫困代际传递发生率较低，传递的周期相对也比较长；而不发达的区域，贫困代际传递发生率高，而且传递的周期短。在调查中发现，发生贫困代际传递的家庭平均人口规模超出全国一倍多。在西藏农牧区贫困代际传递家庭中，面临着就业难度大、收入分配不合理、城镇化率低、人口流动障碍和因病致贫等困境。

针对目前面临的困境，西藏应该认真贯彻中央提出的"五个一批"工程，解决好"扶持谁"的问题，确保把真正的贫困人口定清楚，把贫困程度和致贫因素搞清楚，做到因户施策、因人施策的精准扶贫。

1. 发展农牧特色产业生产，创新驱动推进脱贫进程

加强农牧业特色产业发展，树立"区域经济特色化、特色经济产业化、产业经济规模化"的农牧业特色产业发展思路，合理开发和利用天然草场资源和土地资源，种植、养殖适合高原气候特征的农牧业产出品。打造高原特色产业品牌，建立农牧特色产业销售网络和物流中心，改变以往自给自足的自然经济体制，逐渐过渡到以交换为目的的市场经济阶段。

2. 发展教育、建立健全社会保障制度推进脱贫进程

满足农牧民子女接受义务教育和高等教育、重大疾病和基本医疗保险、基本住房保障等服务需求，提升农牧民城镇化的融入感。抓住对口援藏契机，转变城乡二元经济社会结构分化的发展方式，树立"城乡经济一体化、发展方式多元化、收入分配科学化"的城乡发展模式。

3. 鼓励人口迁移，推进异地搬迁脱贫进程

提供特殊的文化空间，方便当地居民在语言交流和风俗习惯方面援助农牧区贫困人员，实现当地居民与外来人口共同居住和文化交流无障碍。通过机关、团体、企事业单位所涉及的农牧区贫困人员，进行失业登记、就业培训、职业指导和职业介绍等途径，增加流动人口的就业机会，稳定就业，增加收入。地方政府应该为农牧区贫困人员提供保障性住房，将农牧区贫困人员基本保障住房纳入保障性住房建设规划当中，不断完善住房管理体系建设。公安机关应当及时快捷地为农牧区贫困人员办理暂住证，为符合落户条件的流动人口办理户口登记和落户手续。根据西藏城镇的生存环境、社会秩序和基础设施供应配备情况，对该区域农牧区贫困人员进行合理的控制和把握。

　　在国家提出的精准扶贫政策指导下，解决西藏农牧区贫困代际传递问题是从根本上"救穷"，而不是"救急"，"扶贫到户、扶贫到人"是解决西藏连片贫困问题的关键，也是西藏自治区"十三五"期间亟待解决的突出问题，对西藏经济社会发展具有重要的现实意义。

参 考 文 献

奥斯卡·刘易斯. 2004. 五个家庭：关于贫困文化的墨西哥人实例研究 [M]. 丘延亮，译. 台湾：巨流图书公司出版.

辜胜阻. 切断贫困的"代际传递"（建言）[N]. 人民日报. 2015-4-15.

李旭鸿. 中国进程务工人员已超过 2.4 亿 "农民荒" 问题突出 [N]. 光明日报. 2011-10-27.

西藏自治区扶贫开发领导小组办公室. 2012. 西藏自治区"十二五"时期扶贫开发计划 [C]. 内部资料.

习近平在中央扶贫开发工作会议上发表重要讲话. 人民网. http://pic.people.com.cn/n/2015/1128/c1016-27867309.html.

肖涛. 2005-11-10. 深入贯彻习近平总书记的重要讲话精神瞄准目标苦干实干坚决打赢脱贫攻坚战 [N]. 西藏日报.

亚当·斯密. 1972. 国民财富的性质和原因的研究 [M]. 北京：商务印书馆.

拉格纳·纳克斯. 1966. 不发达国家资本的形成问题 [M]. 谨斋，译. 北京：商务印书馆.

Becker G S, Nigel Tomes N. 1986. Human Capital and the Riseand Fall of Families [J]. Journal of Labor Economics, (3)：1-39.

Mead L M. 1992. The New Politics of Poverty：The Non-working Poor in America [M]. New York：Basic Book.

Wilson W J. 1987. The Truly Disadvantaged：the inner City, the underclass, and public Policy [M]. Chicago：University of Chicago press.

第五章　西藏发展生态经济的若干问题[*]

侯　霞

摘要：胡锦涛同志在第五次西藏工作座谈会上强调坚持把生态保护作为西藏生态文明建设的基础，把建设资源节约型、环境友好型社会放在西藏发展的突出位置，按照保护优先、综合治理、因地制宜、突出重点的原则，统筹生态环境保护和经济发展、社会进步、民生改善，促进生态保护与经济建设协调发展。因此发展生态经济是实现经济腾飞与生态保护、物质文明与精神文明、人类生态与自然生态高度统一的可持续发展的经济模式。走生态经济之路是构建和谐社会、实现可持续发展的必然要求；建立生态型企业是西藏经济发展的必然选择。

关键词：西藏；生态经济；发展思路。

一、生态经济一般理论

生态经济是 20 世纪 60 年代初期提出的旨在摆脱现实社会面临的诸多困境的一种理念、一个目标和一条路径。经过多年的发展，生态经济作为一种理念正在被越来越多的人所理解和接受，而且由理念上升为一种理论体系，随着实业家和政治家的介入，生态经济开始朝着人类社会中的一种经济形态的方向发展。人们渐渐认识到：掠夺式的经济增长必然导致生态环境的崩溃，单纯追求生态目标也处理不了社会经济发展的诸多问题，只有确保社会—经济—自然复合生态系统持续、稳定、健康地运作，才有可能同时实现这两个目标，从而实现人类社会的可持续发展。生态经济既是生产不断发展与资源环境容量有限的矛盾运动的必然产物，也是实现可持续发展的一种具体形式，是把经济社会发展与生态环境保护和建设有机结合起来，使之互相促进的一种新型的经济活动形式。生态经济强调生态资本在经济建设中的投入效益，生态环境既是经济活动的载体，又是生产要素，建设和保护生态环境也是发展生产力。生态经济强调生态建设和生态利用并重，在利用时抓环境保护，力求经济社会发展与生态建设和保护在发展中动态平衡，实现人与自然和谐的可持续发展。总之，生态经济是生态和经济并重、双赢的经济形式，而不仅仅以其中之一为目标。

生态经济作为一种经济发展新模式，已被越来越多的国家和地区认同和推广，对人类可持续发展具有重要的现实意义和深远的历史意义。19 世纪中期，美国经济学家肯尼

---

* 原载于《西藏发展论坛》2012 年第 2 期。

斯·鲍尔丁在《一门科学——生态经济学》论文中第一次提出生态经济学这一概念，为生态经济的研究奠定了理论框架。所谓生态经济，就是在经济和环境协调发展思想指导下，按照生态学原理、市场经济理论和系统工程方法，运用现代科学技术，形成生态上和经济上的两个良性循环，以最终形成经济、社会、环境、资源协调发展的现代经济体系。其本质是把经济发展建立在生态系统承载能力范围之内，在保证自然再生产的前提下扩大经济的再生产，以形成产业结构优化，经济布局合理，资源和环境承载力不断提高，经济实力不断增强、集约、高效、持续、健康的社会—经济—自然复合生态系统。

作为一种经济发展模式，生态经济一般遵循四个原则：一是生态环境保护与生态环境建设并举的原则。该原则强调在加大生态建设力度的同时，紧紧围绕生态环境面临的突出矛盾和问题，坚持保护优先、预防为主、防治结合，依靠科技进步和社会文明，协调好施利与除弊之间的关系。二是突出地区特色和发挥资源优势的原则。该原则要求立足生态资源的优势和潜力，因地制宜地确定主导产业和优势产品，促进产业结构优化，产品结构升级，把环境优势转变为现实生产力。三是区域联合协作、社会共同参与和投资主体多元化相结合的原则。该原则强调发挥区域统一组织协调和政策导向作用，引进开发生态项目，壮大生态产业。四是经济效益、生态效益和社会效益协调统一的原则。该原则要求以经济发展为中心，强化生态建设，不断提高人民生活水平，全面改善人居条件，在保持经济持续稳定增长的同时，取得良好的生态和社会效益。

二、发展西藏生态经济的重要性与紧迫性

（一）西藏特殊的地理环境与生态脆弱性要求我们必须走生态可持续发展之路

西藏地处祖国西南，这里不仅是南亚、东南亚地区的"江河源"和"生态源"，还是中国乃至东半球气候的"启动器"和"调节区"，更是我国重要的生态安全屏障。"建设国家生态安全屏障"是中央第五次西藏工作座谈会提出的战略任务。由于海拔高，空气稀薄，生态系统十分脆弱，抗干扰能力低，自我更新能力差，一旦遭到破坏，其在很长时间内难以恢复。保护好西藏高原生态环境，不仅关系到中华民族的生存发展和各族群众的切身利益，也关系到全人类的生存和发展。构筑稳固的国家生态安全屏障、建设生态西藏、确保西藏的生态环境良好，已经成为中央对西藏的历史重托，也是西藏各族人民的一个神圣职责。

（二）西藏经济发展方式的转变要求我们必须走生态经济之路

发展是硬道理，是解决西藏所有问题的基础。当前加快发展与生态保护矛盾突出，要充分认识到由于过度开发，生态环境压力大、局部生态环境退化、土地和草原沙化现象存在。要实现西藏经济社会跨越式发展，就要求我们必须转变经济发展方式，改变传统的资源依赖型发展战略，实现纯粹的经济增长向科学发展转变，构建"资源保护型与

环境友好型"的经济社会发展模式。科学发展是生态优先、保护优先，在保护好生态环境的基础上做到发展，在发展的基础上保护好生态环境。发展生态经济符合科学发展观的要求，是保证与促进西藏经济可持续增长的必然选择。

（三）解决西藏经济发展面临的资源瓶颈制约，要求我们必须走生态经济之路

西藏自治区地域辽阔，各类动植物资源丰富，部分稀有矿资源储备位列国家首位，但在人均资源拥有量、适应人类生存土地方面却处于劣势。由于西藏特殊的地理位置与生态脆弱性，这些资源的开发和利用势必会造成生态的破坏，而且在短期内难以恢复，从长远看，不能以生态换速度，发展资源依赖型产业并不可行，在保护好西藏生态环境的基础上突破西藏经济发展资源瓶颈制约，必须坚持生态环境保护优先，走在发展中重保护、在保护中求发展的生态经济之路。

（四）提高人民物质文化生活水平、缩小城乡差距、构建和谐社会要求我们必须走生态发展之路

中央第五次西藏工作座谈会把"确保西藏生态环境良好"列入进一步做好西藏工作的指导思想之中，表明良好的生态环境对西藏实现跨越式发展的重要性，意义深远。"十一五"以来，我们在生态安全屏障保护与建设方面成效很大，"十二五"期间，我们将继续走生产发展、生活富裕、生态良好的文明发展道路。从长远来看，发展生态经济是西藏可持续发展战略的必然要求，是建设小康西藏、平安西藏、和谐西藏、生态西藏的重要内容，是功在当代、利在长远的伟业，是各族人民追求和谐与幸福的保障。

我们实施的新农村建设、安居工程、环境治理、生态搬迁等，都直接提高了广大农牧民的生活水平和质量。城市的发展要以农村为依托，兼顾农村的发展，以此带动农村的发展，农村的发展又反作用于城市发展，促进城市的发展，两者相辅相成，推动整个社会向前发展。然而在很多时候我们却忽视了农村的发展，导致城乡差距过大，一些不和谐因素出现。构建社会主义和谐社会，就要统筹兼顾，不能牺牲农村利益来换取城市发展，要克服城市对农村的资源性掠夺，必须走生态发展之路。

三、西藏生态经济发展现状

（一）农业生产与生态保护并重

西藏农业生产自然条件差，基础设施薄弱，粮食产出水平较低，为此，要加强农业基础建设，改造中低产田，把改善农业的生态水平作为农业生产和开发积极追求的目标，西藏注重通过改善农业发展的生态环境来努力提高粮食产量。政府帮助农民改变千百年来传统的撂荒式的"白色休耕"等不利于保持水土的耕种习惯，实行粮草轮作等生物手段，提高土壤的肥力和水分涵养能力。在搞好农田水利基本建设的同时，推广农田林网

化，降低风沙对土壤的侵蚀。经过不懈努力，西藏中部农业主产区的土地利用率大幅度提高，土壤侵蚀程度明显下降，支撑农作物生长的水热等自然条件得到改善。2011年，粮食总产量达到93万t，基本实现了自给。另外，国家投入巨资在西藏先后建设了一批农业综合开发项目，始终注意土地开发与改善生态相结合，做到土地面积的扩大与生态环境的改善同步进行。例如，由中央政府直接投资12亿元建设的"一江两河"中部流域农业综合开发工程等重大建设项目，都把环境保护与生态建设作为项目建设的重点。农业综合开发，不仅取得了良好的经济效益，而且取得了十分显著的社会效益和生态效益。

（二）择优选择工业项目，加强污染防治

西藏的工业是西藏和平解放以后逐步发展起来的，至今工业企业仍然很少，工业污染问题并不突出。为了尽量减少工业发展对生态环境产生的不利影响，西藏自治区政府对工业发展始终坚持发展与保护并重的原则，在发展工业的同时，努力做到经济效益、社会效益和环境效益相统一，绝不为了单纯追求经济效益和填补空白而盲目上马工业项目。为了有效防治污染，政府积极采取了一系列污染防治措施，确保不因现代化工业的发展对生态环境造成破坏。一是通过调整产业结构、产品结构及技术改造进行工业污染治理，如拉萨皮革厂在从德国引进先进工艺设备的同时，配套引进了环保设施；拉萨重点水污染企业拉萨啤酒厂在技术改造中投入400多万元用于污水治理，现已实现达标排放。二是强化环境监督管理，对超标排放污染物的企业进行严格整顿。按照"上大关小"的产业结构调整原则，关闭了拉萨市区的六条污染严重的机立窑水泥生产线，并严格禁止污染严重的企业开工生产，淘汰国家明令禁止的落后工艺设备。

（三）加强对资源开发、重大基础设施建设项目的生态环境影响评价和管理

对一切新建、改建、扩建项目，一律实行环境影响评价后才能立项的政策，严格执行环境影响评价和"三同时"制度（指项目的污染防治设施与主体工程同时设计、同时施工、同时投产使用），大中型建设项目的生态环境影响评价执行率在80％以上。西藏的罗布莎、香卡山铬铁矿产资源开发项目，都把生态环境保护措施作为资源开采的重点工作加以落实。举世瞩目的西藏羊卓雍湖水电站，从项目的确定、设计到施工建设，均充分考虑了生态环境保护。该电站自运行以来，没有因发电而造成湖水水位的下降，影响羊卓雍湖的自然生态环境。

（四）重视城镇生态环境综合治理与建设

城镇生态环境综合整治工作历来是西藏生态建设和环境保护工作的重点之一。为保证大气环境质量，西藏在城镇中积极推广使用无污染能源，逐步淘汰柴草、牛粪、燃煤、燃油等居民生活燃料，大力提高民用燃料气化率。到2010年，拉萨市、日喀则市石油液化气用户已发展至4.46万户，用气普及率达83％。同时，西藏还积极利用水能、地热能、太阳能和风能等清洁能源，初步形成了以水能为主、多能互补的能源建设利用格局，对保护生态环境起到了积极作用。全区对太阳能的推广使用，目前年折合标准煤13万t。

在城市公共绿地建设方面，拉萨市、日喀则市的绿化覆盖面积已达 1693.6 公顷[①]，公共绿地面积有 47.48 公顷，建成区绿化率为 23.5%。加强城镇上下水管网道建设和废弃物的处理工作，建成供水管道 679.46km、排水管道 392.77km；投资 5127.94 万元建设拉萨市城市垃圾卫生填埋场，其他各城镇的垃圾处理设施也正在积极规划建设中[②]。

（五）大力发展生态特色产业

发展对生态环境影响相对较小的特色产业，一直是西藏加快经济发展中的一项重要政策。西藏具有独特的自然地理环境和人文环境，发展旅游等第三产业，有得天独厚的自然优势。西藏自治区人民政府于 1996 年颁布了《关于加快发展旅游业的决定》，把作为支柱产业之一的旅游业摆在突出位置，大力发展。2011 年，全区接待国内外旅游者869.76 万人次，实现旅游收入 97.06 亿元，创汇 4638 万美元；旅游业直接从业人员6506 人，间接从业人员超过 3 万人。旅游业在西藏经济中的地位日趋提高。与此同时，对旅游业这类污染小的行业，西藏也十分重视其发展中带来的破坏生态和环境污染问题。对旅游景区（点）产生的垃圾，旅游和环保部门采取积极措施，通过收集、分类、处理，防止污染生态环境。就连条件极其恶劣的珠穆朗玛峰登山大本营，都专门修建了垃圾箱，收集登山者和旅游者带来的生活垃圾，定期由专人清运和处理。

四、发展西藏生态经济的基本思路

生态经济的本质，就是把经济发展建立在生态环境可承受的基础之上，实现经济发展和生态保护的"双赢"，建立经济、社会、自然良性循环的复合型生态系统。

（一）走生态经济之路是构建和谐社会、实现可持续发展的必然要求

1）人与自然的关系和人与社会的关系，是构建和谐社会的两种基本关系，而人、社会与自然的和谐统一是密不可分的整体。从人与自然之间的和谐、人与人之间的和谐这两个层面来理解和谐社会，"和谐"应是尊重自然规律、经济规律、社会规律的必然结果，是可持续发展的客观要求。和谐社会必须在一个适宜的生态环境中才能保持发展，没有平衡的生态环境，社会的政治、经济和文化不能生存和发展，和谐的人际关系也会变成空中楼阁，无存在基础。因而，生态和谐是和谐社会的基石，没有生态和谐的社会不是真正的和谐社会。发展生态经济是实现人与自然的和谐和人与社会的和谐的应有之义。

2）科学发展观指导下的跨越式发展的立足点应在于促进经济社会和人的全面发展。这就要求我们用和谐的眼光、和谐的态度、和谐的思路和对和谐的追求发展生态经济，走人与自然和谐之路，不断改善生态环境，提高自然利用率，就要加快改变环境与经济发展相对立的传统经济学观念，树立生态环境也是生产力，环境与发展两者应是协调统

---

① 1 公顷 $= 10000m^2$。

② 《西藏生态建设与环境保护事业发展白皮书》，2011 年。

一的整体的生态经济学新观念，深刻领会人口、资源、环境与社会经济在发展中是相互关联、相互制约、相互依存的矛盾对立统一体；充分强调生态保护对国民经济和社会发展的重要作用，充分认识保护生态环境就是保护生产力，改善生态环境就能发展生产力。正确认识和处理生态保护与经济发展的关系，坚决克服以生态换速度、以资源拼增长的传统发展方式。

3）在西藏当前条件下，大力倡导发展生态经济具有不同寻常的意义。首先，这是因为西藏正处于高速增长的时期，要特别注意盲目求快的倾向，避免在跨越式发展进程中有增长无发展的消极发展模式。我们应当一切从西藏自身的情况出发，自觉地走生态经济协调发展的道路。其次，经济增长是有代价的。西藏以什么样的经济增长模式来选择低代价的经济增长方式？这种低代价的经济增长方式就是生态经济方式。否则，即使有了高的经济增长，如果以破坏和牺牲生态环境为代价，这种增长的代价也是极其高昂的，对于西藏来说，生态环境保护的战略意义尤其重要。最后，西藏的发展要发挥后发优势，在未来的发展进程中，独有的生态资源是西藏赖以持续的保障。一个很重要的方面就是要充分认识和发挥生态经济的裂变效应，它会带来工业的一种新的发展模式，即清洁生产；它会带来农业的新的生产方式，即生态农业；它还会带来服务业的新的增长方式。

4）发展生态经济，必须进一步解放思想，更新观念。要把发展生态经济作为未来的一项重大发展战略，明确发展目标，确立"立足生态，着眼经济、全面建设、综合开发"的发展思路，实现资源开发与资源培植相结合，生态建设与经济发展相结合，实现经济效益、生态效益、社会效益的协调统一，创立生态经济的发展模式。要根据西藏自身的情况，发展生态林业、发展水电等清洁能源、发展生态农业、发展有机食品工业、发展生态建筑及材料产业、发展生态旅游业和环境保护产业等。这些产业的发展不仅将有力地推动西藏生态经济的发展，提升西藏经济竞争力，而且有利于扩大就业，而充分就业又是人口、经济、生态相协调平衡的重要内容，是生态经济的本质要求。西藏要在尽量少破坏生态环境的前提下高标准、高起点、大力度地加强基础设施建设，建设绿色通道，发展生态交通，为生态经济发展提供支撑和依托，使生态经济与基础设施相互促进。要以发展生态经济为契机，对经济结构进行大力度调整。要利用发展生态经济进一步吸引和利用外资，扩大开放，同时通过进一步扩大开放促进生态经济发展。

5）生态经济不同于以往的农业经济和工业经济，从理论到实践都是新生事物。这种发展源于现代科技的日新月异，也源于群众智慧的创造发挥。所以，发展生态经济的关键在于创新，在于发展过程、发展机制和发展环境的优化，在于人的素质的不断提高、科技创新的高效转化、企业和基地的带动辐射、服务网络的全面覆盖。这是西藏在推进生态经济发展过程中应着力抓好的关键环节。

6）发展生态经济要处理好的几个关系。保护与发展的关系。自然生态环境是人类生存之本和发展之本。人类保护自然生态环境就是在保护生产力，建设自然生态环境就是在发展生产力、发展经济。我们必须从全局出发，全面统筹社会经济发展和自然生态环境的保护，在思想观念上牢固树立社会经济与生态环境协调发展的良好理念，在社会经济的发展中奠定自然生态环境保护的物质基础，做到经济效益与社会效益的统一。

传统产业与生态产业关系。目前，西藏大部分产业均属传统产业，这些产业一方面在西藏社会经济发展、传承和发展西藏传统文化上中起着举足轻重的作用，但另一方面，这些产业资源消耗大，技术含量低，生产效率的有效转化程度不足，从而造成产业的社会贡献率不高，缺乏市场竞争力。因此，实现传统产业的生态化，促进传统产业与生态产业的有效兼容，做好传承与技术创新是我们应处理好的重要问题。

产业结构调整与经济发展方式转变的关系。结构本身说到底就是一种比例关系，经济发展方式是实现经济发展的方法、手段和模式，经济结构与经济发展方式之间关系密切，两者之间既不是因果关系，也不是包含关系，是相辅相成的高度正相关关系。过去很长一段时间，西藏经济增长的方式简单地说是粗放的，直接地说是不和谐的。

（二）建立生态型企业是西藏经济发展的必然选择

遵循生态规律和经济规律，合理利用自然资源与优化环境，在物质可持续利用的基础上发展经济，使生态经济原则体现在不同层次的生态经济形式上。正是基于此，现代企业经营目标是在生态经济约束下的企业经营方式，这样才能满足各方利益要求，促进现代企业制度建立，有利于企业实现可持续发展目标。企业只有寻找到有效实现"生态管理"和"生态管理经济"的路径，才能形成具有本企业特色的绿色经营管理模式，将企业真正建成生态型企业。

生态经济的发展主要体现在以下三个互动层面：小层面即单个企业层面的生态经济，简称单一型生态经济；二是中观层面即企业之间的生态经济链，简称结合型生态经济；三是宏观层面即社会层面的生态经济层，简称复合型生态经济。三个层面的生态型经济，体现出从单一到结合，从结合到复合，层层推进，每一次推进，都将促使经济运行质量得到改善和提高。企业作为发展生态经济的基本个体和基础，是实施生态经济的主体，也是体现生态经济效益最直接的个体，结合型生态经济和复合型生态经济都是建立在发展生态企业这一层面之上的。只有企业积极参与其中，实行生态管理，实现"最佳生产，最佳经营，最少废弃"，才会更好地推动整个社会经济的可持续发展。

因此，现代型企业管理要从纯粹地追求经济利润管理向经济利润管理与生态型管理结合转变，在管理的对象、目标、任务、职能等方面体现出生态与经济的统一性，不仅遵循市场经济规律的要求，还要遵循自然生态规律的要求，实施生态化管理，自觉协调经济与生态环境的发展关系，实现社会效益、经济效益和生态效益的"三赢"。而且，通过实施有效的生态管理，不仅促使单个企业的生态化转变，而且由点及面、推广普及、引起整个经济环境及整个社会风尚的转变。通过这些转变再推动生态经济的深入发展和资源节约型、环境友好型社会的早日实现。

参 考 文 献

李善同，刘勇. 2001. 环境与经济协调发展的经济学分析［J］. 北京工业大学学报（社会科学版），1(6)：5-12.

彭福扬，徐四强. 2005. 从经济、社会和生态的三维视野看技术创新的生态化转向［J］. 桂海论丛，21(1)：39-42.

杨洁，陈小敏. 2009. 循环经济运行机制探讨［J］. 当代经济，(21)：92-93.

张虎成. 2004. 西藏生态环境建设与发展生态经济的思考［J］. 西藏科技，(2)：43-47.

第六章　西藏地区国有企业现代化与居民现代化相互影响的路径研究*

王晓芳　杜青龙

摘要：企业现代化与居民现代化均是西藏地区现代化建设所追求的重要目标。本章从西藏地区的实际情况出发，从宏观层面探索了二者相互联系的内在机理，认为二者通过能量、信息以及物质的交换，将会形成一个微观的现代化社会系统。正是这个系统的存在，使二者必然存在相互影响，且存在一定的影响路径。

关键词：居民现代化；企业现代化；影响路径。

“社会现代化就是人的现代化”，“人的现代化是现代化的前提”，企业现代化作为社会现代化的一部分，必然要求人的现代化。但是，文献对人的现代化的关注主要集中于企业内部员工的素质问题，并将员工看作是公司的资产，从而产生了“人力资源管理”这一学科分支，理论已经基本趋于成熟。

但“人力资源管理”只是从微观层面分析了企业现代化与居民现代化的关系，而对于从宏观层面来分析国有企业现代化与居民现代化之间的关联却罕有文献阐述。随着“协同发展”战略思想的出现与发展，对欠发达地区从宏观层面上关注企业现代化与居民现代化的关系具有重要的战略意义，它有利于企业获得高素质的员工、具有较高忠诚度的消费者以及理性的消费文化、有效实施跨文化管理等；同时，也有利于企业加深对企业社会责任的认识，推动欠发达地区居民现代化的进程。

一、居民现代化的内涵及现代化居民的特征

现代化社会具有以下四个方面的特征：第一，社会是个开放系统；第二，社会结构高度有序化；第三，是动态有序的活结构；第四，具有自我持续进步的能力。

居民作为社会的一分子，其行为特征必然烙上社会的特征，要理解居民现代化的内涵，首先要理解现代化社会的内涵。如果现代化社会的内涵变化了，则居民现代化的内涵也要发生改变。因此，本章认为，从个体与整体的关系来看，所谓居民现代化，就是居民从由习惯于传统社会特征向具有现代化特征的社会的适应过程。这里的所谓“适应”，是指反复优化的过程。并且，这种适应如同人类进化一样，常常是通过“特化”的

* 原载于《西藏研究》2014 年第 5 期。

途径获得，即首先是一部分居民向具有现代化特征的居民演进，通过带动、示范或者迫使①作用，实现绝大多数居民的现代化。

由于现代化社会的社会特征具有动态性，因此，居民现代化也是一个动态的、连续的适应过程，即居民由传统向现代化的变迁是一个无止境的、连续的过程：传统→现代→传统→新的现代……这个过程，也就是马克思主义所提出的"否定之否定"法则的具体体现。我们所称谓的"现代化居民"只是一个静态称呼，具有某一时代、某一地域的特征。

根据以上社会特征的描述以及居民现代化的定义，本章认为符合现代化社会的居民，为了适应现代化社会的发展，必须具备以下特征。

第一，具有持续学习的能力和态度。这是现代化居民最重要的素质，它是现代社会持续进步，不断演化的原动力。一个社会，只有实现"全员学习"、"终身学习"，才能具有开放的心态，促进社会系统（或居民系统）形成开放系统。

第二，具有利他性的思维方式。早在公元前4世纪，亚里士多德就提出了政治人假设，强调人类的合群性。他指出人是政治的动物，天生就有一种组织性（合群性），从而为人类的政治活动和政治管理奠定了人性的基础。在中国的传统文化假设中，也存在"有限自利性"的假设，它是指中国人对人的自利行为的容忍度和接受度存在一个限度。超过这个限度，就会引起他人的反感、不舒服，甚至遭到他人的攻击——也就是中国古话说的"苟富贵，勿相忘"。否则，就是为富不仁，被社会和人们所唾弃。因此，中国人具有利他性思维方式（或利他思维）的文化基础。

第三，强的跨文化适应能力。文化具有地域性、民族性的特点，不同地域、不同民族的文化常常被认为是有差异的，我们将高度差异的文化称为非同质化文化。随着信息技术的发展与经济全球化的趋势，非同质化文化交流越来越频繁，并成为推动一个国家或地区经济、政治、文化发展的重要力量。作为一个现代化的居民，应该有识别文化差异、吸收差异化文化的能力。当一个居民具有发挥跨文化的优势，避免异质文化的冲突时，我们就认为该居民具有跨文化适应能力。跨文化适应能力的高低决定了一个社会系统（或居民系统）开放程度的高低。

第四，具有创造社会财富的能力。许多社会学家认为，现代化就是"物质财富的极大化"。这样的定义是不科学及片面的，因为这个定义的内涵就是说现代化只可能发生在发达国家或地区，欠发达国家或地区就没有现代化的资格。根据我们对现代化特征的描述，现代化具有时代特点以及地域特征，因此作为欠发达地区的西藏，其也有现代化的内在要求以及阶段性的现代化目标，因此，我们否认把财富与现代化等同起来。但是，我们不能忽视现代化与物质财富的关联性。没有物质财富积累的现代化是空中楼阁式的现代化；但是，只追求物质财富的现代化是庸俗、肤浅的现代化。我们讲现代化居民，是要求具有创造物质财富的能力，能力越强越好；但还要求其有创造精神财富的能力。物质财富是居民得以生存的前提，而精神财富则是居民迈向现代化的阶梯，"两手都要

---

① 当现代化居民在获得生活资源、社会地位以及声誉等方面更具有竞争力时，传统型居民就会不得不向现代化居民演进，即使他们可能是不愿意的。

抓，两手都有硬"。

第五，具有维护社会结构有序化的意愿及能力。维护社会结构有序化的意愿主要是指居民有参政议政的意愿，有维护社会稳定、维护祖国统一、反对分裂的意愿。维护社会结构有序化的能力主要是指居民有参政议政、表达自己意愿的能力，有充分维护自己社会角色的能力。特别需要强调的是，当居民的社会角色认知失误后，常常会产生破坏社会结构有序化的行为。

第六，健康的生活状态。健康的生活状态有利于降低社会成本，增加居民生活的幸福感。同时，健康的思维方式还有利于居民加强跨文化适应能力、维护社会结构有序化的意愿等。

借鉴姜玉山、朱孔来(2002)的"现代化评价指标体系"，结合西藏地区的实际情况，本章从持续学习的能力和态度(A)、利他性的思维方式(B)、跨文化适应能力(C)、创造财富的能力(D)、社会结构有序化程度(E)、健康的生活状态(F)共 6 个方面对西藏地区的居民现代化进行评价，采用 1991~2011 年《西藏统计年鉴》的数据对影响西藏地区居民现代化的要素因子进行分析，因子分析的 KMO 值为 0.82，球形检验卡方值对应的 P 值小于 0.001，总方差贡献率为 90.02%，因子载荷值较大的因子主要包括"平均每万人各级各类学校毕业生数(A2)"、"西藏少数民族人口数(C3)"、"人均地区 GDP(D1)"、"图书与杂志出版数量(D2)"、"性别比例(E1)"、"农牧民人均收入(F4)"、"职工人均收入(F5)"、"废水排放量(B1)"、"污染治理完成投资额(B2)"等。

二、企业现代化的内涵及西藏地区国有企业现代化程度

我国第一个企业管理现代化纲要是这样界定企业管理现代化的："企业管理现代化是依据社会主义经济规律，为适应现代化生产力的客观要求，应用科学的思想、组织、方法和手段，对企业的生产经营进行有效的管理，使之达到或接近国际先进水平，创造最佳经济效益。它要求在企业管理中应用切合实际的社会科学的现代管理理论、方法，并广泛采用运筹学、系统工程、电子计算机、现代通信以及其他先进手段和方法。"本章认为，所谓企业现代化，是指企业在遵循一定的社会法则基础上，合理利用现代自然科学技术成果，并能够运用现代管理原则与方法指导企业生产实践，从而较好地实现企业的目标和宗旨。因此对企业现代化程度的理解，应包括如下内容。

第一，企业必须遵守一定的社会法则。企业遵守社会法则的程度以及对遵从社会法则的理解，主要通过企业文化来体现，如企业的理念以及核心价值观。第二，企业应当具有正确的目标与宗旨。现代化企业的宗旨不应与社会现代化的前进方向相违背，但企业作为一个微观经济系统，又有其自身的运行规律，企业一定要分清自己的目标与宗旨。第三，企业现代化必须与社会现代化同步，并能积极利用社会现代化的成果，为企业现代化发展服务。同时，企业要积极追求自身的现代化，并积极推动社会现代化的实现进程。企业现代化是否与社会现代化同步，主要表现在企业的管理职能、治理机制等是否与现代化同步；企业是否以开放性的心态融入社会现代化中去，具体体现为企业处理、

接纳社会信息的能力与方式，更为具体的就是企业的信息化程度。

　　由于西藏地区的国有经济在地区经济中具有主导竞争力，其现代化程度在地区企业簇群中也更具有代表性，故本章选取西藏地区的国有企业作为研究对象。根据"7S 理论"以及西藏企业的发展环境与现状，本章从"企业文化、管理职能、治理机制、信息建设"四个方面构建了西藏地区国有企业现代化的评价指标体系，并据此对西藏地区规模以上的国有企业进行了调查。利用层次分析法，分析结果显示西藏地区国有企业的现代化程度尚处于较低级的阶段（杜青龙　等，2010）。

三、企业现代化与居民现代化相互作用的内在机理

　　根据以上分析，居民现代化是企业现代化的前提与基础，居民现代化为企业现代化提供社会价值观、现代化的要素市场以及企业产品的消费市场；企业现代化不仅是居民现代化的指南针与发动机，为居民现代化提供方向导向与动力源泉，并且为居民现代化提供物质保障，二者的关系如图 6-1 所示。由图 6-1 可以看出，企业子系统与居民子系统通过能量、信息以及物质的交换，形成一个社会现代化的微观系统。

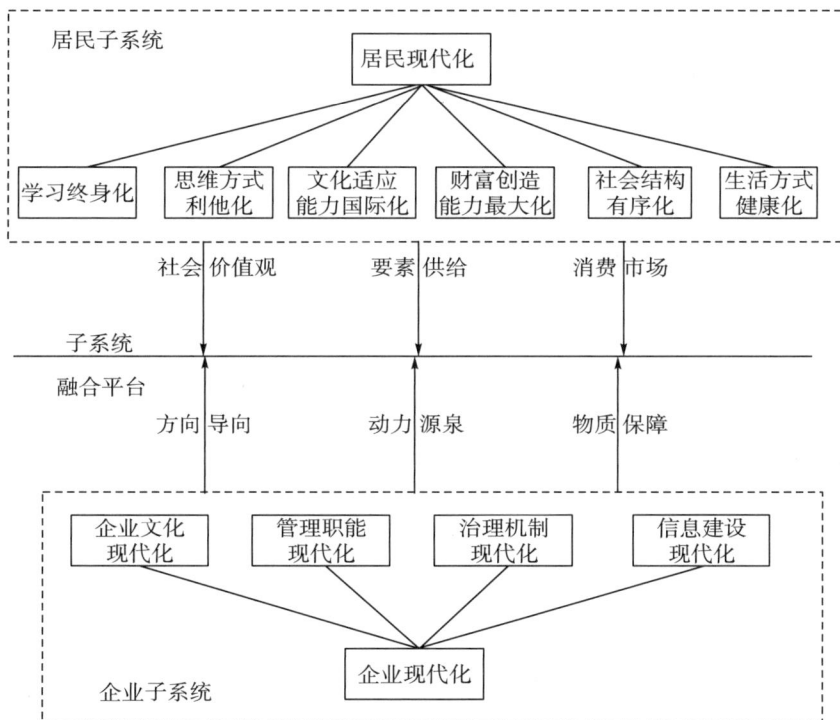

图 6-1　企业现代化与居民现代化相互作用的内在机理

四、企业现代化影响居民现代化的路径分析

显然，企业影响居民现代化的最优途径就是通过改变影响居民现代化的要素因子，从而达到影响效果最好、改变速度最快的目的。要想实现这个目的，企业必须增强自己的主导竞争力，通过主导竞争力的优化来影响要素因子，实现居民现代化的快速进程。

所谓主导竞争力，就是在推进地区经济发展中起主导作用的竞争力。何玉长等认为企业主导竞争力要素包括贡献力、控制力、凝聚力、增长力、创新力、辐射力、市场力。

本章认为，从微观层次而言，企业的主导竞争力要素主要包括经济绩效（贡献力）、企业治理结构、经营机制、企业文化、领导才能与员工素质、市场竞争能力。西藏国有企业通过增强主导竞争力影响居民现代化，具体而言，就是通过改善主导竞争力要素，主要包括经济绩效（贡献力）、企业文化、领导才能与员工素质，使主导竞争力增强，从而影响居民现代化的要素因子。

（一）通过增强贡献力（经济绩效）影响居民现代化

国有企业通过增强贡献力影响居民现代化表现在以下几个方面：第一，国有企业通过创造财富，提供市场供给，满足社会的需要，这可以直接影响要素因子 D1（人均地区 GDP）；第二，通过吸纳社会劳动力，提供就业机会，从而提高居民收入。这可以直接影响要素因子农牧民人均收入（F4）、职工人均收入（F5）。因此，企业通过增强贡献力，就可以提高居民创造财富的能力以及健康生活的保障力。

（二）通过塑造正确的企业文化影响居民现代化

第一，企业文化的核心是一个企业的价值观，这个价值观通过企业的制度设计、企业行为、产品质量等来体现。企业一旦建立起强有力的企业文化，可以增强企业的吸纳力，从而更有利于获得要素资源。对于西藏国有企业而言，最重要的要素资源是人力资源。在调查中也发现，西藏国有企业的管理者普遍认为，西藏的人力资源环境"一般"，其主要原因就是企业的吸纳力不足。通过增强吸纳力，在区外就业压力增大的情况下，大量的区外人力资源将会进入西藏，这样，就可以改变西藏地区少数民族人口的人数比例（C3）。人口的大量流动，有利于各民族文化的交流与合作，从而影响西藏居民的跨文化适应能力。

第二，良好的企业文化可以帮助企业员工增强维护社会结构有序化的意愿，通过员工的"普化行为"，有利于西藏地区的居民形成维护社会稳定与祖国统一的共同愿景，不受达赖集团分裂势力的蛊惑。

第三，健康的企业文化有助于社会系统的稳定性。企业文化为员工提供言谈举止的标准，引导和塑造员工的态度和行为。这样，可以加强员工维护社会结构有序化的意愿以及强化员工利他性的思维方式。员工通过影响其家人、朋友，从而提高居民的现代化素养。

企业文化总是要通过企业的行为来体现。当一个企业的企业行为违背社会道德基础时，比如在招聘员工时存在性别歧视（要素因子 E1）、工作中男女同工不同酬，我们就可以认为这个企业的企业文化是一种充满伪道德的企业文化。因为如果一个企业一旦建立起了真正意义的企业文化，社会责任、社会道德总是企业文化的一部分，这样，它就会为维护社会结构的有序化程度做出良好的贡献。

（三）通过塑造企业家精神与提高员工素质影响居民现代化

通过提高领导才能与员工素质影响居民现代化，其现实意义主要表现在以下三个方面。

第一，企业领导与员工均为居民的构成个体，提高了他们的素质与才能，也就等于提高了居民的素质与才能。

第二，企业家精神包括创新能力、合作精神与敬业精神。当一个企业家具有创新精神的时候，他就能够打破旧的、过时的东西，促进一个开放型社会的形成。同时，只有当一个领导者具有持续的学习能力和态度时，他才能培养自己的创新能力，树立号召力，并通过"榜样"的力量，推动"全员学习""终身学习"的社会风气。这会刺激居民在教育上进行足够的投资，从而影响关键因子 A2（各级各类学校毕业生数），提高西藏地区居民持续的学习能力和态度。当一个地区形成持续学习的风气后，对图书、杂志的需求量就会增加，从而拉动图书与杂志市场，从而影响关键因子 D2（图书、杂志出版数量）。

第三，只有当企业员工素质提高后，形成具有利他性的思维方式，企业才可能具有合作精神，从而承担与企业相符合的社会责任。这样，企业在决策时，就会尽量考虑增加决策的正外部性，降低负外部性。这样，关键因子 B1（废水排放量）、B2（污染治理完成投资额）就会受到影响。

五、居民现代化影响国有企业现代化的途径分析

（一）通过影响企业文化来影响企业现代化

当居民的现代化程度提高以后，企业员工"利他性的思维方式"就会增强，员工的个人操守、品德、信念会更加符合社会的价值观，企业的错误文化、价值观就会受到抵制。调查发现，96%的员工"同意"或"基本同意"诸如"不爱岗就要下岗，不敬业就要失业"的观念。随着地区居民现代化程度的提高，一个企业的管理者就不可能将这样的口号作为企业文化，因为他们知道这种带有恐吓性质的企业文化是不会被认可的，从而将会采用更温馨、更亲切、更容易被员工认同且能产生共鸣的企业文化理念。

更为重要的是，当居民的现代化程度提高以后，组织成员的社会化过程会变得简单、周期会更短。因为他们更具有适应环境变化的能力，对新的组织规范更容易接受，更具有生活目标以及人生理想，这样，他们就容易正确定位自己的社会角色，认同与自己角色一致的价值规范体系。比如，由于西藏地区佛教文化盛行，如果企业文化违背佛教教义就很难得到员工的认同。但是企业是具有竞争性质的，因此企业文化主要应当是竞争

文化，这可能将会与佛教的某些教义产生背离。要解决这一矛盾，只有通过居民现代化来解决，使员工明白自己的社会角色。这样，他们就会清楚在上班的时候应当信守企业的核心价值观，宗教信仰则应该是在下班以后。

（二）通过影响企业的管理职能来影响企业现代化

根据我们对现代化居民特征的描述，当一个地区居民的现代化程度提高以后，居民应当具有较强的学习能力以及持续学习的态度，收集信息的能力将会更强，居民的各种素质大大提高，他们更善于、更勇于表达自己的意愿，具有充分维护自己社会角色的能力。这些条件，是我们进行分析的假设前提。

1. 影响企业目标清晰度

西藏国有企业目标不清晰主要表现为竞争性企业不确定是以生存作为首要目标还是以社会责任作为首要目标。首先，当居民现代化程度提高以后，居民就会要求政府加强其职能建设，许多社会责任将会通过政府来解决，不符合企业性质的企业其社会责任就会降低，企业的注意力自然会转向利润目标。同时，西藏国有企业的管理者认为他们应当以社会责任作为首要目标。其次，员工现代化程度提高后，他们参与企业管理的意愿会增强，企业目标制定的方法将由现在的自上而下单一目标制定方式向自上而下与自下而上相结合的目标制定方式转化，员工将参与企业目标的制定，以便实施目标管理。当企业实施了目标管理以后，员工对自己制定的目标在理解上就不易出现偏差，实现目标的效率与效能也会大大提高。

2. 影响实施目标的规划

在实施目标规划建设方面，西藏国有企业最需要改进的地方主要表现为：管理者由于自身素质的原因对发展战略规划的内涵以及如何做规划不理解或不清楚；他们一般不重视规划，更多的是凭感觉。

调查发现，许多管理者认为自己需要进一步接受培训，其中，与企业管理相关理论的需求非常迫切。正因为绝大部分的管理者没有接受过系统的企业管理理论培训，且缺乏自学的能力以及进修的渠道，许多管理者觉得对发展战略规划的内涵无法理解。随着居民现代化程度水平的提高，能够获得企业管理者职位的居民将会具有较高的理解能力、自学能力以及交流能力，不会再出现由于对规划无法理解而轻视规划的行为。

3. 影响资源筹集与有效利用资源的能力

（1）影响资源筹集能力

调查发现，西藏国有企业在资源筹集能力方面主要表现为获取优秀员工以及金融资本能力方面不足。当居民现代化程度提高以后，社会的有序化程度将会提高，个人信用体系相对更为发达，以个人信用为基础的企业信用体系容易得到认可。信用等级的提高，将大大降低企业与外界的交易成本，可以有效加快物资以及货币的流通速度，这将会大大提高企业的融资能力。

在获取优秀员工方面，当居民现代化程度提高以后，西藏的人力资源环境将会得到有效提升，企业获取优秀员工的难度将大大降低。

（2）影响资源有效利用能力

在对西藏国有企业员工、固定资产、资金的使用效率评估中我们发现，企业员工生产效率以及固定资产的使用效率低下。员工生产效率较差的原因主要是有效激励不足，企业可以通过建立有效的企业文化解决这一问题。当居民现代化程度提高以后，员工获得激励满足度的来源将会呈现多样化的倾向，其中符合企业文化核心价值观的激励将会成为员工的首选激励方式，物质激励将会是激励的一个重要方面但不是主要方面。

固定资产使用效率低下主要有两个方面的原因：一是企业没有规划，盲目进行固定资产投资；二是员工的积极性不高，对固定资产的使用程度不足。这两方面显然都可以在居民现代化程度提高后获得较好的改善。

（三）通过影响企业的治理机制来影响企业现代化

影响西藏国有企业治理机制现代化程度的因素包括企业经营目标模糊、产权模糊化与代理关系复杂化、严重的路径依赖等。对于第一个问题，前文已有叙述。对于产权模糊化与代理关系复杂化、严重的路径依赖问题，主要原因是领导者素质的不足。当政府充分相信领导者的才能以及道德品质后，政府自然会完全放心让企业自主经营。一旦这个问题解决了，路径依赖问题也就不复存在。

（四）通过影响企业信息建设来影响企业现代化

西藏企业信息化建设强度不足，原因有两个方面：一是领导层无法处理信息系统传递的大量信息，不能从大量的信息中筛选有效信息供决策参考，他们觉得与其投入大量精力搞信息系统建设还不如凭感觉决策；二是企业"无法获得信息化专业技术与复合型人才"，这一选项在调查中得到一半以上管理者的支持。这两个原因，都是由于学习能力不足以及跨文化适应能力不够（无法招聘及留住非西藏地区的领导人才以及信息技术人才）所导致的。

参 考 文 献

毕道村. 2005. 现代化本质［M］. 北京：人民出版社：1-12.

杜青龙，陈文朝. 2010. 西藏国有企业现代化的路径依赖及经验总结［J］. 西藏研究，（1）：100-106.

何玉长，等. 2006. 上海增强国有经济主导竞争力研究［J］. 上海市经济管理干部学院学报.（2）：7-13.

姜玉山，朱孔来. 2002. 现代化评价指标体系及综合评价方法［J］. 统计研究，（1）：52.

李秀林，李淮春，陈晏清，等. 1990. 中国现代化之哲学思考［M］. 北京：人民出版社：5.

罗珉. 2006. 管理学［M］. 北京：机械工业出版社：50-55.

杨春学. 2001. 利他主义经济学的追求［J］. 经济研究.（4）：82-90.

H. 哈肯. 1989. 高等协同学［M］. 北京：科学出版社：20.

第二篇　要　素　篇

第七章　西藏经济增长中的全要素生产率分析[*]

贡秋扎西

摘要：全要素生产率的增长是反映经济增长效率的重要注解，对全要素生产率增长源泉的分解随着人们对经济增长的认识深化和经济计量分析工具的发展在不断深入，本章从经济增长源泉、全要素生产率分解和计量方法等层面对全要素生产率增长进行了理论分析，并以西藏经济总量和产业结构为例进行了实证研究，认为西藏经济维持长期持续增长的一个重要政策取向应该是进一步加强人力资源的积累。

关键词：西藏；经济增长；全要素生产率；因子分解。

衡量经济发展水平和质量的一个重要指标是全要素生产率(total factor productivity，TFP)。TFP 可以解释产值增加中除要素投入之外的诸如技术进步、规模经济和组织等集约性因素的贡献，因此可以反映经济体的发展水平和质量；另外，TFP 的因素分析可以测量经济体中技术、制度和组织等源泉性因素的贡献度，从而揭示出产业发展中存在的结构性问题，利于为产业进一步发展制定科学决策。

本章首先理论分析 TFP 增长因子分解理路，其次借鉴索罗模型并运用《西藏统计年鉴》1995~2004 年的数据进行实证分析，最后得出结论并提出政策建议。

一、全要素生产率的因子分解与衡量方法

TFP 衡量和反映除资本和劳动要素投入之外的产出增长贡献，也称为索罗残差或索罗剩余，是宏观经济学的重要概念，是制定宏观经济政策的重要参考变量。不过，虽然经济学者对其基本内涵达成了共识，但对其外延所包涵因子的认识及衡量方法方面却依然存有较大分歧。

(一)因子分解

当前，形成了几种典型的 TFP 的构成因子分解理路。肯德里克在 1961 年出版的《美国的生产率增长趋势》一书中，把除去要素投入增长后的经济增长部分归结为"要素生产率的增长"(growth in factor productivity)，它主要包含技术进步、技术创新的扩散程度、资源配置的改善、规模经济等；美国著名经济学家丹尼森把广义技术进步的内涵

---

　*　原载于《西藏大学学报(社会科学版)》2011 年第 3 期。

因子归为如下六类：生产要素质量的变化、知识进展、资源重新配置、规模经济、政策影响、不规则因素；Kumbhakar(2000)吸收 Aigner 等随机前沿生产模型，将全要素生产率分解为前沿技术进步(frontier technology progress)、相对前沿技术进步(technical factor relative to the frontier)、相对前沿技术效率的变化率、资源配置效率及规模经济性(scale economy)。

从以上理论和经验因子分解思路看，有分歧也有共识。达成一致看法的关键是对经济增长源泉的认识，应该说，迄今为止的研究对经济增长源泉的认识基本形成了共识，新古典增长理论、"新"增长理论、发展经济理论和制度经济学说等经济增长理论从不同视角深入研究了产出增长的源泉问题，共同结论是：资本、劳动、资源配置、技术进步、结构和组织制度等因素是一个经济体产出增长的源泉，分歧则主要体现在技术进步上。

经济学家在对技术进步内涵的界定和外延的分解上都未达成共识。在内涵的定性分析方面，索罗(1957)认为"技术变化"包含产量衰减、产量增长、劳动力教育的改进以及诸如此类的事务内容繁杂，重在突显投入之外因子对经济产出的贡献这一思想，难以进行相对精确的计量；罗默(1990)认为技术作为一种特殊投入品和人力资本存在区别，即技术既不是传统的商品，也不是纯粹的公共产品，它具有非竞争性和部分排他性，这种理解也存在难以量化的问题；卢卡斯(2003)则认为技术有别于一般意义上的知识，是特定人群的知识，或是特定人群的亚文化，是某种超出了我们当前理解范围的因素决定的东西，该定义也同样模糊。国内学者徐瑛等的论文也总结了以上学者的分析，但他们研究的技术进步等同于本章的 TFP，对技术进步本身没有进行定性界定，只是在计量时从索罗剩余中排除产业结构变动、资本空间集聚等增长贡献后的剩余来测算纯技术进步的贡献，这种处理显然也会存在计量误差。在定量分析方面，Aigner、Lover、Schmidt等(1977)提出随机前沿生产模型，将技术进步分解为前沿技术进步和相对前沿技术效率，我国学者涂正革和肖耿、岳书敬和刘朝明借用这一分解理路进行了实证分析。

综合以上理论和经验分析，技术进步可以区分为广义和侠义，广义技术进步是指要素投入之外的产出增长，等同于 TFP，太宽泛，政策含义不明确，因此经济学者对技术进步的后续研究就侧重于狭义的研究，即将技术进步的源泉因子进一步分解。前文提及的各种研究中也多少涉及类似的努力，即对技术进步确切或相对清晰界定的必要，但都未在定性上进行深入分析，而是通过残差方法定量分析，统计误差不可避免。

分析技术进步，前提是确定技术本身的内涵，进步则无非是改进和变革，体现为技术的量和质的变化。技术主要指的是生产方法，而生产方法是生产工具、生产者使用生产工具的技能以及生产组织方式的整合，这三因子相互影响，任一因素的变化都要求其他两因素发生变化，以数据包络分析(data envelopment analysis，DEA)法的思想解释，在一定期间内，这三因子的组合形成一群决策单元(decision making unite，DMU)，其中最优效率的决策点(或组合)形成最优生产前沿。那么生产工具的改进和变革、生产者劳动技能的长进和纯熟、管理组织方式的改善都可能意味着生产方法的进步即技术进步，但只是可能，这里有必要区分技术变化和技术进步，技术变化是指在要素投入一定的条件下，上述因子的变化没有导致产出的增长，技术进步则意味着在要素投入一定的条件下，上述因素的变化导致产出的增长，当然，按 DEA 法，导致产出增长也可分为两种情况：一种是在一定时期内，因子不变而组合发生变化，即决策单元中非最优效率点向最优生产前沿的移动，称为技术效率；另一种情况是在一段时期内，因子变化导致最优生产前沿向更高效率的移动，称为技术效率变化。

从计量角度分析，这种因子分解也便于量化，生产工具的进步直接体现为生产设备的改进和变革，在统计年鉴中体现为设备工具、器具购置项，除此之外的固定资产投入都计为要素投入，生产者技能可以通过受教育程度、职业资格证或技术资格证来衡量，基于当前数据可获得性，主要以从业人员的受教育程度来计量，管理组织的改善在市场经济条件下，与企业家和职业管理者的数量呈正比关系，因此可以通过企业家和职业经理的人数来表征，或者在数据充分的条件下，可以用先进的管理方法如目标管理、企业资源计划(enterprise resource planning，ERP)等的推广程度来衡量。

(二)TFP 计量方法分析

TFP 的计量方法很多，郭庆旺和贾俊雪(2005)按是否将 TFP 视为残差将其分为两大类：一类是增长会计法(岳书敬和刘朝明称为增长核算法)，主要特点是将要素投入贡献剔除从而得到 TFP 残差，具体包括代数指数法、索罗残差法等，以新古典增长理论为基础，估算过程相对简便，考虑因素较少，主要缺点是假设约束较强，也较为粗糙；另一类是经济计量法，就是利用各种经济计量模型，将 TFP 作为一个单独变量进行测算，又可分为隐性变量法和潜在产出法两类，隐性变量法将 TFP 作为一个独立状态变量进行测算，潜在产出法则将 TFP 进一步分解测算，因素考虑较全，但估算过程较为复杂。他们同时运用索罗残差法、隐性变量法和潜在产出法对我国 TFP 的测算表明，索罗残差法和潜在产出法估算出的值波动相对剧烈，波动方向和幅度也基本一致，三者测算的值总体变化趋势较一致。

陈勇和唐朱昌(2006)从是否需要设定函数形式的角度，将 TFP 的计量方法也分为两大类：参数法和非参数法。参数法又具体分为收入份额法和随机边界分析法，需要设定明确的函数形式、估计不同参数并进行相关的行为假设。非参数法包括指数法和数据包络分析(DEA)法，都无须设定函数形式，指数法要求严格的行为假设，DEA 法无须行为假设。

基于数据可得性与定性分析，本章基于 C-D 两要素模型，建立包含以上定性分析得出的分解因子的线形模型，用线形回归法估算西藏各产业的 TFP。

二、数据、变量及计量模型

(一)数据

数据主要来源于历年的《西藏统计年鉴》，鉴于中央领导对统计工作的重视和要求，1995 年后的统计数据相对稳定，可比性相对较强，因此，在此主要用 1995～2004 年的相关数据进行测算。

(二)变量和计量模型

变量主要考虑西藏自治区的地区 GDP，资本投入和劳动投入，TFP，TFP 的分解项资本和劳动质量改进、管理组织改善和其他变量残差。

产值用西藏历年 GRP 数值，并按 1990 年不变价格进行估算。

按前文分析，资本投入用统计年鉴中按构成成分解构的建筑安装工程和其他费用的合计来反映纯资本投入，用设备工具、器具购置项反映技术进步，每年的资本投入用 Chou(1995)、Wu(2000)和颜鹏飞等(2004)的时间序列计量方法估算，即假设第一期的资本存量是过去投资的加总，则投资时间序列可近似用式(7-1)表示：

$$I(t) = I(0)e^{\lambda t} \tag{7-1}$$

对式(7-1)两边取对数，得到式(7-2)：

$$\ln I(t) = \ln I(0) + \lambda t, t = 1, \cdots, 10 \tag{7-2}$$

取 1995～2004 年投资序列的对数值和时间序列对式(7-2)进行回归分析，求得 $I(0)$ 和 λ，那么第一期的资本投入可用式(7-3)求出：

$$K(1) = \int_{-\infty}^{1} I(t)\mathrm{d}t = \frac{I(0)e^{\lambda}}{\lambda} \tag{7-3}$$

折旧率采用大多数学者的取值即 $\delta=5\%$，则样本期间各年的资本投入可用式(7-4)求出：

$$K(t) = K(t-1)(1-\delta) + I(t), t = 2, \cdots, 10 \tag{7-4}$$

仅考虑量的劳动投入即取值历年从业人员数，而用每万人中的中专和大学生数比例与从业人员数的乘积反映劳动投入的质量即人力资本。

鉴于数据可得性，在此用相对粗略的索罗剩余(残差)法进行 TFP 增长估算。索罗剩余法的计量用法如下：

$$\frac{\dot{\Omega}}{\Omega} = \frac{\dot{Y}_t}{Y_t} - \sum_{n=1}^{N} \delta_n \left(\frac{\dot{x}_{n,t}}{x_{n,t}}\right) \tag{7-5}$$

式中，$\delta_n = \left(\frac{\partial Y_t}{\partial x_{n,t}}\right)\left(\frac{x_{n,t}}{Y_t}\right)$，为各投入要素的产出份额。具体估算用两要素(资本和劳动)的 C-D 生产函数：$Y_t = AK_t^{\alpha}L_t^{\beta}$，其中 Y_t 为实际产出，K_t 为资本投入，L_t 为劳动投入，α、β 分别表示平均资本产出份额和劳动产出份额，假设样本期间规模收益不变，则 $\alpha+\beta=1$，对 $Y_t = AK_t^{\alpha}L_t^{\beta}$ 两边同时取对数得

$$\ln(Y_t/L_t) = \ln(A) + \alpha\ln(K_t/L_t) + \varepsilon_t \tag{7-6}$$

式中，ε_t 为误差项，通过式(7-6)可以测算出 α 和 β，之后将 α、β、实际产出增长率、资本增长率和劳动增长率带入式(7-5)就可测算出 TFP 增长率。

三、西藏全要素生产率测算

利用以上定量方法，本节分别测算西藏总体的和各产业的全要素生产率增长，在计算各产业 TFP 时，由于数据匮乏，仅进行最粗略的估算。

(一)西藏经济总量增长中的全要素生产率增长

用《西藏统计年鉴》1995~2004 年的数据，对式(7-2)~式(7-4)计算的西藏总体的资本存量和其他变量的数据见表 7-1。

表 7-1　西藏全要素生产率增长率

年份	实际 GRP/亿元	资本存量/万元	就业人数/万	TFP
1995	55.98	55.98	115.09	
1996	64.76	64.76	117.70	0.247
1997	76.98	76.98	120.47	0.103
1998	91.18	91.18	120.22	0.102
1999	105.61	105.61	123.91	0.065
2000	117.46	117.46	124.18	0.086
2001	138.73	138.73	126.33	0.109
2002	161.42	161.42	130.20	0.094
2003	184.50	184.5	132.81	0.092
2004	211.54	211.54	137.32	0.088

数据来源：《西藏统计年鉴》。

利用式(7-5)和式(7-6)对表 7-1 中的实际产出、资本和劳动投入数据进行估算得出的样本期间的 TFP 增长率见表 7-1。计量数值是否可靠取决于规模收益不变的假设，为此必须对 $\alpha+\beta=1$ 的假设进行统计检验，通过 OLS 回归得到的相关统计值如下：

$$\ln(Y_t/L_t) = 0.3809 + 0.657\ln(K_t/L_t) \tag{7-7}$$

$P=0.057>0.05$，可接受规模收益不变的假设。

由于数据及索罗方法本身的粗糙性，以及方法和数据的差异，西藏的 TFP 数值难以与全国乃至其他省份进行深入比较；粗略看，与其他学者对我国 TFP 的测算数值比较，西藏在样本期间的 TFP 值一直较高但有趋降态势，可能的原因是制度激励功能的递减和统计数值本身的趋真。

(二)西藏 TFP 增长的分解

各产业的实际产值、资本存量和劳动投入如表 7-2 所示。

表 7-2　各产业实际产值、资本存量和劳动投入数据表

年份	第一产业			第二产业			第三产业		
	实际 GDP/亿元	就业人数/万	资本存量/万元	实际 GDP/亿元	就业人数/万	资本存量/万元	实际 GDP/亿元	就业人数/万	资本存量/万元
1995	23.44	89.51	8784	13.33	5.62	105728	19.21	19.96	190910
1996	27.15	89.72	10069	11.39	5.84	65403	26.22	22.14	172345
1997	29.18	91.01	17245	16.95	6.38	89858	30.85	23.08	209183

续表

年份	第一产业			第二产业			第三产业		
	实际GDP /亿元	就业人数 /万	资本存量 /万元	实际GDP /亿元	就业人数 /万	资本存量 /万元	实际GDP /亿元	就业人数 /万	资本存量 /万元
1998	31.31	89.27	14374	20.24	6.87	192670	39.63	24.08	187844
1999	34.19	92.19	21888	24.00	6.46	217573	47.42	25.26	284568
2000	36.32	90.98	26354	27.21	7.35	151435	53.93	25.85	452139
2001	37.47	89.65	38780	32.18	8.16	134132	69.08	28.52	630629
2002	39.68	89.63	40116	32.93	8.11	200152	88.81	32.46	796361
2003	40.62	85.14	56463	47.99	12.36	229721	95.89	35.31	987009
2004	43.33	86.00	71469	57.61	13.17	271842	110.6	38.15	1027537

数据来源:《西藏统计年鉴》。

根据式(7-7)和表7-2中的数据,对西藏三大产业的TFP的变化进行分析,历年变化值见图7-1,三大产业的OLS回归检验分析数值见表7-3。

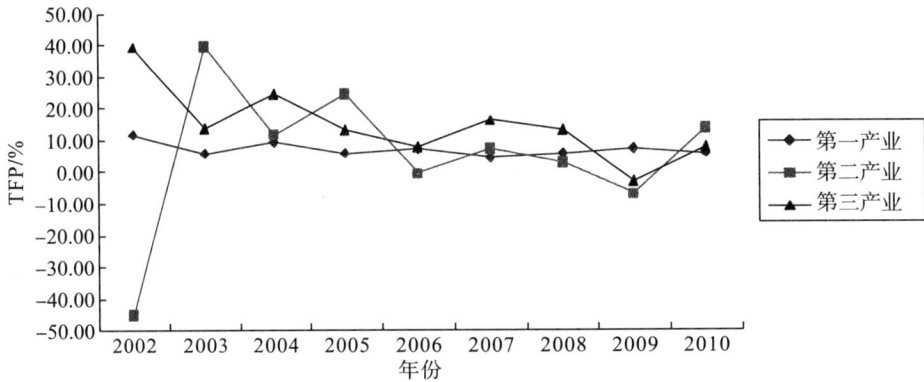

图 7-1　西藏三大产业的 TFP 变化图

从图 7-1 中可以看出,第一产业的 TFP 增长变化较平缓,其均值为 7.13%;第二产业的全要素生产率增长波动较大,均值为 5.23%;第三产业的 TFP 增长变化也相对稳定,均值为 14.66%。三大产业的 TFP 增长呈现总体趋降态势,可能的原因是 1995 年后制度变革带来的激励作用开始递减,而以设备更新和人力资本为主的技术进步由于历史和体制原因未能充分利用;三大产业中,第三产业的 TFP 增长率相对较高,第二产业的最低,可能的解释是 1995 年后西藏开始进行产业政策的战略调整,由工业化路径或以工业为主的产业政策开始转向以资源依赖型为主发展第三产业的产业战略调整,这一制度变革以及优势资源在第三产业的集聚,使西藏第三产业一直保持相对高的效率型增长。

表 7-3　三大产业的 OLS 回归检验分析数值

产业	F统计量	P值	α值
第一产业	147.583 8	1.95	0.279 7
第二产业	3.520 179	0.097	0.461
第三产业	31.737 93	0.05	0.648 6

三大产业的 P 值都大于 0.05，表明可以接受规模收益不变的假设，然后将 α 和 β 值带入式(7-6)得到了三大产业各年的全要素生产率的增长值。

四、结论和政策建议

统计分析显示，西藏的 TFP 增长相对较高但趋势在变缓，可能的原因是制度变革激励功能的递减和统计数据的调整。

西藏三大产业的 TFP 增长和西藏的 TFP 增长变化呈一致的趋降态势，但三大产业之间差异较大，第一产业的 TFP 一直较稳定，而第二产业的 TFP 增长率则波动较大，可能的原因是与产业政策的战略调整相关。

参 考 文 献

保罗·罗默. 1986. 内生经济增长理论 [J]. 政治经济学期刊.

保罗·萨缪尔森，威廉·诺德豪斯. 2001. 经济学(第十六版) [M]. 北京：华夏出版社：1.

陈勇，唐朱昌，2006. 中国工业的技术选择与技术进步：1985—2003 [J]. 经济研究，(9).

郭庆旺，贾俊雪. 2005. 中国全要素生产率的估算：1979—2004 [J]. 经济研究，(6).

经济增长前沿课题组. 2005. 高投资、宏观成本与经济增长的持续性 [J]. 经济研究，(10).

李子奈. 2001. 计量经济学——方法和应用 [M]. 北京：清华大学出版社：8.

卢现详. 2003. 西方新制度经济学 [M]. 北京：中国发展出版社：6.

罗伯特·卢卡斯. 1986. 论经济发展机制—人力资本外部性模型 [J]. 政治经济刊.

罗伯特·默顿·索洛. 1957. 技术变化与总生产函数 [J]. 经济学与统计学评论，(8).

索罗，等. 2003. 经济增长因素分析 [M]. 北京：商务印书馆：3.

西藏自治区统计局. 2001~2005. 西藏统计年鉴(2001~2005) [M]. 北京：中国统计出版社：5.

颜鹏飞. 2001. 技术效率，技术效率、技术进步与生产率增长：基于 DEA 的实证分析 [J]. 经济研究，(12).

AIGNER D J, LOVE C A, SCHMIDT P. Formulation and estimation of Stochastic frontier production function models [J]. Journal of Econometrics，1997(7)：21-37.

第八章　西藏公共支出与经济增长关系研究[*]

徐爱燕　安玉琴　周　密

摘要：本章通过定性描述与计量模型定量分析相结合的方法，研究了西藏公共支出与经济增长的内在关系，发现公共支出是影响西藏经济增长的关键因素，西藏经济增长属于典型的政府主导式供给增长；西藏公共支出结构不合理，公共支出效率还存在提升空间；公共支出规模在未来一段时期还需持续增加，并在同期呈现出与我国其他地区公共支出需求结构不同的特点。因此，持续增加公共支出、优化公共支出结构、提高公共支出效率、增强自我发展能力，才能缩减西藏与内地的差距，才能实现经济社会可持续发展。

关键词：西藏；公共支出；经济增长；C-D 生产函数。

改革开放以来，我国各民族地区经济持续快速发展。与全中国的经济增长一样，各民族地区的经济增长在很大程度上也依赖于投资的增长，尤其是政府投资。同时，我国很多少数民族地区还面临着"贫困陷阱"的门槛效应。

受特殊的自然、历史、文化等因素制约，西藏经济社会发展落后，公共品供给严重不足，各项投资严重匮乏。在中央长期的大力支持与关怀下，西藏经济社会实现了长足发展。特别是在经济增长方面，六十多年来不仅实现持续、快速发展，在减少贫困方面也取得了令人瞩目的成就。由于先天缺陷、环境差异及机会不均等因素影响，西藏仍是我国贫困程度最深、贫困密度最高、贫困人口相对最多的地区。西藏经济发展历程及取得的历史经验证明，政府投资是经济增长与发展的关键动力源泉。作为先天不足、后天发展的西藏，必须以更大的政治勇气和智慧，正确审视所处新的发展阶段，必须高度重视包括公共支出在内的重要领域的改革，清醒认识公共支出改革发展的红利正在发生的重大变化以及改革红利的逐步衰减，不失时机、努力获取新的发展动力。所以我们思考，作为政府投资主要形式的公共支出在西藏经济增长中到底扮演什么样的角色，这种角色又是否能够长期持续；公共支出对西藏经济增长的贡献到底有多大；怎样才能发挥公共支出的最大效率，等等。

首先，本章针对学术界关于公共支出是否促进了经济增长的争论以及国际上针对中国政府公共支出是否促进西藏地区经济增长的争议，以西藏经济发展实例为经验证据，鉴定公共支出在西藏经济增长中所扮演的正面角色。其次，公共支出不仅是一个总量行为，更具有区域化的差异。作者寄希望通过对西藏公共支出的初步研究，在对本地区公共支出规模、结构等进行探讨的同时，也希望为我国民族地区公共支出对经济增长影响

　＊　原载于《西藏民族学院学报》2014 年第 6 期。

的研究起到一定的启示作用。最后，本研究既是一种实证研究，更是一种规范研究。本章试图对公共支出政策提出"应该怎样"的建议，力求凸显学术研究的社会价值。

本章通过定性、定量分析为优化公共支出结构、提高公共支出效率、制定公共支出政策等提供决策依据。

一、文献综述

经济增长一直是人们关注的焦点问题，实现经济的持续增长是政府一直努力的方向。那么影响经济增长的因素是什么，如何实现长期的经济持续稳定增长等问题，从古典增长理论、新古典增长理论到内生经济增长理论，经济学家们从不同角度做了不同的解释，而公共支出在经济增长中的作用在各个时期、各个学派之间一直存有争议。

早在 20 世纪 50 年代，Samuelson 通过一般均衡法，对公共产品供给理论进行了完整描述，开启了公共支出的正式研究。20 世纪 90 年代后内生经济增长理论提出公共支出具有很强的生产性，从而能够影响长期经济增长能力，公共支出研究发展至成熟阶段。其中，Barro 从政府生产性支出和消费性支出的角度分析，得出公共支出对经济增长具有长期的正效应。Devarajan、Swaroop 和 Zou(1996)通过区分生产性和非生产性政府支出，推出政府支出导致更高经济稳态增长率的条件。娄洪(2004)研究指出，只要公共投资提供充裕的公共基础设施，劳动力增长就能够直接提高经济增长率。总之，理论模型研究结果强调公共支出促进经济增长。

由于研究方法的差异和公共支出分类的不同，国内外关于公共支出与经济增长的经验分析研究结果不统一。一方面，关于公共支出总量与经济增长。多名学者(包括马栓友、龚六堂、周恒甫、郭庆旺等)认为公共支出与经济增长没有显著关系。再者，关于公共支出结构与经济增长。大多数学者认为，基础设施建设支出对经济增长起着积极作用；教育支出是经济增长的长期潜在动力。另一方面，关于公共支出规模与经济增长。分析得出了最优的公共服务流量、最优储蓄率和经济增长率。国内学者马栓友(2000)、马树才和孙长清(2005)等估计了我国的最优公共支出规模及其对经济增长的影响。最后，关于公共支出与居民消费。国内外学者认为公共支出对居民消费可能产生"挤出效应"，也可能产生"引致效应"。

国内外学者关于公共支出对经济增长的影响，观点不统一。但总体来说，公共支出通过两种途径来影响经济增长：一是适度的规模，靠增加投入来带动产出的增加；否则，规模过小，缺乏经济增长的动力，会进一步扩大地区发展差距。二是调整内部结构，发挥各项公共支出的最大作用，提高产出弹性，实现资源的合理配置；否则，内部结构不合理，在降低产出效率的同时也不利于公平的实现。

现有文献从多角度运用不同方法对公共支出影响经济增长做了大量研究，为本章提供了多样化的研究视角，具有十分重要的参考价值；同时，这些相关文献对各种变量的设置及计算，对本章亦具有十分宝贵的启示意义。

二、典型事实描述

雷爱先(2000)将市场经济条件下的财政支出称为公共支出,以便与计划经济条件下的财政相区分。本章采用其观点,认为公共支出就是财政支出,并用一般财政预算支出来代替公共支出。以 1990 年的商品零售价格指数 100 作为缩减指数,所有数据均来自《新中国六十年统计资料汇编》与《西藏统计年鉴》(1992~2012)。由于我国自 2007 年以后财政统计口径发生改变,且由于 1991 年前的西藏数据统计严重缺失,为了保持数据的一致性与完整性,本章在选取数据时,部分使用 1991~2006 年的数据为研究对象,因此公共支出结构分析不能反映 2007~2011 年的变化状态,这是本研究有待加强的地方,但实证结果也能部分反映自改革开放以来,公共支出对西藏经济发展的贡献。

Musgrave 认为,在经济发展的早期和中期阶段,基础设施建设、农业改良投入等具有较高外部效应的物品,需要由政府提供,公共支出往往较多。西藏一直属于我国最贫穷落后的地区,公共支出不断增加与 Musgrave 的观点是相吻合的(图 8-1)。特别是 2008 年以后西藏公共支出超过西藏 GDP,且有不断扩大的趋势,说明政府在不断加大投入力度,公共支出带有很强的政策倾向性与区域特殊性。由图 8-2 可见,西藏公共支出和经济增长之间存在着高度的正相关关系。所以西藏经济增长对财政的依赖性很强,属于典型的政府供给主导型增长。

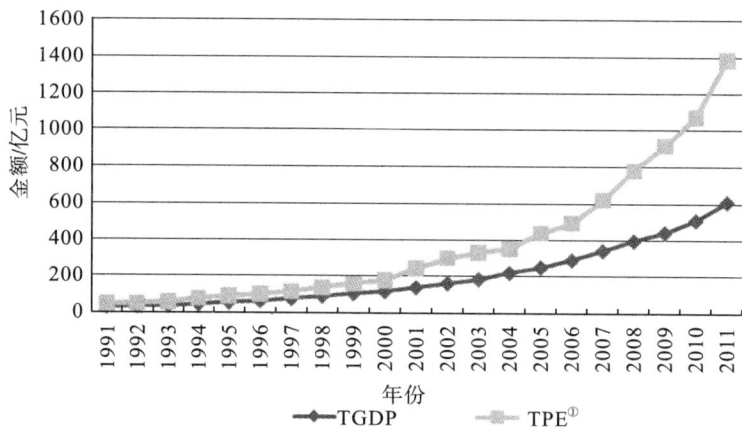

图 8-1　西藏公共支出与经济增长走势图(1991~2011)

---

① TGDP 表示西藏 GDP;TPE 表示西藏公共支出。

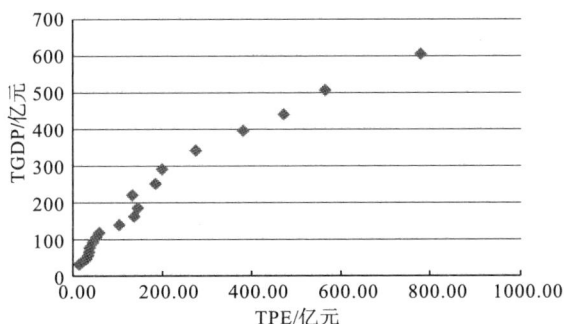

图 8-2　西藏公共支出与经济增长散点图

从图 8-3 可见，西藏的公共支出符合瓦格纳法则，即随着人均收入的提高，公共支出占 GDP 的比重也会随之提高。

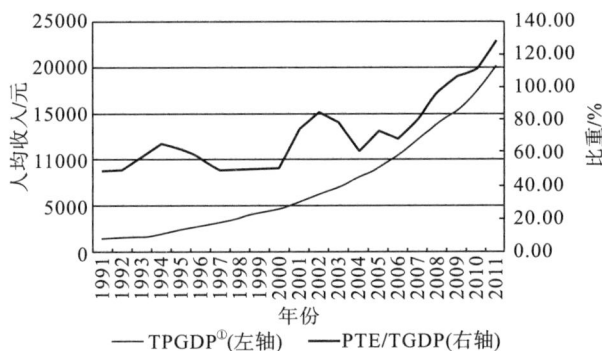

图 8-3　西藏公共支出的瓦格纳法则解释

从图 8-4 可见，西藏公共支出占西藏 GDP 的比重一直高于全国公共支出与全国 GDP 的比重，而且前者的比重越来越大，趋势也不断扩大。说明，政府对西藏经济的介入或干预程度很高，并且高于全国的平均水平。

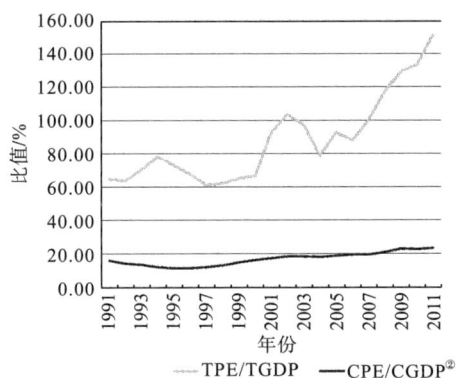

图 8-4　西藏公共支出/西藏 GDP 与全国公共支出/全国 GDP 走势比较图

---

① TPGDP 表示西藏人均收入。

② CPE 表示全国公共支出；CGDP 表示全国 GDP。

从图 8-5 可见，一是社会保障支出在西藏公共支出中所占的比重相对较高。说明西藏地区的民生问题一直受到中央政府和西藏自治区政府的重视，并投入了大量的资金。二是行政管理支出费用远远高于科教文卫支出。一方面由于西藏的地域过于辽阔，造成行政管理沉没成本的增加，西藏的行政负担较重；市场经济处于起步阶段，不可避免出现"寻租"；因社会稳定工作的需要，造成其他有关费用的支付增加。另一方面说明西藏的科教文卫投入相对不足。从 1985 年起，西藏每年向农牧民家庭的学生提供标准不等的包吃、包住、包学习费用的补助，还对农牧区义务教育阶段的农牧民学生实行了教材和定量作业本的免费供应[①]，所以对教育支出的费用比例还是很高。另外，根据统计数据，2007 年西藏的研发投入仅占年 GDP 的 0.12%，远远低于全国 1.4% 的水平。随后的几年之中，全国科学研究与试验发展经费(research and development，R&D)投入占 GDP 之比逐年上升，到 2011 年该比值达到 1.84%；同期西藏的 R&D 占 GDP 之比却逐年下降，到 2011 年该比值仅为 0.08%[②]。因此西藏科技开发投入相对太低是导致科教文卫费用低的关键因素，这一点与陈刚等(2005)研究相吻合；进一步，陈刚等(2005)的研究发现，西藏经济增长过程整体上不存在外生技术进步[③]。三是农业支出在西藏公共支出中所占的比重较低，农业支出上升的速度也比较缓慢，不利于农业发展，而农业是西藏的传统产业，在西藏的经济发展中一直处于重要地位，农业发展是其他产业发展的基础。

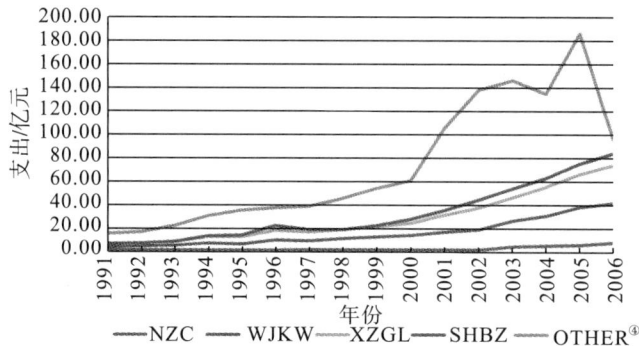

图 8-5　公共支出各项支出走势(见彩图)

从以上分析可知，西藏公共支出结构不合理，影响了公共支出的产出效率，从而影响了公共支出的社会福利效应。

公共支出弹性=公共支出增长百分比/GDP 增长百分比。如果公共支出弹性大于 1，说明公共支出增长幅度大于 GDP 增长幅度，公共支出对经济增长较为敏感；如果公共支出弹性小于 1，说明公共支出增长幅度小于 GDP 增长幅度，公共支出增长对经济增长较不敏感；如果公共支出弹性等于 1，说明公共支出与经济增长同幅度变化。从表 8-1 可见，西藏公共支出弹性在过去 20 年里，有 15 年公共支出弹性大于 1，说明其公共支出对

---

① 　http://www.china.com.cn/aboutchina/zhuanti/07xzsz/2008-04/29/content_15032233.htm
② 　根据《中国统计年鉴 2012》与《西藏统计年鉴 2012》计算整理所得。
③ 　陈刚，方敏. 西藏经济增长中的技术进步因素 [J]. 西藏科技. 2005，(2)：9-14.
④ 　NZC 表示农业支出；WJKW 表示文教科卫支出；XZGL 表示社会行政管理支出；SHBZ 表示社会保障支出；OTHER 表示其他支出。

经济增长比较敏感，但这个数据并不说明西藏经济增长带来公共支出的增加。西藏公共支出与全国 GDP 的交叉弹性，大部分年份都大于 1，说明西藏公共支出对全国经济增长的敏感度很强。2001~2011 年西藏财政支出 90％以上来自中央财政的扶持[①]，说明西藏公共支出高度依赖于全国经济增长与财政支持。

表 8-1　西藏公共支出弹性

年份	TPE％	TGDP％	TPE％/TGDP％	TPE％/CGDP％
1991	16.10	10.22	1.58	0.97
1992	10.73	9.04	1.19	0.45
1993	30.04	12.41	2.42	0.96
1994	40.28	22.90	1.76	1.11
1995	15.08	22.00	0.69	0.58
1996	5.68	15.81	0.36	0.33
1997	3.66	18.87	0.19	0.33
1998	18.64	18.46	1.01	2.71
1999	17.50	15.83	1.11	2.80
2000	12.62	11.15	1.13	1.19
2001	74.37	18.13	4.10	7.07
2002	31.82	16.44	1.94	3.27
2003	5.85	14.22	0.41	0.45
2004	−8.28	19.04	−0.43	−0.47
2005	38.57	14.01	2.75	2.64
2006	7.95	15.84	0.50	0.51
2007	37.55	17.59	2.13	1.75
2008	38.24	15.70	2.44	2.27
2009	23.77	11.48	2.07	2.06
2010	19.41	14.98	1.30	0.98
2011	37.88	19.38	1.95	2.13

注：①数据：根据《新中国六十年统计资料汇编》《西藏统计年鉴（1992~2012）》整理所得。

②TPE％表示西藏公共支出增长百分比；TGDP％表示西藏 GDP 增长百分比；CGDP％表示全国 GDP 增长百分比；TPE％/TGDP％表示西藏公共支出弹性；TPE％/CGDP％表示西藏公共支出对全国 GDP 的交叉弹性。

Musgrave 和 Rostow 的经济发展阶段论解释了公共支出增加的原因，他们认为，在经济发展的早期阶段，政府投资在社会总投资中占有较高的比重，公共部门为经济发展提供社会基础设施，如道路、运输系统、环境卫生系统、法律与秩序、健康与教育以及其他用于人力资本的投资等。在发展的中期阶段，政府投资还应继续进行，但这时公共投资是对私人投资的补充。一旦经济达到成熟阶段，公共支出将从基础设施支出转向不断增加的教育、保健与福利服务的支出，且这方面的支出增长将大大超过其他方面支出

---

① http://www.chinatibetnews.com/caijing/2012-06/01/content_982305.htm

的增长，也会快于 GDP 的增长速度，导致公共支出规模膨胀。

目前西藏经济发展处于起步阶段①，基础设施建设、农业支出等具有较高外部性的产品，均由政府提供，因此公共支出较高。而对于社会保障、科教文卫等方面的投资虽然也在不断增加，但由于这些投入具有较强的滞后性，未来这些公共支出的"挤入效应"才会体现，所以公共支出对私人投资有着明显的吸引或带动效应。因此，西藏公共支出对地区经济的促进作用还有很大的空间。另外随着西藏与内陆交流的不断增强，处于经济发展中期向成熟阶段过渡的我国内陆地区，公共支出方向已开始发生转变，更多地投向教育、保健与社会福利服务，这又会对西藏公共需求产生影响，因此西藏的公共支出需求将在一定时期持续扩大，并呈现出公共支出需求结构不同于我国内陆其他地区同期发展的特点。

三、模 型 分 析

根据以上分析我们预测，西藏经济增长对公共支出增长的影响并非重要，但在经济增长中公共支出却起着决定性的影响，即经济增长中最为关键的变量是公共支出。

(一)模型设置和变量选择

统计数据粗略地描述了经济增长与公共支出及各变量之间的关系，但要进一步分析这些变量对经济增长的影响程度，则需要构建适当的模型进行计量检验。为此，将受公共支出影响的经济增长函数表示为 Cobb-Douglas 生产函数形式，即

$$Y = AL^{\alpha}K^{\beta}PE^{\gamma} \quad (\alpha + \beta + \gamma = 1) \tag{8-1}$$

对方程(8-1)进行变换：

$$\ln Y = C + \alpha \ln L + \beta \ln K + \gamma \ln PE \quad (\alpha + \beta + \gamma = 1) \tag{8-2}$$

其中，Y 为总产出；A 为随时间变化的技术水平；L 为劳动投入量；K 为其他投资；PE 为公共支出；α 为劳动产出弹性；β 为其他投资产出弹性；γ 为公共支出产出弹性。其中，Y 采用实际 GDP 值，L 采用劳动力人数，K 采用全社会固定资产投资中利用外资、自筹资金和其他资金三部分的和，PE 采用一般预算支出。本章数据来源于《新中国 60 年统计资料汇编》与《西藏统计年鉴》(2008~2012)，部分数据根据需要做了相关整理。

(二)单位根检验

在应用时间序列数据进行回归分析时，为防止伪回归现象的出现，需对分析序列进行平稳性检验，即是否存在单位根。本章使用 ADF、PP 单位根检验方法进行检验。从表 8-2 的检验结果得知，lnGDP、lnPE 一阶平稳；lnK、lnL 是二阶平稳，因此在分析中我们可以将数据模型中的变量认为是二阶平稳，说明他们之间存在协整的可能性，即这

① 国际上最通用的判断经济发展阶段的指标是人均经济总量，2012 年西藏人均 GDP 为 23032.45 元，说明西藏进入工业化初期，即罗斯托的"创造条件阶段"、波特的"投资驱动阶段"，文中界定为经济处于起步阶段。

些变量之间可能存在长期均衡关系。

表 8-2　单位根检验结果

变量	I(0)		I(1)		I(2)	
	ADF	PP	ADF	PP	ADF	PP
lnGDP	0.9431	0.9430	0.0007	0.0005		
ln$K$	0.9990	0.9979	0.3120	0.3037	0.0000	0.0000
ln$L$	1.0000	1.0000	0.1004	0.1025	0.0000	0.0000
lnPE	0.9855	0.9879	0.0016	0.0017		

(三)回归分析

运用 StataSE 11.2 对(8-2)式进行回归分析结果见表 8-3。

表 8-3　回归分析结果

变量	式(8-2)	两步回归结果
lnPE	0.746 012 2 (5.63)	0.778 623 5 (30.61)
ln$L$	−1.934 447 (−1.01)	drop
ln$K$	0.380 382 2 (1.01)	drop
C	10.365 03 (1.18)	1.380 206 (11.58)
调整后的 R^2	0.978 0	0.979 1
F 检验	297.73	937.06

可见，方程整体显著性的 F 检验通过，调整后的 R^2 为 0.9780，模型拟合度良好，该模型能够反映 1991 年以来西藏公共支出与经济增长的制约影响关系。K 和 L 对西藏经济增长的影响不显著，其中 K 的估计系数为 0.38，说明其他投资对 GDP 的影响为正但不显著；L 的估计系数为−1.93，说明劳动对 GDP 的影响为负但不显著；常数项估计系数为正但不显著；PE 的估计系数为 0.75，说明在 1% 的显著性水平下，公共支出显著促进了 GDP 增长。理论研究和经验研究均证明，劳动与投资对经济增长均有显著的正向作用，以上分析说明西藏的实际情况却与之不同，这是为什么？

模型拟合度检验良好，但是变量之间的显著性不佳，考虑模型的变量间是否存在共线性问题，由此对模型的共线性进行检验。共线性检验一般采用方差膨胀因子值进行判定，在本模型中方差膨胀因子(VIF)值为 80.41，远大于一般认定的标准值 10，可以肯定模型的变量间存在共线性。由此我们对模型的变量进行精简。在两步回归分析中，K、L 没有通过检验，即在西藏的经济增长过程中 PE 取代了 K、L 的位置。模型自动剔除 K、L，说明西藏经济增长的主要带动因素是 PE，并且当西藏公共支出总量的自然对数每增加 1%，GDP 的自然对数增长 0.78%，即说明西藏公共支出总量对西藏经济发展的贡献最大，公共支出总量比较合理，但公共支出效率还有提升空间。

四、主要结论和启示

（一）主要结论

1）公共支出是影响西藏经济增长的关键因素，即公共支出的持续增加是西藏经济增长的重要原因，但西藏经济增长并不是引起公共支出增加的原因。由于西藏的公共支出大部分来源于中央转移支付，因此西藏经济属于典型的政府供给主导型增长，也说明西藏缺乏自我发展的动力机制。

2）公共支出结构不合理，影响西藏公共支出效率；公共支出总量的自然对数每增加1％，GDP 的自然对数增长 0.78％，说明西藏公共支出效率还有提升空间。

3）公共支出规模在未来一段时间还需持续扩张，并呈现出公共支出需求结构不同于我国内陆其他地区同期发展的特点。

（二）政策启示

经济增长是宏观经济政策的重要目标，财政政策是国家干预经济的主要政策，公共支出是财政政策的重要工具。随着我国经济实力的不断增强，国家对民族地区的经济增长关注度越来越高，利用已有的政策，根据政府宏观经济目标，在更大程度上发挥公共支出作用，我们认为应从以下三方面着手。

1. 优化公共支出结构，提高公共支出效率

一是增加农牧业支出。农牧业是国民经济的基础产业，也是西藏的传统产业，长期以来一直在西藏的产业结构中居于主导地位，能否促进农牧业健康可持续发展直接关系到国民经济和西藏的可持续发展大计。因此须加大对农牧业基础设施建设的投资力度，提高农业综合生产能力。

二是增加科教文卫支出。提升人力资本存量，储备人力资本，除了保持现有的义务教育支出，更要增加高等人才培养支出。同时，要注重事业留人、感情留人、政策留人，防止"用脚投票"造成的人才流失。另外，西藏仍是我国最为落后的地区之一，在追求技术创新和结构转型方面具有后发优势，没有路径依赖和渐进的特征，技术"溢出效应"尤其显著，这符合边际生产力的倒"U"形变化规律，对经济的带动幅度较大，因此还需加大科技投入比例。

三是社会稳定是经济增长的前提。基于目前全国公共服务均等化的大背景，出于维护社会稳定的考虑，对西藏的社会保障支出和相关的行政管理支出还须继续保持递增趋势。

2. 持续扩大公共支出规模，为其他投资创造条件

在不断增加政府公共支出的同时，要充分利用和发挥民间资本对经济的推动作用，

积极争取创造更有利的条件吸引个人投资，不断鼓励创新和技术进步，并从思想上解决等、靠、要的传统观念，提高自身发展能力。

3. 公共支出须凸显区域特殊性，避免照搬照抄

由于特殊的自然、历史、文化等因素，西藏公共支出大于GDP，经济增长路径及趋势与全国乃至世界各国相比都有其特殊性。因此，不可能照搬照抄其他地区的经验，西藏公共支出必须体现其"民族特点、区域特色"。

参 考 文 献

陈刚，方敏. 2005. 西藏经济增长中的技术进步因素［J］. 西藏科技，（2）：9-14.

付文林，沈坤荣. 2006. 中国公共支出的规模与结构及其增长效应［J］. 经济科学，（1）.

国家统计局国民经济综合统计司. 2010. 新中国六十年统计资料汇编［Z］. 北京：中国统计出版社.

雷爱先. 2000. 公共支出论［M］. 北京：中国财政经济出版社，2000.

娄洪. 2004. 长期经济增长中的公共投资政策——包含一般拥挤性公共基础设施资本存量的动态经济增长模型［J］. 经济基础，（3）：10-11.

马拴友：2000. 政府规模与经济增长：兼论中国财政的最优规模［J］. 世界经济，（11）.

马树才，孙长清. 2005. 经济增长与最优财政支出规模研究［J］. 统计研究，（1）：15-23.

罗伯特•J. 巴罗. 2004. 经济增长的决定因素：跨国经济研究［M］. 李剑，译. 北京：中国人民大学出版社.

罗伯特•J. 巴罗. 2000. 哈维尔•萨拉伊玛J. 经济增长［M］. 何晖，刘明兴，译. 北京：中国社会科学出版社.

西藏自治区统计局. 2013. 西藏统计年鉴(1992—2012)［Z］. 北京：中国统计出版社.

杨继. 2011. 经济增长中的公共支出——中国 1978—2010［M］. 上海：上海远东出版社，2011.

庄子银，邹薇. 2003. 公共支出能否促进经济增长：中国的经验分析［J］. 管理世界，（7）.

Devarajan. S V，Swaroop，etal. 1996. The Composition of Public expenditure and economic growth［J］. Journal of Moneitang Economics，37(2).

http：//www. china. com. cn/aboutchina/zhuanti/07xzsz/2008—04/29/content _ 15032233. htm

http：//www. chinatibetnews. com/caijing/2012—06/01/content _ 982305. htm

第九章　西藏农牧民人力资本现状及问题研究

——以工布江达县 150 户农牧民的调查为例

久毛措　翟元娟

摘要：人力资本是推动一个国家和地区社会发展和经济增长的主要动力之一，对于西藏地区更是如此。本章基于可持续生计分析框架思路，通过设定人力资本五项指标，调查分析了西藏林芝市工布江达县 150 户农牧民的人力资本现状，得出西藏农牧民人力资本存在着文化素质普遍较低，教育观念落后；农牧民医疗卫生条件和保健意识不充分；农牧民职业技能素质有待提高等问题，并提出了改善农牧民人力资本状况的对策建议，以期推动实现西藏农牧民的可持续生计目标，促进西藏地区实现经济跨越式发展和社会的长治久安。

关键词：人力资本；农牧民；西藏。

随着知识经济时代的发展，人力资本在推动一个国家和地区社会经济发展方面发挥的作用越来越大，对于西藏地区更是如此。西藏地处我国青藏高原边陲，人口稀少，农牧区人口比重较大，经济发展相对滞后，面对这样一个积贫积弱的地区，党中央多年来锲而不舍地关心和支持着西藏发展。近些年，虽然西藏人力资本总量和综合素质取得了逐步提高，但农牧民人力资本存量和质量依然较低。由于人力资本作为生产力中最活跃最具可塑性的因素，对改善农牧民生产生活条件、增加农牧民收入、促进西藏经济社会发展具有重要意义，因而对西藏农牧民人力资本问题的不断深入研究也尤为必要。

一、文 献 概 述

目前国内有关西藏农牧民人力资本的研究，主要从人力资本投资与经济发展、人力资本视角的反贫困研究、人力资本结构等方面进行研究与分析。何景熙等（2006）研究指出西藏经济增长模式仍未实现由外生粗放型向内生集约型的根本转变，主要原因是受西藏劳动力人口人力资本积累不足的制约，其中基础性人力资本投资对经济增长的边际贡献低是重要因素之一，主张加大基础教育类的人力资本投资。任凯（2007）从人力资本层面探析了西藏反贫困的路径选择，在对西藏人力资本现状及原因分析的基础上，提出破解西藏农牧区贫困的根本是增加人力资本的积累，并提出促进人口流动、增加教育投资、开展反贫困职业教育等增加农牧区人力资本积累的建议。张敏等（2008）研究指出，农村劳动力受教育程度低、文化素质低、培训机构和体系不健全，制约了西藏农村剩余劳动力的顺利转移，建议提高剩余劳动力文化素质，组织开展实用性强、有针对性的职业技能培训，从根本上形成西藏农牧区剩余劳动力转移就业的长效机制。洁安娜姆（2011）研究指出，人力资本存量不足及配置的不合理，制约了西藏产业结构升级。应将人力资本结构与区域资源禀赋比较优势相结合，充分发挥行业组织作用，增强职业教育与经济的关联度，并引导就业观念，构建人力资本有效利用的社会环境。图登克珠等（2014）研究指出，人力资本状况对西藏农牧民致贫的影响主要是由农牧民思想观念传统落后、受教育水平普遍较低、人力资本投资利用率低、区域非均衡发展等因素所致，指出应集中对人力资本进行投资并注重人力资本的利用率和收益率。郝文渊等（2014）研究显示人力资本改善对增加农牧民非农就业有明显作用。调研发现，农牧户很少有劳动力投入到非农就业中，而且教育水平很大程度上限制了非农就业的投入与层次，因此要努力提高农牧民家庭人力资本水平，重点做好文化教育培训和技术培训等。

国内学者对人力资本多方位多层面的研究成果构成了本章的重要文献基础，也提供了分析借鉴。但总体上看，目前对西藏农牧民人力资本的研究还不是很充分，特别是缺少相关的实证分析研究。对于在可持续生计分析框架下对西藏农牧民生计资本研究的文献中，更是很少专门从人力资本这一重要资本形式深入进行相关研究，因而基于此视角的调查研究的提出和实施具有一定的理论和现实意义。

二、人力资本与可持续生计分析框架

可持续生计理论自 20 世纪 80 年代被西方学者提出以来，一直备受国内外学者及专家的关注与重视。随可持续生计理论建立起来的众多生计分析框架中，英国国际发展部（Department For International Development，DFID）提出的可持续生计分析框架使用最为广泛，最具影响力。

DFID 可持续分析框架由脆弱性背景、生计资本、结构和过程的转换、生计战略和生计输出五个部分组成，并通过一个二维平面图清晰展示了生计构成核心要素以及各要素之间的结构和影响关系（图 9-1）。在构成 DFID 可持续生计分析框架的五要素中，各部分之间相互决定和影响，构成复杂的关系链，具体可描述为：在风险打击、变化趋势和季节波动等因素形成的脆弱性环境中，农户的生计资本受到了严重制约，从而影响了政府管理、私人财产等组织结构硬件和法律、政策、文化、制度等程序过程软件等的变动趋势。政府和制度转变是对创造生计资本的响应，在一定程度上能够调节农户对资源的拥有，同时也在一定程度上影响环境状况；上述结构和过程的转变进而决定农户所采用的生计策略类型，最后导致某种生计结果，而生计结果会反过来影响农户的生计资本状况。

人们追求的生计目标是收入增加，生活水平提高，脆弱性减少，食物安全增加，自然资源利用更稳定等。依据可持续生计分析框架，良好的生计输出需要在明晰脆弱性环境、生计资本、组织结构和程序过程的基础上，对诸要素进行有效引导和把握。拥有较多资本的人们往往拥有更多的选择权，并有能力运用一些政策措施确保他们的生计安全。

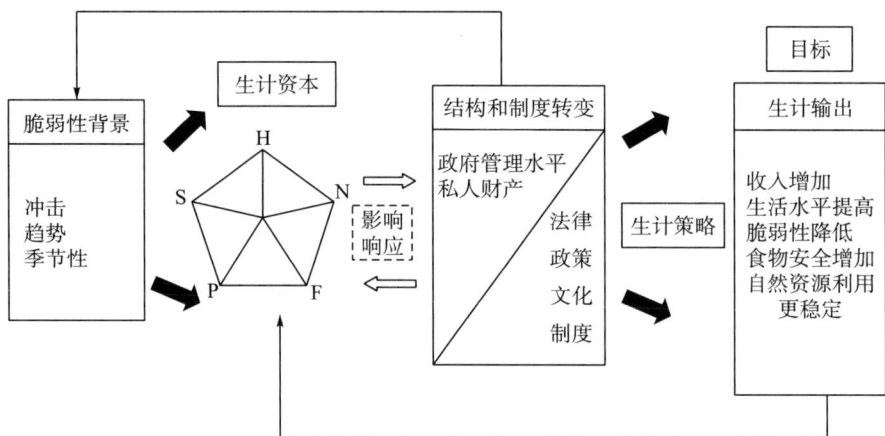

图 9-1　可持续生计框架示意图

注：H 为人力资本；S 为社会资本；N 为自然资本；P 为物质资本；F 为金融资本

　　人力资本是生计资本中较重要的资本形式，与社会资本、物质资本等其他资本均具有明显相关性，拥有较高人力资本的农牧户往往更易获取较高的其他生计资本积累。从人力资本各要素来看，劳动力数量、受教育水平、是否具有劳动技能等是影响农牧户资源配置、就业模式、家庭收入来源和水平的重要影响因素，这便很大程度上影响着西藏农牧民的生计输出和生活质量的高低。因此，本章基于可持续生计分析框架思路，选择人力资本这一生计资本中重要的资本形式，调查分析西藏农牧民人力资本的现状与问题，然后提出改善农牧民人力资本状况的对策建议，以期推动实现西藏农牧民的可持续生计目标，促进西藏地区实现经济跨越式发展和社会的长治久安。

三、西藏农牧民人力资本现状分析

（一）人力资本构成要素及测量指标

　　人力资本是人们为了追求不同的生计策略和实现生计目标而拥有的知识、技能、劳动能力和健康等因素之和。家庭作为生计活动的基本单元，其人力资本随着劳动力数量、健康状况、受教育程度、技能水平、社交能力等因素而变化。

　　因此，综合参照黎洁（2009）、杨云彦和赵峰（2009）、赵雪雁（2011）等对人力资本的指标选取和处理方法，并考虑到西藏农牧区的现实状况，本章对农牧民人力资本的调查分析采用家庭总体劳动力（H1）、受教育程度（H2）、健康状况（H3）、技能水平（H4）、社会交往能力（H5）这五项作为调查和测量指标。

　　第 1 个指标家庭总体劳动力（H1），指处于不同年龄层次和身体状况的农牧户成员所拥有的劳动能力的总和，测量时先对每一位农牧户成员的劳动能力进行合理赋值（表 9-1），然后对所有成员的劳动能力加总，最后再对农牧户家庭劳动能力做标准化处理，标准化公式如式（9-1），以下测算数据的标准化都用此公式进行。第 2 个指标是家庭成年劳动力的受教育程度(H2)，测量农牧民的受教育程度可以通过学校教育的层级取得相应数据，完成的教育层级越高，表明人力资本越具有价值。与对家庭总体劳动力的测量类似，首先对每一位成年劳动力的受教育程度进行赋值(表 9-2)，然后将所有成年劳动力受教育值求和，再进行标准化处理。第 3 个指标是家庭人口的健康状况(H3)，这一指标通过是否经常生病和家庭营养状况来测量，经常生病赋值为 0，否则为 1，家庭营养状况分为很差、较差、一般、较好、很好五个层级，分别赋值 0、0.25、0.5、0.75、1，然后对两个方面的取值按 0.5 和 0.5 的比重加权。第 4 个指标是劳动力技能水平(H4)，就是测量农牧户主要劳动力是否具备职业技能或是否参与了职业技能培训，如果具备这个条件赋值为 1，不具备赋值为 0，技能与培训按 0.7 和 0.3 的比重加权。最后一个指标社会交往能力(H5)是对传统人力资本测量内容的扩展，该指标的具体赋值与受教育程度赋值标准相同，分别给予很不擅长、不擅长、一般、擅长、非常擅长五级指标赋值为 0、0.25、0.5、0.75、1。各项因素分析都遵从先加权然后标准化处理的思路。

表 9-1　家庭成员劳动能力的赋值

年龄段	劳动能力标志	赋值
10 岁以下	年纪太小无法参与劳动	0.0
11~14 岁	可做简单农活或家务	0.4
15~17 岁	可作为成人劳力助手	0.6
18~60 岁	劳动主力，从事全部成人劳动	1.0
老年人	只能从事有限成人劳动	0.5
残疾人及长期病患者	无法参与劳动	0.0

注：年老完全不能从事劳动的人、劳动能力赋值为寄宿制学生按人计算，僧侣不计在内。

表 9-2　成年劳动力受教育程度的赋值

受教育程度	赋值
文盲	0.00
小学	0.25
初中	0.5
高中或中专	0.75
大学及以上	1

$$C_i = \frac{X - X_{\min}}{X_{\max} - X_{\min}} \tag{9-1}$$

式中，C_i 为该指标统计值的标准化结果；X 为具体的指标统计值；$X_{\max}$ 为该指标统计值中的最大值；$X_{\min}$ 为最小值。这一公式使人力资本各项测量指标的取值范围限于 0~1。

此外，对于 5 个指标的权重设置，本研究主要采用经验法与参与式方法获取的农牧区见解，即参考前期学者如杨云彦(2009)、赵雪雁(2011)等对相关指标的设定比例，同时结合西藏农牧民劳动力的质和量对家庭人力资本的贡献情况来确定各项指标比重。本章在测量时分别给予这五个指标以 0.3∶0.2∶0.2∶0.2∶0.1 的权重。

（二）调查地点及数据来源

工布江达县隶属于西藏自治区林芝市，地处西藏自治区东南部，地势北高南低，平均海拔约3500m，属于高原温带半湿润气候，雨量充沛。由于独特的气候条件，工布江达县资源丰富，盛产虫草、贝母、丹参、红景天、一枝蒿、武灵芝等多种药材，带动了当地农牧民家庭创收，尤其是虫草采集收入构成多个乡村农牧民的主要收入来源。全县辖3个镇、6个乡（工布江达镇、金达镇、巴河镇，错高乡、朱拉乡、仲萨乡、江达乡、娘蒲乡、加兴乡），共有1个社区和88个行政村。工布江达县经济以牧业为主，农、牧、林、副四业兼备。其中，境内农业主要种植青稞、小麦、油菜等作物；牧业以养殖牦牛、黄牛、藏猪、山羊、马等为主；工业类有采矿、木材加工、水力发电等；土特产品主要有虫草、松茸等；旅游服务业在经济格局中也占据重要地位。

本章所分析数据主要来自对工布江达县随机抽样调查的结果。在调研过程中采取了参与式农村评估法调查工布江达县农牧民人力资本的相关数据。在样本来源的选取上，以畜牧业为主的乡镇与半农半牧乡镇兼顾，虫草资源丰富地区与相对匮乏地区兼顾，总体上从工布江达县所辖乡镇随机选择了6个镇的8个村，每个村选取20户左右农牧民进行调查，在发放180份调查问卷后回收有效问卷150份，有效回收率为83%。由于同一农牧区农牧民人力资本和生计方式相似度较高，虽然样本数量相对较少，但样本数据还是能较好地反映该区农牧民的基本情况。

（三）工布江达县农牧民人力资本评估

本调查研究以家庭为单位对人力资本进行评估分析，家庭人力资本的数量和质量随家庭规模的大小、主要劳动力的受教育程度和技能掌握情况、健康和营养状况等系列因素而变化。为了能够客观真实地反映林芝市工布江达县农牧民人力资本水平，本章对回收的150份有效调查问卷进行了归纳整理。统计显示，样本涉及的150个调查对象中，男女比例为12∶13，30~49岁的对象占总体的69.3%，即他们大多是家庭的主要劳动力，对家庭各方面状况有着清晰的认知，能够提供可靠的调研数据。样本涉及150个调查对象亦即150户农牧民家庭，总共涉及768人，每户人口数平均5.12人。

1. 农牧民人力资本的基本情况与自我认知

由图9-2调查结果显示，从以上768人的劳动能力的情况来看，年纪小不能参加劳动的10岁及以下的孩子占12.4%；11~14岁可做简单农活或家务的孩子占11.5%；15~17岁可做成人助手的孩子占8%；能够从事全部劳动的成年人占的57.3%；只能从事部分劳动的60岁以上的老年人占10.8%。

在受教育程度方面，所有成年劳动力中文盲占50.2%，小学教育程度的劳动力占30.6%，初中占13.8%，高中或中专程度为1.8%，大学及以上为3.6%（图9-3）。而在调查对象中，文盲率为54.7%，小学率为30.7%，初中及以上总共占比14.6%。可见，林芝市工布江达县农牧民家庭劳动力数量还算丰富，但目前劳动力受教育程度还普遍较低。

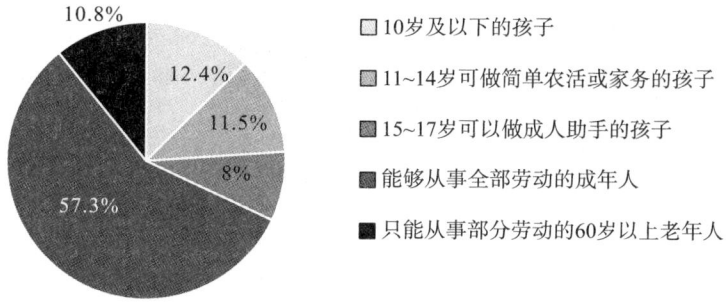

图 9-2　调研户所涉及人口年龄段构成比例

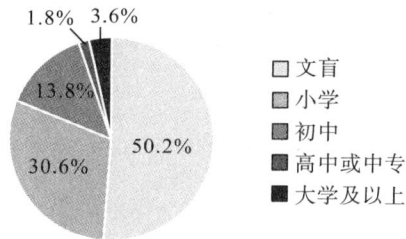

图 9-3　成年劳动力受教育程度构成比例

在健康状况层面，随着近些年生活水平的提高和医疗卫生服务条件的改善，农牧民家庭营养和健康状况普遍好转，营养状况自认为较差的仅占总样本户的 3.4%，经常有人生病的家庭占调查样本的 25.3%。但是农牧民生病时所能获得的医疗服务质量依然不容乐观，只有 1.3% 认为家庭能够获得较好的医疗服务质量，70% 认为能够获得的医疗服务质量一般，相对以前有一定的改善，28% 的家庭认为能够获得的医疗服务较差（图 9-4）。

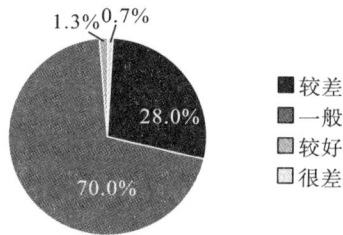

图 9-4　农牧户能够获得的医疗服务质量统计

对于技能状况方面，家庭劳动力掌握职业技能的农牧户占 51.3%，其中很大一部分是父辈传授或"干中学"式的简单经验积累，无职业技能的占 48.7%；家庭中有成员参与职业技能培训的占 29.3%，其中参与且能够掌握相关技能的仅占 5.3%，无成员参与培训的农牧户占 70.7%（图 9-5）。

随着近几年政府加强职业技能培训的宣传推广，农牧民在培训认知上认为家人有接受技能培训需要的比率提高到 71.3%。在社会交往能力方面（图 9-6），大部分农牧户认为自己和家人的社会交往能力一般；26.6% 的调查对象自认为很不擅长或不擅长社会交往，只有 11.4% 的调查对象认为自己和家人具有较好的社会交往能力。

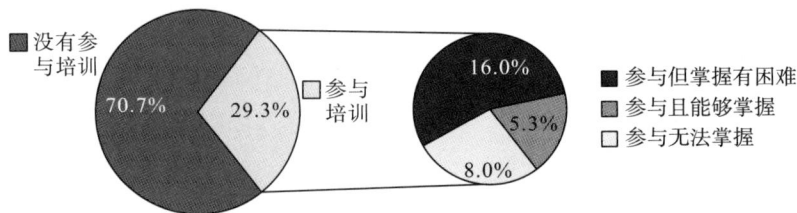

图 9-5 农牧户参与技能培训情况统计

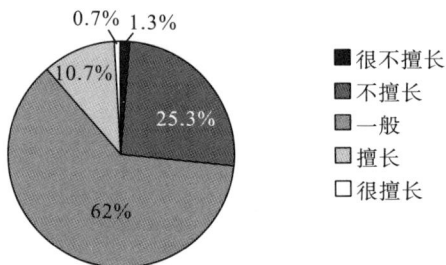

图 9-6 农牧户社会交往能力统计

2. 农牧民人力资本的量化评估

在对以上调查结果的量化统计分析方面，基于前文人力资本指标的设定，对人力资本各项指标进行量化，然后根据人力资本各项指标的权重设置，计算出家庭人力资本的数值并加以描述分析。人力资本各项指标值初始结果如表 9-3 所示，对计算值进行标准化处理后得到表 9-4 的统计描述。

表 9-3 统计量描述

人力资本指标	N	极小值	极大值	均值	标准差
H1	150	1.00	6.50	3.6820	0.96656
H2	150	0.00	2.50	0.5817	0.47195
H3	150	0.125	0.875	0.6417	0.22699
H4	150	0.00	1.00	0.4473	0.50150
H5	150	0.00	1.00	0.4600	0.16147

表 9-4 标准化统计量描述

C_i	N	极小值	极大值	均值	标准差
C1	150	0.00	1.00	0.4876	0.17574
C2	150	0.00	1.00	0.2327	0.18878
C3	150	0.00	1.00	0.6889	0.30265
C4	150	0.00	1.00	0.4473	0.50150
C5	150	0.00	1.00	0.4600	0.16147

对各项指标值进行标准化处理得到相关统计数据之后，根据本章参考学界已有文献与西藏农牧民劳动力质量对家庭人力资本的贡献情况确定的各项指标比重，可以加权得出如表 9-5 所示的人力资本数值。

表 9-5　人力资本测量指标表

测量指标	指标符号	指标公式	指标值	资本数值
家庭总体劳动力	H1		0.4876	
受教育程度	H2		0.2327	
健康状况	H3	H1×0.3+H2×0.2+H3×0.2+H4×0.2+H5×0.1	0.6889	0.4661
技能状况	H4		0.4473	
社会交往能力	H5		0.4600	

注：表内数据为样本农牧户的平均值。

从以上统计数据可以看出，工布江达县人力资本数值仅为 0.4661，各项指标构成中，受教育程度指标值（0.2327）最低，其次是技能状况（0.4473）和社会交往能力（0.46），相对较好的健康状况（0.6889）和家庭总体劳动力（0.4876）。这和西藏农牧民的实际情况是基本一致的。由于西藏基础教育普及较晚且教育资源分配不均衡，调研农牧区目前家庭主要劳动力很大一部分未享受到受教育的机会，较低的文化水平同时也制约了他们对职业技能培训的接受程度。受传统生产生活方式的影响，农牧民家庭倾向于建立较大的人口规模，家庭劳动力一向是决定农牧民人力资本的重要因素。而农牧民健康状况的改善，一方面得益于不断提高的经济生活水平，另一方面得益于近些年西藏医疗卫生事业的不断发展。综合各方面指标因素来看，样本农牧户人力资本总体水平较低。

四、西藏农牧民人力资本现存问题及对策

（一）现存问题

1. 农牧民文化素质普遍较低，教育投资观念落后

从调研情况来看，目前西藏农牧区劳动力主体的受教育程度普遍较低，主要集中在小学及以下水平。国家对西藏教育实行"三包"政策以后，虽然基础教育阶段入学率大幅上升，但仍不够稳定，特别是到了非义务教育阶段陡然走低。非义务教育阶段作为准公共产品，因面临市场化挑战，受教育投资和办学主体的逐步多元化、多方位竞争机制引入等影响，教育的公平性和效率难以得到保障，且西藏的教育发展面临区域间、城乡间、不同社会群体间的不均衡问题，对农牧区整体教育水平产生不利影响。此外，农牧民家庭作为教育的重要投资主体，其投资意愿和投资能力不足。许多农牧民认为农牧业生产活动不需要多高的教育水平，投资教育的机会成本太大，且不一定能够取得大学学历找到稳定工作。而高等教育费用和上学期间其他费用的不断攀升，使家庭收入较低的

农牧民让子女接受较高水平教育显得心有余而力不足。农牧民文化素质普遍较低已成为西藏农牧民接受新知识技能、改进其生产方式和生活质量的阻碍。

2. 农牧民的健康保健意识与行为缺失，农牧区医疗卫生条件不足

从农牧民的健康状况来看，虽然随着全区整体上投入大量资金和大力发展西藏医疗卫生事业，农牧民的健康水平有所提高，但由于农牧区所处区位偏远、自然地理环境较差、医疗保健服务网络尚未完善，高原病及地方病依然普遍，且治愈率低，这便使一部分劳动力丧失了正常参与生计活动的能力。近些年，随着西藏新型农村合作医疗制度的不断推进，农牧区医疗卫生资源数量明显提高，但仍未根本解决农牧民看病就医的困难，特别是偏远地区农牧民发生疾病时不能及时获得较好的医疗救助。从农牧民自身来看，受传统生活方式的影响，一些农牧民家庭环境卫生和食品卫生依然处于脏乱差的状态，不重视健康卫生习惯的培养，尚未形成良好的卫生保健意识，这便使农牧区病原体更易滋生和扩散，降低农牧民的正常寿命和健康水平。另外，农牧民健康投资观念淡薄，家庭健康投资占可支配收入的比重较低，且对健康的支出多用于医疗而非保健。这些不利因素对进一步加强西藏医疗卫生服务建设提出了更多挑战。

3. 农牧区培训项目和资源不足，农牧民职业技能素质有待提高

技能素质是体现人力资本质量的一个重要方面，劳动者一般可以通过"干中学"或专门培训的方式获得职业技能。从工布江达县农牧民职业技能和培训的情况来看，大部分农牧民并不具备专门的职业技能，参与培训的只是少数，基本上是靠父辈传授经验或"干中学"从事生产劳动。虽然政府为农牧民提供了多种培训机会和优惠的培训政策，但效果并不显著。一方面因为部分政府部门对培训这一"造血工程"的重视度不够，对农牧民的培训流于形式，培训内容不符合实际需求，培训方式也较为单一，致使培训效果不够理想，农牧民没有学到实用的技能。另一方面，西藏农牧民思想较为传统保守，内心寻求生活的平稳，缺乏市场意识和竞争性质，对于现代科技在农牧业发展中的重要作用没有正确的认识。参与职业技能培训并取得较好的培训效果，需要接受培训者具有一定的教育文化素质，农牧民受自身理解能力和接受能力，以及文化背景因素等多方面的制约，难以在短期内掌握新技能，也很难通过技能培训获益。

（二）对策与建议

1. 积极引导和转变农牧民的教育观念，均衡教育资源，优化教育结构

从农牧民自身来讲，要积极转变教育观念，加大教育投资，促进家庭高质量人力资本积累。从社会层面来讲，一方面均衡教育资源，加快贫困偏远农牧区寄宿制学校建设，逐步提高农牧民子女奖助学金补助标准，同时合理配置教师资源，完善城乡教师交流制度，搭建优质教育资源共享平台，提高基层学校的教育教学水平。另一方面，优化教育结构，大力发展职业技术教育，提升职业学校办学规模和质量，鼓励区内大专院校、科研单位、医疗卫生机构落实定向招生政策，培养各种实用型专业技术人才。

2. 加强农牧民健康保健意识和行为教育，全面建立功能齐全的农牧区医疗卫生服务网络

改善西藏农牧民的健康人力资本状况，必须不断提高农牧民的保健意识和保健能力。农牧民一方面要改变不利于健康的行为习惯，建立起健康文明新风尚。另一方面要积极参与国家和地区开展的健康教育和健康促进行动，掌握基础的卫生医学常识，形成一定的自我保健意识和能力。社会方面要继续加大专项资金援助，组织本地和援藏医疗服务队伍在更大范围内开展送医送药下乡活动；为乡镇卫生院配备必要的医疗设施和医护人员，定期输送齐全的基本药物，保障乡村农牧民急救物质；不断充实西藏最基层的医疗卫生人员队伍并提高其技能素质；继续保持农牧区医疗制度全覆盖，不断提高财政补助水平和社会资金支持，构建布局结构合理、服务功能齐全的农牧区医疗卫生服务网络。建立起更加完善的医疗卫生保健服务体系，农牧民的健康人力资本便得以良好保障。

3. 构建新型职业农牧民技能培训体系，积极开展各类提升农牧民人力资本的可持续教育培训项目

构建新型职业农牧民技能培训体系是提高农牧民职业技能素质的必然要求，这不仅要充分发挥区内各职业技术院校、各地区农业技术推广站和社会专业培训机构多方位的作用，对不同类型的农牧民群体采取对应所需的技能培训项目。同时为确保培训可以形成长效机制，培训应持续开展；培训方式要贴合受训者的接受能力和群体特点；培训应适应新发展新需求；培训手段应灵活多样等原则。此外，还应加大对农牧民参与技能培训的宣传推广力度，通过构建有效交流平台促进培训信息传递和服务推广。掌握了一定的职业技能，农牧民便有了更大的竞争力去实现家庭的可持续增收和长远发展。

五、结　　论

西藏和全国一道步入小康社会的关键在农牧区，重点在农牧民，难点在提高广大农牧民的科技文化素质和可持续发展能力，而生计问题则是研究农牧民时必须要面对的问题之一。由于人力资本对农牧民可持续生计框架中的其他生计资本（物质资本、金融资本、社会资本、自然资本）的获得和提高有着直接的作用，本章通过对农牧民人力资本的调查分析来发现其人力资本中存在的主要问题，试图找出影响农牧民人力资本提升的关键因素，这在某种程度上对农牧民其他资本的获得以及可持续发展有着重要的影响。通过调查分析可知，目前西藏农牧民的人力资本现状还存在许多问题，受教育程度、技术能力和社交能力等都较低，影响着农牧民和农户的可持续发展，这些问题的解决和改善对西藏农牧区的发展，对农牧民可持续发展能力的提升都会起到直接或间接的影响与作用。

参 考 文 献

杜翼，石佳弋，何景熙. 2012. 从人力资本理论视角看农户的生计多样性［J］. 西南石油大学学报（社会科学版），

（5）：48-53.

郝文渊，杨东升，张杰，等. 2014. 农牧民可持续生计资本与生计策略关系研究——以西藏林芝地区为例 [J]. 干旱区资源与环境，28(10)：37-41.

何景熙，王文川，马红莉. 2006. 基础性人力资本投资与西藏经济增长方式的转变 [J]. 中国藏学，(3)：25-34.

洁安娜姆. 2011. 西藏人力资本结构与产业结构协同发展对策分析 [J]. 西藏研究，(2)：96-103.

久毛措. 2014. 构建西藏新型职业农牧民教育培训体系探讨 [J]. 西藏大学学报(社会科学版)，(9)：177-183.

黎洁，李亚莉，邰秀军，等. 2009. 可持续生计分析框架下西部贫困退耕山区农民生计状况分析 [J]. 中国农村观察，(5)：29-38.

任凯. 2008. 基于人力资本视角的西藏反贫困研究 [J]. 西藏民族学院学报(哲学社会科学版)，28(5)：31-34.

苏芳，徐中民，尚海洋. 2009. 可持续生计分析研究综述 [J]. 地球科学进展，24(1)：61-69.

图登克珠，杨阿维，张建伟. 2014. 基于人力资本理论视角下西藏农牧区反贫困问题研究 [J]. 西藏研究，(12)：29-35.

杨云彦，赵峰. 2009. 可持续生计分析框架下农户生计资本的调查与分析——以南水北调(中线)工程库区为例 [J]. 农业经济问题，(3)：58-65.

张敏，刘天平，杨晓梅. 2008. 西藏农村剩余劳动力转移的现状及对策 [J]. 西藏发展论坛，(5)：27-30.

赵雪雁，李巍，杨培涛，等. 2011. 生计资本对甘南高原农牧民生计活动的影响 [J]. 中国人口·资源与环境，21(4)：111-118.

自治区卫生厅. 西藏自治区农牧民健康促进行动方案(2009—2015 年).

Department For International Development. Sustainable Livelihoods Guidance Sheets，2000.

第十章　基于人力资本理论视角下西藏农牧区反贫困问题研究[*]

第十章　基于人力资本理论视角下西藏农牧区反贫困问题研究[*]

第十章　基于人力资本理论视角下西藏农牧区反贫困问题研究[*]

第十章　基于人力资本理论视角下西藏农牧区反贫困问题研究[*]

$$1395.62 \div 4.8 = 290.75(元)$$

再将这个平均数乘以 3，就约等于五口之家的收入中位数

$$290.75 \times 3 = 872.25(元)$$

最后，将五口之家的收入中位数乘以 50%，即得五口之家的贫困线

$$872.25 \times 50\% = 436.13(元)$$

贫困线是指一个国家或组织在一定时期(通常为一年)、一定区域、一定的经济发展水平和生产力水平下，为了取得维持生存所必需的生活必需品(包括食品和非食品物质资料)或取得社会认为体面的生活所必需的全年费用，一般量化为货币形式。具体到农村贫困线，可以表述为农民年人均纯收入刚好达到维持基本生活所必需的最低费用(王碧玉，2006)。测量绝对贫困，主要是通过划定一条贫困线来区分贫困和非贫困(富裕)，贫困线以下为贫困人口，贫困线以上为非贫困人口，因此确定贫困线是判断贫困与否的关键所在。由于本章主要研究消除西藏农牧区的绝对贫困问题，所以我们研究的重点落在狭义贫困意义上的绝对贫困线上。

西藏是全国 14 个连片特困地区中面积最大的片区，是 11 个省市自治区中贫困发生率最高的省区，也是唯一以全区整体划入片区的省区，其主体是农牧民贫困，该区集边境地区、少数民族地区、贫困地区于一体，是国家新一轮扶贫攻坚主战场之一。西藏贫困人口由 2005 年的 96.4 万人减少至 2010 年的 50.2 万人。自 2011 年国家将扶贫标准从 1700 元提高到 2300 元后，西藏的贫困人口陡然增加到 83.3 万人，占西藏农牧区总人口的 34.42%，贫困发生率全国最高，截至 2012 年西藏贫困人口减少到 58.3 万人，占西藏总人口的 19.42%。而 2012 年全国贫困人口按照 2010 年的标准还有 1.28 亿的贫困人口，占总人口的 9.34%，西藏贫困人口比例超过全国贫困人口比例十个百分点。

目前西藏农牧区市场特征：①农产品没有经过深加工，生产效率低，价格维持在成本以下，农牧民自身的人力成本为负；②农户生产的农产品没有形成固定的产业和市场，缺乏市场竞争力；③人力资本积累较少，往往是以原始的农牧业为生，没有从生产资料中解脱出来。由于西藏生存环境差、经济发展不平衡、生产能力弱，因病、残、老等因素致贫人口数量相对比较多，特别是贫困面积广、贫困程度深、扶贫成本高、难度大，人力资本没有充分发挥作用，成为制约西藏农牧区发展的关键因素。

一、文　献　综　述

西方经济学家对贫困的问题研究主要是从经济学的角度出发，围绕贫困问题产生的原因进行分析，其主要结论就是认为资本形成是经济发展的约束条件和决定性因素，也就是所谓的"唯资本论"，要消灭贫困，实现经济的持续稳定增长，必须积累大量的资本，大幅提高投资率，以有效地解决资本形成不足和收入分配的不平等。西方促进资本形成和收入趋于平等的理论主要有：哈罗德－多马经济增长模型、纳尔逊的《不发达国家的一种低水平均衡陷阱理论》人均收入增长的数学模型、舒尔茨的反贫困措施理论模式、弗里德曼"中心－外围"经济增长模式、罗森斯坦－罗丹的平衡增长模式等，这些

理论和模型对于发展中国家经济尤其是反贫困实践起到了积极的作用。

我国对于贫困问题的研究，主要是介绍和评价西方的理论，政府利用财政政策、货币政策等帮助贫困地区脱贫。目前针对区域性的扶贫或者将农牧区贫困问题作为一个系统去分析和在实践基础上的具体指导模式相对较少，甚至没有明确的脱贫模式。基于此，笔者试图针对西藏农牧区特殊的相对封闭环境，利用系统分析、区域经济学、产业经济学、竞争力经济学、比较经济学等方法论，力求为西藏农牧区反贫困实践提供指导性意见。

（一）贫困人口理论

18 世纪的英国资产阶级庸俗政治经济学家马尔萨斯《人口原理》的观点是从道德层面上对人口增长进行限制，就是鼓励人们实行晚婚、婚前守节和禁欲等道德准则。然而，马尔萨斯认为这种道德准则只对贫困阶级采取，因为根据他的理论，较低的社会阶层要对社会弊端承担主要责任。他建议国家取消对贫民的救济，因为救济会减轻贫困人口的生活压力，反而促进贫困人口的增加。

普桑在 2000 年通过对西藏自治区 73 个县、756 个乡镇、6196 个村庄、372855 户、213.78 万人进行了全面的调查分析后，指出西藏农牧区整体相对贫困，收入增长缓慢，生活水平、质量低下，收入差距逐年拉大（表 10-1）。

表 10-1　西藏自治区 2012 年低收入人口情况统计表　　（单位：户、人）

地区	总户数	总人数	扶贫户		扶贫低保户		低保户		五保户	
			户数	人数	户数	人数	户数	人数	户数	人数
阿里地区	7368	24957	2907	10626	2078	8045	2053	5863	348	423
拉萨市	14554	58141	8877	36917	3540	15101	1479	5423	658	700
林芝市	7165	23509	4467	16060	1151	4368	620	1969	926	1112
那曲地区	27970	102203	13432	51950	9329	37656	3993	11292	1216	1305
日喀则市	42050	163068	21404	91383	13020	52617	6084	17406	1542	1662
山南市	26544	76775	12735	40397	4486	14949	7188	19020	2135	2409
昌都市	36318	159703	19679	91825	12002	53821	3068	12085	1569	1972
合计	161986	608356	83501	339158	45606	186557	24485	73058	8394	9583

（二）致贫因素理论

1957 年缪尔达尔提出"循环积累因果关系"理论，他认为，发展中国家的贫困是由政治、经济、文化等因素共同作用的结果，必须采取制度的、整体的、动态的方法来研究经济发展的问题。同时，他还指出，发展中国家的人均纯收入水平很低是导致贫困的原因，而生活水平低导致营养不良、卫生保健条件差、文化教育落后，结果是人口质量低、劳动力素质低和劳动生产效率低，从而使产出增长停滞，甚至衰退。低产出水平又会导致低收入水平，低收入又使贫困进一步恶化，产生恶性循环积累因果关系（王碧玉，2006）。

　　研究西藏贫困的一些学者首先指出贫困人口主要表现在两个方面：一是贫困人口主要分布在唐古拉山脉和念青唐古拉之间延伸到东南横断山脉的狭长地带，以及喜马拉雅山脉的北麓地区；二是西藏农牧区人地矛盾严重，人力资本低下，缺乏市场竞争力，致使农牧民流转缓慢。西藏贫困呈现出以下特征：环境恶劣型贫困、优质资源短缺型贫困、积弱型贫困。环境恶劣型贫困受到自然条件恶劣，灾害频发，高寒缺氧等因素的影响。优质资源短缺型贫困是因为西藏缺乏科技教育、城镇化和工业化、人力资本、市场渠道、融资能力等软资源，致使无法将西藏本地富裕资源转化为经济优势，导致贫困人口高于全国。积弱型贫困是因为历史原因和环境因素导致西藏经济起步晚、基础差，再加上居民文化素质低、技能缺乏、观念落后等因素形成。

　　本章立足于西藏农牧区，集中利用经济学理论分析贫困人口地域分布广，且不平衡，连片集中居多；贫困人口年龄呈多元化，且文盲、半文盲居多；贫困家庭人口多，劳力少，家庭负担重；人力资本投资利用率低；贫困人口相当一部分没有彻底抛弃懒惰、落后的思想观念等诸多因素对西藏致贫问题的影响及效果，得出人力资本投资成本与收益存在相关关系，西藏地区人力资本投资周期短、收益高的结论。

二、西藏农牧区贫困现状

　　农牧区按照突出重点、分类指导的原则，结合西藏实际，将贫困地区划分为边境和人口较少民族聚居区、地方病高发区、高寒牧区、藏东深山峡谷区和藏中农牧结合部五大特殊贫困区域(西藏自治区扶贫开发领导小组办公室，2012 年)。西藏农牧区扶贫的目标是到 2015 年，稳定实现扶贫对象不愁吃、不愁穿、不愁住，贫困地区义务教育、基本医疗、社会保障有保障。农牧民收入显著增加，力争贫困地区农牧民人均纯收入增长幅度高于全区平均水平，年人均纯收入增长达到 15％以上；力争解决 53 万以上扶贫对象实现脱贫，扶贫对象占农牧区总人口的比例降至 12％以下。

(一)边境和人口较少民族聚居区

　　边境和人口较少民族聚居区分布在我国与印度、尼泊尔、不丹等国接壤区，由东西走向的喜马拉雅山脉组成，全长 4000 多千米，主要包括林芝市 4 县、山南市 4 县、日喀则市 9 县、阿里地区 4 县等 21 个边境县。这一地区主要由于交通不便、信息闭塞、生活水平较低，面临着守土与发展的双重任务。

(二)地方病高发区

　　西藏是地方病高发区，尤其是大骨节病居全国之首。全区有 36 个县(市、区)、121 个乡镇、386 个自然村流行大骨节病，总人口约为 116.2 万人，其中病区人口 9.6 万人，现症病人 1 万多人，成为致贫返贫的主要原因(图 10-1)。

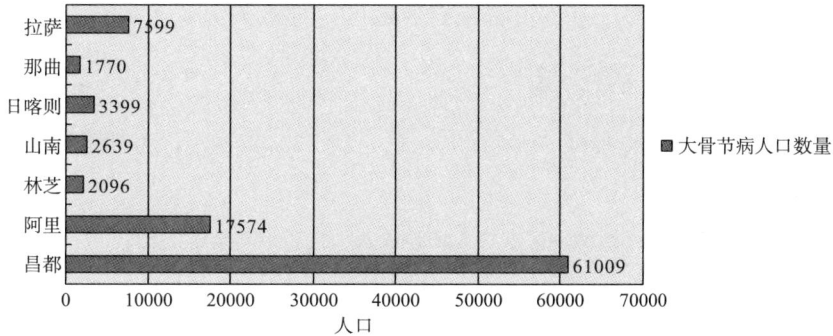

图 10-1　大骨节病区人口主要分布图

（三）高寒牧区

高寒牧区主要分布在阿里东部的改则、革吉、措勤等县，那曲西部的尼玛、申扎、班戈、安多等县，日喀则西北部的仲巴、萨嘎、昂仁、谢通门等县，拉萨北部的当雄县等 14 个高寒牧业县。这些地区以畜牧业生产为主，草场多属天然半荒漠草原，自然灾害频繁，牧民居住分散。

（四）藏东深山峡谷区

藏东深山峡谷区位于西藏东部地区，属由东西走向逐渐转为南北走向的高山深谷，主要分布在昌都、林芝地区察隅县和那曲东部的索县、比如等 3 个地区、14 个县。这一地区人口较为稠密、耕地较为匮乏，多为坡耕地，产业结构单一。

（五）藏中农牧结合部

藏中农牧结合部是指"一江三河"中部流域地区范围内，农业与牧业生产相结合的贫困地区，主要包括拉萨、山南、日喀则、林芝等 4 地（市）、28 个县。这一区域地处中部优势地区边缘，资源较为匮乏、生态环境严酷，乡村发展条件较差，群众生产生活条件比较困难。

三、西藏农牧区致贫机理分析

（一）农牧民传统观念强烈，宗教信仰浓厚

首先，在西藏农牧区基本还保留着母系氏族的生活痕迹，以家庭为单位劳动力相对集中。由于农耕面积狭小，很多农牧民为了保持财产的集中而不分家就通过特殊的婚姻形式来杜绝家里财产的分离外流，众多劳动力就可以围绕家庭的和睦进行生产。

其次，宗教信仰浓厚，造成人力资本的严重浪费。就定日县来说，全县总人口54239人，其中就有 43 座寺庙，僧尼 448 名。在旧西藏有部法典载有"三儿居其一，要放到寺院里"的规定，到现在一部分人仍然没有摆脱这种意识。由于国家计划生育对城镇藏族

人口的限制政策,现在的僧尼基本上都来自农牧区,导致人力资本的减少。

(二)普遍受教育水平低

在西藏人口中,农牧区人口 50 多万户,总人口 230 多万人,占西藏总人口的 70% 左右,西藏文盲率居全国首位(表 10-2)。

表 10-2　西藏地区农村人均纯收入、文盲率与全国的比较

地区	文盲率/%	农村人均 GDP/元
西藏地区	40.69	4139
全国	4.08	5919

数据来源:2010 年第六次全国人口普查统计。

其中,西藏地区大多数文盲皆为老年人,因无法落实扫盲政策,故而成为绝对的文盲数量,而青少年文盲率已经下降到 3% 以下。以山南贫困地区为例,学前"双语"教育,农牧区学前教育一年教育毛入学率达到 98%,农牧区学前两年教育毛入学率达到 65%,城镇学前三年教育毛入学率达到 80%。小学、初中、高中毛入学率分别达到 100%、100% 和 85% 以上。

(三)西藏农牧区人力资本投资利用率低

首先,在整个西藏地区拥有大大小小的宗教场所近 1700 座,僧尼总人口约 4.6 万人,其中大部分僧尼都来自农牧区。一方面,僧尼的出家,导致农牧区人力资本的减少;另一方面,大多数寺庙的供奉都来自落后地区,加重了农牧民的经济负担。其次,农牧民生产具有季节性,在种植和放牧的旺季,可以从事作业,但是在漫长的冬季,基本上都是闲暇在家,一定程度上造成了人力资本的浪费。

西藏农牧区人力资本的定义:农牧民本身经过一定的培训之后,所拥有的知识技术、劳动技能在社会生产过程中所具有的价值总和。西藏农牧区人力资本投资则是通过教育、培训、健康保健等各阶段的各种资源投资于人这种载体,从而使人力资源能够影响未来货币和物质收入的各种活动。

1. 西藏城镇与农牧区人力资本投资成本比较分析

西藏农牧区人力资本投资是市场向政府、个人和社会发出人力资本需求信息,社会、个人和政府根据需求信息来进行人力资本投资,具体关系如图 10-2 所示。

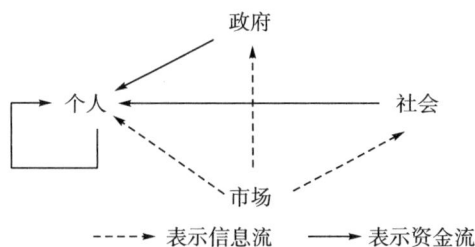

图 10-2　四部门之间的关系

以目前西藏农牧区人力资本投资与西藏城镇人力资本投资进行比较，假设，q 为人力资本质量水平；c 为人力资本投资中的固定成本；v 为人力资本投资中的可变成本，包括国家投资、社会投资和个人投资总和；C 为整个人力资本投资中的总成本（图 10-3）。当固定成本相同，只考虑可变成本对人力资本投资的影响时，则有

$$C_1 = v_1 q, C_2 = v_2 q$$

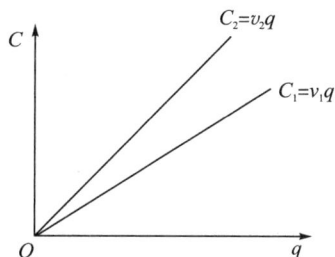

图 10-3 不考虑固定资本投资时的人力资本投资成本

通常条件下，教育投资所占人力资本投资额城镇相对于农牧区投资比重较大，而且农牧区物质生活投资基本上是自给自足，所以目前城镇人力资本投资成本要高于农牧区，即 $C_1 < C_2$。考虑固定资本投资（图 10-4）时，若 $c_1 < c_2$，则所得结论相同，即 $C_1 < C_2$。

若 $c_1 > c_2$，

$$C_2 = c_2 + v_2 q \quad C_1 = c_1 + v_1 q$$

当 $q < q_0$ 时，有 $C_2 < C_1$，此时，城镇人力资本投资成本较少；

当 $q = q_0$ 时，有 $C_2 = C_1$，此时，城乡人力资本投资成本相等；

当 $q > q_0$ 时，有 $C_2 > C_1$，此时，农牧区人力资本投资成本较少。

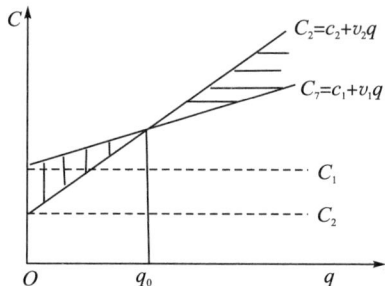

图 10-4 考虑固定资本投资时的人力资本投资成本

2. 西藏农牧区人力资本投资收益分析

在不考虑正常条件下的体力资本投资所从事的简单劳动所得，只考虑智力投资和收益时，按照人力资本投资 15 年所需固定成本约为 10 万元，15 年后每年智力投资 1000 元，按工作 25 年计算，如果不投资每年损失 2 万元，如果进行智力投资，那么每年人力资本收益增加 3 万元，则结果如下。

投资总成本（C）：$10 + 25 \times 0.1 = 12.5$ 万元

人力资本损失(S)：25×2＝50万元

人力资本收益(I)：25×3＝75万元

那么，对于人力资本进行智力投资和不进行智力投资收益相差112.5万元。所以，进行人力资本的智力投资比不进行智力投资所获收益要高得多。

以 $c_1>c_2$ 时的三种情况来分析西藏农牧区人力资本投资的投资收益情况。

假设 m_1、m_2 分别为西藏农牧区各自人力资本投资额和城镇人力资本投资额，且 $m_1<m_2$；C_1、C_2 分别为人力资本投资总成本，且 $C_1<C_2$。

Δm 为目前西藏农牧区人力资本投资额与西藏城镇人力资本投资额的差额，即 $\Delta m=m_2-m_1$；Δc 为目前西藏农牧区人力资本投资成本与西藏城镇人力资本投资成本的差额，即 $\Delta c=C_2-C_1$；追加投资回收期为 $T=\Delta m/\Delta c$。

根据对200户农牧民和城镇居民的人力资本投资统计，假设投资回收期为12年(以12年义务教育为基本投资回收期)，年平均投资总成本，包括物质生活、保健、培训、教育等费用，年平均投资额包括政府投资、社会投资和家庭投资总和。农牧区人力资本年均投资成本为1210元，人均年投资额为2675元；城镇年均人力资本投资成本2790元，人均年投资额为6633元；在不考虑外在其他条件的情况下，则追加投资回收期为 $T=\Delta m/\Delta c=2.5$年。

由于所得结论的追加回收期2.5年远远小于人力资本投资的基准回收期(12年)，故应选择城镇人力资本投资水平才能提高农牧区人力资本收益。上述论证证明，人力资本投资可以有效提高农牧民收入，缓解农牧民贫困问题。

(四)懒惰、落后的思想观念没有彻底摒弃

在调查中，我们发现日喀则市农民劳动积极性高，是西藏劳务工输出大地区，在西藏的其他地区都可以看到日喀则市的务工人员，由于文化程度较低和技术的落后，他们从事的职业大都是建筑业、服务业。在樟木口岸，出进口货物的装卸工、搬运工大部分是定日县的劳务工。在那曲地区的虫草主产区，靠资源富起来的当地农牧民不愿意劳作，放牧、做饭等工作全部都是雇佣日喀则市的劳务工。在林芝市，餐饮、酒店等服务业的服务员大多是来自日喀则市，当地相对富裕的人不愿意劳作，每天过林卡(一种休闲方式)、打牌等。所以懒惰、落后的思想观念没有彻底抛弃，是导致贫困的原因之一。援引在日喀则市土龙村的一段调研访谈来说明这个问题：

问：老乡，你家几口人？

答：6口人。

问：你一年收入有多少？

答：一千多一点。

问：那你没吃的怎么办？你为什么不出去打工？

答：没吃的国家会给，外出打工我也不知道能干什么，外出打工很累，不自由……

(五)区域发展不平衡

西藏农牧区连片贫困与跨越式发展之间的矛盾、巩固温饱与生产转型之间的矛盾、

稳定脱贫与全面小康之间的矛盾交织，加上经济社会发展主要矛盾与特殊矛盾并存，扶贫开发始终面临着十四世达赖分裂集团的干扰破坏，筑牢反对分裂、维护稳定的社会根基，任务艰巨。拉萨市、林芝市发展条件较好，低收入人口比例较小；阿里、那曲、昌都、日喀则等地发展条件较差，低收入人口比例较大。腹心地区、城镇周边区域，低收入人口比例小，边境地区、偏远山区低收入人口比例大，个别区域贫困发生率高达46%。2013年全区城镇居民人均可支配收入达20023元，农牧民人均纯收入6578元，城乡居民收入比例达3.04∶1，城乡发展差距明显。

四、结　论

西藏农牧区人力资本对致贫的影响主要是受到农牧民传统观念根深蒂固；普遍受教育水平低；西藏农牧区人力资本投资利用率低；落后的思想观念没有彻底抛弃；区域发展不平衡这五个因素的影响。从人力资本投资的成本收益分析得出：西藏农牧区反贫困应集中对人力资本进行投资，并注重人力资本的利用率和收益率。

西藏农牧区人力资本投资需建立如图10-5所示。

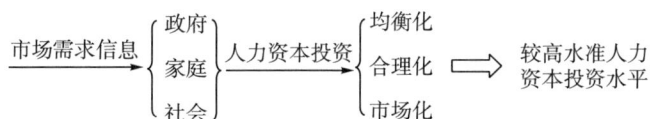

图 10-5　西藏农牧区人力资本投资发展模式

参 考 文 献

王碧玉. 2006. 中国农村反贫困问题研究 [M]. 北京：中国农业出版社：36-37.
西藏自治区扶贫开发领导小组办公室. 2012. 西藏自治区"十二五"时期扶贫开发计划 [M].

第十一章　西藏人力资本对经济贡献研究[*]

摘要：以舒尔茨、卢卡斯、加里·贝克尔等为代表的经济学家，从人力资本的角度来解释经济增长："人力资本是推动经济增长的'内生要素'，具有收益递增性，是经济持续增长的源泉。"本章采用卢卡斯人力资本增长论的思想及西藏的统计数据对其进行了实证检验，得出"人力资本存量和人力资本水平"对西藏经济增长有显著的促进作用，因此，西藏应采取提高教育投资效率，重视发挥人力资本作用，实施人力资本激励和制度创新等措施，以促进西藏经济增长的质量。

关键词：西藏；人力资本；经济增长；贡献。

一、卢卡斯人力资本增长论

（一）卢卡斯人力资本增长论内容

卢卡斯认为人力资本作为生产过程中的一种独立要素，是通过其内部效应与外部效应共同来促进经济增长的。内部效应指的是通过人力资本投资后，被投资者自身劳动生产率得到提高；而外部效应指的是通过人力资本投资后，被投资者在劳动过程中使他人的劳动生产率和其他生产要素使用效率得到提高。通过劳动者生产效率及其他生产要素的生产效率的提高，使经济得到增长。

卢卡斯模型主要结论：一国的经济增长不需要外生力量就能实现增长（强调人力资本在经济增长中的作用），增长的源泉是人力资本的积累。同时，在经济效益较高的经济中，物质资本积累与人力资本积累要相对应。

（二）卢卡斯人力资本增长论优势

西藏自然资源丰富，是中国的旅游资源大省，西藏人民依托资源优势，开发利用优势资源，为西藏经济社会发展做出了贡献。西藏的实情是劳动力流动量不大，而人均受教育年限（人力资本水平）相对来说较低，卢卡斯建模方法理论主要来源是贝克尔人力资本模型与罗默的知识驱动模型。卢卡斯所构建的包含人力资本的生产函数很直观地揭示了人力资本促进经济增长的内在机制。通过将人力资本作为一个独立的因子纳入经济增

长模型中，并运用微观分析方法将"舒尔茨的人力资本和索罗的技术进步"概念结合起来，归结为专业化的人力资本，认为专业化的人力资本积累才是经济增长的真正源泉。针对西藏情况，采用卢卡斯人力资本增长论来分析西藏人力资本对经济增长的作用，具有重大的现实意义。

二、西藏人力资本对其经济增长贡献的实证分析

（一）测定人力资本效应的模型

柯布-道格拉斯生产函数，是研究人力资本与经济增长之间关系最常用的方法，它通过估计各生产要素的弹性系数，再利用各因素与经济总量的增长率来分别估计它们对经济增长的不同贡献。根据卢卡斯人力资本增长理论，人力资本对经济增长的贡献主要表现在两个方面："其一是作为生产要素对经济增长的直接作用；其二是其外部性作用，表现为人力资本对经济增长的间接作用。"为了有效地测算出人力资本对经济增长贡献的这两个方面的作用，本章引入了两个模型，并通过二者之间的结合对人力资本的两方面作用进行测算。①有效劳动模型：$Y_t = AK_t^\alpha H_t^\beta$，$Y_t$ 表示 t 年的实际产出总量，A 表示 t 年的技术水平，K_t 表示 t 年的实际物质资本存量，H_t 为卢卡斯所指的有效劳动投入（$H_t = L_t \times h_t$，其中 L_t 为 t 年的劳动力投入，h_t 为 t 年的劳动力平均人力资本水平，本章用人均受教育年限来表示），也即 t 年的人力资本存量，α 和 β 分别表示物质资本的产出弹性和人力资本水平的产出弹性。②人力资本外部性增长模型：$Y_t = A_t K_t^\alpha H_t^{1-\alpha} h_t^\beta$，$h_t$ 为从业人员的平均受教育年限，它表示劳动力所具有的平均人力资本水平，即人力资本水平，其余各字母的含义与前面相同。该模型内生地引入了劳动力的人力资本水平作为影响经济增长的一个重要因素。

本章是采用模型回归估计的方法，来确定各产出弹性的值。对两式两边分别取自然对数可得

$$\ln Y_t = \ln A_t + \alpha \ln K_t + \beta \ln H_t$$
$$\ln Y_t - \ln H_t = \ln A_t + \alpha(\ln K_t - \ln H_t) + \beta \ln h_t$$

（二）西藏人力资本对经济增长的贡献

1. 相关的数据资料

1）实际产出量 Y：是国民生产总值，用 GDP 表示，2003~2014 年的西藏 GDP 的数据可以通过《西藏统计年鉴》获得。

2）物质资本存量 K：其估算公式为 $K_t = 0.95 K_{t-1} + I_t$，其中 I_t 为固定资产投资。2003~2012 年固定资产投资数据来自《西藏统计年鉴》。

3）人力资本存量 H：选取平均受教育年限法来度量西藏的人力资本存量。各年的人力资本存量，为各年的人口平均受教育年限分别乘以各年的劳动力人数，即 $H = L \times h$。

4）劳动力投入 L：用从业人员的数量表示，通过《西藏统计年鉴》得知。

5）人力资本水平 h：用 15 岁及其以上人口的平均受教育年限来代替。

具体数据见表 11-1。

表 11-1　2003～2014 年西藏数据情况

年份	GDP/亿元	固定资产投资/亿元	物资资本存量/亿元	劳动力投入/亿元	平均受教育年限/年	人力资本存量/（万人/年）
2003	185.09	138.62	175.39	161.43	6.3	1054.12
2004	220.34	168.44	230.97	178.80	6.3	1178.34
2005	248.80	309.90	290.78	188.75	6.3	1243.25
2006	290.76	232.35	321.59	190.21	6.3	1276.38
2007	341.43	269.65	352.41	221.64	6.3	1311.52
2008	394.85	303.33	382.69	253.26	6.3	1378.92
2009	441.36	327.64	432.53	273.42	6.9	1532.48
2010	507.46	404.98	500.43	301.26	7.3	1721.93
2011	605.83	549.30	602.76	389.25	7.9	1879.21
2012	701.03	709.98	699.82	423.76	7.9	2138.49
2013	807.67	910.00	783.95	518.75	7.9	2769.21
2014	920.83	1100.00	893.41	697.13	7.9	3129.04

资料来源：《西藏统计年鉴》。

2. 估计结果与分析

根据表 11-1 中的数据，2003～2014 年的相关时间序列数据采用多元线性回归最小二乘法，用 SPSS 软件进行线性回归分析，可得出模拟结果，见表 11-2 和表 11-3。

表 11-2　有效劳动模型的回归分析结果

	变量	系数	标准化系数	t 的检验值	显著性
有效劳动模型（$\ln Y$）	常数	−28.902		−6.784	0.001
	$\ln K$	0.042	0.123	1.226	0.256
	$\ln Y$	3.667	0.827	7.987	0.000
			$R^2 = 0.984$		

由表 11-2 可知，有效劳动模型整体通过检验，显著程度高，具有较好的拟合度（$R^2 = 0.984$），各参数都通过了 5% 显著条件下的 t 检验，常数项与两个自变量估计系数的检验均具有较高的显著程度，说明所选用的有效劳动模型能正确地反映西藏人力资本对其经济增长的影响，标准化后的有效劳动模型为

$$Y_t = AK_t^{0.123}H_t^{0.827}$$

表 11-3　人力资本外部性增长模型的回归分析结果

	变量	系数	标准化系数	t 的检验值	显著性
人力资本外部性增长模 $\ln Y_t - \ln H$	常数	−13.601		−5.001	0.001
	$(\ln K - \ln Y)\ln h_t$	0.074	0.273	1.626	0.112
		6.367	0.701	4.287	0.003
			$R^2=0.966$		

由表 11-3 可知，人力资本外部性增长模型整体通过检验，显著程度高，具有较好的拟合度（$R^2=0.966$），各参数基本都通过了 5% 显著条件下的 t 检验，常数项与自变量的估计系数的检验具有较高的显著程度，说明所选用的人力资本外部性模型能正确地反映西藏人力资本对其经济增长的影响。由表 11-3 中的数据可知，物质资本和人力资本水平的标准化系数分别为 $\alpha=0.273$，$\beta=0.701$。标准化后的人力资本外部性模型为

$$Y_t = AK_t^{0.273}H_t^{0.701}h_t^{0.71}$$

上述的实证分析结果表明，西藏的生产总值 Y_t、物质资本存量 K_t、人力资本存量 H_t 以及人力资本水平 h_t，由于劳动者接受教育水平差异，形成的人力资本存在层次性，造成其水平的差异，其产生的外部效应不同，所以，人力资本水平表达式为

$$h_t = AP(t)^a S(t)^v G(t)^t$$

式中，$P(t)$、$S(t)$、$G(t)$ 分别为初等、中等、高等教育人力资本存量。将 Y_t 取对数得 $\ln Y_t = C + 0.273\ln K_t + 0.701\ln H_t + 0.701u\ln P(t) + 0.701v\ln S(t) + 0.701t\ln G(t)$ 在时间序列上同时符合有效劳动模型和人力资本外部性模型，也说明 2003～2014 年，西藏 GDP 及相关投入要素符合相应的柯布－道格拉斯生产函数。

通过对有效劳动模型的分析可知，人力资本存量对经济增长的弹性系数，要高于物质资本存量对经济增长的弹性系数，这表明西藏的人力资本对经济增长发挥着重要的作用。人力资本存量对经济增长的边际贡献非常显著，其产出弹性为 0.869。

通过对人力资本外部性模型的分析可知，人力资本存量（H_t）对西藏经济增长的边际贡献（0.721）较为显著，在西藏经济的高速增长中，人力资本水平具有显著的外部效应。此外，人力资本水平（h_t）也还具有较高的产出弹性（0.721），这表明劳动者人均受教育年限的增加，能够较大幅度地提高全省的生产总值水平。

3. 人力资本存量分析

西藏各级人力资本存量波动较大，整体存量增长缓慢。西藏在 2003～2014 年的 12 年间，GDP 年平均增长 11.27%，物质资本存量年平均增长 10.16%，人力资本水平年平均增长 0.14%，人力资本存量年平均增长 0.83%。具体来看，各要素的增长率快慢不一。GDP、人力资本投入及物质资本存量在不断增加，但人力资本存量的波动较大。12 年间，初等、中等及高等教育人力资本存量年平均增长率分别为 −4.15%、2.98%、3.37%。

这与整个国家及西藏的教育政策极大相关。在这 12 年间，完成初等教育的人继续进一步接受教育，因此中等及高等教育人力资本存量有所增加。同时，国家在 1999 年进行

高等学校扩招，使接受了中等教育的人有更多的机会接受高等教育。因此，在 2003～2008 年的 5 年间，西藏初等教育人力资本存量年平均减少 1.77%，中等教育人力资本存量年平均增长 2.63%，而高等教育人力资本存量年平均增长 3.4%，是中等人力资本存量增长的 1.3 倍。但西藏整体人力资本存量年平均增长 3.31%。这是由于西藏一直注重九年义务教育及中等职业教育的发展，接受中等教育的人口基数比较大，虽然从相对增长率看没有高等教育人力资本存量增加快，但总量绝对数大。仅用 2003 年绝对人数相比，中等教育人力资本存量是高等教育人力资本存量的 2.63 倍，因此整个人力资本存量年平均增长幅度不大。

西藏经济发展没有充分发挥人力资本要素的作用。从各层次人力资本存量的产出弹性看，初等、中等、高等教育人力资本存量的产出弹性分别是 -0.1712、0.0922、0.0386，人力资本存量产出总弹性为 -0.01。说明西藏整体人力资本存量不仅不能促进西藏经济发展，而且对经济是反向拉动。从各个层次人力资本存量看，中等教育对经济发展的产出弹性最大；高等教育次之；而初等教育对经济影响是负面的。西藏自治区的教育发展思路是注重九年义务教育及中等职业教育的发展。因此，很多年轻的劳动者都接受过中等教育。

初等人力资本存量产出弹性出现负值的原因是初等教育人口占西藏总人口多，所以初等教育人力资本存量比较多。随着企业改制和新技术的使用，各产业对劳动力素质要求提高，只接受过初等教育的劳动力不能适应生产要求，因此下岗失业、空占岗位或退休。他们依靠国家最低生活补贴、企业工资或退休金生活，但没有继续发挥自身作用为西藏创造经济价值。西藏处于中国西南地区的边境，跟其他省份相比，高等教育比较落后，与其他省份、沿海城市相比经济和生活环境较差，缺乏大学生发挥能力的空间和低于沿海城市的福利待遇。其产出弹性也比较低，西藏经济发展主要依靠中等教育人力资本发挥作用。整体上看，西藏经济发展中没有很好地发挥人力资本的作用。

三、西藏实现人力资本效用最大化的政策与措施

从以上分析看，西藏经济增长中人力资本存量(H_t)和人力资本水平(h_t)对经济增长的作用很大，在社会主义市场经济发展的今天，要想提高经济增长的速度，除了加大要素投入以外，还必须进行制度创新，人力资本在经济增长中作用的发挥依赖于良好的制度环境。对西藏而言，给人力资本一个良好的人才培养的制度环境和优胜劣汰的竞争机制，才能充分利用社会主义市场经济体制的优越性，激发劳动者的积极性和创造性，提高全要素生产率，加快西藏的经济发展。

(一)政府层面的宏观政策支持

1. 扩充人才政策

人才是振兴西藏的关键，为西藏的振兴提供必要的智力支持，人才所蕴含的人力资

本更是西藏经济发展不可或缺的生产要素。近些年西藏人才外流严重的问题已经对西藏经济发展产生了不良影响，同时，高层次专业技术人才、创新人才的缺乏也困扰着西藏各用人部门。因此，如何引进人才、留住人才、培育人才已成为政府部门的人才工作重点。毫无疑问，给予各类人才政策支持，大力扩充西藏人才政策，弥补现有政策的不足是解决人才问题的基础。

2. 引进人才政策

在本地区现有人才已不能满足地区社会生产需求、影响区域经济增长速度的情况下，引进区域外优秀人才进入本区域生产、研发等各个领域，弥补人力资本不足，是解决人才资源匮乏的有效手段。通过人才的引进，可以利用引进人才的人力资本，发挥引进人才的聪明才智，有效提高生产效率和能力，满足生产需求。引进人才是指国内外各种优秀人才，不仅包括海外人才，还包括国内各领域的人才，具有较高专业技能的技术工人只要能为区域经济增长做出贡献，也可以成为引进人才。为配合引进人才工作的顺利实施，就要有专门的引进人才政策，为引进人才提供依据和政策指导。

3. 留住人才政策

引进人才是增加区域内人力资本的有效手段之一，引进的同时还要留住区域内的现有人才，尤其是高层次科技人才。西藏目前的人才外流问题，主要原因在于西藏缺少留住人才的政策。大部分人才，尤其是受过高等学校教育的人才被地区外的人才政策所吸引，进而造成向区域外迁移，人才流失，人才所蕴含的人力资本也随之流向其他地区，降低了西藏人力资本存量。因此，西藏不但要引进人才，还要想办法留住人才，制定留住人才的政策。首先，政府部门要对本地区的人才队伍建设制定人才发展战略规划，明确地区经济发展所需的各类人才规模、人才结构及人才布局，从根本上认识到本地区的人才问题。其次，要制定针对本地区现有人才的优惠政策，对创新人才、创业人才给予政策支持，提供科研和创业的启动经费，根据人才的业绩和贡献实行多种形式的分配机制，切实提高人才的工作条件和薪酬福利水平。再次，要建设人才发展和交流平台，为人才建立适合其发展的软硬件环境，通过科研机构、创业园、高科技产业园等形式为人才提供发展空间，进而吸引和留住人才。最后，要制定服务人才的配套政策。除了良好的发展前景，人才还需要有稳定的生活环境，解除后顾之忧。因此，针对区域内人才还要有配套的服务政策，包括办理子女入托、入学，解决配偶户口、工作等一系列政策，通过配套政策协助解决人才的生活问题，进而使人才可以在区域内安心工作，达到留住人才的目的。

4. 培育人才政策

稳定和用好现有人才对区域人力资本发展具有重要作用，同时还要积极在区域内培育人才，实现人才的自我增值，进而改善区域人力资本状况。培育人才是一种直接增加区域内人力资本存量，提高人力资本质量的方法，其重点在于如何进行区域内人才开发，推动人才合理配置。

（二）增加人力资本存量，提高人力资本质量

人力资本是区域经济增长的重要影响因素，政府通过宏观政策调控为区域人力资本状况改善提供了政策支持，但更重要的是如何增加人力资本存量，提高人力资本质量。从前述分析中我们可以看到，人力资本存量的多少、人力资本质量的高低是影响区域经济增长的实质因素，人力资本存量的增加可以使投入到生产过程中的人力资本得到增加，人力资本质量的提升则可以提高生产效率，改善生产状况，增加产品科技含量。因此，各级政府部门、企业都要将增加人力资本存量，提高人力资本质量放在首位。

重视和加快教育投资。

接受教育是每一位劳动者学习知识、获得人力资本的首要途径，也是人力资本积累的主要方式，因此，教育投资不仅是个人、家庭主要的人力资本投资，更是政府部门人力资本投资的主要手段。教育投资主要体现在教育经费的投入，目前西藏的教育经费略显不足，75％以上的教育经费来源于国家财政性教育经费，来源相对单一，缺少资金支持。因此，要在重视和加快教育投资，加大投资力度的同时，开发更多的人力资本投资途径，使投资来源多元化。

政府是教育投资的主体，从政府投资的角度，要扩大投资额度，优化教育结构。一是要重视对基础教育的投资；二是扩大中等教育投资规模和培养方式；三是继续加大高等教育投资力度，提高升学率；四是增加培训投资；五是关注成人教育。

（三）提高教育投资的效率，增加人力资本的积累

本章的实证分析表明人力资本存量（H_t）对西藏经济增长的作用非常大，而加大教育投入可以提高人力资本储备水平。但是事实上，自2004年起，西藏教育投入经费占GDP的比重已经达到4％，位居全国的第18位。然而西藏教育普及程度仍然偏低，导致人均受教育年限（人力资本水平 h_t）仍然偏低，并且地区之间、城乡之间教育发展不平衡。导致这种现象的原因是西藏教育投资的效率低下，国家大量的教育经费支出没有得到应有的结果。因此，今后在进一步加大西藏教育投资的基础上应该着重提高教育投资的效率，从而促进人力资本存量（H_t）的增加。同时，西藏应该采取各种措施提高人口的整体素质，加强教育事业的发展，加大教育的投入力度，提高人均受教育年限（人力资本水平 h_t），以促进经济快速健康增长。政府要以较大的幅度增加财政支出，保证基础教育和职业培训教育等各方面人力资源的开发费用，不断增大西藏的人力资本存量（H_t），推动西藏经济跨越式发展。

（四）稳定人力资本存量，发挥人力资本作用

西藏在稳定目前人力资本存量的前提下，扩大中等和高等教育规模。但教育是一个连续的问题，初等教育是基础，因此必须兼顾三者的发展，同时更注重中等及高等教育投入产出效率。加大对已接受过初等教育的劳动力的新知识和技能培训，提高其文化素质。通过对劳动力的技能培训及就业岗位设立和优化，积极引导劳动者就业或寻求合适岗位，充分发挥初等人力资本的作用。通过相应制度建设，为劳动者提供充分物质保障

和良好工作环境，保证西藏人力资本积极发挥作用，使西藏最终实现从人力资源弱省向人力资源强省、从教育弱省向教育强省的转变。

（五）将农村人力资本转化为西藏地区经济增长的动力

由于区域经济增长迅速，农业经济不断发展，农业现代化在提高农业劳动生产率的同时，也带来更多的农村剩余劳动力。农村可提供的就业机会有限，受城镇经济发展以及城镇化水平不断提升的影响，大量农村剩余劳动力向城镇迁移，寻找新的就业机会。这些农村剩余劳动力拥有一定的人力资本，可提升城市的人力资本存量，并通过再就业将人力资本转化为社会生产力。农村剩余劳动力收入水平的提高还会使社会消费水平提高，推动区域经济增长。因此，农村剩余劳动力可以成为西藏人力资本新的增长点，可同时转化为西藏经济增长的动力。

农村劳动力人力资本存量的增加、质量的提高有助于城乡二元经济协调发展，既可以通过农民掌握的新科技发展农村的产业，又可以将乡村与城市进行连接，形成沟通的纽带，益于农村剩余劳动力的流动，满足城市对农村剩余劳动力的需求。由于受教育程度偏低，技能水平有限，农村剩余劳动力的人力资本存量相对较少，质量也相对较低，在区域经济增长过程中发挥的作用明显低于高层次人才所蕴藏的人力资本产生的促进作用。因此，如何用好农村剩余劳动力，将农村人力资本转化为区域经济增长的动力是需重点解决的问题。主要从以下三个方面来进行。

一是加强农村适龄人口的教育，提高受教育程度。受经济条件限制以及对教育的不重视，一部分农村人口过早辍学在家，没能完成基础教育。这部分人口通常知识水平有限，掌握的技能也较少，缺乏就业能力，只能从事简单的生产工作，一旦从土地上分离出来就面临着失业问题，不利于向城市迁移。因此，农村人口是接受九年基础义务教育的重点，要在农村普及基础教育，扩大接受基础教育的农村适龄人口的范围，使更多的农村人口有书读、有学上，从根本上解决农村教育问题。对于有学习意愿的农村人口，要尽可能地满足他们的上学要求，学校对有困难的学生要减免学杂费、提供勤工助学的机会，使其能顺利完成学业，并有机会接受更高程度的教育。此外，政府部门要有重点地增加农村教育经费，将更多的资金投入到农村教学环境和师资力量的建设中，提高教学水平，促进劳动力素质提升。农村劳动力受教育程度的提升将增加农村人力资本存量，使更多的农村劳动力适应现代化农业生产，促进农村经济增长，带动城市经济发展，同时，更多的劳动力从农业中解脱出来，向其他产业转移，可以弥补其他产业劳动力的不足。

二是通过专门的培训，提高农村剩余劳动力的技能。农村剩余劳动力由于受教育程度低，大都缺少在城市就业的技能，很难融入城市生活中并找到合适的工作。大多数农村剩余劳动力会选择从事以体力劳动为主、技术含量较低的行业，如建筑业、服务业或手工制造业，收入水平相对较低。因此，要对农村剩余劳动力进行有针对性的培训，提供培训补贴。通过专门的职业技能培训，可以帮助农村剩余劳动力获得更多的人力资本，提高就业能力和就业竞争力，找到更适合自身的岗位，特别是可以从事技术水平相对较高的行业，提高收入水平，进而推动区域经济增长。

　　三是发展劳动力密集型产业，通过产业集群吸收农村剩余劳动力。农村剩余劳动力的迁移打破了城乡二元经济结构，在促进城市化水平提高的同时，有益于解决"三农问题"，缩小城乡差距，实现区域协调发展。劳动密集型产业是吸纳农村剩余劳动力的主要产业，一方面可以为向城镇迁移的劳动力提供更多的就业机会，另一方面有助于产业结构调整。同时，地区内的产业集群在发展过程中需要补充大量劳动力，为农村剩余劳动力的迁移亦提供了契机，通过职业技能培训的农村技术工人成为产业发展的需求要素，是区域经济增长的潜在力量。

参 考 文 献

蓝天. 2012. 东北地区人力资本与经济增长研究 [D]. 长春：吉林大学博士学位论文.

门建华，姚建峰. 2011. 云南省人力资本对经济增长的贡献分析 [J]. 北方经贸，7：34-36.

沈利生，朱运法. 1999. 人力资本与经济增长分析 [M]. 北京：社会科学文献出版社.

宋勇超，张茜. 2010. 人力资本与经济增长关系的研究 [J]. 山东省农业管理干部学院学报，(1)：71-74.

王金营. 2001. 人力资本与经济增长：理论与实证 [M]. 北京：财政经济出版社.

西藏自治区统计局，国家统计局西藏调查总队. 西藏统计年鉴 [M]. 2015. 北京：中国统计出版社.

第十二章　劳动力流动视角下的西藏城镇化进程研究[*]

徐爱燕　张兴龙

摘要：以农村剩余劳动力为主体的劳动力流动越来越成为影响西藏城镇化进程的重要因素，它一方面推动着城镇化的进程，另一方面也严重制约着城镇化进程。本章通过统计数据分析证明：二元经济结构导致的剩余劳动力是劳动力流动的基础和源泉；农村和城镇之间不断扩大的收入差距，会吸引农村劳动力向城镇转移，城乡工资差距是劳动力流动的经济动力；户籍制度难以变更是剩余劳动力释放和转移的制度性障碍；城镇失业的存在使劳动力从农村转移到城镇以后还将面临就业的竞争压力，是城乡劳动力流动的经济风险；城镇基础设施的改善能够提高居民的福利水平，能够吸引更多的劳动力转移到城镇来；农村劳动者不断提高的素质水平和技能水平，能增强其参与劳动力市场竞争能力，便于被城镇二、三产业所吸纳。因此，只要通过合理疏导、有效管理以及适当的宏观控制，劳动力流动必将给西藏城镇化带来巨大的福音。

关键词：劳动力流动；西藏；城镇化。

城镇化已成为衡量一个地区经济发展状况的重要标志。农村剩余劳动力向非农产业和城镇转移，是城镇工业化和现代化的必然趋势。农村劳动力剩余是一个国家和地区在由传统农业向现代化工业转移的过渡时期出现的一种必然结果。以农村剩余劳动力为主体的劳动力流动越来越成为影响西藏城镇化进程的重要因素，它一方面有力地推动着西藏城镇化的进程，另一方面也给城镇化进程本身带来了巨大的冲击。西藏在城镇化过程中，必须解决农牧民进城后的就业问题，否则大量低技能、低文化素质的人口涌入，将带来大量新的贫困人口，从而使好不容易见起色的减贫效果毁于一旦，从而使西藏自治区陷入新的"贫困陷阱"而无法自拔。

一、西藏城乡劳动力流动结构

从图12-1可见，全国的城乡劳动力流动增长已经逐渐趋缓，而西藏的城乡劳动力流动增长则呈现加速的趋势。这表明，对于西藏而言，农村剩余劳动力的转移才刚刚开始，未来剩余劳动力的释放还存在较大的空间。

---

[*] 原载于《西藏经济》2016年第2期。

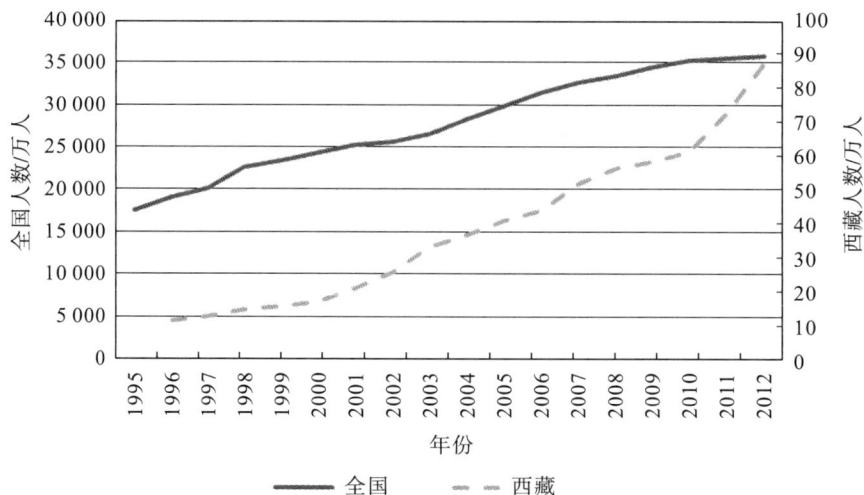

图 12-1　全国和西藏城乡劳动力流动的对比

　　1996 年西藏劳动力流动人数为 11.23 万人，2012 年达到 86.96 万人，从图 12-2 可见，1996～2012 年西藏的城乡劳动力流动处于不断上升的趋势，且呈现逐渐加速的趋势。从城乡劳动力结构来看，城镇劳动力流动和乡村非农劳动力流动显示出齐头并进的特点。但两种类型的劳动力流动在城乡劳动力流动中的重要性在发生变化，在 2007 年以前，农村非农劳动力流动比重更大，而 2007 年以后，城镇劳动力流动占比开始大于农村非农流动，且占比越来越大。这表明，西藏城镇对劳动力的吸纳能力正逐步增强，同时由于二、三产业的发展，特别是第三产业的发展为城乡劳动力转移创造了更多的就业机会。因此，在西藏城乡劳动力流动中，农村劳动力流动发挥的作用越来越大，城镇对农村剩余劳动力的吸纳十分重要。

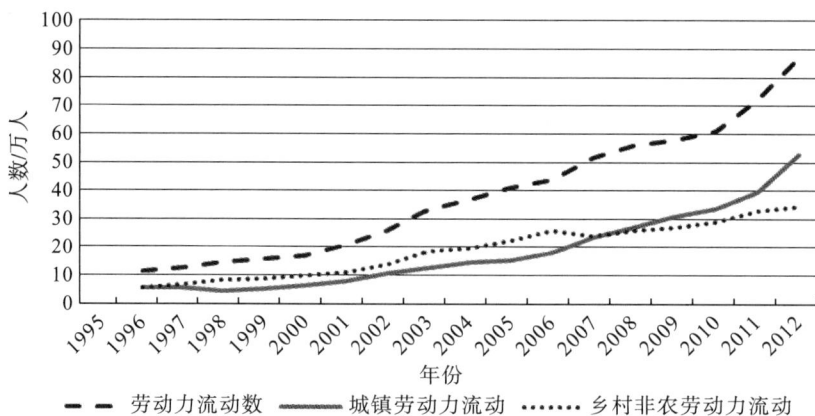

图 12-2　西藏城乡劳动力流动的总量与结构

数据来源：根据劳动力流动数根据《西藏统计年鉴 2013》和《中国统计年鉴 2013》相关数据计算。

　　由图 12-3 可见，西藏绝大多数的转移劳动力流入了城镇私营个体部门，这些部门成为吸纳农村剩余劳动力的主力，因此在政策上促进个体私营经济的发展有利于创造就业机会、促进城镇劳动力流动；而国有单位、城镇集体单位及外商投资企业等单位对农村劳动力的吸纳能力则较弱。从图 12-4 可见，平均而言只有 10.96％的新增城镇单位就业人员来自农村，因此西藏城镇非个体私营经济目前对吸纳农村劳动力的贡献并不大。

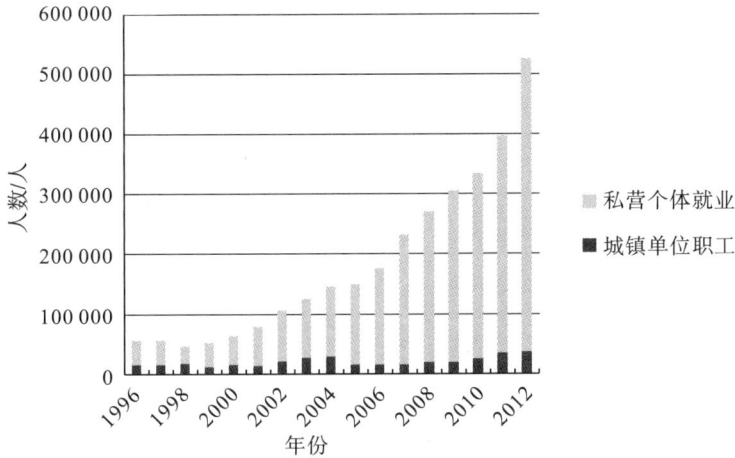

图 13-3　西藏城镇劳动力流动结构图

资料来源：根据《西藏统计年鉴》(1997～2013)和《中国统计年鉴》(1997～2013)计算。

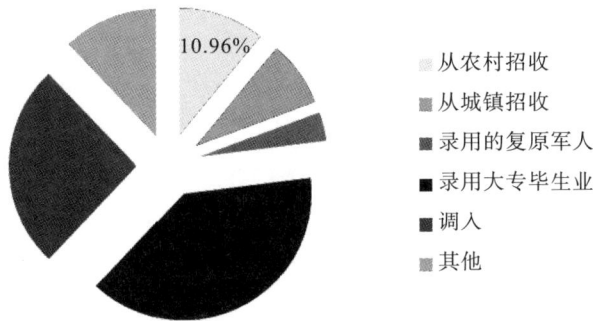

图 12-4　西藏新增城镇单位就业人员来源占比

数据说明：《中国劳动统计年鉴》1996～2010 年。

《中国 2010 年人口普查资料》的长表部分抽取 10％的住户进行调查，公布了人口迁移的数据，表 12-1 为 2010 年西藏地区内人口迁移的结构数据。从图 12-5 可见，登记地为乡村的迁移人口有 70％流入城镇，只有 30％迁移到其他乡村，因此人口流动的主要目的地是城镇。从图 12-6 可见，现居地为城镇的迁移人口中，有 69％的户口登记地为乡村，因此来源地为乡村的人口占到了城镇迁移人口的绝大多数。

表 12-1　2010 年西藏地区内人口迁移的结构数据

登记地 / 现住地	乡	镇的村委会	镇的居委会	街道
城市	1649	951	499	426
镇	962	772	584	453
乡村	1372	478	266	338

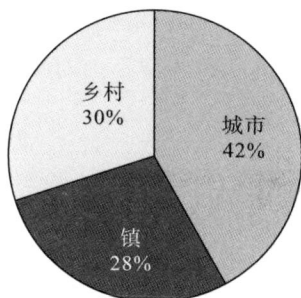

图 12-5　登记地为乡村的迁移人口现居地分布图

注：此处计算将户口登记地为乡、镇的村合计为乡村。

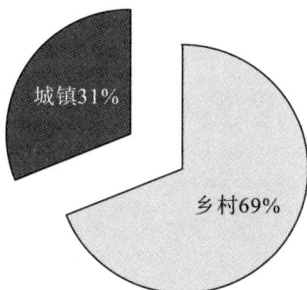

图 12-6　现居地为城镇的迁移人口户口登记地构成

注：此处计算将现居地为城市及镇的合计为城镇，将户口登记地为乡、镇的村合计为乡村，镇的居委会、街道合计为城镇。

二、劳动力流动对城镇化进程的促进作用

乡村非农劳动力流动主要是从事第一产业的劳动者转而在乡村中从事一些非农劳动，具有"离土不离乡"的特点；城镇劳动力流动则主要是农村劳动力从乡村转移到城镇就业，具有"离土也离乡"的特点。从劳动力转移的性质来说，农村非农劳动力流动有助于提高劳动者的收入水平，为其今后流动到城镇创造一定的经济基础，也为小城镇的发展提供后备人口，但这种非农劳动力流动可能很难直接促进城镇化的发展。城镇劳动力流动，使农村劳动力离开乡土，这为由农民变市民积累了基础，这类农村转移劳动力在未来很可能成为新增城镇人口的主力，对城镇化具有积累效应。

1. 劳动力流动促进了城镇和乡村的融合

近些年，西藏的乡镇企业取得了较快的发展，并吸纳了大批的农村剩余劳动力，完成了农业人口向非农业人口的转移和地域转移。从图 12-7 可见，西藏乡镇企业1999~2008年吸纳的从业人员呈不断递增趋势。城乡流动人口已成为城乡经济、文化、技术、信息交流的中介，有效地促进了城镇和乡村的融合。城乡劳动力流动，也是城乡之间沟通融合的桥梁，他们接受新思想，并随时随地把城市文明、城市经济信息和城市

人口的思想意识、生活习俗等传播到农村，使广大的农村人口了解城市文明和城市生活，有利于吸引更多的农村劳动力并促进城乡融合，从而间接起到促进人口城镇化的作用。

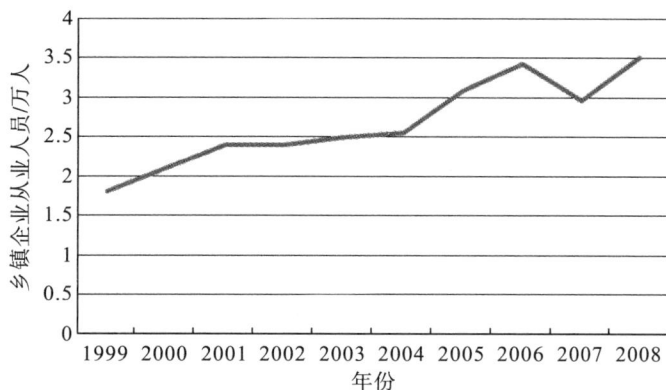

图 12-7　西藏乡镇企业从业人员

资料来源：《中国统计年鉴 2013》。

2. 城乡劳动力流动为城镇化提供了廉价劳动力

城乡劳动力流动为城镇建设提供了大批的廉价劳动力，很好地满足了城镇经济高速发展起步阶段对劳动力的需求。农村剩余劳动力涌入城镇，一般都会集中在劳动密集型加工业中，并处于生产的第一线劳动岗位上。这些劳动力为城镇市政工程、民族手工业、旅游业及其关联产业，环卫等劳动强度大、工作环境差、福利待遇低的部门提供了大量劳动力。

3. 城乡劳动力流动促进了产业结构的转换

农村劳动力在流入城镇以前，大多从事第一产业的工作，进入城镇以后，则主要从事劳动生产率更高的二、三产业。这在很大程度上减小了从事第一产业的劳动力比重，而增加了二、三产业的就业比重，从而将产业结构重心调整到二、三产业。另外，由于农村劳动力的流入，加速了西藏第三产业的发展。这也是形成西藏目前产业结构呈现"三二一"的重要因素之一。

4. 城乡劳动力流动进一步扩大了城镇消费

劳动力流动人口不仅仅是城镇的生产者群体，同时他们也是庞大的消费者群体，因此劳动力流动人口有利于增加经济的有效需求，还能进一步刺激城镇商业、服务业、交通业、邮电业、通信业的不断发展，弥补城镇产业结构的不足。

三、二元经济结构是劳动力流动的基础

西藏的二元经济结构处于一个缓慢转变的过程。改革开放初期，第一产业从业人员占全体从业人员的比重一直维持在 80% 以上；一直到 20 世纪 90 年代初期开始，第一产

业从业人员占比开始出现下降的态势，并在 2000 年以后呈现出加速的趋势；到 2012 年，西藏第一产业从业人员占比首次下降到 50％以下，达到 46.3％。另外，从第一产业产值占地区生产总值的比重来看，除了在改革开放初期，第一产业产值比重曾有短暂上升和徘徊以外，90 年代以后，其趋势与第一产业从业人员占比趋势相似，都呈现出一个加速下滑的趋势。这表明西藏的二元经济结构在逐渐转变，越来越多的农村剩余劳动力开始往第二产业和第三产业转移。从图 12-8 可见，第一产业从业人员占比一直远大于第一产业产值占比，说明第一产业对经济增长的贡献并不大，但却束缚了太多的劳动力，即在二元经济结构下，西藏农村存在大量的剩余劳动力，此时第一产业劳动力生产率不高，劳动力亟待转移到城镇的二、三产业中去。在劳动力从第一产业向城镇二、三产业转移的过程中，由于二、三产业的劳动生产率大于第一产业的劳动生产率，因此从全社会角度来看生产率处于上升态势。从图 12-8 可见，第一产业的劳动生产率虽然微有上升，但是其远小于二、三产业的劳动生产率；二、三产业的劳动生产率也处于不断上升的过程，且增长速度大于第一产业的增速。由图 12-9 可见，改革开放后西藏的人均生产总值一直处于上升趋势，且存在加速上升的特点，这也表明剩余劳动力从第一产业释放、转移到二、三产业有较大的空间，并会促进西藏经济持续快速发展与人均 GDP 的不断增长。

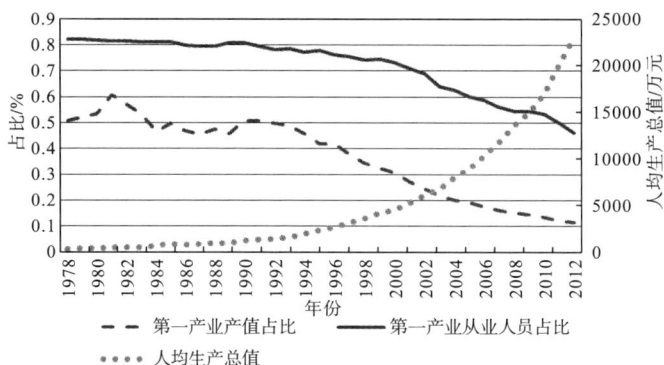

图 12-8　西藏第一产业产值占比、从业人员占比与地区人均生产总值

数据来源：《西藏统计年鉴 2013》。

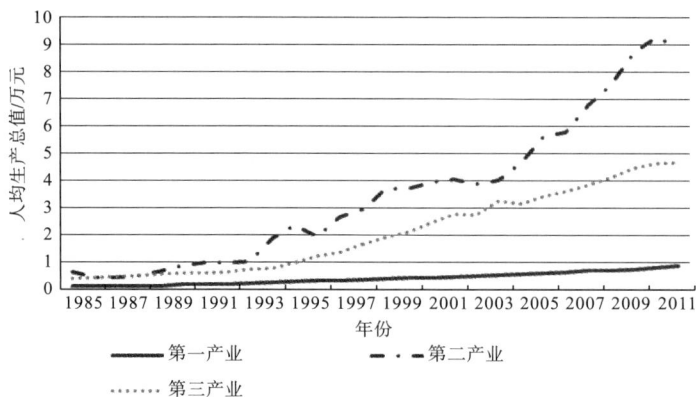

图 12-9　西藏三个产业人均生产总值

数据来源：根据《西藏统计年鉴 2013》计算。

四、收入差距是劳动力流动的经济动力

城乡收入差距，是导致城乡劳动力流动的经济动力。刘易斯（Lewis，1954）认为，城市的现代工业部门集中了大量资本，具有较高的劳动生产率，而传统的农业部门缺乏资本且劳动生产率低下，农民仅能维持在较低的生活水平，而农村存在大量的剩余劳动生产力且这些劳动力的边际生产率为零。且此时，由于农业的生产率较低，农村收入水平较低，而城市二、三产业部门由于生产率水平相对较高（从图 12-10 我们可以看出这一规律），使城镇收入水平高于农村。因此，乡村收入水平的低下，一方面使劳动力从农村转移到城镇的机会成本较低；另一方面，城镇收入水平较高，劳动力转移到城镇以后的期望收入会较高。所以，城乡劳动力转移以后的收益会远大于成本，城乡收入差距是导致城乡劳动力流动的经济动力。

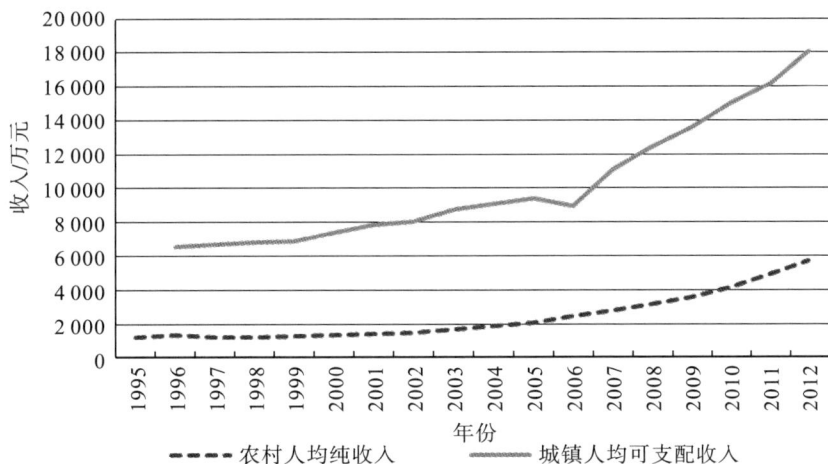

图 12-10　西藏城乡收入差距

数据来源：《中国统计年鉴（1996—2013）》。

西藏的城乡收入差距一直存在，且有不断加强的趋势。由图 12-10 可见，首先，西藏的城镇人均可支配收入和乡村人均纯收入一直处于上升趋势，城镇人均可支配收入从 1996 年的 6000 多元上升到 2012 年的 18000 多元，农村人均纯收入从 1996 年的不到 2000 元上升到 2012 年的接近于 6000 元。其次，城镇人均可支配收入城乡人均差距从 1996 年的 5000 元扩大到 2012 年的 12000 多元。

农村人均纯收入主要由四个部分构成，分别为家庭经营纯收入、工资性收入、转移性收入和财产性收入。由图 12-10 可见，西藏家庭经营性收入虽然在不断上升，但是其在人均纯收入中的占比却逐渐减小，而工资性收入、转移性收入和财产性收入的占比开始逐渐增大。农村劳动力进行的乡村非农转移所取得的工资性收入以及农民工进城务工，均为家庭带来一定的转移性收入，同时农村住户的财富积累也为家庭带来了一定的财产性收入。这三种收入的比例占农村纯收入的比重增大，表明农村家庭已经不是单纯依赖

第一产业的劳动取得的家庭经营性收入，其收入来源已经开始多元化；乡村非农劳动力转移和城镇劳动力转移为家庭带来了额外的收入，且数额不断增大。城镇人均可支配收入的构成也主要有四个部分，即工资性收入、经营性收入、财产性收入和转移性收入。从收入构成占比来看，工资性收入构成了西藏城镇人均可支配收入的绝大部分。而经营性收入较小，表明私营个体经济在西藏亟待发展，同时也表明西藏个体私营经济发展存在很大的空间，财产性收入在西藏城镇人均可支配收入中所占比重也不是很大。由此表明，其一，目前西藏的投资渠道少；其二，西藏城镇居民拥有的不动产较少。也进一步说明，西藏人均收入来源单一，总体收入水平低下、居民购买力不足。

　　城镇的工资性收入与农村的家庭经营性收入之间的差异比城镇人均可支配收入与农村人均纯收入的差异，更加能反映城乡劳动力转移的经济动力大小。从图 12-11、图 12-12、图 12-13 可见，将财产性收入、转移性收入等去除以后，单纯比较城镇工资收入与农村家庭经营收入之间的差距，其比城镇人均可支配收入与农村人均纯收入的差异更大，因此西藏的城乡劳动力转移的经济动力还很大，城乡劳动力转移依然会持续。

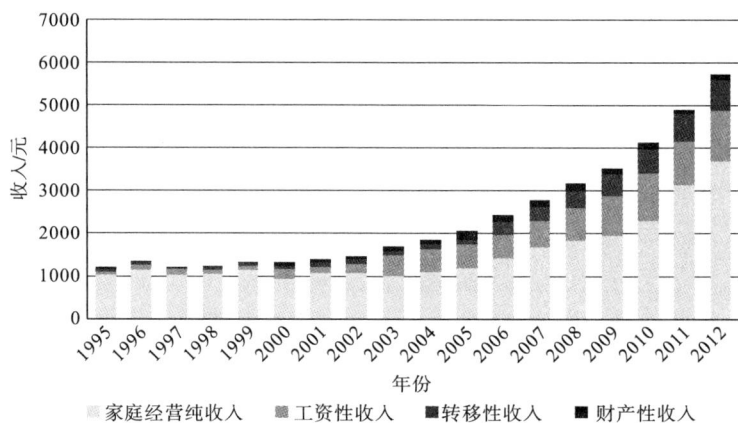

图 12-11　西藏农村人均纯收入构成

资料来源：《中国统计年鉴》(1996~2013)。

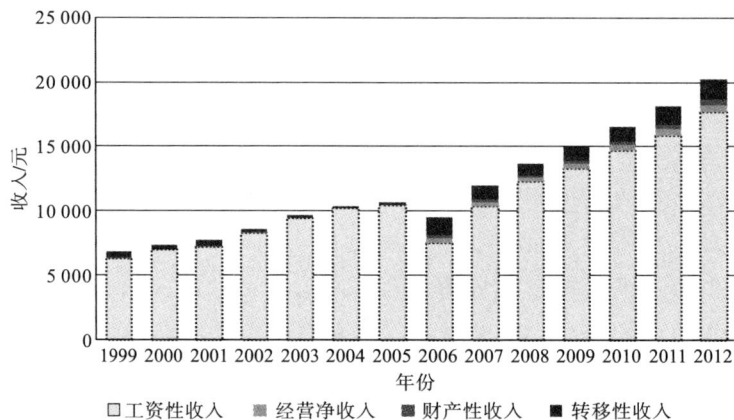

图 12-12　西藏城镇人均可支配收入构成

资料来源：《中国统计年鉴》(2000~2013)。

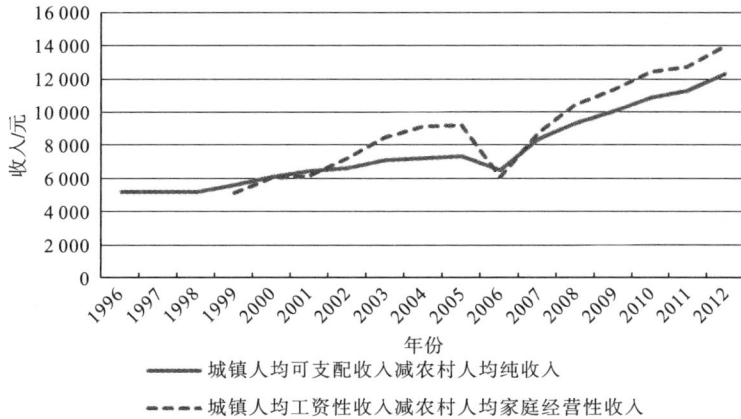

图 12-13　两种城乡收入差异

资料来源：根据《中国统计年鉴》（1997~2013）计算。

五、户籍制度是劳动力流动的制度障碍

我国户籍制度直接影响了人们的生活，甚至决定了人们的命运。我国户籍制度的设计不仅是为了进行人口统计和辨认个人特征，也是为了决定人口布局和为政府其他重要目标服务。户籍制度是国家控制社会的重要手段之一，其职能已经远远超过控制人口流动。

我国的户籍制度改革在这三十多年中不断地推进，1984 年 1 月 1 日，《中共中央关于一九八四年农村工作的通知》决定："1984 年，各省、自治区、直辖市可选若干集镇进行试点，允许务工、经商、办服务业的农民自理口粮到集镇落户。"这是中国小城镇户籍制度改革的先声。1985 年 7 月 13 日，公安部颁布了《关于城镇暂住人口管理的暂行规定》，决定对流动人口实行暂住证、寄住证和旅客住宿登记证相结合的登记管理办法。针对此前几年（1986~1988 年）农村劳动力转移数量的快速增加（图 12-1 和图 12-2），1989 年 10 月 31 日，国务院发出《关于严格控制"农转非"过快增长的通知》。1992 年，全面取消粮食的计划供应，商品粮供应制度解体；城市非正规部门的劳动就业制度改革；农村家庭联产承包责任制实行，解除了土地对农民的行政性束缚。1992 年 8 月，公安部出台《关于实行当地有效城镇居民户口制度的通知》，产生了有很强年代感的名词"蓝印户口"，即"当地有效户口"，这是我国户籍制度改革的一项过渡性措施。1995 年 7 月 1 日，经国务院批准的《小城镇户籍管理制度改革试点方案》正式出台，该方案提出："允许已经在小城镇就业、居住并符合一定条件的乡村人口在小城镇办理城镇常住户口，以促进农村剩余劳动力就近、有序地向小城镇转移。"2001 年 3 月，国务院批转公安部《关于推进小城镇户籍管理制度改革的意见》。该"意见"规定，对小城镇常住户口的管理，根据本人意愿均可办理，不再实行计划指标管理，这标志着中国户籍管理制度改革向前迈出了实质性的一步。2004 年 12 月，国务院发布了《关于进一步做好改善农民进城就业环境工作的通知》，指出各地应推进大中城市户籍制度改革，放宽农民进城就业和落户的条件，从政策上鼓励城市对农民的接纳。2005 年 10 月，公安部提出，抓紧研究取消农业、非农业户口的界限，探索建立城乡统一的户口登记管理制度，同时，以具有合法固定住所作为落户的基本条件，逐步放宽大中城市户口迁移限制，逐步形成城乡劳动平等就业制度。在 2007 年召开的全国治安工作会议上，公安部宣布，我国将大力推进以建立城乡统一的户口登记制度为重点的户籍管理制度改革，逐步取消农业户口、非农业户口的二元户口性质，实现公民身份平等。2014 年 11 月 17 日，全国进一步推进户籍制度改革工作在京召开，西藏部署进一步推进户籍制度改革，积极稳妥推进，确保取得实效。

我国户籍改革虽然在不断推进，但是，在我国要实现公民迁徙和居住自由，来自户籍制度的阻力还相当严重，我国户籍制度从根本上说还附着了其他很多社会功能，如社会保障、福利、子女上学等，如果这些功能不取消，我国包括西藏地区城乡二元结构下的户籍制度就无法根本改变。那么，城乡劳动力流动的制度性障碍也将无法消除。

六、城镇失业是劳动力流动的经济风险

虽然城乡收入差距的存在会吸引农村劳动力往城镇转移，但是城乡劳动力转移也存在一定的经济风险，即城镇存在的失业问题。失业率是评价一个国家或地区就业状况的主要指标，反映了一定时期内可以参加社会劳动的人数中实际失业人数所占的比重。由于劳动力市场摩擦的存在，会使城镇劳动力中部分人找不到工作，因此农村劳动力流动到城镇，可能并不一定能获得工作，因此其转移到城镇的期望收入就应该是找到工作的概率乘以城镇平均工资，而找到工作的概率一定是小于 1 的，因此期望收入小于城镇平均工资水平。但城镇失业率上升时，表明劳动力找到工作的概率将降低，因此期望收入也将降低。而城镇失业率下降时，此时劳动力找到工作的概率将上升，期望收入增高。另外，城镇失业率也反映了经济的发展状况，失业率越高，表明经济下行风险加大，劳动力的期望收入水平将下降，而失业率降低时，经济处于上行阶段，劳动力的期望收入水平将提升。因此，总体来说，城镇失业率与劳动力的期望收入呈现负相关关系，城镇失业问题是城乡劳动力流动的重要经济风险。

我国从 20 世纪 80 年代初开始建立登记失业制度，所有城镇无业者必须到政府劳动部门进行登记，因此登记的失业指标为城镇登记失业率，是报告期内在劳动保障部门登记的失业人数占期末从业人员与期末实有登记失业人数之和的比。但这种失业统计制度存在缺点，就是需要劳动者主动进行登记，如果有劳动者失业但没有进行登记，将会使计算出的失业率小于实际失业率，因此我国的城镇登记失业率并没有反映出实际的城镇失业状况，这也就不利于控制城乡劳动力转移的经济风险。

七、城镇基础设施对劳动力流动的福利改善

影响城乡劳动力转移的另一个重要因素是城镇的基础设施水平。城镇的基础设施水平会从两方面影响城乡劳动力流动：第一是城镇基础设施水平的提升，有助于促进城镇

经济的发展，促进第二产业和第三产业的发展，从而创造更多的就业机会、吸纳更多的农村劳动力；第二是城镇基础设施水平的提高，有助于改善城镇居民的生活水平，而城镇生活水平的提高也会吸引更多的农村劳动力。

从图12-14可见，西藏的城市用水普及率和城市燃气普及率虽然一直波动，但整体趋势处于下降状态，这表明，西藏在劳动力转移和城镇化过程中，这些设施的配套并没有相应的跟进，这会使城镇居民的生活便利性出现下降，从而可能在一定程度上抑制城乡劳动力流动。城市基础设施和城乡劳动力流动是一个动态相互影响的过程。随着城乡劳动力流动的增加，城市人均基础设施水平可能会出现下降趋势；而城市基础设施水平的提高，可能会吸引更多的农村劳动力流动到城市。交通设施能反映城镇居民出行的便利程度，从图12-15可见，西藏的人均交通设施处于一种下降的趋势，因此在城镇化和劳动力转移过程中，不能忽视交通设施的相应配套。西藏的人均城市道路面积虽然偶有波动，但一直维持在稳定的状态。城市道路的发展不仅有利于人民生活水平的提高，也有利于地方经济的发展。环境和卫生是城市居民日常生活十分依赖的，其设施状况直接决定了居民生活的质量和水平，尽管像拉萨这样的中心城市，不断改头换面，但由图12-16可见，西藏的环境和卫生设施的人均水平也处于一种不断下降的趋势，说明目前西藏人口的增长速度大于交通设施的建设速度，即基础设施建设已出现跟不上城镇化发展步伐的现象，因此，政府部门需要引起重视，否则城乡劳动力流动不仅不能带来农牧民的福利改进，甚至会抑制城镇化发展的速度与质量。

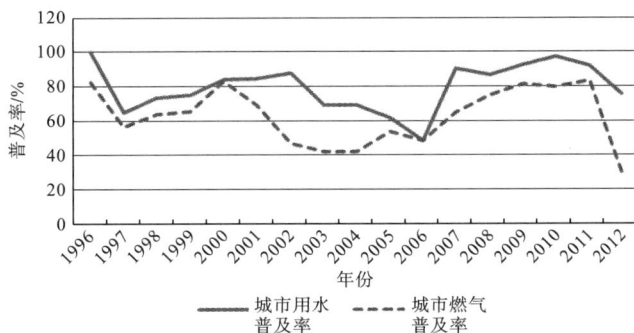

图 12-14　西藏城市用水普及率和燃气普及率

数据来源：《中国统计年鉴》（1997~2013）。

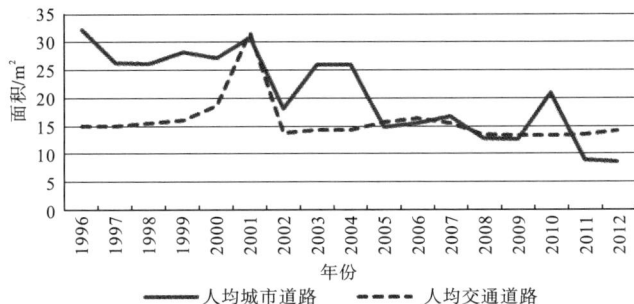

图 12-15　西藏城市人均交通及道路设施

数据来源：《中国统计年鉴》（1997~2013）。

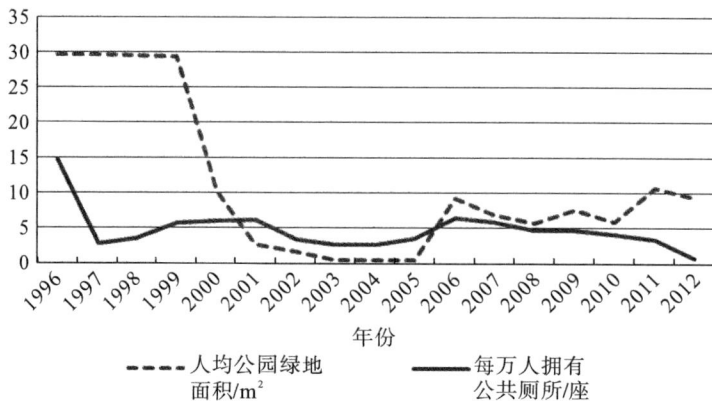

图 12-16　西藏城市人均环境及卫生设施

数据来源:《中国统计年鉴》(1997~2013)。

八、教育程度对劳动力流动的推动

影响城乡劳动力流动的另一重要因素是农村劳动力的教育水平。教育水平是劳动力的一个十分重要的特征和属性,教育水平的高低,很大程度上决定了劳动力在城镇中所能从事的工作,教育水平较低的劳动力,往往只能从事一些简单的体力劳动,只有具备一定人力资本水平的劳动力,才能从事特定的复杂劳动。而城镇经济及其专业分工的发展,使很多城镇岗位需要特定技能和教育水平的劳动者,因此,提高城乡劳动力流动,就须不断提高农村劳动力的教育程度。

从图 12-17 可见,不识字或只接受小学教育的劳动力在西藏农村劳动力中占据绝大比率,达到 90% 以上,具有初中及以上教育程度的劳动力只有不到 10%,因此西藏的农村劳动力教育水平亟待提高。在不识字和只有小学教育程度的劳动者中,其内部结构在发生一个逆转,不识字的比例从 1996 年的 60% 以上下降到 2012 年 40% 以下,而小学程度的劳动者则从 30% 多上升到 2012 年 50% 多。因此,总体来说,西藏农村劳动力的教育程度在逐渐提高。图 12-18 根据各种教育程度的劳动力比例计算了农村劳动力的平均教育年限[①],由图 12-18 可知,西藏农村劳动力的平均受教育年限也处于一个不断上升的状态,这表明西藏的教育程度在不断提高;城乡劳动力流动和农村教育程度呈同向变化,表明农村教育对劳动力流动有明显的促进作用。

---

① 我们将不识字的劳动力教育年限设为 0,小学程度的设为 6,初中程度的教育年限设为 9,高中程度的设为 12,中专的教育年限设为 13,大专及以上的教育年限设为 15,并根据各种教育程度的劳动者所占比率计算平均教育年限。

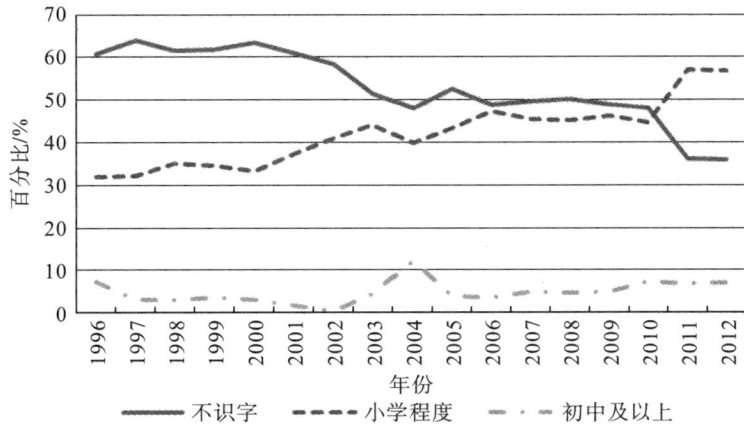

图 12-17　西藏农村劳动力教育程度

数据来源：《中国农村统计年鉴(1997—2013)》《中国农村住户调查年鉴(1997—2013)》。

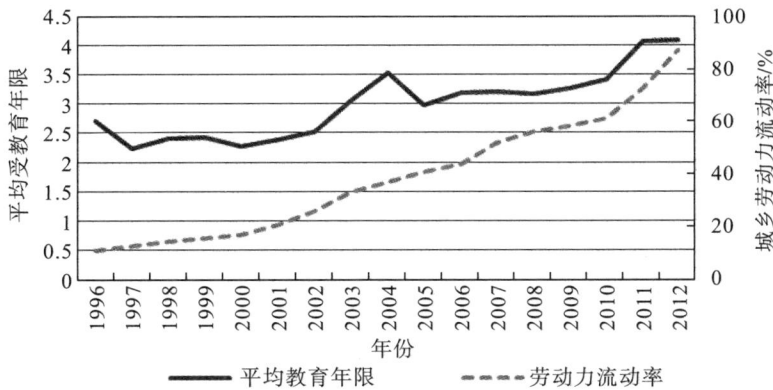

图 12-18　西藏农村劳动力平均受教育年限与城乡劳动力流动

数据来源：平均受教育年限根据《中国农村统计年鉴》(1997~2013)、《中国农村住户调查年鉴》(1997~2013)相关数据计算，劳动力流动数根据《西藏统计年鉴》(1997~2013)和《中国统计年鉴》(1997~2013)相关数据计算。

九、对　　策

只要通过合理疏导、有效管理以及适当的宏观控制，劳动力流动必将给城镇化带来巨大的福音。因此，要加快西藏新型城镇化建设步伐，须从以下几个方面入手。

1)加快城镇化进程，将发展中小城镇建设作为吸收农村劳动力就业的主攻方向。着力发展小城镇，特别是中心集镇，这也是国际、国内经济发达国家、地区的普遍经验。同时要加强中心城市的吸纳功能。农村劳动力向大中城市转移会在就业、入学、交通等方面给城市带来压力，因此也要增加城镇基础设施投资。

2)加强劳动力转移环境的改善，建立农村劳动力状态监测体系。要进一步完善农村劳动力就业服务机构，调整农村劳动力就业政策，疏通各种就业渠道，降低农村劳动力就业成本。同时对农村劳动力就业提供全方位的服务，要创造一种优良的社会环境，逐步形成城乡一体化的就业模式，促进农村劳动力就业，达到脱贫致富、稳定社会的目的。

3）加强基础设施建设，满足农民到小城镇居住、就业创业需求。农村劳动力，是推进小城镇建设的重要元素，如果能从住房、子女就学、公共交通、文化娱乐、医疗卫生等公共服务方面切实加以改善，就可以吸引农村劳动力到小城镇就业创业。小城镇建设，不仅仅满足于改善基础设施硬件环境和优化服务软件环境，更需要加速提升与小城镇发展相适应的综合配套服务能力，包括商贸流通、餐饮住宿、文化体育、医疗卫生、金融、通信等服务功能，真正为农民在小城镇就业、生活提供周到服务。

4）统筹城乡社保，加强权益维护，使农村劳动力享受城镇职工一样的社会保障制度。依法维护农民工合法权益，督促各类用人单位招收录用农村劳动力要签订劳动合同，按时、足额支付劳动报酬，缴纳社会保险，稳定就业岗位，减少员工流失，真正让农村劳动力充分就业、稳定就业、体面就业和更高质量就业。

5）加强对农村劳动力就业培训指导，进一步挖掘农业内部的就业潜力，大力发展农业产业化经营，依托自然优势向多种经营转移。大力发展第三产业转移农村剩余劳动力，必须解决好城镇资源短缺问题，开拓就业市场，否则大量民工进入大城市，就会给大城市的发展带来新问题，形成"城市病"。

6）要进一步强化转变农村劳动力就业观念、转变劳动力管理部门的就业观念，降低农村劳动力转移成本。要大力发展农业产业化经营，延长农业产业链，最大限度地扶持农产品加工企业，实现农业内部充分就业。通过科技、资金、市场等方面的扶持和投入，加快农业生产的深度、广度开发，挖掘就业潜力。要进一步改善农村消费环境，推进贸工农一体化，增加就业岗位，实现农民增收。同时，大力发展以服务业为主的第三产业，拓展就业领域，是带动经济持续发展、增加增大就业容量的重要途径。

参 考 文 献

樊杰，王海. 2005. 西藏人口发展的空间解析与可持续城镇化探讨 [J]. 地理科学，(4)：385-392.
辜胜阻，刘传江. 1996. 中国人口流动与城镇化的理论思考和政策选择 [J]. 人口研究，(3).
胡宝荣. 2013. 论户籍制度与人的城镇化 [J]. 福建论坛(人文社会科学版)，(12).
胡宝荣. 2013. 新型城镇化：从"物的城镇化"到"人的城镇化"[J]. 学术评论，(4).
李继刚. 2014. 西藏农牧区剩余劳动力转移与二元经济发展初探 [J]. 常州大学学报(社会科学版). (1.)：45-47.
李振京，张林山. 2014. 我国户籍制度改革的主要问题与总体思路 [J]. 宏观经济管理，(3).
石人炳，石玲. 2014. 西藏流动人口状况与特点——基于"全国第六次人口普查"数据的分析 [J]. 西南民族大学学报(人文社会科学版)，(7)：49-52.
汪阳红. 2011. 农民工市民化过程中的土地问题研究 [J]. 宏观经济管理，(5).
吴萨，曾红颖，赵崇生，等. 2013. 流动人口的基本公共服务需新的制度安排 [J]. 宏观经济管理，(4).
Lewis W. 1954. Economic development with unlimited supplies of labor. Manchester School of Economic and Social Studies，22(2)：139-191.

第十三章　西藏农村土地流转中的困境与对策分析[*]

郭健斌　刘天平　宋连久

摘要：为了解西藏农村土地流转状况，促进土地流转市场健康发展，我们采用问卷调查和访谈法在西藏进行实地调查。我们从西藏农村土地流转的特征入手，分析了土地权流转中存在的问题，提出了加强宣传引导、健全农地流转市场体系、做好土地整理工作、完善农村社会保障体系、转移农村剩余劳动力和培育农业大户等建议。

关键词：农户；土地流转；西藏。

在我国，农村土地流转一般指农村土地承包经营权流转，是指农村土地承包户对其通过家庭承包取得的土地承包经营权依法采取转包、出租、互换、转让或者其他方式流转。农村土地流转被认为是解决我国实行家庭联产承包责任制造成的土地小规模分散经营与适度规模经营之间矛盾的重要途径，是优化土地资源利用，发展现代农业的必要前提。十八届三中全会发布的《中共中央关于全面深化改革若干重要问题的决定》指出："稳定农村土地承包关系并保持长久不变，在坚持和完善最严格的耕地保护制度前提下，赋予农民对承包地占有、使用、收益、流转及承包经营权抵押、担保权能，允许农民以承包经营权入股发展农业产业化经营。鼓励承包经营权在公开市场上向专业大户、家庭农场、农民合作社、农业企业流转，发展多种形式规模经营。"全国各地对农村土地流转进行了积极探索，并逐渐形成了各具特色的土地流转模式。学者们很早就开始关注我国各地农村土地流转的问题和对策，认为我国农地流转面临产权关系不清晰、土地流转市场不健全、农村社会保障制度缺失等困境，建议完善土地流转制度、健全社会保障体系、积极培育农地流转市场和推进农村劳动力转移。也有学者就我国少数民族地区农地流转进行了深入的研究，但专门针对西藏农村土地流转的研究甚少，且这些研究仅就西藏某一区域农地流转现状、问题及对策做了分析，而针对西藏农村土地流转的实证研究则未见报道。

事实上，经过近三十多年的改革开放，西藏农村经济、社会发展成就巨大，部分农村土地流转非常活跃。因此，全面了解西藏农村土地流转现状，探索适合西藏的农村土地承包经营权流转模式，对今后促进藏族农民增收、助力西藏农村经济发展和维护西藏社会稳定，具有重大的实际意义和理论价值。为此，作者于2014年对西藏自治区拉萨市、日喀则市、山南市、林芝市的27个县（市、区）的68个乡镇110个村（表13-1）的550户农户进行了实地调查，分析当前西藏农村土地流转的现状和主要问题，并试图找出解决问题的新思路。

---

* 原载于《贵州农业科学》2015年第12期。

表 13-1　调查样本列表

地(市)	县(区)	乡(镇)	村
拉萨	城关区、墨竹工卡、达孜、林周、堆龙德庆、曲水、尼木	蔡公堂乡、纳金乡、工卡镇、扎西岗乡、日多乡、德庆镇、塔吉乡、章多乡、甘丹曲果镇、东嘎镇、羊达乡、古荣乡、曲水镇、南木乡、聂唐乡、塔荣镇、吞巴乡	白定村等 25 个村
日喀则	桑珠孜区、仁布、南木林、江孜、白朗、亚东	甲措雄乡、曲美乡、曲布雄乡、边雄乡、德吉林镇、切娃乡、南木林镇、卡孜乡、秋木乡、达孜乡、重孜乡、紫金乡、江孜镇、巴扎乡、洛江镇、强堆乡、下司马镇、上亚东乡	桑珠普村等 27 个村
山南	乃东、贡嘎、浪卡子、扎囊、桑日、琼结、洛隆、加查	泽当镇、昌珠镇、甲竹林镇、吉雄镇、杰德秀镇、浪卡子镇、扎塘镇、扎其乡、绒乡、桑日镇、拉玉乡、下水乡、琼结镇、孜托镇、安绕镇	泽当居委会等 23 个村
林芝	林芝、米林、工布江达、波密、朗县、察隅	八一镇、林芝镇、布久乡、鲁朗镇、米瑞乡、百巴镇、更张门巴民族乡、米林镇、羌渡岗乡、巴河镇、工布江达镇、古乡、扎木镇、松宗镇、玉普乡、朗镇、古玉乡、竹瓦根镇	巴吉村等 35 个村

一、当前农村土地流转的主要特征

调查发现，近几年来，在西藏各地农村，农户承包地每年都存在流转现象，其主要呈现出如下特征。

(一)流转土地面积占承包土地面积的比例小，农户多以流出土地为主

西藏农村土地流转市场活跃度低，大部分农村土地处于无流转状态。在被调查的 110 个村的 550 户农户中，共有承包土地 352.13 公顷(5282 亩①)，流转土地共计 15.13 公顷(227 亩)，流转比例为 4.3%，低于全国 9.7% 的平均水平。在被调查的 550 户农户中，流转土地农户共 57 户，流转农户比例为 10.36%，其中 1.91% 的农户转入土地，8.45% 的农户转出土地，以流出土地为主。

(二)农地流转集中分布在中心城镇周边

调查发现，发生流转的土地主要集中分布在中心城镇(如拉萨市、日喀则市、山南市泽当镇、林芝市八一镇和各县县城)附近的村庄，这些地区农业生产条件好、交通便利、经济相对发达，个别农户将自己承包经营的全部土地租赁给他人使用。而距离中心城镇相对较远的村庄，仅有少数农户以转包、互换等形式将土地流转给村内其他农户从事农业生产。

---

① 1 亩≈666.7m²。

(三)农地流转形式以出租为主，流转对象逐渐多元化

根据调查，我们发现以出租形式流转的土地最多，占总流转土地面积的 88.1%，承租人以在西藏的内地企业和个体经营者为主，在拉萨郊区也有农户将土地出租给西藏当地的企业和个人从事藏家乐、建材生意等经营活动，流转对象逐渐多元化。其次以转包、入股和互换形式流转土地，分别占总流转土地面积的 5.21%、3.87% 和 2.45%，流转对象主要是西藏当地的企业和个人。在个别地区还存在以反租倒包、转让等形式流转农村土地，共占总流转土地面积的 0.37%。

(四)农地流转主要由农民自发组织

本次调查中有 93.8% 的农户反映农地流转是农民自发组织的，仅有 6.2% 的农户反映农地流转是村干部介绍或组织的。农户获得农地流转信息的方式主要是承租人到村庄联系，农户通过亲戚、熟人联系和个别农户自己联系三种途径。出租期限一般为 3～5 年。无农户主动将土地承包经营权的流转情况报村集体备案。有 87% 的农户反映确定农地流转时只是口头协议，只有 13% 的农户反映签订了流转合同。农户与承租人之间签订的土地租赁合同都没有经过公证机关公证，绝大部分合同内容不完整，权利和责任不明确。

(五)农地流转遵守原则，农户满意

调查发现，农地流转遵循了"依法、自愿、有偿"的原则，政府未对农地流转过程进行干预，保障了农户对土地的占有、使用、收益等权益。农地流转市场具有自由交易的特征，农地流转后，土地利用效率提高，一定程度上促进了农业产业化经营，也拓宽了农户增收渠道。土地有偿流转费用平均每亩每年为 1500 元，有 92% 的农户对此表示满意。基本满意的主要是有土地转入的农户，他们认为流转费用过高。没有对农地流转不满意的农户。

(六)经济利益是农地流转的主要驱动力

调查到的所有农地流转都属于有偿流转，土地出租价格在每亩每年 900～3000 元。农户自己经营土地时，主要种植青稞和小麦，每亩年收入仅 400 元左右。土地出租后，每亩能增加收入 500～2600 元，也使农民不再被束缚在土地上，可促进劳动力向其他产业转移，增加收入。我们对农户流转土地行为的动因观察后发现，土地流出户流转土地最主要的原因是家庭劳动力能在非农领域就业，其次是因为种地的收益太低，再次是缺乏农业劳动力。土地流入户流转土地最主要的原因是受亲朋好友委托经营耕地，其次想扩大现有生产规模。可见，农户在对待农地流转的决策中表现出了理性经纪人的特征。

二、农村土地流转中存在的问题

(一)农地流转交易量小

调查发现，西藏农村承包经营耕地中仅有 4.3% 的土地发生流转，平均每个农户的流转面积不足 4 亩；且流转耕地分属于不同农户，散布在村庄的不同地方，没有集中分布。由于西藏独特的地理环境和落后交通条件的限制，笔者选择的调查区域是当前西藏经济比较活跃、交通比较便利和农村劳动力转移较多的地方，农地流转交易也相对活跃。笔者估计西藏农村土地流转的实际规模则可能更小，与全国平均水平相差甚远，难以形成规模效益。

(二)农地流转周期无保障

西藏经济近年来发展迅速，拉萨等城市的规模持续扩张，位于这些城市近郊的一些农村土地有被征收的预期，因为土地被征收后获得的补贴相对于农业生产或者将农地流转获得的收益更高，当地农户更倾向于保留土地或短期(不超过 1 年)流转土地。即使在远离拉萨等城市农村，土地无被征收预期，其出租周期也较短，一般期限为 1 年，最多的 3~5 年。调查还发现，一些农户与承租人甚至没有明确约定具体的流转期，随时都可以收回出租出去的土地。这使得承租土地的企业和个人缺乏对土地进行长期投资的激励。

(三)农地流转行为不规范

《农村土地承包法》第 37 条规定，农地流转应当签订书面合同，应当报发包方备案。调查发现，在实际流转过程中，不签订书面合同只进行口头协定的情况较多，即使签订流转合同，大部分合同的内容、条款不规范，存在较大的法律风险隐患。除拉萨近郊几个村庄需经村委会同意后流转土地外，无农户将农地流转情况在村委会备案。农地流转合同鉴定程序也不规范，没有经过公证机关公证。这样既缺乏对流转双方的有效监督和约束，也为以后可能出现的权益纠纷埋下了祸根。

(四)擅自改变土地用途现象有所抬头

调查发现，随着西藏社会经济的发展，农地流转后的用途也逐渐呈现出多元化的特点。最初土地出租给在西藏的内地个体经营者从事蔬菜种植，后来有的农地流转后用于种植花卉、苗木等经济价值更高的作物，有的农地流转后用于种植藏药材。近年来有的农用地流转后转为非农用地，如在拉萨等城市近郊，有企业和个人在租赁的耕地上建立养猪场、砂石堆场、垃圾回收站、木材加工厂、制砖厂，还有在租赁的耕地上建设住房出租或发展家庭旅游的行为，严重影响了当地耕地保护目标的实现。

三、农地流转问题的原因分析

(一)田块细碎，制约了农地流转的规模和效率

西藏境内山脉纵横，耕地集中分布在"一江三河"(雅鲁藏布江及其支流拉萨河、年楚河、尼洋河)和"三江流域"(金沙江、澜沧江和怒江)的河谷阶地及洪积裙、洪积扇、洪积台和两侧山坡的基部。除在个别宽河谷地区有集中连片耕地分布外，大部分耕地沿河流两岸散布，田块面积小，不利于设施农业发展，制约了农地流转和规模化经营。即便是比较集中连片的耕地，当地政府为了减少土地承包的矛盾，将耕地好坏搭配，按比例对现有耕地分割后承包给农户耕种，使大部分农户的耕地分散在不同区域，难以做到协调耕作和集约化经营。承租人如果要租赁大规模土地必须要与多个出租人协商、签订合同，制约了农地流转的规模和效率。

(二)思想认识不到位，对农地流转重视不够

无论是政府相关部门还是农户对农地流转的重要性都认识不到位。甚至有人还抱有西藏"地广人稀"的老观念，认为没有推动农地流转的必要。不少干部群众抱有"求稳怕乱"思想而不愿意进行农牧区土地改革。基层干部对农地流转的政策法规、方式方法、矛盾问题等理解不到位，不能进行有效宣传，更谈不上为农户农地流转服务。农户对土地承包权、经营权、所有权认识不清，害怕农地流转后会彻底失去土地，视土地为"命根子"不愿意流转土地。

(三)市场体系不健全，影响农地流转的规范性

目前，西藏农村土地仍处于自发流转阶段，农地流转的市场体系不完善。一是农地流转价格缺乏科学依据，价格形成机制还不健全。农户获得相关信息的渠道相对较少，对农地流转市场不能充分把握，对农地流转的定价比较随意，导致农地流转市场的价格混乱。二是无农地流转中介服务组织、管理机构。缺少农地流转中介服务组织，使农地流转信息不畅，农户无法及时准确获取相关信息，经常出现有意流转土地的农户找不到转入方，需要使用土地的企业和个人找不到愿意流转土地的农户。西藏还没有建立专门的土地流转管理机构，对农地流转的服务、监管不到位，影响了农地流转的规范性。

(四)西藏经济的特殊性，影响农村土地的转出与转入

2014年，西藏完成国内生产总值920.83亿元，仅相当于全国的0.14%，生产总值位于全国最末位，区内企业规模小、层次低、吸纳就业的能力有限。对于受教育水平和技能水平普遍较低的西藏农村剩余劳动力，就业技能不足，知识接受能力不强，科技培训成效微弱，难以从事相对复杂的技术劳动，进而造成劳动力转移就业渠道及领域狭窄、竞争力不强，其转移空间受到很大局限，农地转出困难。

在中央和内地较发达省市的支援下，依靠固定投资拉动，西藏经济发展迅速，但自我发展能力弱，仍是我国最大的集中连片贫困区域。调查发现，藏族农民以种植青稞、小麦和豌豆等传统作物为主，缺少现代农业生产技术，极少能从事蔬菜种植等现代农业生产。此外，农业生产设施不完善、农户资金积累少、农民文化素质低等现状都制约了当地农户进行规模化经营。因而除少数农户间流转土地外，大部分流转土地转入在西藏的内地个体经营者手中，用来种植蔬菜等，更少有社会工商企业、农业产业化龙头企业等参与农地流转，对土地流转的需求有限。

四、结论和建议

西藏农村土地流转总量小，尚未形成规模化流转，流转形式较单一，流转形式不规范，流转对象局限于在西藏的内地个体经营者，还处于自发流转阶段。随着西藏经济发展的自给性不断提高，对当地土地资源需求量也必然增加，针对当前西藏农村土地流转状况，借鉴内地发达地区的实际经验，规范和培育农地流转市场应着重从以下几方面着手。

（一）加强宣传引导，解放思想，提高认识

加强对农村土地承包经营权流转的宣传，使基层干部和群众充分认识到农地流转的重要性和必要性，认识到土地不仅仅是一种重要的生产要素，更是一种可以流动的资产，让农民了解农地流转的政策，消除思想疑虑。通过宣传《农村土地承包法》《合同法》《农村土地承包经营权流转管理办法》等法律法规，让农民全面了解农地流转相关政策、法律法规，既要让农民意识到自己是农地流转的主体，也要让农民认识到农地流转不是无序的流转，也不是单由农民群众随意决定的，而是要遵循"按照产权明晰、用途管制、节约集约、严格管理"的原则。

（二）建立健全农地流转市场体系，规范农地流转秩序

目前，应以村集体为中心，逐步培育农地流转中介服务组织，为农地流转牵线搭桥，对有条件也愿意流转土地的农户进行组织协调，从而实现土地集中连片。对外招商引资，吸引有经营能力的单位和个人投资现代农业，实现土地规模经营。同时为农户提供政策咨询、法律援助等服务。各级土地管理部门应广泛开展农村土地确权登记发证工作，为推进农地流转奠定基础。同时在土地管理部门内应设立土地流转管理机构，实行土地流转合同制度和土地流转备案登记制度，规范土地流转程序。要求农户在农地流转时，要征得村集体同意，必须签订内容完整、权责明确的合同。要向村集体备案，并到相关管理部门进行登记。相关部门要对农地流转过程、农地流转价格、农地流转后的用途和农地流转中介服务组织进行监督管理。

（三）做好土地整理工作，夯实规模化经营基础

当前，应整合各类支农惠农资金进行集中投入，加大农田基本建设力度，大力改造

中低产田。归并、平整零散土地，采用工程、生物等措施对农村地区田、水、路、林、村进行综合整治，增加有效耕地面积，配套耕地的灌溉、防护林、道路等基础设施，提高耕地质量和利用率，改善生产、生活条件和生态环境。为农民发展特色产业提供基础支持，为土地规模开发创造条件，吸引农业龙头企业和种养殖大户，促进农地流转和农业规模化经营。

(四)健全和完善农村社会保障体系，解决农户后顾之忧

土地不只是农民的重要生产要素，还是农民社会保障的重要手段。即使个别农户从事其他行业已经有了非常稳定的收入来源，但鉴于土地的社会保障功能，农户不愿意将土地转让或转包，而是选择期限灵活、成本不高的出租方式流转土地。应以建立城乡统一的社会保障制度为目标，积极推进农村社会保障体系改革，逐步健全和完善农村的各项社会保障制度。只有使广大农民学有所教、劳有所得、病有所医、老有所养、住有所居，农村土地的社会保障功能才能弱化，农户才会愿意流转土地承包经营权，使土地最大限度地发挥它的市场要素功能。

(五)发展非农经济，转移农村剩余劳动力

农村剩余劳动力能够有效转移是农地流转的前提，只有农村剩余劳动力从事非农产业后，被农民社会保障功能束缚的土地才能被"解放"出来，土地才有可能流转而被其他使用者使用。因此，要持续地促进农村土地流转，必须要加快发展第二、三产业，为农民稳定转移出农业和农村创造更多的机遇。结合西藏资源优势，各级政府应充分利用当地资源优势，大力发展旅游业和物流业，不断拓展农民就业渠道，减少其对土地的生存依赖，促进农地流转，逐步实现土地规模经营。

(六)培育农业大户

针对当前西藏农户发展中普遍存在的设施不完善、资金积累少、文化素质低、技术水平差等问题，各级政府还应优化金融服务，对种粮大户给予贷款额度和利率优惠，允许种粮大户以大型农用设施、土地承包经营权等抵押贷款，简化信贷手续，保证农业大户资本投入的连续性与稳定性。进一步完善农业补贴机制，加大补贴力度，使各类农业补贴政策向农业大户倾斜。通过送科技下乡活动、农业技术推广服务等渠道，突出种养殖生产、农机具使用、病虫害防治和土壤改良等技术培训，完善对农业大户的技能培训制度，逐步培育当地农业生产大户。

参 考 文 献

关海霞. 2010. 贵州省土地流转的制约因素与对策 [J]. 贵州农业科学，38(9)：226-228.

郭健斌，白玛卓嘎，任毅华，等. 2013. 基于农户调查的西藏林芝县农村土地流转分析 [J]. 农技服务，(9)：1032-1034.

黄延信，张海阳，李伟毅，等. 2011. 农村土地流转状况调查与思考 [J]. 农业经济问题. (5)：4-9.

黄祖辉，王朋. 2008. 农村土地流转：现状、问题及对策——兼论土地流转对现代农业发展的影响 [J]. 浙江大学学报(人文社会科学版)，38(2)：38-47.

李凤梅，王少泉. 2014. 民族地区农户参与土地流转意愿影响因素分析——以云南省高大傣族彝族乡为例 [J]. 国土资源情报，(7)：41-45.

李雅莉. 2011. 河南省农村土地流转的现状及对策研究 [J]. 河南师范大学学报（哲学社会科学版），38(6)：101-103.

刘璐琳. 2010. 当前民族地区土地流转面临的问题及对策研究——基于现代农业发展的视角 [J]. 中南民族大学学报（人文社会科学版），30(4)：146-149.

刘天平，谢春花，孙前路. 2015. 西藏农村劳动力转移的优劣势分析 [J]. 西藏研究，(1)：30-36.

骆东奇，周于翔，姜文. 2009. 基于农户调查的重庆市农村土地流转研究 [J]. 中国土地科学，23(5)：47-52.

覃顺梅，陈远红，李媚，等. 2013. 广西农村土地流转现状调查与对策分析——基于南宁、桂林 7 个乡镇 13 个村庄的调查 [J]. 国土资源科技管理，30(5)：110-114.

文明，塔娜. 2015. 内蒙古农村牧区土地流转问题研究 [J]. 内蒙古社会科学(汉文版)，36(2)：176-180.

叶剑平，蒋妍，丰雷. 2006. 中国农村土地流转市场的调查研究——基于 2005 年 17 省调查的分析和建议. 中国农村观察 [J]，(4)：48-55.

曾婧. 2014. 民族地区农村土地流转特征分析——以西藏昌都地区为例 [J]. 资源与人居环境，(6)：37-40.

张征. 2009. 广东省农村土地流转状况调研报告 [J]. 宏观经济研究，(1)：51-55.

朱文. 2014. 西部地区农户土地流转现状剖析 [J].《西南民族大学学报》（人文社会科学版），(1)：137-141.

第三篇　产　业　篇

第十四章 西藏社会主义新农村建设研究[*]

辛 馨 张晓莉

摘要：在西藏特有的地理自然环境和社会经济发展因素下，西藏社会主义新农村建设有其特殊性。本章在已有的西藏新农村建设的成功经验的基础上，对西藏主要农牧区进行了一次深入而全面的考察调研和分析，可以看到西藏新农村建设取得的成绩和存在的缺陷，并进一步对西藏新农村建设的成绩进行评价，对西藏农牧民的收入满意度水平进行了定量分析。这可为未来西藏社会主义新农村建设提出可行的策略与建议。

关键词：西藏；社会主义新农村建设。

近年来，在党中央以及西藏当地政府的切实统领下，西藏经济社会不断发展，西藏农业和农村发展出现了积极变化，重点从深化农村改革、促进农民增收、稳定粮食增产等基础上扩大到强化支农政策、加强基础设施完善、积极调整农业结构、发展现代农业、夯实农业农村发展基础。可见"三农"问题仍是构建西藏社会主义和谐社会、建设西藏社会主义新农村的难点和关键。西藏的"三农"问题关系到西藏农村的稳定，而农村稳定是整个西藏社会稳定的基础，邓小平曾经说过："农村不稳定，整个政治局势就不稳定，农民没有摆脱贫困，就是我们没有摆脱贫困。"因此，西藏新农村建设中本质、关键的问题还是解决"三农"问题，即解决农民增收、农业增长、农村稳定的问题。

一、问卷设计

本研究通过设定相应调查问卷，分别从西藏农村的基本经济状况，农村基础设施建设，农村卫生、教育、安全、社保等基本情况，以及西藏新农村建设未来发展方向四个方面对目前西藏社会主义新农村建设发展现状获得的第一手数据，并运用经济学相关原理与统计学相关原理对西藏社会主义新农村建设的发展情况进行分析。

调查问卷主要分为四大部分：第一部分调查西藏农村的基本经济状况，通过一系列问题对被调查者的基本家庭情况如人口、土地拥有情况、家庭收入支出情况以及家庭负担、消费等问题，对不同年龄阶段、学历和收入水平农牧民的生活现状做出基本了解；调查问卷的第二部分从目前农村的交通条件、水电供给、环境卫生、医疗卫生以及文化教育五个方面调查西藏农村的基础设施建设情况；调查问卷的第三部分调查西藏农村的

[*] 原载于《西藏大学学报》2017年。

社会风气、社保状况、民主选举等情况，从更加全面的角度反映目前西藏新农村建设的优势和不足；调查问卷的第四部分调查了被调查者对西藏新农村建设的了解程度、看法及期望，从而更有利于西藏新农村建设的决策者对西藏新农村建设未来发展方向的把握，从而制定出更加适宜于西藏农村发展和提高农牧民生活状况的政策法规。

调查问卷通过各种途径在西藏的拉萨、日喀则、山南、林芝、昌都以及那曲进行深入的入户式调查方式，调查时间从 2012 年 1 月至 2013 年 12 月。最后本课题组共收集得到 351 份问卷，其中拉萨和日喀则市的农村乡镇是本次调查的重点区域，拉萨共收得问卷 51 份，日喀则共收得 120 份，昌都、林芝各收得 50 份，那曲、山南各收得 40 份。

从目前调研可看出，西藏农村发展变化很大，衣、食、住、行、用各方面都体现了当地政策实施的成果和农牧民获得的实实在在的收益实惠。农牧民土地收入稳定且不断增长；医疗卫生环境和教育得到改善和保障；农村内商店、饭店不断开设起来；越来越多的现代化商品进入乡镇商店。但仍有许多不良现象依然存在：土地使用混乱、农村基础设施不完善、农村环境卫生脏乱差、存在众多安全隐患、基层干部腐败、金融信贷不方便、农牧民得不到相应教育、精神享受不够丰富等。因此，需要对目前西藏新农村建设做一个全面且深度的调研和了解，以便决策层看明白农村的现状和农村迫切需求的，能够制定出高效准确的新农村建设政策法规，而这都决定着西藏社会主义新农村建设的成功与失败。

二、问 卷 分 析

（一）农民问题

1. 农民收入增长缓慢，城乡收入差距进一步拉大

通过对西藏农村农牧民的调查，仍是以多人居住为主的大家庭生活方式，6 人以上家庭成员数的大家庭数占到调查数量的 45%。而西藏农村家庭年收入普遍低下，年收入在 3 万元以下的家庭占到 77.6%，而家庭收入来源主要来自自家农产品收入和家人的外出打工。并且 75% 的被调查者对于家庭收入情况表示不甚满意。统计数据见表 14-1、图 14-1、图 14-2。

表 14-1　西藏农村家庭收入调查表

你家庭上一年的总收入是多少	占比	你对家庭收入的满意程度如何	占比
1 万元以下	0.43	非常满意	0.04
1 万~3 万元	0.35	比较满意	0.2
3 万~5 万元	0.1	一般	0.53
5 万~10 万元	0.06	不太满意	0.22
10 万元以上	0.06	不清楚	0

续表

你家庭收入的主要来源	占比	家庭成员数	占比
农产品收入	0.41	1~2 人	0
养殖业	0.02	3~4 人	0.37
本地乡村企业收入	0.02	5~6 人	0.18
家庭副业	0.1	6 人以上	0.45
外出打工	0.27		
自己的企业	0.04		
其他	0.27		

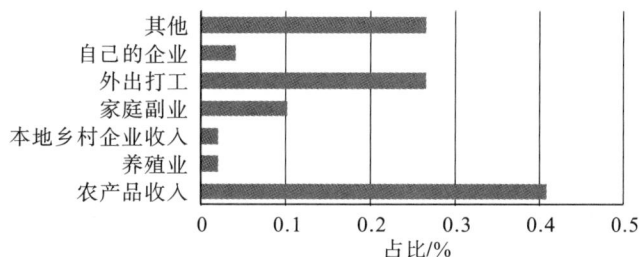

图 14-1　西藏农村家庭收入来源情况

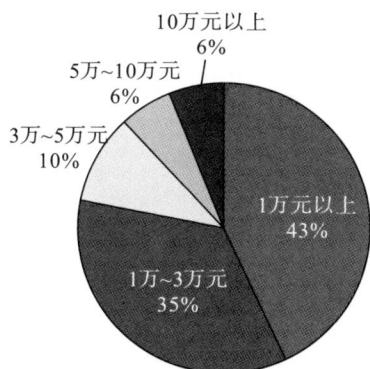

图 14-2　西藏农村家庭年收入高低情况

2. 农牧民家庭负担过重，消费力不足，农村市场难以发展壮大

通过调查发现，71.4％的被调查者认为自己的家庭负担是偏重的，其中，家庭开支主要投向了日常开支如吃穿住行(占 23％)、子女教育(占 34％)和医疗(占 12％)。如果通过提高家庭收入有剩余，36％的农村家庭仍希望剩余收入投向子女的教育，28％的农村家庭希望购买家庭物资来提高生活质量，另外还有 22％的农村家庭希望能改善居住条件。统计数据见表 14-2、图 14-3。

表 14-2　西藏农村家庭支出和消费力调查

你认为现在家庭负担	占比	如果你有多余收入，想提高你的 生活质量，你倾向于哪些方面的消费	占比
很重	0.1	改善生活，解决温饱	0.1
比较重	0.27	改善居住条件，修建房屋	0.22
一般	0.35	子女的教育或家庭成员学习	0.36
比较低	0.08	解决子女的婚姻	0.04
不清楚	0.2	家用其他物质资料购置	0.28
家庭支出的主要项目	占比	去年您家用支出总额约是	占比
子女的婚姻	0.01	5000 元以下	0.22
子女的教育	0.34	0.5 万~1.5 万元	0.37
医疗	0.12	1.5 万~2.5 万元	0.27
房子	0.07	2.5 万~5 万元	0.02
购车	0.06	5 万元以上	0.12
家庭日常开支	0.23		
购买农用生产资料	0.08		
其他	0.09		

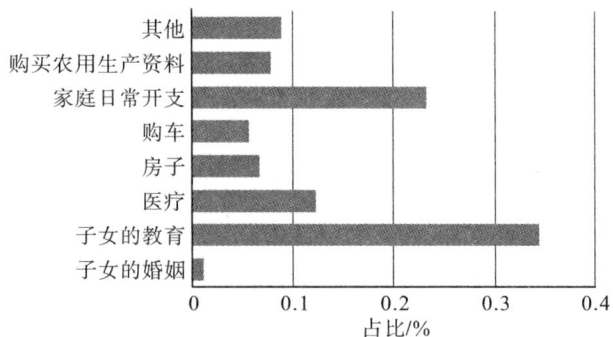

图 14-3　西藏农村家庭支出项

3. 农村金融信贷力度不断扩展开来，但开展力度和范围有限

随着西藏农村经济的发展，许多农牧民希望通过办个体企业、开办养殖经营等方式提高家庭收入。调查显示，西藏农村金融信贷服务虽正不断提升，但仍然存在许多问题。农村中只有 30%的农牧民家庭获取了农村信贷，这些信贷去向不甚明确，只有 10%的家庭将贷款用于了农业种植、办个体企业以及开办养殖经营，18%的家庭将贷款用于贴补家庭消费。71.4%的贷款用在了其他方面。仍有 70%的农牧民家庭无法获取农村信贷。农村金融信贷的滞后将大幅度阻碍西藏乡镇企业的大力发展，同时也无法有效转化西藏闲置的自由劳动力。

(二)农村问题

西藏农村地域辽阔，广大农村地区的稳定直接影响着西藏整个社会的和谐安定，而稳定的首要前提就是稳定的经济支持。而西藏农村历史沿革的思想与长期特有的生活方式，使西藏新农村建设不能照搬内地的模式，其难度也可想而知。调研发现西藏农村存在的最大问题是基础设施不完善以及农村社保、教育以及精神建设方面都较为落后。

1. 农村公共服务设施不完善

在对农村交通条件、水电供给和环境卫生的调查中，接近 60％ 的被调查者认为这三项当地政府提供的条件一般，22％ 的被调查者认为条件很差，仅有 18％ 的被调查者认为这三项条件较好；而对当地医疗保健以及文化教育的条件，65％ 的被调查者认为条件一般，28％ 的被调查者认为条件很差，仅有 8％~10％ 的被调查者认为这三项条件较好。调查结果见表 14-3。

表 14-3　农村公共服务设施完善度调查

	交通条件	水电供给	环境卫生	医疗保健	文化教育
A	20％	20％	21％	10％	8％
B	60％	57％	57％	68％	59％
C	20％	23％	22％	22％	35％

注：A、B、C 分别代表条件较好、条件一般、条件较差。

2. 西藏农村教育环境有待进一步提高

在对西藏新农村建设教育调查中发现西藏农村农牧民受教育程度普遍偏低，以完成小学教育为主，占到调查样本的 52％，接受九年制义务教育的人数占到 88％，其中能接受到大专、本科及以上教育的仅占 10％，而文盲即未接受到任何教育的调查样本数占到 12％。由此可见，目前西藏农村的义务教育普及度还是比较高的，但仅仅以小学教育普及为主。受高等教育的程度及机会很低。42.8％~51％ 的被调查者对本村的教学设施以及教师水平感到一般，仅有 22％ 左右的被调查者表示满意，接近 30％ 的被调查者表示不满意。另外，农牧民对未来子女教育情况期盼度很高，85％ 的家庭希望子女能够获得本科及以上的高等教育。因此，未来西藏自治区党委和政府应当加大农村教育投入力度。统计数据见表 14-4。

3. 西藏农村社会保障制度还不完善

在被调查者中，有 53％ 的农牧民还没有加入农村医疗保险，持有医疗保险的被调查者中有 55％ 的农牧民认为目前农村就医还比较困难，医保只能让医疗便宜一些。31％ 的农牧民还没有加入农村养老保险，38％ 的家庭中只有 1 或 2 人参与了农村养老保险，表明目前西藏农村养老保险的普及率还不高。90％ 的农牧民更不知道商业保险的存在。可见目前西藏农村社会养老保险改革还处于起步阶段，广大农牧民的自我保障意识淡漠，现代保险意识尚未真正形成。并且目前农牧民收入增长缓慢，收入多用于生活资料和生产资料的购买，而农村集体经济发展滞后，为社会养老保险提供补助存在着诸多困难，也导致社会统筹保险难以实现，调查表明 80％ 的农牧民未参与到社会统筹保险中。目前，有 42％ 的农牧民希望得到大病医疗保险，23％ 的农牧民希望得到基本养老保险，

24％的农牧民希望得到最低生活保障，剩余 11％农牧民希望获得其他社会保障，如生育保障等(图 14-4、图 14-5)。

表 14-4　农村教育程度及环境调查表

您希望孩子的教育程度到达哪种水平	占比	您对本村教师水平的满意度如何	占比
小学	0	非常满意	0.02
初中	0	比较满意	0.35
高中	0.08	一般	0.43
中专或大专	0.02	不太满意	0.16
本科	0.39	不清楚	0.04
本科以上	0.47	您家人的学历主要是	占比
无所谓	0.04	小学	0.53
您对本村教学设施的满意度如何	占比初中	0.16
非常满意	0.04	中专	0.08
比较满意	0.22	高中	0
一般	0.51	大专	0.06
不太满意	0.16	本科	0.04
不清楚	0.06	本科以上	0

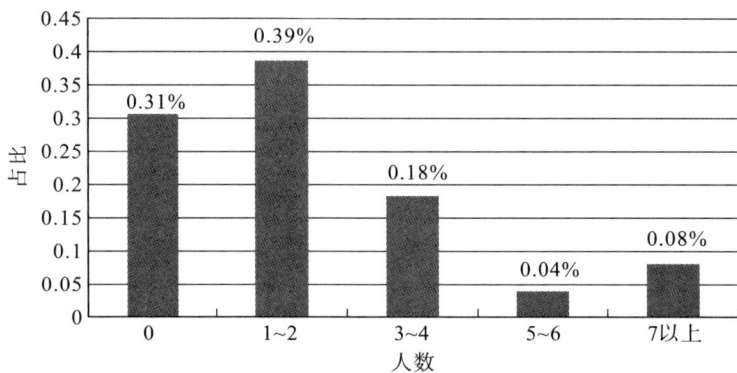

图 14-5　西藏农村家庭参与养老保险人数

4. 西藏农村社会进一步和谐稳定

目前，仅有 4％的被调查者表示对西藏农村的社会治安环境表示不满意，55％以上农牧民对此表示满意(表 14-5、图 14-6)。

表 14-5　西藏农村社会和谐调查

您对本村社会治安满意吗	
无所谓	0.04
非常满意	0.18
比较满意	0.55
一般	0.18
不太满意	0.05
如果社会风气不和谐，主要体现在那些方面？（多选）	
赌博	0.31
盗窃	0.43
违规建房	0.20
村民暴力解决纠纷	0.24
迷信活动	0.14
其他	0.16

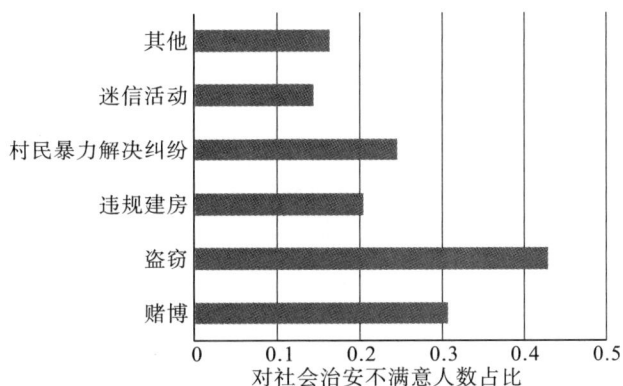

图 14-6　影响西藏和谐因素

5. 民主管理制度进一步健全

调查表明，目前西藏农村的民主管理制度正逐步完善，82％的被调查者表示本村的村干部是通过民主选举产生的，并且认为村委会未来应当在社会保障、医疗教育等公共事业以及多向上级政府反映群众真实意见上多为本村农牧民做实事。因此，未来西藏农村民主管理应进一步加大民众参与村级财务、土地绿色、计划生育、民政救济等村务公开事务的力度，村委会应当进一步强化自己的职能，更多地在农牧民关心的问题上为当地村民做实事做好事（表 14-6、图 14-7）。

表 14-6　村民对村委会工作调查

您认为村委会最应该在哪些方面多为农民办实事					
管理治安， 维护社会秩序	土地管理	社会保障	医疗教育等 公共事业	多向上级政府 反映群众真实意见	其他（请注明）
0.1	0.11	0.16	0.2	0.39	0.03

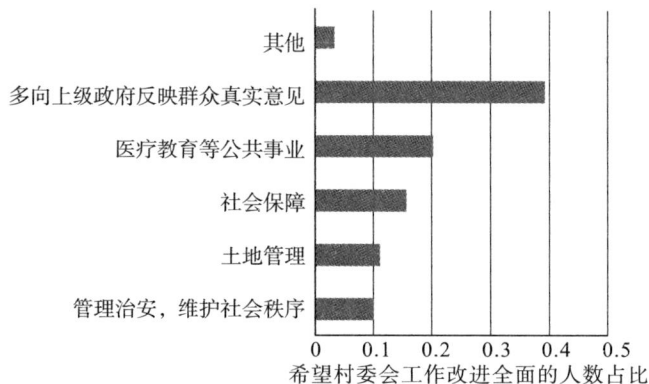

图 14-7　西藏村民对村委会工作调查情况

（三）农业问题

经过"十一五"期间建设，西藏自治区 2001～2009 年人口增长平均速度为 1.3%。城镇人口不断上升至 2009 年的 23.8%。但农牧区及乡村的人口总数占据了绝大部分。西藏自治区 2001～2012 年城镇人口和乡村人口如表 14-7 所示。同时西藏的农村经济也发生了前所未有的变革。西藏农林牧渔业总产值由 2000 年的 51.21 亿元，提高到 2012 年的 118.3 亿元，增长幅度达到 56.71%，其中粮食产量由 1978 年的 51.3 万 t 提高到 2012 年的 94.9 万 t；农牧业产业化由小到大，猪牛羊出栏数由 1978 年的 509 万头提高到 2012 年的 668 万头（图 14-8）。西藏自治区农村经济发展主要指标如表 14-8 所示。

表 14-7　西藏自治区城镇、乡村人口统计表

年份	总人口/万人			比重/%	
	总计	城镇人口	乡村人口	城镇人口	乡村人口
2001	262.95	51.35	211.60	19.53	80.47
2002	266.88	52.85	214.04	19.80	80.20
2003	270.17	53.49	216.68	19.80	80.20
2004	273.68	54.24	219.44	19.82	80.18
2005	277.00	54.93	222.07	19.83	80.17
2006	281.00	55.72	225.28	19.8	80.2
2007	284.15	60.52	223.63	21.3	78.7
2008	287.08	64.90	222.18	22.6	77.4
2009	290.03	69.03	221.00	23.8	76.2

续表

年份	总人口/万人			比重/%	
	总计	城镇人口	乡村人口	城镇人口	乡村人口
2010	300.22	68.06	232.16	22.67	77.33
2011	303.30	68.88	234.42	22.71	77.29
2012	308	70.0	238.1	22.75	77.25

数据来源:《西藏自治区统计年鉴 2013》。

表 14-8　西藏农村社会经济发展主要指标

年份	农业/亿元			主要产品产量			年末牲畜存栏/万头		
	农林牧渔业总产值	农业产值	牧业产值	粮食/万 t	油菜籽/t	猪牛羊肉/万 t	大牲畜	猪	羊
1965	2.64	0.85	1.79	29.1	5264		459	13	1229
1978	3.92	1.47	2.44	51.3	7914	4.71	509	25	1815
1993	22.99	10.05	12.37	67.22	26040	10.25	588	20	1713
2000	51.21	26.36	23.53	96.22	39610	14.93	579	23	1664
2005	67.74	29.89	30.05	93.39	61164	21.46	686	30	1698
2011	109.4	49.62	54.11	93.73	63276	27.67	690	36	1459
2012	118.3	53.39	59.02	94.9	63047	28.95	668	36	1352

数据来源:《西藏自治区统计年鉴 2013》。

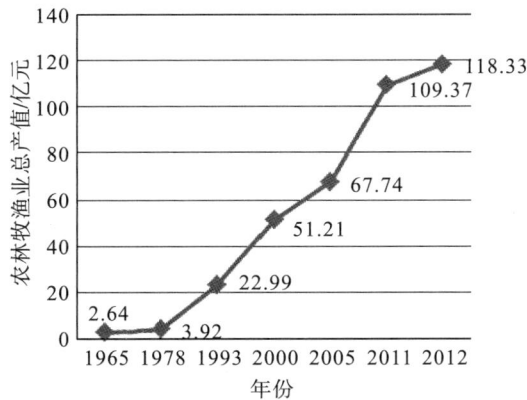

图 14-8　西藏农林牧渔总产值趋势图

注:表数据来自《西藏自治区统计年鉴 2013》。

同时近几年来,西藏农村以高原特色和绿色食品开发为突破口,以农牧业产业化经营为主线。但产业化水平低、综合效益差,传统农牧业向现代农牧业过渡缓慢;西藏现有人口 308 万人,其中 85% 为农牧民,因而西藏农牧产业的发展必须要以市场需求为导向,加速传统农牧业向现代农牧业转变的步伐;推行集约化经营,大力发展西藏高原特色、生态牧业,将旅游业、餐饮等服务业与传统农业融合发展,重点开发具有西藏特色的农副产品,在西藏建立特色农副产品生产基地,大力在西藏推广发展农牧业产业化经营,推动龙头企业的建立和发展,使其发挥先锋带动作用以带动西藏传统农业的发展,并提高其在全区乃至全国的市场竞争力，加大西藏农牧业工业化发展，切实提高西藏自我发展能力；采取多种措施提高农牧民收入。

第一，进一步深入发展农牧产品加工业。长期以来，西藏农牧业大部分产品以原材料的形式直接进入市场，大农业的综合效益水平不高；大力发展西藏农牧产品加工业，可以延长西藏农牧业的产业链条，提高农牧产品的加工深度和附加值，增加就业，进而可以提高大农业的综合效益水平；同时，从产业结构的效益水平来看，农牧产品加工业是农牧业的下游产业，大力发展农牧产品加工业，可增加第一产业与第二产业的关联度，提高产业结构的综合效益水平。

第二，高原特色生物产业和绿色食品产业等新兴产业正逐步兴起。西藏拥有十分丰富的特色农牧资源，如牦牛、青稞、藏香猪、野生菌等，因此西藏在发展第二产业的时候应当充分融合传统产业的优势，发挥高原特色农牧资源的优势，加大力度培育和开发西藏特色农牧产品，深化农牧产品生产加工业的发展，并扶持一批相关龙头企业，比如矿泉水、特色饮品以及涉及牦牛、野生菌等特色产品的龙头企业，提高相应产业的市场竞争力，扩大其在西藏全区乃至全国的市场影响力。

三、西藏农牧民对新农村建设的了解与期盼

通过对本次调查资料进行分析研究，西藏农牧民对新农村建设的认识和了解进一步加强，并且也有着自己的期望和信心。

西藏农牧民对中央和西藏建设新农村政策有基本的了解和认识，但对其了解程度还需要进一步加强（表 14-9）。

表 14-9　西藏农牧民对新农村建设的了解程度

非常了解	大部分了解	基本了解	了解很少	没听说过
0%	16.3%	69.4%	14.3%	0%

大部分农民已知晓国家出台建设社会主义新农村这一重大举措，但没有人表示完全了解。由此可见，西藏农牧民很希望进一步了解新农村建设的相关政策。其中，农牧民认为西藏新农村建设主要依靠发展农村集体经济、靠村民和政府的集体努力以及国家政策的正确引导，如表 14-10 所示。说明近几年来农牧民对中央和地方各级政府围绕"三农"问题采取的一些措施和各项政策是了解的。

表 14-10　西藏农牧民对西藏新农村建设发展源泉的认识

靠政府项目资金扶持	发展农村集体经济	靠村民自身努力	村民和政府集体努力	靠招商引资	靠国家政策正确引导	不清楚
14.8%	20%	17.4%	22.6%	6.1%	17.4%	1.7%

目前，农牧民认为在西藏农村建设社会主义新农村很有必要并且能从中受益，新农村建设不仅有利于农民自身利益，更有利于农村经济发展，而且大多数农民表示愿意积

极参与社会主义新农村建设。从调查结果来看，西藏农牧民表示在新农村建设中从子女义务教育及医疗保障方面受益最多，如表 14-11 所示。

表 14-11 西藏农牧民从社会主义新农村建设受益调查

九年义务教育免除学生学杂费	农机具补贴	减免农业税	医疗保险
0.43038%	0.127%	0.16%	0.28%

目前西藏自治区党委和政府把提高西藏农牧区农牧民收入作为新农村建设中最为基础、核心的战略任务。因此推动西藏农牧区经济发展的关键应当注重农牧民的收入水平，要不断提高农牧民的生产生活水平。不断加大扶贫力度，改善城乡人民生活，使农牧民收入不断增加。从调查结果来看，这是符合农牧民的期望的（表 14-12）。

表 14-12 西藏农牧民对建设西藏新农村的期望

收入增加、生活改善	民主管理	村容整洁	乡风文明	其他
38.8%	14.1%	15%	31%	1.1%

第五次西藏工作座谈会要求推进西藏跨越式发展，要更加注重改善农牧民生产生活条件，更加注重经济社会协调发展，更加注重增强自我发展能力。在农牧区认真贯彻落实党中央的一系列富民政策，为农牧民增加收入创造良好的政策环境。建设社会主义新农村，改善农村基础设施，关键是不能增加农民的负担。因此，农牧民认为政府对资金扶持重点主要应该投向文教卫生事业、加强公共服务设施以及水电路等基础设施建设（表 14-13）。通过改善农业生产条件，改善农村基础设施，加大资金投入力度，加快农村水利、道路等公益性基础设施建设步伐。

表 14-13 西藏新农村建设资金未来投入方向

扶持农民搞好农业生产	扶持村企业和种养大户，解决大众就业	开展教育、文化、卫生等事业	进行水、电、路等基础设施建设	补贴慰问贫困户
19%	16%	28%	22.3%	14.7%

除了期望增加农牧民收入以外，西藏农牧民对建设新农村方面还存在的其他不足提出了自己的看法。其中认为新农村建设中人才缺乏从而阻碍经济发展最为迫切。另外，认为农村基层干部的职能缺失以及种植业不发达也影响了西藏新农村建设的经济发展。这反映了基层农村的一些现状和农民的一些真实想法。在基层农村很多干部脱离了群众，不为群众谋福利，不被群众信任，这在统计中有所反映（表 14-14）。

表 14-14 西藏新农村建设的不足调查

劳动力缺乏，青年人多进城打工	国家政策扶持力度弱	缺乏人才	交通不方便	农村基层干部不为农民谋福利	市场信息获取滞后，导致盲目种植，最后价格太低，卖不出去农产品	人均耕地少，种植作物单一，收入少
0.108	0.12	0.25	0.1	0.18	0.09009	0.15

调查显示，目前农牧民理想中的新农村是环境优雅绿化强、经济发达且自由思想开放。这说明西藏农牧民最关心新农村建设中的环境问题，强调可持续发展下自由民主的新农村建设（表 14-15）。

表 14-15　西藏农牧民理想中的西藏新农村建设

经济发达	环境优雅，绿化强	自由思想开放	利用新能源建设	其他（请注明）
23%	30%	24%	21%	2%

同时，农牧民在新农村建设中也有自己的担忧。从调查显示，教育和医疗卫生建设是其中最重要的问题。可见未来西藏新农村建设应当重点加强教育和医疗卫生的投入和建设（表 14-16）。

表 14-16　西藏农牧民对建设西藏新农村的担忧调查

家里有人生病	孩子的教育费用太高	收入没保障	孩子不孝顺	生产出来的东西卖不出去	买到假冒伪劣的种子、化肥	治安状况不好	社会风气变坏	其他（请注明）
20.2%	21%	16%	3%	5%	11.1%	6%	14%	3.7%

四、西藏社会主义新农村建设中农村家庭收入满意度分析

在西藏社会主义新农村建设的目标当中，我们认为首先要实现农村经济发展和提高农牧民收入。而实现农村经济发展的本质也在于提高农牧民收入，使之过上富裕的生活。因此，西藏自治区党委和政府把切实提高西藏农牧民收入水平当作当前农村工作的一项重要战略任务。西藏自治区政府将提高农牧民收入，帮助农牧民脱贫致富作为西藏农牧区经济发展的重要出发点，不断加大扶贫力度，改善城乡人民生活，使农牧民收入不断增加。

通过以上调查问卷的初步分析，我们可以看到西藏新农村建设取得的成绩和存在的缺陷，但是西藏农牧民对新农村建设的成绩如何看待和评价，他们对此是否满意？西藏农牧民对自己的收入水平如何看待？以后如何更好地促进西藏新农村建设，就需要对我们已经取得的调查问卷数据进行进一步的定量分析。

（一）样本数据

文中调查问卷通过各种途径在西藏新农村建设成绩较好的地区随机选择了拉萨的对龙德庆县和曲水县、日喀则的江孜县、山南的乃东县、林芝的林芝县、昌都的芒康县以及那曲的那曲县进行深入的入户式调查，共收集得到 351 个有效样本数据（剔除问卷中回答问题不全面或缺选、多选问题等问卷），其中拉萨和日喀则市的农村乡镇是本次调查的重点区域。

从问卷统计情况来看，男性占 42.8%，女性占 57.2%，年龄从 22~77 岁，平均年龄为 49.5 岁。被调查对象的学历从文盲到大专以上文化，其中，文盲占 8.2%，小学文化人员占 1.88%，初中文化人口占 6.13%，高中文化人口占 12.25%，大专及以上学历

人员占 9.8%。家庭成员人数偏多，3～4 人的家庭普遍占 36.7%，6 人以上的大家庭占到 45%。家庭年收入占比呈现偏低状态，其中年家庭收入在 1 万元以下的占 42.85%，1万～3 万元的家庭占 34.7%，3 万～5 万元的家庭占 10.25%，5 万～10 万元的家庭占6%，10 万元以上的家庭占 6.2%。其家庭收入主要依靠农产品收入，占到 36.7%，23.6%的家庭收入还依靠外出打工，9%的家庭收入来自家庭副业产出，剩余 30.7%的家庭靠其他方式获得收入，如新友救济。

（二）西藏农村家庭收入满意度分析

本章应用 Probit 模型对西藏农村家庭收入满意度进行分析。我们将西藏农村家庭收入满意度作为模型中的被解释变量，西藏农村家庭收入满意度（ISI）归结为满意（包括非常满意、比较满意和一般）以及不满意（包括不满意和非常不满意）两个大类，并将其赋值为 1 与 0。解释变量则为实际对家庭收入会产生影响的因素，包括家庭年收入（inco＝0，1，2，3 分别表示 1 万元以下，1 万～3 万元，3 万～5 万元，5 万元以上），家庭成员主要学历（ed＝0，1，2，3，4，5，分别对应文盲、小学、初中、高中、大专及以上），家庭所在地（con＝1 为农村，con＝0 为其他）、家庭收入的主要来源（job＝1 为务农，job＝0 为其他），是否参加过农村小额信贷（loan＝1 为参加过小额信贷，loan＝0 为没有参加过）。

我们使用 eveiws8.0 软件分析数据得到相应结果。通过多次回归检验后，我们最终得到以下两个最优结果（表 14-17、表 14-18）。

表 14-17　回归结果

Dependent Variable：Y

Method：ML－Binary Probit

Date：05/07/15　Time：22：30

Sample：1351

Included observations：351

Convergence achieved after 4 iterations

Covariance matrix computed using second derivatives

Variable	Coefficient	Std. Error	z－Statistic	Prob.
C	−1.176088	0.874206	−1.345320	0.1785
INCO	3.018369	1.020465	2.957838	0.0031
INCO * INCO	−0.727394	0.347043	−2.095974	0.0361
ED	−0.096314	0.638836	−0.150765	0.8802
ED * ED	0.006127	0.120378	0.050901	0.9594
CONTR	0.800701	0.652154	1.227780	0.2195
LOAN	0.820064	0.578392	1.417833	0.1562
Mean dependent var	0.734694	S. D. dependent var	0.446071	
S. E. of regression	0.358062	Akaike info criterion	0.991853	
Sum squared resid	5.384754	Schwarz criterion	1.262113	

续表

Log likelihood	−17.30040	Hannan−Quinn criter.	1.094389
Restr. log likelihood	28.34817	Avg. log likelihood	−0.353069
LR statistic(6 df)	22.09555	McFadden R-squared	0.389717
Probability(LR stat)	0.001164		
Obs with Dep=0	165	Total obs	351
Obs with Dep=1	186		

表 14-18　回归结果

Dependent Variable：Y

Method：ML−Binary Probit

Date：05/07/15　Time：22：31

Sample：1351

Included observations：351

Convergence achieved after 5 iterations

Covariance matrix computed using second derivatives

Variable	Coefficient	Std. Error	z−Statistic	Prob.
C	−1.210382	0.915353	−1.322312	0.1861
INCO	3.033148	1.028711	2.948493	0.0032
INCO * INCO	−0.729471	0.347410	−2.099742	0.0358
ED	−0.076520	0.654969	−0.116830	0.9070
ED * ED	0.002281	0.123447	0.018480	0.9853
CONTR	0.766333	0.701705	1.092100	0.2748
JOB	0.080764	0.619159	0.130441	0.8962
LOAN	0.843423	0.607508	1.388332	0.1650

Mean dependent var	0.734694	S. D. dependent var	0.446071
S. E. of regression	0.362237	Akaike info criterion	1.032321
Sum squared resid	5.379829	Schwarz criterion	1.341190
Log likelihood	−17.29188	Hannan−Quinn criter.	1.149506
Restr. log likelihood	−28.34817	Avg. log likelihood	−0.352895
LR statistic(7 df)	22.11259	McFadden R−squared	0.390018
Probability(LR stat)	0.002429		
Obs with Dep=0	165	Total obs	351
Obs with Dep=1	186		

　　我们发现，如果解释变量中没有引入家庭收入的主要来源 job(job＝1 为务农，job＝0 为其他)其回归结果会更优，但影响并不大。因此表 14-18 的回归结果将是本章采纳的最

终 probit 模型回归结果(表 14-19)。由此设立的 Probit 模型以及得到的回归结果为

$$P(y=1/x)=c+a_1\mathrm{inco}+a_2\mathrm{inco}^2+a_3\mathrm{ed}+a_4\mathrm{ed}^2+a_5\mathrm{contr}+a_6\mathrm{job}+a_7\mathrm{loan}$$

$$P(y=1/x)=-1.21+3.033\mathrm{inco}-0.729\mathrm{inco}^2-0.077\mathrm{ed}+0.002\mathrm{ed}^2$$

$$+0.76\mathrm{contr}+0.08\mathrm{job}+0.84\mathrm{loan}$$

表 15-19　西藏农村家庭收入满意度影响因素分析

解释变量	系数值	p 值	z 值
家庭年均收入(inco)	3.033148	0.0032	2.948493
家庭年均收入平方(inco²)	−0.72947	0.0358	−2.09974
受教育年限(ed)	−0.07652	0.907	−0.11683
受教育年限平方(ed²)	0.002281	0.9853	0.01848
家庭所在地(contr)	0.766333	0.2748	1.0921
收入主要来源(job)	0.080764	0.8962	0.130441
是否参加农村小额信贷(loan)	0.843423	0.165	1.388332

由表 14-19 的分析结论我们可以看出，西藏农村家庭年均收入对农民收入满意度的影响系数为 3.033，家庭年均收入平方系数为 −0.729，表明随着家庭收入的增长，西藏农村家庭对收入的满意度是逐渐增加的，收入对收入满意度的影响最为直接。但是随着家庭年均收入增加到一定幅度后，农民随收入的满意度是开始下降的，这符合人们对收入满意度的期望值在增加的认知。西藏农牧民受教育年限对其收入满意度的影响系数为 −0.0765，受教育年限平方系数为 0.0023，说明随着西藏农牧家庭受教育程度的提高，农民的收入逐渐增加，但是到一定年限后，其对收入满意度降低速度开始加快，这就符合教育水平越高，其对收入满意度水平也就越高的认识。家庭所在地的影响系数是 0.77，说明在西藏，与农业相关的生产所带来的收入水平越高，农村家庭收入的满意度也就越高，说明目前西藏农村家庭的收入主要来源是农产品收入，而外出打工等对收入满意度的影响力度并不显著。这也符合西藏的实际情况。受西藏政策的鼓励，再加之西藏环境和地理位置的特殊性，如外出打工等方式也能够带来高收入，而留在家中通过种植、养殖、办厂等方式也能带来更高的收入满意度。因此，到底是哪种方式带来了高收入满意度的影响并不显著。是否参加农村小额信贷的系数为 0.84，说明农民通过小额农贷能提高收入，从而提高收入满意度。但从 p 值来看，受教育年限以及收入主要来源对西藏农村家庭收入满意度的影响并不显著。这应当是未来西藏自治区政府在西藏新农村建设方面应当重点突破的方向。

(三)模型分析结论

通过对西藏农村是社会主义新农村建设的调查数据结果的分析，可以肯定西藏近年来在新农村建设方面所取得的成就。说明党中央和西藏自治区党委和政府在西藏新农村建设方面所做出的努力确实带动了西藏农村生产和农村家庭收入水平的显著提升。但就西藏农村家庭对收入的满意度还有很大的改善空间，问卷中，西藏农村家庭对收入感到非常满意的占 24.9%，感到收入一般的家庭占到 53.1%。从以上 Probit 模型的分析我们

可以看出，提高西藏农村农民的教育、农业科技与培训，提高农村社会保障，加大农村小额信贷的投入比例和投资力度都将对提高农民收入产生重大影响，从而大大提升西藏农村家庭收入的满意度。在未来，促进西藏新农村建设将是西藏当地一项重要的方针政策，重点优先解决西藏农村迫切需要的义务教育、社会保障、金融投资力度以及农业相关技术培训都需要党中央以及西藏自治区党委和政府给予更多的优惠政策以及资金支持。

同时，人口职业的变化其实就是一种城镇化的过程。分析结果表明，西藏农村农民收入来源方式对收入满意度会产生正影响，而农民收入来源不论是来自农产品收入还是养殖业、外出打工、家庭副业或者开办工厂等，都反映出西藏农村人口职业的变化，本质上反映出西藏城镇化的一个过程。但检验结果并不显著，本质也说明西藏城镇化过程的缓慢，导致其对农村家庭收入的影响力也不显著。因此，在未来，党中央及西藏自治区党委和政府还应当大力促进西藏农村城镇化的发展，推进产业调整，大力发展工业，促进农村科技进步和文化交流，从而通过推动西藏城镇化的发展，创造更多的就业机会和增加农民收入的方式，促使提高西藏农村农民的收入、生活水平，并促进西藏社会的和谐发展。

五、结　　论

通过这次深入对西藏社会主义新农村建设的实地入户调查，使我们对西藏新农村建设有了更深刻的了解，实现了理论与实践的结合。清醒地认识目前西藏农村面临的形势，是新农村建设的一个基本前提。这个问题从当前来看，农村建设面临着严峻形势和任务，建设社会主义新农村具有充分的必要性和紧迫性。广大农牧民对新农村建设充满期望，积极支持，而且抱有较大的信心。对各级政府来说，只要政策措施得当，新农村建设大有希望。从长远来看，今后较长的一个时期内，农村人口仍然会占到西藏总人口的较大比例，它决定了新农村建设的长期性、复杂性和艰巨性。西藏新农村建设能否取得实效、农村面貌能否彻底改变、农民能否过上全面小康的生活等，需要在政府的主导之下，充分尊重农民的自主性和积极性，制定并大力实施体系完整、措施具体的公共政策。

我们的调查资料及所做的分析，谨供政府部门参考。

参 考 文 献

多杰才旦，江村罗布. 1995. 西藏经济简史 [M]. 北京：中国藏学出版社.

格桑卓玛. 2003. Case Study：Rural Non-Farm Activities is the Main Channel of Increasing Income of Tibetan Rural Households in Jian Village of Shannon District [R]. 英国牛津大学第十届国际藏学会.

何薇. 2005. 边贸. 民族地区对外开放的重要途径——以西藏边贸为实例 [J]. 世界经济研究，(7)：78-82.

胡春华，等，2004. 中国西藏发展报告 [M]. 拉萨：西藏人民出版社.

胡恒松. 2005. 建设社会主义新农村和民族地区经济发展 [J]. 北方经济，(12).

西藏社科院. 2008. 西藏蓝皮书中国西藏发展报告 [M]. 拉萨：西藏人民出版社.

西藏自治区统计局，国家统计局西藏调查队. 2008—2013. 西藏统计年鉴 [M]. 北京：中国统计出版社.

第十五章　西藏第一产业发展问题研究

刘天平

摘要：为了让学生清晰地了解西藏第一产业发展的过去、现状和未来，文章首先从四个方面阐述了西藏第一产业的地位和意义，然后从历史的角度分析了 1951 年以来以农业和畜牧业为主的第一产业发展的不同阶段特点，接着从经济总量、产业结构、基础设施等六个方面分析了其发展成就，然后从现状的角度剖析了其存在的七个方面的问题，最后简单展望了西藏第一产业发展的趋势和建议，即立足资源特色。加快产业结构调整，促进西藏特色农牧产业的发展。

关键词：第一产业；地位；阶段；成就；问题；发展趋势；西藏。

一、西藏第一产业的地位和意义

农业是人类社会存在的基础，是国民经济各个部门独立和发展的基础——这是客观规律。除此之外，西藏第一产业在西藏还具有特殊的地位和意义。

(一)第一产业是农牧民的主要收入来源

一直以来西藏农牧民以农业和牧业为生，农业和牧业收入占第一产业总收入和纯收入的比重一直居高不下，最近几年都在 90％以上，说明渔业收入、林业收入以及服务业收入增加依然缓慢。第一产业收入占据农牧民收入的绝大部分，通过最近几十年的发展，所占的分量有所下降，但同全国相比仍然所占比重较大。例如，2012 年西藏农牧民第一产业总收入占人均总收入、基本收入和家庭经营收入的 58.5％、66.7％和 83％，第一产业纯收入占人均纯收入、基本收入和家庭经营收入的 53.9％、63.1％和 83.7％，均高于全国平均水平(表 15-1)。也就是说，西藏农牧民的收入主要依赖于第一产业，但有减弱的趋势；第一产业收入主要依赖于农业和牧业，变化的可能性较小。因此，第一产业是西藏农牧民生存的根本。

表 15-1　部分年份西藏农牧民第一产业收入所占比重变化情况统计表 （单位:％）

年份 产业		1990	1995	2000	2005	2010	2011	2012	2013	全国
总收入	农业和牧业/第一产业	82.7	79.3	86.3	94.7	94.4	95.8	93.8	90.0	
	第一产业/家庭经营	87.0	85.8	69.4	84.1	81.8	82.1	83.0	84.6	
	第一产业/基本收入	86.8	80.9	59.0	65.9	65.2	66.7	66.7	66.7	
	第一产业/总收入	81.0	75.1	52.8	59.5	56.9	58.4	58.5	58.6	
纯收入	农业和牧业/第一产业	84.1	79.3	70.7	91.8	92.5	94.5	92.7	90.0	93.6
	第一产业/家庭经营	85.5	85.8	76.0	82.9	81.5	83.4	83.7	85.5	77.0
	第一产业/基本收入	85.3	79.7	61.6	57.8	60.8	63.1	63.1	63.1	39.0
	第一产业/纯收入	79.6	73.1	56.5	50.5	51.4	53.4	53.9	54.0	34.4

　　数据来源：根据《西藏统计年鉴 2014》和《中国农村统计年鉴 2014》有关数据计算；全国的数据为 2012 年数据，其中第一产业总收入数据缺失，2013 年和 2014 年的数据为农村居民可支配收入，不具有可比性。

（二）第一产业生产的主体是广大农牧民

　　一直以来，农牧民占西藏人口的绝大部分，即乡村人口或农业人口[①]一直占总人口的绝大部分，按照《西藏统计年鉴 2009》核算，2008 年西藏农业人口和乡村人口分别占总人口的 82.7％和 61.3％，而按照《西藏统计年鉴 2014》核算，2013 年西藏乡村人口占总人口的 76.3％。第一产业生产的主体就是广大的西藏农牧民，一直以来进行农林牧渔业生产的劳动力几乎都是乡村劳动力，城镇劳动力从事该行业的比重很小，主要集中在部分国有企业和少数集体企业。从统计数据可以看出，从事第一产业的乡村从业人员占第一产业全部从业人员的比重都在 98％～99％，也就是说非农人口不过 2％。另外，从乡村劳动力内部来看，乡村劳动力主要从事农林牧渔业、建筑业、批发零售业、交通运输业和工业等，虽然乡村劳动力从事农林牧渔业的比重在下降，但其比重依然不低，且绝对人数还在增加，比如 1990 年乡村劳动力从事第一产业的人口有 86.01 万人，占全部乡村劳动力的 94.7％，到 2013 年为 91.48 万人与 70.4％。在三次产业就业结构中，第一产业就业人员一直占绝对地位，最近两年才低于 50％，仍然远高于全国平均水平，即第一产业一直以来是西藏劳动力的主战场，同时考虑到西藏第二产业发展存在诸多局限，第三产业处于起步阶段且主要集中在旅游业，就业容量还不够高，以及乡村人口绝对数和乡村劳动力中第一产业从业人员绝对数都在持续增加，因此，第一产业在一个较长时期内仍然是广大农牧民的主要就业领域，第一产业生产的主体仍然是广大农牧民（表 15-2）。

表 15-2　部分年份西藏第一产业从业人员所占的比重　（单位：万人；％）

年份	农业人口	比重 A	乡村人口	比重 B	第一产业乡村从业人员	比重 C	第一产业全部从业人员	比重 D
1990	188.22	86.3	187.37	83.6	86.01	94.7	87.08	98.8
1995	203.06	86.2	196.17	83.3	88.48	93.4	89.51	98.8

---

　　① 从 2009 年开始《西藏统计年鉴》不再统计农业人口，只统计乡村人口，而在数据衔接上存在一些差异。

续表

年份	农业人口	比重 A	乡村人口	比重 B	第一产业乡村从业人员	比重 C	第一产业全部从业人员	比重 D
2000	215.94	86.0	171.72	68.4	90.12	89.4	90.98	99.1
2005	224.12	83.9	166.77	62.0	85.53	78.6	86.39	99.0
2006	224.57	83.6	167.76	62.5	86.38	78.6	87.32	98.9
2007	227.67	83.2	168.84	61.7	87.67	78.0	88.63	98.9
2008	231.02	82.7	171.08	61.3	88.28	76.7	89.41	98.7
2009			229.85	77.7	91.19	76.4	92.17	98.9
2010			232.16	77.3	91.55	75.1	92.96	98.5
2011			234.42	77.3	91.88	72.9	93.41	98.4
2012			237.64	77.3	92.07	72.0	93.60	98.4
2013			238.05	76.3	91.48	70.4	92.82	98.6

数据来源：本表数据根据《西藏统计年鉴2009》和《西藏统计年鉴2014》有关数据获得，由于变化趋势比较稳定，故只选取了部分年份数据；比重A：表示农业人口占总人口的比重；比重B：表示乡村人口占总人口的比重；比重C：表示农牧区农林牧渔业从业人员占乡村劳动力的比重；比重D：表示第一产业乡村从业人员占第一产业全部从业人员的比重。

（三）第一产业是农牧民的主要生活方式

第一产业或者说农牧业不仅是一个必不可少的经济部门，对于以此为生的农牧民而言，还意味着是一种生存方式[1]。农牧民对农牧业的心理依赖严重，被视为根本生活来源的土地，必须时刻掌握在自己手中，即使是一时无力耕作造成荒芜，也不敢转让。对于畜群，更是牧民生活来源的重要保障。罗绒战堆研究员指出，"西藏牧民生活在艰苦的环境中，沿用世界上最古老的生产方式，在没有充分医疗保障的情况下，自然选择规律在他们的生产中（包括人的生产）起着一定的作用"[2]。还有学者指出，"……牲畜在当地藏民的观念中是作为财产畜养的，他们的存在既有传统的原因也有现实的功用。在古代，西藏居民大多数采用游牧的方式，便于携带的物品成为他们所偏爱的财产，而畜群恰恰符合便于携带的特征，这一传统保存至今；另外，对于现代社会的西藏居民家庭而言，畜群这种财产相对易于变现，因而起到了保险的作用，因为在家庭急需现金时，可以出售部分保留的畜群，以达到平滑的作用"[3]。农牧业与农牧民生活状态以及他们的生产观、消费观、财富观等的形成密切相关，只有通过农牧业生产方式的进步来改造农牧民才是最本质的办法。也就是说，当农牧业生产水平没有达到一定高度，农牧民意识、观念的进步也就缺乏具体的、客观的物质环境。因此，为了广大农牧民能够加快脱贫与奔小康，迅速提高自身素质，必须重视第一产业的发展。

（四）第一产业的发展壮大可以化解西藏双重非典型二元结构

西藏非典型二元经济结构表明："代表传统部门的第一产业和代表现代部门的第二产

① 王洛林，朱玲. 市场化与基层公共服务——西藏案例研究 [M]. 北京：民族出版社，2005：33.
② 周炜. 21世纪西藏社会发展论坛 [M]. 北京：中国藏学出版社，2004：201.
③ 王洛林，朱玲. 市场化与基层公共服务——西藏案例研究 [M]. 北京：民族出版社，2005：190.

业之间很少沟通，不仅二者涨落的相关性小，而且对同一区域社会的贡献彼此分割，文化观念、生产方式等也相去较远。"西藏"农业发展是二元经济结构转换为多元至高度一元经济的前提，只有到了农业部门能够为西藏经济发展提供大量储蓄资本时，西藏的第二、三产业才可能有实质性变化"，"不先补上优先发展农业这一课，整个经济缺乏厚实的基础，工业只能畸形发展，即使发展了，也只有再现其他发展中地区已形成的二元经济结构，造成严重的城乡对立和经济分离"。西藏农业的主要目标"在于通过自身效益的提高，向社会提供充足的产品，并实现自身的积累"[①]。

如今，第一产业已经取得了很大的发展，并且同第二产业建立了一定的联系，即农畜产品为工业提供了原料来源，如以青稞、油菜籽、核桃等为原料的西藏藏缘青稞酒业有限公司、西藏特色产业股份有限公司等现代企业，这种联系还将继续保持并拓展。随之而来的变化是，占据着西藏90%以上国土面积的第一产业承载空间在交通、通信、水电等基础设施方面得到极大的改善以及由此而带来的思想观念等方面的改变，也将起着缩小着城乡差距的作用。因此，第一产业发展的好坏除了影响到第二、三产业的发展外，还将影响到城乡差距问题，如果第一产业发展壮大了不仅可以改变非典型的二元经济结构，而且可以改变非典型的二元社会结构。

综上所述，发展壮大第一产业意义重大！第一产业发展的好坏直接关系着西藏广大农牧民的生存与发展，关系着整个西藏国民经济的健康发展，关系着西藏社会的团结和稳定，也关系着西藏生态环境的保护和改善。

二、西藏第一产业的发展阶段

西藏自古以来就是一个传统的农牧业经济社会，农牧业生产历史悠久。早在4~5世纪，西藏先民就在高原上开始了农耕、畜牧文化。西藏从13世纪进入封建农奴社会，在长期封建农奴制度下，三大领主不仅占有西藏的耕地、草场、森林等全部生产资料和大部分牲畜，而且占有农奴和奴隶的人身。农牧业经济长期停滞不前。自从1951年西藏和平解放后，西藏农牧业开始了翻天覆地的变化。

西藏第一产业主要以农牧业为主，因此，本章主要围绕农业和牧业展开论述。自1951年以来，西藏第一产业发展历程大致可以分为四个阶段。

(一)西藏和平解放初期(1951~1959年)

1951年西藏和平解放后，中央提出"进军西藏，不吃地方"的政策，大力开展生产活动。1951年10月至1952年11月，驻藏部队开荒一万四千多亩；1953年继续开荒达到四万多亩，收获粮食一百五十多万千克，蔬菜三百多万千克[②]；1952年7月1日，在拉萨西郊建立了拉萨七一农场，8月1日建立了八一农场；1953年，在七一农场筹建了

---

① 孙勇. 西藏非典型二元结构下的发展改革 [M]. 北京：中国藏学出版社，2000：36、79、80、135.

② 多吉才旦，江村罗布. 西藏经济简史(上) [M]. 北京：中国藏学出版社，2002：56.

拉萨农业实验场，为西藏栽培优良青稞、小麦品种和新的蔬菜品种、建立苗圃等做出了重要贡献[1]。1952~1959 年 8 年中，仅八一农场就生产粮食 175 万 kg，蔬菜 2747kg[2]。进藏部队的垦荒生产在一定程度上促进了农牧业生产的恢复，使生产下降的趋势得到缓解。1959 年第一产业实现增加值 1.28 亿元，总产值 14417 万元，较 1951 年分别增长了1.8％和 2.1％，年平均增长 0.22％和 0.26％。粮食由 1951 年的 153 200t 增加到 1959 年的 182 905t，增长了 19.39％，油菜产量增长了 49.14％（表 15-3）[3]。由于农奴制的生产关系没有彻底改变，西藏农牧业发展依然缓慢，生产水平依然低下。

表 15-3　不同时期西藏第一产业总产值总增长率和年均增长率　　　（单位:％）

时间	总增长率						年均增长率					
	总产值	农业	林业	牧业	渔业	增加值	总产值	农业	林业	牧业	渔业	增加值
1959/1951	2.1	13.2		8.2		1.8	0.26	1.56		0.99		0.22
1965/1959	83.3	81.2		75.9		81.1	10.62	10.41		9.87		10.41
1978/1965	48.5	67.9	753.3	38.2	910.9	37.1	3.09	4.07	17.93	2.52	19.48	2.46
1990/1978	72.8	39.5	575.0	39.4	−7.7	113.0	4.66	2.81	17.25	2.81	−0.66	6.50
2013/1990	137.2	366.9	−67.0	90.8	849.8	127.1	3.83	6.93	−4.70	2.85	10.28	3.63
1972/1965	5.1	0.9	0.4	6.0	239.3	3.7	0.71	0.12	0.06	0.84	19.07	0.53
1985/1980	23.6	7.4	206.1	21.1	96.3	34.5	4.33	1.44	25.08	3.90	14.44	6.11
1990/1985	21.1	14.7	3.0	7.3	−29.2	9.1	3.90	2.77	0.60	1.42	−6.67	1.76
1995/1990	17.8	25.7	37.3	12.1	26.1	15.0	3.34	4.69	6.54	2.32	4.75	2.83
2000/1995	19.7	32.4	−4.2	13.7	−11.4	18.5	3.66	5.78	−0.86	2.60	−2.38	3.45
2005/2000	22.1	−1.0	136.5	16.2	−32.0	23.9	4.08	−0.20	18.82	3.05	−7.43	4.38
2010/2005	22.7	28.3	−64.2	20.6	1283.5	21.3	4.17	5.11	−18.57	3.81	69.12	3.93
2013/2010	11.0	20.3	−68.3	16.3	−4.6	11.0	3.53	6.35	−31.81	5.16	−1.55	3.54

数据来源：根据《西藏统计年鉴》有关数据计算；本表的增长率按可比价格计算；为了方便，将第一产业增加值也一并统计。

（二）西藏民主改革时期（1959~1965 年）

1959 年，平息达赖集团的叛乱后西藏进入了民主改革时期。西藏工作委员会和自治区筹备委员会根据中央"稳定发展"的方针，提出"大办农业、大办粮食、大办牧业、农牧并举、多种经营"的政策。1961 年 6 月 15 日制定了《关于农村中若干具体政策的规定》（简称"农区 26 条"），1962 年 9 月 11 日制定了《关于牧区当前若干具体政策的规定》（简称"牧区 30 条"），1959~1963 年国家对西藏的农牧业投资达 5240 万元，扶持农牧民发展生产[4]。这些政策和措施稳定了民心，极大地激发了农牧民的生产积极性，农牧

[1]　多吉才旦，江村罗布. 西藏经济简史(上)［M］. 北京：中国藏学出版社，2002：67.
[2]　多吉才旦，江村罗布. 西藏经济简史(上)［M］. 北京：中国藏学出版社，2002：77.
[3]　本章中没有加注释的数据基本来自历年西藏统计年鉴。
[4]　多吉才旦，江村罗布. 西藏经济简史(上)［M］. 北京：中国藏学出版社，2002：95−96.

区很快掀起了互助生产和"爱国增产保畜"运动的高潮，迎来了农牧业连续 6 年的增产丰收。到 1965 年，西藏粮食产量连续大丰收，由 1959 年的 182905t 增加到 290725t（表 15-4），农业产值由 4704 万元增加到 8522 万元，分别增长 58.95% 和 81.18%，年均分别增长 8.03% 和 10.41%。牲畜由 1959 年的 955 万头发展到 1965 年的 1701 万头；畜牧业产值由 9713 万元增加到 17878 万元，分别增长 78.1% 和 75.88%，年均分别增长 13% 和 9.87%。1965 年第一产业实现增加值 2.32 亿元，总产值 26420 万元，较 1959 年增长了 81.14% 和 83.25%，年均增长 10.41% 和 10.62%。自此开始西藏第一产业在社会主义制度下快速发展。

表 15-4　西藏粮食和油菜籽产量变化情况统计表　　　　（单位：t，%）

年份	粮食	油菜籽	年份	粮食	油菜籽	年份	粮食	油菜籽	年份	粮食	油菜籽
1951	153200	1750	1974	432518	9766	1990	608280	17140	2006	923688	54490
1959	182905	2610	1975	445827	8812	1991	644186	18457	2007	938634	52125
1960	205934	3845	1976	478011	8947	1992	657121	17862	2008	950343	60145
1961	225063	3968	1977	500116	8187	1993	672185	26040	2009	905330	60145
1962	239588	3976	1978	513449	7914	1994	664480	29373	2010	912289	57986
1963	265188	4281	1979	423245	7940	1995	719605	33689	2011	937290	63276
1964	272668	4576	1980	504970	10770	1996	777249	35104	2012	948963	63047
1965	290725	5264	1981	483719	11880	1997	791904	33682	2013	961506	63367
1966	313916	5388	1982	447854	10949	1998	849793	34009			
1967	334802	5962	1983	368834	9912	1999	922138	41091			
1968	333110	5572	1984	494489	12986	2000	962234	39610	1959/1951	19.39	49.14
1969	292249	5203	1985	530669	14455	2001	982508	43469	1965/1959	58.95	101.69
1970	294916	5985	1986	454448	11617	2002	983970	45157	1978/1965	76.61	50.34
1971	321827	7591	1987	467043	11796	2003	966001	49378	1990/1978	18.47	116.58
1972	288893	6851	1988	508670	14141	2004	959950	53944	2013/1990	58.07	269.70
1973	373605	8568	1989	549923	16727	2005	933918	61164			

数据来源：根据《西藏统计年鉴》有关数据计算；最后 5 组数据表示不同时期粮食和油菜籽的总增长率。

（三）社会主义改造和建设时期（1965～1978 年）

　　1965 年 9 月 1 日西藏自治区成立，标志着西藏进入了社会主义改造的新时期。到 1975 年年底，在全区 1929 个乡（不含阿里地区），共建立 1921 个人民公社[①]。至此，西藏基本上完成了对农牧业的社会主义改造，把农牧民个体所有制转变成农牧民集体经济，使广大农牧民走上了合作化的道路。由于这一时期主要处于"文化大革命"阶段，受到极"左"路线的干扰，没有完全坚持"稳定发展"的方针，工作中也出现了"左"的思

---

　　① 多吉才旦，江村罗布. 西藏经济简史（上）[M]. 北京：中国藏学出版社，2002：192.

想和阶级斗争扩大化的问题，加之 1968～1972 年西藏各地普遍遭受自然灾害[①]，致使农牧业不能保持在前阶段稳定发展的基础上继续健康发展，1968、1969、1970、1972 年农牧业生产下滑。1972 年，粮食产量 28.9 万 t，是 1965 年以来最低的产量，比 1965 年下降 0.63%，比最高年份 1968 年下降 13.71%，油菜籽产量也不稳定（表 15-4）；农业产值按可比价格计算仅比 1965 年上升 0.88%，比最高年份 1967 年下降了约 12%。牲畜总数比 1965 年仅增长了 1.7%，牧业产值仅增长 6.04%，年均增长 0.24% 和 0.84%。

基于此，1973～1978 年，中央对西藏增加了大量的财政支援，使西藏农牧业在总体上还是有很大的发展。据统计，至 1977 年 6 月，西藏全区共修建梯田、园田、台田 100 多万亩，修建水塘 5000 多个、水渠 2000 余条，总长达 5000km，建成农村小水电站 160 座，装机 6100 多千瓦。从 1972 年开始，西藏大面积推广高产作物冬小麦，并逐年扩大种植面积。农业机械由国有农场逐步推广到农村，机耕机播面积大幅度增加，化肥得到广泛应用，由于各方面投入量的增加，促进了农业生产的迅速恢复和发展[②]。1974 年油菜籽产量达到历史新高 9766t，1977 年粮食首次突破 5 亿 kg 大关（表 15-4）。畜牧业也从 1973 年开始，情况有了好转。1973 年和 1978 年曾召开了全区第三次和第四次牧区工作会议，确定了牧区"以牧为主，多种经营"的方针，调整了一些牧区工作政策，牲畜总头数从 1973 年的 2025 万头（只）发展到 1979 年的 2349 万头（只），主要畜产品产量也有不同程度的增长，肉食增长 30%，绵羊毛增长 27.4%，奶类增长 38.3%，畜牧业产值增长 27.3%[③]。

但是，这一时期西藏第一产业基本上处于自给自足的自然经济状态，生产力水平不高，生产经营方式落后。1978 年第一产业总产值 39228 万元，较 1965 年增长 48.53%，年均增长 3.09%，第一产业增加值 1978 年 3.37 亿元，较 1965 年 2.32 亿元增长 37.15%，年均增长 2.46%，远低于民主改革时期的增长速度。

（四）改革开放新时期（1978 年至今）

从 1978 年至今，根据第一产业的有关政策及其效果可以分为两个阶段。

1. 恢复性增长阶段（1978～1990 年）

1979 年 1 月西藏自治区重新把工作重点放在国民经济建设上，同年 11 月提出"宜农则农，宜牧则牧，农牧林副渔全面发展"的方针。1980 年 3 月和 1984 年 2～3 月，中央在北京召开了两次西藏工作座谈会，会议明确指出，必须从西藏实际出发，放宽政策，采取特殊政策让西藏的农牧民得到休养生息，并提出了"两个长期不变"政策，即在农区实行"土地归户使用，自主经营，长期不变"，在牧区实行"牲畜归户，私有私养，自主经营，长期不变"。自治区也多次召开会议，研究第一产业发展问题。由于这些措施得力，符合西藏实际，极大地调动了农牧民群众的生产积极性，使西藏第一产业迅速恢复

① 多吉才旦，江村罗布. 西藏经济简史（上）[M]. 北京：中国藏学出版社，2002：201.
② 多吉才旦，江村罗布. 西藏经济简史（上）[M]. 北京：中国藏学出版社，2002：201.
③ 多吉才旦，江村罗布. 西藏经济简史（上）[M]. 北京：中国藏学出版社，2002：210.

发展。1978~1990 年第一产业增加值和总产值年均增长 6.5% 和 3.8%，粮食产量由 51.34 万 t 增加到 60.83 万 t，增长了 18.5%，畜产品中肉类产量从 4.71 万 t 增加到 8.78 万 t，增长了 86.4%。在发展过程中，总体来说前期快后期慢，如第一产业增加值，1980 年比上年增长 39.7%，1981 年比上年增长 34.5%，1978~1985 年年均增长 10%，1981~1985 年年均增长 6.12%，1986~1990 年年均增长 1.76%；第一产业总产值 1981~1985 年年均增长 4.33%，1986~1990 年年均增长 3.9%（表 15-3），主要原因在于 1986 年农业大干旱，粮食减产 15%，油菜籽减产 20%（表 15-4），1989 年大雪灾使牲畜损失严重，以及 1987~1989 年发生的拉萨骚乱事件对第一产业的不利影响。

2. 持续稳定增长阶段（1991 年至今）

在此阶段，由于多方面的积极努力，西藏第一产业进入了持续稳定发展时期。1989 年 7 月 5 日自治区与联合国世界粮食计划署正式签订"3357"项目[①]；1990 年西藏自治区人民政府正式颁布了《西藏经济社会发展战略》，提出"必须重视农牧业为基础的战略地位"；1990 年开始的"一江两河"中部流域综合开发其实是以农业综合开发为主的经济发展战略，从此拉开了农业综合开发的序幕，1990~2009 年，全区累计安排农业综合开发资金 20.9 亿元[②]；以及此后出台的第一产业有关政策，如 2004 年 4 月 4 日《关于"十五"期间农牧业和农牧区工作的意见》提出："草场公有，承包到户，自主经营，长期不变"；2001 年召开的第四次西藏工作座谈会把援藏重点转向"三农"；"十五"计划之后西藏把发展特色农牧业作为第一产业的重点，等等。这些政策和措施的有力实施，使第一产业总量迅速上升，增长速度稳定上升，2013 年第一产业总产值达到 128 亿元，增加值达到 86.83 亿元，分别比 1990 年增长了 137.17% 和 127.12%，"八五""九五""十五""十一五"四个时期增长速度稳步提升。粮食产量持续稳定上升，并在新世纪始终保持在 90 万 t 以上，最高产量接近 100 万 t，油菜籽产量也是一路高升，最高产量达到六万多吨，年平均增长 5.85%，2013 年粮食产量和油菜籽产量分别比 1990 年增长了 58.07% 和 269.70%（表 15-3）。肉类产量从 1990 年的 8.78 万 t 增加到 2013 年的 29.21 万吨，奶类产量从 1990 年的 15.74 万 t 增加到 2013 年的 32.52 万 t，分别增长了 232.7% 和 106.7%（表 15-6）。

三、西藏第一产业发展的主要成就

回顾西藏自治区人民政府成立以来的 50 年历程，西藏第一产业的成就是巨大的。

（一）经济总量变化巨大，生产能力快速提高

50 年来，西藏各级党委和政府高度重视第一产业的发展，特别是中央第二、三、四

① 多吉才旦，江村罗布. 西藏经济简史（上）[M]. 北京：中国藏学出版社，2002：241.
② 自治区农发办. 高天厚土铸伟业——我区农业综合开发工作 20 年纪实 [N]. 西藏日报，2009-8-28(6).

次西藏工作座谈会会以来，第一产业发生了巨大变化。2013 年第一产业增加值 86.83 亿元和总产值 128.00 亿元，按可比价格计算分别比 1965 年增长了 6.6 和 6.1 倍多，年均增长 4.02% 和 3.83%。

农业。西藏一直非常重视农业的发展，农业总产值由 1965 年的 8522 万元增加到 2013 年的 579235 万元，年末实有耕地面积由 202770hm² 增加到 23305hm²，总播种面积由 184680hm² 增加到 248570hm²，分别增长了 5.38 倍(可比价)、14.93%、34.59%。西藏长期以来面临粮食、食用油、蔬菜的短缺问题基本得到了解决，粮、油、菜由长期短缺转变为基本平衡，部分地区自给有余。2013 年实现粮食总产量 96.15 万 t，比 1965 年增加 67 万 t，增长 2.3 倍，单位产量由 1644kg/hm² 上升到 5467kg/hm²，提高了 2.3 倍；油菜籽产量 60145t，比 1965 年增长 11 倍，单位产量提高了 1.9 倍，播种面积提高了 3.1 倍；蔬菜从昔日的土豆、萝卜、白菜 "老三样" 到今天各类时令蔬菜应有尽有，播种面积由 1985 年的 3380hm² 增加到 2013 年的 23850hm²，产量由 60244t 增加到 67 万 t，分别增长了 6 倍和 10 倍，单位产量提高了 57.6%(表 15-5)。

表 15-5　西藏主要农产品产量、面积变化情况比较表

		1965 年	2013 年	2013/1965
粮食	总产量/t	290725	961506	3.3
	单位产量/(kg/hm²)	1644	5467	3.3
油菜	总产量/t	5264	63367	12.0
	单位产量/(km/hm²)	896	2581	2.9
	播种面积/hm²	5870	24330	4100
蔬菜	总产量/t	60244※	669918	11.1
	单位产量/(kg/hm²)	17824※	28089	1.6
	播种面积/公顷	3380※	23850	710

资料来源：根据《西藏统计年鉴 2014》有关数据计算；标有※的数据为 1985 年的数据。

畜牧业。畜牧业和农业不同，西藏全区都可以发展畜牧业。自治区根据畜牧业的基本特点和加快发展的现实需要，确立了 "控制存栏、加大出栏、优化结构、提高效益" 的总体方针和稳定发展草原畜牧业、大力发展农区畜牧业、加快发展城郊畜牧业的基本思路。畜牧业总产值由 1965 年的 17878 万元上升到 2013 年的 641557 万元，按可比价计算增长了 2.68 倍，猪牛羊肉产量由 1978 年的 4.71 万 t 增加到 2013 年的 29.21 万 t，奶类产量由 9.34 上升到 32.52 万 t，分别上涨了 6.2 倍和 3.5 倍(表 15-6)。

表 15-6　西藏主要畜产品产量变化情况统计表　　　　　　(单位：万 t，万张，%)

年份	肉类	猪肉	牛肉	羊肉	奶类	牛奶
1978	4.71	0.19	2.09	2.43	9.34	6.01
1990	8.78	0.50	4.35	3.93	15.75	12.55
2000	14.93	0.79	8.48	5.66	20.40	16.20

年份	肉类	猪肉	牛肉	羊肉	奶类	牛奶
2010	26.31	1.26	16.91	8.14	30.25	24.15
2013	29.21	1.01	20.71	7.49	32.52	26.51

资料来源：《西藏统计年鉴 2014》。

　　林业和渔业从无到有，1965 年林业总产值仅 20 万元，渔业总产值仅 2 万元，2013 年分别达到 26534 万元和 1762 万元。1990 年果园面积 629hm²，水果产量 5445t，2013 年上升到 1975hm² 和 12264t。自从 2003 年开始调整国民经济行业分类，增设农林牧渔服务业后，其总产值由 2003 年的 9531 万元上升到 2013 年的 30879 万元。

（二）产业内容日益丰富，产业结构日趋合理

　　第一产业内部，一直以农业和畜牧业为主，占据着 90% 以上的比重，而林业和渔业所占比重还不到 10%（表 15-7），这种结构主要是由西藏的资源禀赋决定的。从发展过程来看，产业结构逐步趋于合理，主要体现在农业内部。

表 15-7　西藏农林牧渔业总产值结构　　　　　　　　（单位：%）

年份	农业	林业	牧业	渔业	年份	农业	林业	牧业	渔业	服务业
1959	32.63		67.37		2003	43.11	9.05	46.20	0.01	1.63
1965	32.26	0.08	67.67	0.01	2005	44.12	8.41	44.36	0.02	3.08
1980	46.69	1.44	51.86	0.01	2009	41.83	7.62	47.43	0.22	2.91
1990	50.32	1.67	47.98	0.03	2010	45.93	2.44	48.49	0.23	2.92
1995	49.57	1.99	48.41	0.03	2011	45.37	2.19	49.48	0.20	2.77
2000	51.48	2.56	45.94	0.02	2012	45.12	2.16	49.88	0.19	2.65
2002	52.03	2.19	45.77	0.02	2013	45.25	2.07	50.12	0.14	2.41

资料来源：根据《西藏统计年鉴 2014》有关数据计算；2002 年以前农林牧渔业总产值不含农林牧渔服务业产值。

　　农业中除了传统的青稞、小麦和油菜之外，增加了豆类、薯类、花生、蔬菜、青饲料、藏药材、瓜类等种植作物；蔬菜从昔日的土豆、萝卜、白菜"老三样"发展到今天各类时令蔬菜应有尽有。从播种面积来看，粮食作物（主要是小麦）的播种面积在下降，小麦播种面积由 1978 年的 65650hm² 下降到 2013 年的 37810hm²，油菜、蔬菜、青饲料的播种面积均有大幅度上升，其结构自然随之变化，粮食作物的播种面积比重由 1965 年的 95.77% 下降到 2013 年的 70.75%，其中小麦由 1978 年的 29.86% 下降到 2013 年的 15.21%；油菜由 1965 年的 3.18% 上升到 2013 年的 9.79%；蔬菜由 1985 年的 1.61% 上升到 2013 年的 9.59%；青饲料由 1985 年的 0.96% 上升到 2013 年的 9.71%（表 15-8）。

表 15-8　西藏主要农作物播种面积比例　　　　　　　　（单位：%）

年份	粮食作物	青稞	小麦	油菜籽	蔬菜	青饲料
1965	95.77			3.18		
1978	93.25	48.53	29.86	4.79		
1985	92.41	58.00	18.44	4.76	1.61	0.96
1990	89.82	56.23	19.56	5.02	3.79	1.34
1995	85.91	49.68	23.64	8.40	3.29	2.17
2000	87.19	56.94	22.47	6.96	3.23	2.48
2005	75.62	51.19	17.88	11.09	7.68	5.17
2010	70.89	49.09	15.44	9.97	8.82	8.00
2011	70.48	49.05	15.57	9.91	9.28	9.88
2012	70.04	48.48	15.47	9.79	9.72	10.11
2013	70.75	49.82	15.21	9.79	9.59	9.71

资料来源：根据《西藏统计年鉴 2014》有关数据计算。

畜牧业由传统牧区草原畜牧业演变为农区畜牧业和城郊畜牧业，种类上主要集中在发展特色畜牧业，已初步形成以阿里日土、那曲尼玛县为中心的白绒山羊经济带，以昌都、那曲为主的牦牛产业带，以"一江两河"中部地区为主的奶牛产业带，以城郊为主的猪禽（藏鸡、藏猪）产业带。1978～2013 年猪牛羊肉产量都在增加，结构上猪肉基本占 4%～5%，最近有下降的趋势，牛肉比重由 1978 年的 44.37% 上升到 2013 年的 70.90%，上升很快，羊肉比重由 1978 年的 51.59% 下降到 2013 年的 25.64%，下降很快；在奶类产量中，牛奶的比重由 1978 年的 64.35% 上升到 2013 年的 81.52%（表 15-9）。猪牛羊的出栏数量都在增加，出栏率也在上升，从出栏结构上简单来看，猪的比重有上升的趋势，牛的比重迅速上升，羊的比重缓慢下降，即一羊独大的趋势将转变为牛（肉）、羊（肉）、猪（肉）均衡发展。

表 15-9　不同时期西藏三种牲畜结构变化情况统计表　　　　　　　　（单位：%）

年份	产量结构				出栏结构		
	猪肉	牛肉	羊肉	牛奶	猪	牛	羊
1978	4.03	44.37	51.59	64.35	2.05	9.47	88.48
1978～1985	3.64	45.01	51.30	72.62	1.75	1.75	88.52
1986～1990	4.33	49.16	46.51	79.79	1.85	10.59	87.56
1991～1995	5.01	51.90	43.11	79.91	2.21	12.79	85.00
1996～2000	5.35	55.89	38.76	80.06	2.65	14.60	82.75
2001～2005	5.15	57.21	37.62	78.20	2.48	15.91	81.61
2006～2010	4.81	62.02	33.18	79.42	2.71	18.46	78.83
2011～2013	3.86	67.99	28.15	81.08	2.72	22.39	74.90
2011	4.23	64.65	31.12	80.83	2.77	20.67	76.56
2012	3.91	68.25	27.85	80.89	2.68	22.44	74.88
2013	3.46	70.90	25.64	81.52	2.70	24.18	73.12

资料来源：此表根据《西藏统计年鉴》（2001、2014 年）有关数据计算；牛奶的产量结构是指奶奶占奶类总产量的比重。

渔业比重由 1965 年的不到 0.01％ 上升到 2013 年的 0.14％，是渔业发展的一大突破。林业比重从 1965 年的 0.08％ 上升到 2002 年的 2.19％，2003 年开始执行新的国民经济行业分类标准（《国民经济行业分类（GB/T4754-2002）》），将原属采掘业的"木材和竹材的采运"调整到林业中，导致了第一产业内部结构在 2002 年和 2003 年有较大变化。林业比重从 2003 年开始逐步下降，由 9.05％ 下降到了 2013 年的 2.07％。同时第一产业新增加了"农林牧渔服务业"，使第一产业内容更加丰富，结构更趋合理。

总体来说，经过四十多年的发展，第一产业内容更加丰富，重点和特色更加突出，由单一结构发展为多元结构，结构趋于合理。初步形成了藏东北牦牛、藏西北绒山羊、以"一江两河"中部流域为主的食油禽蛋奶茶、以藏东北为主的林下资源等产业带，农牧业开始呈现区域化布局、专业化生产、市场化经营、特色化发展的态势。

（三）基础设施明显改善，发展后劲日益增强

加强农田基础设施建设，改善和提高第一产业的发展能力。在农业综合开发中，坚持"优势区域、优势资源、优先投资、优先开发"的原则，按照"田成方、林成网、渠相通、路相连、旱能灌、涝能排"的要求，科学规划，统筹安排，分步实施，实行山水田林路综合治理。国家财政支援农村（农业）生产支出稳步提高，1965 年 531 万元，1990 年 7236 万元，2000 年以后快速提高，由 2000 年的 13397 万元提高到 2006 年的 77578 万元（表 15-10）。1990~2009 年，全区累计建设灌排渠系 4195.2km，机耕道 1618.48km，新增和改善灌溉面积 106670hm²，新增和改善除涝面积 4320hm²，安排林网建设 8850hm²，草场建设 136300hm²，其中人工种草 27830hm²[①]。通过不断的努力建设，农牧业基础设施明显改善，生态环境好转。农田有效灌溉面积由 1990 年的 136720hm² 提高到 2013 年 173560hm²，占耕地面积比重由 61.67％ 提高到 74.47％；草场灌溉面积由 1990 年 152380hm² 提高到 2013 年的 437970hm²。

表 15-10　西藏财政涉农支出　　　　　　　　　（单位：万元）

年份	支出	年份	支出	时期	支出
1959	104	2001	12663	1966~1970	2823
1965	531	2002	12536	1971~1975	9498
1978	5760	2003	40011	1976~1980	27235
1980	6130	2004	51159	1981~1985	44722
1985	10903	2005	59904	1986~1990	41063
1990	7236	2006	77578	1991~1995	50347
1995	9462	2007	403061	1996~2000	68391
2000	13397	2008	628701	2001~2005	176273

资料来源：《西藏统计年鉴》（2007、2009 年）；2003 年以前为西藏财政支援农村生产支出，2004~2006 年为西藏财政的农业支出，2007 年开始为西藏财政的农林水务支出，不具有可比性。

---

① 自治区农发办. 高天厚土铸伟业——我区农业综合开发工作 20 年纪实 [N]. 西藏日报，2009-8-28(6).

（四）科技应用普及加快，科技贡献率逐步提高

50 年来，西藏第一产业依靠科技从原始状态向现代科技方式转变。20 世纪 60 年代小型农机具的推广基本替代了原始木犁等生产工具，70 年代大面积推广使用高产冬小麦品种，给西藏种植业带来了深刻的变化，80 年代推广应用农牧业综合技术，90 年代以农业综合开发为带动，突出实施了种子工程、农机化工程、沃土工程等科技项目，引导实用技术推广应用向深度和广度发展，高效日光温室种植蔬菜、优质牧草种植、地膜覆盖、套种复种、黄牛改良、农作物新品种、栽培新技术、秸秆微储等一批先进的农牧业科技成果在生产中得到了应用[①]。2007 年全面推行农作物主推品种公布推介制度，狠抓"125"良种繁育体系建设，推进统一供种，全区农作物良种覆盖率达到 80% 以上，良种统供率达 60%[②]。

动物疫病防治成效显著。坚持以"预防为主、防治结合"的防疫工作方针，成功消灭了牛瘟、牛肺疫等疫病，牛出败、牛气肿疽等十多种动物烈性传染病疫情得到有效控制。全区畜禽发病率由 60～70 年代的 20% 左右下降到现在的 13% 左右，畜禽病死率由 2% 下降到 1.1% 以下，有力地确保了畜牧业的持续、快速、健康发展[③]。目前全区农牧业科技贡献率达到 36% 以上。

（五）农业现代投入加快，生产效率快速提高

坚持国家引导扶持和农民自主办机械化的路子，使农业机械化发展步伐明显加快。农业机械总动力由 1990 年仅 4.54 万 kW 上升到 2000 年的 114.53 万 kW，2013 年达到 578.33 万 kW。2013 年全区拥有农用大中型拖拉机 43 068 台、小型拖拉机 156 020 台、联合收割机 4012 台、机动脱粒机 45 696 台，分别是 1990 年 18.6 倍、18.5 倍、364.7 倍和 131.3 倍。化肥的合理使用对农作物和耕地都是很有帮助的，西藏农民最初不愿意接受它，当逐渐显示出它的增产效果后，农民才逐渐接受并使用，其投入量迅速提高。1973 年全区使用化肥 1626t，1990 年为 15 500t，2000 年使用量为 24 955t，2013 年为 56 959t，每公顷耕地平均化肥施用量 7.5kg、68kg、108kg、244kg。农药使用量也在逐步增加，1990 年为 450t，2000 年为 651t，2013 年为 1031t，每公顷播种面积使用农药 2000 年为 3kg，2013 年为 4kg。农用塑料薄膜使用量 2000 年以前各年的使用量几乎不到 100t，2000 年为 128t，2013 年为 1336t（表 15-11）。

① 本书编委会. 西藏经济体制改革和对外开放 30 周年回顾与展望 [M]. 拉萨：西藏人民出版社，2008：90-91.
② 吴英杰，多吉泽仁，白玛朗杰. 西藏蓝皮书——中国西藏发展报告（2008）[M]. 拉萨：西藏人民出版社，2008.
③ 范小建. 西藏农牧业增长方式研究 [M]. 北京：中国农业出版社，2007：38.

表 15-11　西藏农业现代投入增长情况表

项目	单位	1978年	1990年	1995年	2000年	2005年	2010年	2013年
农业机械总动力	万kW		4.54		114.53	230.86	411.99	578.33
农用大中型拖拉机	台	1269	2314		2025	6658	22946	43068
	万kW		0.97		12.70	19.08	53.18	94.25
小型拖拉机及手扶拖拉机	台	3549	8414		30999	79020	119621	156020
	万kW		0.76		33.22	89.88	154.74	214.06
联合收割机	台	51	11		129	2853	4138	4012
	kW		48		2354	46142	74164	90965
机动脱粒机	台	6197	348		6859	16457	27968	45696
农用运输车	辆		1894		3665	14512	20496	33670
	万kW				13.97	103.85	145.34	224.23
农村小型水电装机容量	万kW	0.73	1.37	1.12	1.57	3.85		
农村小型水电发电量	万kW·h				2127	9434	8576	9968
农用化肥施用折纯量	t	20006	15500	19800	24955	42073	47351	56959
每公顷耕地平均化肥施用量	kg	87.75	69.75	88.2	108	188	206	244
农用塑料薄膜使用量	t			0.01※	128	720	734	1336
农药使用量	t		450	594	651	725	1036	1031
农田有效灌溉面积	万hm²	15.113	13.67	17.67	15.703	15.301	16.704	17.356
有效灌溉面积占耕地面积比重	%	66.4	61.7	79.4	68	68.61	72.77	74.47
草场灌溉面积	万hm²		15.27	43.93	72.21	121.082	55.056	47.379

资料来源:《西藏统计年鉴》(1991、1996、2001、2006、2014年);※表示数据为1997年数据。

(六)农民素质逐步提高,农业市场化进程加快

民主改革前,西藏自治区文盲率在95％以上。西藏自治区成立以来的50多年,通过大力发展学历教育、成人教育、扫盲教育等,农牧民的文化素质、科技素质等普遍提高,尤其是不识字或识字很少的劳动力所占比重逐步下降,如1990年西藏农村劳动力中不识字或识字很少的劳动力占73.86％,到2012年减少到36.0％,小学文化程度的劳动力由24.98％上升到2012年的56.8％,初中及以上文化程度的劳动力由1.16％上升到6.1％(表15-12)。在中央政府的大力支持下,全区74个县全面启动了劳动实践基地建设工程。

同时，还在全区积极开展农牧民实用技术、技能培训，结合西藏劳动力市场需要，实施了种植、养殖、机械维修等实用技术培训和面向农牧区富余劳动力的农民工职业技能培训。"十一五"期间，西藏扶贫办每年安排培训专项资金 600 万元；2003～2007 年，西藏自治区政府共投入 1.4 亿元，培训农牧民 130 万人次[①]。2008 年，全区培训农牧民达到 25.5 万人次，农牧民的劳动技能普遍得到提高[②]。

表 15-12　西藏农村劳动力文化程度变化情况统计表　　　　　　　（单位：%）

年份	不识字或识字很少	小学程度	初中程度	高中程度	中专程度	大专及大专以上
2012	36.0	56.8	6.1	0.7	0.3	0
2010	48.2	44.6	4.9	1.7	0.4	0.3
2005	52.56	43.37	3.55	0.35		0.06
2000	63.53	33.37	2.83	0.16		
1995	62.43	30.33	2.74	4.34	0.16	
1990	73.86	24.98	1.16			

资料来源于《中国农村统计年鉴》（1991、1996、2001、2006、2011、2013 年）。

农牧民素质的提高使得农牧民传统的小农观念有所改变，"惜售"观念有所转变，最终使农畜产品的商品化程度逐步提高。第一产业商品率由 1990 年的 20.3% 提高到 2013 年的 55.4%，其中农业商品率由 1990 年的 10.7% 提高到 2008 年的 57.2%，牧业商品率由 1990 年的 21% 提高到 2013 年的 56.4%（表 15-13）。牲畜出栏率也大幅度提高，牛的出栏率由 1978 年的 4.8% 提高到 2013 年的 25.62%；猪的出栏率由 1978 年的 22.8% 提高到 49.43%；羊的出栏率由 1978 年的 12.3% 提高到 35.79%。

表 15-13　1990－2013 年西藏第一产业商品化程度　　　　　　　（单位：%）

年份	第一产业	农业	牧业	年份	第一产业	农业	牧业	年份	第一产业	农业	牧业
1990	20.3	10.7	21.0	1998	29.1	21.8	37.3	2006	53.9	58.2	60.5
1991	21.9	14.7	20.5	1999	31.8	27.4	37.0	2007	53.3	55.6	61.9
1992	23.3	13.5	23.3	2000	32.6	28.0	37.8	2008	56.6	57.5	63.0
1993	24.0	21.1	26.8	2001	35.0	30.7	39.8	2009	60.0	74.8	57.4
1994	28.0	24.7	31.2	2002	36.5	32.9	40.3	2010	59.2	62.4	60.2
1995	30.3	22.6	36.4	2003	40.2	41.2	45.1	2011	56.5	57.6	58.9
1996	29.0	24.8	32.6	2004	48.0	51.5	53.6	2012	56.5	53.8	61.8
1997	29.7	24.4	34.9	2005	48.3	51.2	55.1	2013	55.4	57.2	56.4

资料来源：本表数据根据《西藏统计年鉴 2015》有关数据计算；商品化程度＝商品产值/各业总产值；由于林业和渔业在第一产业所占比重很小，且商品化程度波动很大，故不予列出。

回顾西藏五十多年以来的第一产业发展成就，充分说明了没有中国共产党的英明领

---

① 刘天平. 西藏农牧民教育培训模式研究（研究报告）［R］. 2008 年 10 月.

② 中国藏学研究中心. 西藏经济社会发展报告［R］. 2009 年 3 月.

导，没有自治区党委和人民政府的统揽全局，没有广大西藏人民的艰苦努力，西藏第一产业就不可能有今天的繁荣发展。

四、西藏第一产业发展的问题

目前，西藏全区各级、各部门在自治区党委、政府的坚强领导下，紧紧围绕新时期西藏工作的指导思想，认真落实中央和自治区经济工作会议精神，坚持走有中国特色、西藏特点的发展路子，大力实施"一产上水平、二产抓重点、三产大发展"的经济发展战略，国民经济又好又快发展，民生状况不断改善，社会各项事业全面进步。西藏第一产业取得的巨大成就值得骄傲，成功的经验值得发扬，但是其存在的问题不容忽视，需要认真面对。

（一）生态环境脆弱，自然灾害频繁

西藏高原气候寒冷而干旱，土壤水分养分不足，风蚀严重，植物发育生长期长，林灌、草地等生态系统抗干扰能力非常低，而且高原干燥猛烈的西北风不利于植物生长，植被一旦被破坏就很难恢复，生态环境就会遭到严重破坏。西藏生态环境总体退化，整体生态压力位于全国最大的 7 个省区之列，生态环境脆弱度为 0.8329，仅比宁夏（0.8353）低[①]。风沙、泥石流、洪水、寒冻、雪灾等自然灾害较多，发生频率高，具有 2~3 年一小灾，5~6 年一中灾，10 年左右一大灾的特点。据《西藏自治区扶贫开发"十五"计划和 2010 年中长期发展规划》提供的数据，西藏 1989~1999 年气候灾害造成的作物受灾面积就达到 1346 万亩，成灾面积达 794 万余亩，仅粮食损失就达 280 万 t[②]。2008 年西藏受灾面积 54000hm²，成灾面积 36000hm²，成灾率（成灾面积/受灾面积）高达67.5%，比全国平均水平高 11.8 个百分点，居西部地区之首[③]。1995 年，全区有1142.81 万 hm² 退化草场，到 2004 年，退化草场已达 1276.1 万 hm²，占草原面积的13.93%，退化呈日益加重的趋势[④]。1994~2001 年，对那曲地区典型区的调查发现，草地退化面积较 20 世纪 90 年代初又有增大趋势，退化率高达 70% 以上。2000~2013 年西藏植被退化区域面积略大于改善区域面积，植被生长季降水量呈下降趋势可能是原因之一。据初步调查，荒漠化土地面积为 2047.41 万 hm²，占全区土地总面积的 13.07%[⑤]，西藏阿里地区的狮泉河盆地周围数十里内的土壤几乎全被沙化，西藏粮仓"一江两河"地区正面临风沙化的威胁，拉萨市在冬春季也时常有沙尘暴光临，藏北广大的草原风化、沙化日益严重，凡此种种，无不是生态环境遭到破坏的恶果，继续破坏环境意味着更严

① 邓艾. 青藏高原草原牧区生态经济研究［M］. 北京：民族出版社，2005：2、143.

② 赵曦. 中国西藏区域经济发展研究［M］. 北京：中国社会科学出版社，2005：87.

③ 国家统计局. 中国统计年鉴 2009［M］. 北京：中国统计出版社，2009.

④ 徐增让，成升魁，闵庆文等. 西藏生态脆弱区人为作用对生态退化的影响［J］. 干旱区地理，2005，（12）：740-745.

⑤ 张敏. 加快西藏生态林业建设　保障西部大开发战略的实施［J］. 西藏科技，2003，（2）：57-62.

重的惩罚。生态环境恶劣和自然灾害频繁，严重影响第一产业的稳定性。

(二)土地利用水平低下，耕地、草地承载能力差

西藏宜农地中，一等地仅占 6.03%，其中 93.1% 分布在雅鲁藏布江及其支流年楚河、拉萨河和尼洋河流域；二等地占 15.87%，三等地和四等地占绝大部分，占 60%，剩下的五等地和六等地也几乎达到 20%。在宜农地各类限制因素中，限制影响最大的是灌溉条件，占宜农地面积的 28.21%，有机质低、质地粗、砾石多、土层薄合计占55.56%。在宜牧地中，一等地占 2.60%，二等地占 9.50%，三等地占 32.34%，剩下的是四等地和五等地。在宜牧地各类限制因素中，温度低是限制影响最大的因素，占宜牧地的 19.50%，其次是侵蚀限制占 17.48%，坡度大限制占 16.32%，干旱限制占15.51%，过牧限制占 4.42%。综观宜农地和宜牧地限制因素，温度低、土壤侵蚀、坡度大、干旱是影响西藏农牧业生产最重要的因素，四项限制因素合计占西藏宜农牧地总面积的 68.6%[①]。这使西藏土地利用率水平非常低，2008 年耕地复种指数仅为 65.1%，远低于全国的平均水平(128.4%)[②]。

一方面西藏土地利用率低，另一方面土地承载力差。以年轻型人口为特征的快速增长趋势将持续较长时间，未来人口增长对资源环境的压力将不断增大。根据杨改河等的研究，按适宜人口承载量计，西藏 1993 年人口超载 91.23 万人，2000 年超载 75.30 万人，2010 年超载 110.59 万人；按最大人口承载量计，分别超载 30.21 万人、-0.43 万人、31.13 万人，超载成为不可避免的现实。西藏草地在 1964～2000 年平均超载率为47%，近期有扩大的趋势，1991～1995 年超载率为 62.62%，1996～2000 年超载率为63.83%，2004 年藏西北高寒牧区超载率达到 59.18%；草地平均载畜能力仅为 0.38 羊单位/公顷·年，为青藏牧区载畜能力的一半，草地退化率 1980 年为 20.0%，1996 年为29.6%，2000 年为 35.7%。西藏高原大气环境科学研究所的一项最新研究表明，1988～2005 年，藏西北高寒牧区草地退化了 39.64%，全球变暖、过度放牧等是导致草地退化的主要原因[③]。总之，自然环境的恶劣、土地的超载和草场的退化直接影响到西藏农牧业的发展。

(三)劳动力素质不高，思想观念保守

全区农村劳动力整体受教育程度低，文盲率高。西藏和平解放以来，虽一直大力发展科技教育事业，但全区文盲率仍很高，第五次人口普查显示西藏文盲率高达 47.25%，而农牧区人口的文盲率就更高了。根据 2012 年农村居民劳动力文化程度调查显示，西藏农村文盲和半文盲劳动力占 36.0%，小学文化劳动力占 56.8%，均比全国平均水平高30.7%，初中及以上文化程度的劳动力合计只有 7.1%，这种劳动力的文化素质在西部

---

① 杨改河. 西藏土地资源生产能力及人口承载量研究 [M]. 拉萨：西藏人民出版社，1996：56-63.

② 根据《中国农村统计年鉴 2009》的农作物播种面积比耕地面积（总资源）计算。如果按照《西藏统计年鉴2009》的耕地面积 235290 公顷计算则高一些（为 104.1%）。

③ 刘天平. 西藏特色产业发展战略研究 [D]. 成都：西南财经大学，2007.

12 省份中也是最低的①。这就意味着从事农牧区三大产业的农牧民中 92.8% 的劳动力是文盲和小学文化程度，考虑到文化程度稍微高的劳动力从事非农产业的比重会升高，那么从事第一产业的文盲和小学文化程度的劳动力的比重就超过了 92.8%，即农牧区的劳动力文化程度不仅低，而且从事第一产业的劳动力基本上是小学及小学以下文化程度的劳动力。劳动力文化素质普遍较低，使得他们的接受能力不强，特别是对第一产业中的新技术接受非常慢，难以从事复杂劳动，更谈不上市场意识、风险意识，传统的宗教思想的影响也不易改变，惜杀、惜售的"贫困户"并不鲜见，这不利于西藏第一产业的发展。农业知识局限在作物种植和牲畜饲养上，种养以传统方式为主。

（四）科技水平不高，科技推广能力弱

几十年来，西藏从内地引进了大量的农作物品种进行试种和引进畜禽品种对当地品种进行改良，对推动区内农牧业的发展发挥了重大作用。但由于后续投入能力的减弱，很多引进和改良成功的品种退化或老化，如有些地方青稞的主栽品种还是几十年前的老品种，一些蔬菜、水果品种已不适应市场需要，一些经过成功改良的畜禽品种未得到有效推广，当地特有的一些资源品种因未得到有效的保护，数量急剧减少等，对全区农牧业生产发展的效益提高与持续发展带来重大影响②。农牧民对科学种田、科学饲养缺乏足够的技术，相关部门虽然针对农牧民做了大量的培训工作，但是还远远不够，而且农牧民的学习能力非常有限。

全区农技推广体系头重脚轻，基层薄弱。各级推广部门的状况差异明显，自上而下实力逐级减弱。整体看，少数地级农技推广部门条件差，多数县级农技推广部门条件更差。全区 350 个农业乡镇和 85 个半农半牧乡镇中，只有 9 个农技站（所）。地、县级各农业技术推广部门人员技术素质差，专业科技人员少，高学历高层次的技术人员更少。畜牧系统在基层工作的九百多名赤脚兽医人员，至今没有落实待遇问题，且专业结构、年龄结构不合理，基层畜牧兽医队伍在不断萎缩，严重青黄不接③。科技队伍断层现象已初显。总体来看，西藏在农牧业科技方面落后于全国 15～20 年④。

（五）商品化程度低，市场发育缓慢

农牧民长期受传统生活、生产以及宗教观念的影响，特别是牧民思想上追求的是牲畜存栏头数，而不是出栏数量，"惜杀"、"惜售"现象特别严重，这种观念导致农牧民商品意识淡薄，缺乏市场经济观念，由此产生的"多畜贫困户"现象并不鲜见。农牧民大多以自给自足为基本目标，商品化程度很低，2013 年西藏第一产业商品率（商品产值/总产值）为 55.4%，比全国平均水平低十多个百分点。一方面是农牧民的思想观念制约了农畜产品的商品化程度；另一方面是西藏农牧区交通不便和基础设施落后严重制约了商品市场的发育。西藏地域广阔，人口居住分散，即便通公路到乡、村，连接到农户、牧

① 国家统计局. 中国农村统计年鉴 2013 [M]. 北京：中国统计出版社，2013.
② 范小建. 西藏农牧业增长方式研究 [M]. 北京：中国农业出版社，2007：45.
③ 范小建. 西藏农牧业增长方式研究 [M]. 北京：中国农业出版社，2007：46.
④ 成升魁，多吉次仁，闵成文，等. 西藏自治区科技发展战略研究 [M]. 北京：中国科技出版社，2007：91.

户也十分困难。加上人口稀少,在乡村一级很难建设正规的农畜产品市场。在相对封闭、落后的农牧生产方式下,农牧民的生产以自给自足为基本目标,所能提供的农畜产品商品量非常有限,难以达到建设有形市场的标准。全区90%以上的乡镇没有集贸市场,现有集贸市场规模小、设施简陋,露天市场占87.9%①。

(六)农业产业化程度低,附加值不高

发达的农产品加工业,是现代农业的重要标志,也是增强农业竞争力的基本手段。现代农业的竞争不仅取决于初级农产品的质量,更取决于整个产业链条、整个生产体系的发达程度。没有农业产业链的延长以及产品在各个生产环节的多次增值,农业经济效益就难以从根本上提高。从农牧业的产业化发展程度来看,西藏现有农畜产品加工环节薄弱,多数农畜产品处于出售原料阶段。除部分藏药材得到深加工外,西藏的特色农牧产品如牦牛、羊毛、青稞等,多未能进入深加工阶段②。目前,西藏只有7个农业产业化国家重点龙头企业,占全国总数量的0.78%,并且其企业规模和市场竞争力与内地企业差距也甚大。

(七)基础设施建设落后,保障能力有限

虽然西藏第一产业的基础设施建设取得了很大的成就,但是同全国相比、同发展需求相比仍然非常落后,使得农牧业生产保障能力非常有限。西藏农田有效灌溉面积占耕地面积的72.3%,虽然高于全国平均水平(48%),但灌溉设施配套差,灌溉水有效利用系数低,旱涝保收面积只占耕地面积的37.9%,占有效灌溉面积的52.4%,低于全国平均水平(72%)③。西藏土壤质量比较差,中、低产田比重大,改造任务重。草场灌溉、围栏、"三灭"等草原基础建设严重滞后于畜牧业的发展,草场建设投入少,草场灌溉面积仅占所有草场面积的1.5%。长期靠天养畜,草原生产力下降,草畜矛盾突出。高寒牧区的"人草畜"三配套定居、半定居工程刚开始起步,相当一部分牧民仍生活在游牧或半游牧状态。

五、西藏第一产业发展的趋势与建议

西藏第一产业要根据资源特点和生产现状,发展具有地域特色和开发潜力的特色产业,通过农牧业结构调整,促进特色产业带的形成。

大力推进农牧业结构调整,优化品种和品质结构,有条件地实行"一县一品、多乡一品",引导种养业良种工作的重心从一般品种向特色品种拓展,由高产向优质、高效、特色转变,采用"公司+基地+农户""专业协会+农户"等多种发展模式带动特色农牧

---

① 李宝海. 西藏现代农业发展战略研究 [M]. 北京:中国农业科学技术出版社,2007:111.
② 范小建. 西藏农牧业增长方式研究 [M]. 北京:中国农业出版社,2007:46.
③ 国家统计局. 中国农村统计年鉴2009 [M]. 北京:中国统计出版社,2009.

业发展，走生态农业、科技农业和特色农业的发展道路，推进农工贸相结合的大农业，提高农牧业产业化水平，用现代农牧业支撑西藏产业化发展，促进农牧民脱贫增收。

稳定发展粮食生产，加大经济作物和饲料作物的生产。西藏生产的粮食主要面向农牧区的农牧民消费，其产量已经过剩①。增加优质青稞的播种面积，继续推广种植丰产青稞(藏青 320)和高 β－葡聚糖青稞(藏青 25)，减少小麦的播种面积，大力发展"一江三河"② 流域优质粮油产业带，为特色产业的深加工提供原料来源；要大力发展优质油菜、无公害反季节蔬菜；大面积基地型种植药材，建立高寒藏药、常用藏药的保护区和推广种植区；增加青饲料播种面积实现农牧结合。

调整畜群结构，优化品种结构。调整大小畜禽比例结构、性别和年龄结构，优化品种结构，降低经济价值较低的马的比重，提高特色畜禽牦牛、绵羊、绒山羊、岗巴羊、藏猪、藏鸡的比重，加大野牦牛与家牦牛的杂交研究，防止矮化、退化，提升家牦牛品质；培育并改良畜禽品种结构，推广优良品种；降低存栏率，提高出栏率。拉萨、日喀则、山南、林芝的部分地区加快发展农区和城郊畜牧业，藏北高山草甸区、藏西北高山草原和高山荒漠区应控制牲畜规模，减轻纯牧区畜牧业的压力。

大力发展林特产业。藏东南的林芝市和昌都市的部分县林下资源非常丰富，冬虫夏草、松茸、猴头菌、核桃等菌类和果类特色资源无污染、纯天然、数量多、质量好，深受广大消费者的青睐，发挥林下资源特色和优势大力发展林特产业，提高加工层次和加工深度，减少原料出售的份额。

创造各种条件鼓励支撑农业服务业和畜牧服务业的发展。西藏农牧民依然还处于经验种田和经验养殖阶段，实现农牧业的现代化，发展现代农牧业是必然趋势。西藏各级政府需要及时发现、积极引导、重点培育乡村能人、科技明白人，让他们掌握各项农牧业生产技术，妥善解决好待遇问题，使其为当地农牧民提供农业灌溉服务、农业机械服务、农业病虫害防治服务、农产品初加工服务，提供牲畜繁殖、圈舍清理、畜产品生产和初级加工服务等。

为此，需要加强农田水利基础设施建设、农牧民职业技能培训，科学合理利用化肥、农药，多使用有机肥。

---

① 西藏社会科学院. 中国西藏发展报告(2005) [M]. 拉萨：西藏人民出版社，2005：10.
② 一江三河是指雅鲁藏布江、年楚河、拉萨河、尼洋河。

第十六章　产业结构与区域经济增长

——基于西藏自治区的实证分析[*]

顾正纲

摘要：经济增长的动力来自各种要素投入与技术，而这些都必须在一定的产业结构中才能得以实现。当经济增长的贡献因素给定，不同的产业结构会导致不同的产出。本章主要考察改革开放以来产业结构对区域经济增长的影响。研究显示：第三产业对西藏经济的拉动作用最大，第二和第一产业次之。第一产业的效率最高且发展空间最大，第二和第三产业的增加值对总产值的贡献已经制约了第一产业对总产值的贡献。文章进一步通过产业结构变动以及各个地区的不同部门对经济增长贡献来动态考察这一影响，发现波动的不稳定因素主要来自第二产业和林芝地区。以上分析对认识区域产业结构的演变以及制定优化产业结构与经济增长的政策方面具有重要意义。

关键词：西藏；产业结构；区域经济增长；实证分析。

党的十八大报告明确提出，推进经济结构战略性调整是加快转变经济发展方式的主攻方向。优化产业结构是加快转变经济发展方式的重点，进而决定着经济的可持续性和现代化实现的关键。随着经济的纵深发展，西藏经济中的深层矛盾开始显露，"一产弱、二产散、三产带动不明显"的问题始终存在，产业关联度低、附加值低、比例不协调等因素，严重影响产业结构优化升级的实现。产业结构是经济结构的基础和核心，在一定的技术水平条件下，专业化与社会分工所形成的产业结构决定经济的增长方式。Kuznets（1949）指出，人均收入的度量必须从由其生产方式所决定的产业结构来加以度量。正确认识区域内部各地区产业结构变化对区域经济增长的贡献和变化规律，对制定能促进区域协调发展的经济政策具有重要意义。

相关的研究主要集中在产业结构变动与经济增长贡献的测度及其时间演变和产业结构变动对经济增长的贡献。研究结论主要概括为两种：第一，经济增长的工业化模式，即制造业部门增大的工业化模式能优化资源配置（Chenery，1960），由于工业化尚未完成，导致工业制造业的扩张会提升各要素效率以及总产出。第二，经济增长的服务业模式，即服务业的快速增长会降低制造业规模，同时会有较高的人均收入（Gregory et al，1974）。然而对西藏这个过渡经济体中的超过渡部分，其模式能否解释尚需检验。现有的对西藏产业结构和经济增长的研究较少，主要有杨斌和潘明清（2010）用因素分析法划分了四个增长阶段，仅仅从产业贡献率的排序角度分析产业的升级性和跳跃性。目前从产

---

　*　原载于《西藏大学学报(社会科学版)》2015 年第 1 期。

业效率、产业结构变动、部门和空间角度探讨产业结构与西藏区域经济增长贡献的研究罕见，而这种分析对认识区域经济增长的空间变化和区域协调发展具有重要作用。

一、模型设定及数据说明

1. 产业结构对经济增长的贡献模型

Romer(2000)指出：经济增长的长期贡献来自技术进步，短期贡献来自要素投入的增加，两种贡献因素皆是在产业结构中实现的。当经济增长的贡献因素一定，不同的产业结构会导致不同的产出。假定产业结构影响产出的函数为 $Y = F(X_1, X_2, \cdots, X_k, A)$，其中 Y 表示总产出，$X_i(i=1, 2, \cdots, k)$ 表示第 i 产业的产出量，A 表示经济制度与技术水平。对上式进行全微分得

$$\mathrm{d}Y = \frac{\partial Y}{\partial X_1}\mathrm{d}X_1 + \frac{\partial Y}{\partial X_2}\mathrm{d}X_2 + \cdots + \frac{\partial Y}{\partial X_k}\mathrm{d}X_k + \frac{\partial Y}{\partial A}\mathrm{d}A \tag{16-1}$$

同时除以 Y 得

$$\frac{\mathrm{d}Y}{Y} = \frac{X_1}{Y}\frac{\partial Y}{\partial X_1}\frac{\mathrm{d}X_1}{X_1} + \frac{X_2}{Y}\frac{\partial Y}{\partial X_2}\frac{\mathrm{d}X_2}{X_2} + \cdots + \frac{X_k}{Y}\frac{\partial Y}{\partial X_k}\frac{\mathrm{d}X_k}{X_k} + \frac{A}{Y}\frac{\partial Y}{\partial A}\frac{\partial A}{A} \tag{16-2}$$

式中，$\frac{X_i}{Y}\frac{\partial Y}{\partial X_i}$ 为第 i 产业的产出弹性 $\beta_i(i=1, 2, \cdots, k)$，$\frac{A}{Y}\frac{\partial Y}{\partial A}\frac{\mathrm{d}A}{A}$ 为制度变迁的经济贡献 β_0，从而

$$\frac{\mathrm{d}Y}{Y} = \beta_1\frac{\mathrm{d}X_1}{X_1} + \beta_2\frac{\mathrm{d}X_2}{X_2} + \cdots + \beta_k\frac{\mathrm{d}X_k}{X_k} + \beta_0 \tag{16-3}$$

为克服数据中可能存在的异方差，采用如下计量模型考察产业结构对经济增长的贡献

$$\ln Y = \beta_0 + \beta_1\ln X_1 + \beta_2\ln X_2 + \cdots + \beta_k\ln X_k + \varepsilon \tag{16-4}$$

2. 产业结构变动对经济增长的贡献模型

葛新元等(2000)构造的多部门经济模型中，产业结构变动对经济增长贡献的模型为

$$G^t = \Delta P^t \times Z^t \tag{16-5}$$
$$\Delta P^t = P^t - P^{t-1} \tag{16-6}$$

式中，G_t 表示 t 年产业的结构变动对经济增长的贡献；P^t 表示第 t 年各部门产值比重构成的行向量；Z^t 表示 t 年各部门产值增长率构成的列向量。

历年平均增长率中产业结构变动所占比重为

$$M^t = \bar{G}^t / \bar{R}^t \times 100\% \tag{16-7}$$

式中，$\bar{R}^t$ 为 t 年内区域产值平均增长率。

3. 数据说明

鉴于统计数据的可得性，本章将区域经济系统分解为多个经济部门，考察的是改革

开放以来的整个时期和典型时期。也是由于数据的可得性问题，难以对细分的产业结构的经济贡献进行研究，文章会通过各产业对区域经济增长贡献的稳定性方面以及不同区域间产业结构变动贡献的横向和纵向变化方面进行分析。根据《西藏统计年鉴》的各地区生产总值表可得出各地区三大产业的产出比重及增长率等变量（外加相应的数据处理）。由西藏全区"六地一市"的行政区划结构（按照拉萨、昌都、山南、日喀则、那曲、阿里和林芝为序），进一步将产业结构进行区域划分，由历年《西藏统计年鉴》可推算出前述所有解释变量（三次产业的比重、总产值以及增长率由当年现价计算）在 2001~2011 年的样本观测值。

二、产业结构对经济增长的影响分析

根据西藏区与生产总值，第一、二、三产业在 1978~2011 年的样本观测值，并运用 Eviews 计量经济软件可得以下经济计量模型：

$$\ln Y = 1.2847854 + 0.24225101 \ln X_1 + 0.286154255 \ln X_2 + 0.430031 \ln X_3 \quad (16\text{-}8)$$

标准差：（25.88）　　（6.22）　　　　（16.01）　　　　　（14.95）

$$R^2 = 0.9993 \quad \bar{R}^2 = 0.9992 \quad F = 14856.96 \quad DW = 0.6654$$

该方程的判决系数为 $R^2 = 0.999021$，说明三大产业对国内生产总值有整体的解释意义；$nR^2 = 10.6429$，其临界值概率 $p = 0.10006$，说明怀特统计检验量为 10.64290，原假设 $H0$ 即存在同方差的概率为 $0.100060 > 0.05$，说明不存在异方差。D-W 统计量为 $0.66 < 2$，由于样本量 $n = 34$，查 D-W 检验表，拒绝零假设，即回归方程的扰动项存在序列自相关。修正模型，将被解释变量滞后一期得

$$\ln Y = 0.95413 + 0.19876 \ln X_1 + 0.21765 \ln X_2 + 0.30129 \ln X_3 + 0.26329 \ln Y(-1)$$

$$(16\text{-}9)$$

标准差：（9.96）　（5.79）　　（9.18）　　　（7.54）　　　（3.97）

$$R^2 = 0.9995 \quad \bar{R}^2 = 0.9994 \quad F = 15187.64$$

该回归方程的判决系数为 $R^2 = 0.9995$，方程的整体解释力得到进一步提高，常数项统计指标更加显著，各解释变量的统计指标得到进一步优化。鉴于 D-W 检验的应用前提，其在检验以上估计方程中失效，改用 Ljung-Box Q 检验，取滞后期为 10，得到表 16-1 所示的结果。

表 16-1 所显示的残差的自相关和偏相关函数以及对应于高阶序列相关的 LBQ 统计量中，各阶滞后的自相关和偏相关值近于 0，所有的 Q-统计量不显著，P 值大于给定的显著性水平 0.05，从而接受原假设，相关系数为零，即残差不存在序列相关。

表 16-1　三大产业 1979~2011 年的样本观测值(样本量 33)

自相关	偏相关		AC	PAC	Q-统计量	P 值
		1	0.317	0.317	3.6327	0.057
		2	0.101	0.000	4.0113	0.135
		3	0.267	0.262	6.7657	0.080
		4	0.153	−0.007	7.7031	0.103
		5	−0.093	−0.172	8.0604	0.153
		6	−0.183	−0.202	9.4885	0.148
		7	−0.115	−0.061	10.077	0.184
		8	−0.245	−0.172	12.851	0.117
		9	−0.108	0.162	13.416	0.145
		10	−0.188	−0.164	15.182	0.12

由估计方程(16-9)可知,第一产业的产出弹性为 0.1988,即第一产业的产出量每增加 1% 会导致区域生产总值增加 0.1988%;第二产业的产出弹性为 0.2177,即第二产业的产出量每增加 1% 会导致区域生产总值增加 0.2177%;第三产业的产出弹性为 0.3013,即第三产业的产出量每增加 1% 会导致区域生产总值增加 0.3013%。上期产值弹性为 0.2633,即上期区域产值增加 1%,产值将增加 0.2633%。由此可见,在西藏经济增长中第三产业的边际增长贡献最高,三大产业按经济拉动作用排序依次是第三、第二和第一产业。改革开放前,西藏产业结构以第一产业为最大,在产值的 50% 左右波动。随后,第三产业迅速发展,在 1981 年赶超第二产业,直到 1997 年赶超第一产业,成为主要经济支柱。2003 年以后,第二产业终于赶超第一产业比重,形成了"三、二、一"型产业结构。

鉴于前期三大产业所占份额波动较大,取 2011 年各产业在区域经济总量中所占份额,分别是 12.3%、34.5% 和 53.2%。由双对数回归方程的特性可知

$$\frac{\mathrm{d}\ln Y}{\mathrm{d}\ln X_i} = \beta_i \quad (i=1,2,3) \tag{16-10}$$

对上式进行调整得

$$\frac{\mathrm{d}Y}{\mathrm{d}X_i} = \beta_i \times \left(\frac{Y}{X_i}\right) \tag{16-11}$$

由估计方程及产业份额可知,三大产业的边际产值为 1.62、0.63 和 0.57,即第一产业每增加一单位的产值,其总产值会增加 1.62 个单位;第二产业每增加一单位的产值,其总产值会增加 0.63 个单位;第三产业每增加一单位的产值,其总产值会增加 0.57 个单位。从而说明,西藏自治区的第一产业效率最高;第二产业的增加也会使总产值有所增加,但不特别明显;第三产业相对于第一、第二产业而言,已经过大,它的增加值对总产值的贡献已经制约了其他产业对总产值的贡献。

尽管西藏农牧业仍以传统模式为主,但发展时间最久、劳动熟练程度最高,而其他产业发展相对滞后。其中,第二产业发展速度慢,难以形成规模人群导致发展规模小;

第三产业虽然相对比例高，但质量较低，发展滞后，缺乏现代产业的强力支撑，制约了其他产业的发展。因此，在西藏自治区的产业结构调整中，应扩大第一产业和第二产业比重，加快发展第一、第二产业，使经济保持健康稳定的良性增长。

三、产业结构变动对经济增长的影响分析

根据上式计算 1979~2011 年西藏自治区产业结构变动对经济增长的贡献率（G 值）（图 16-1）及其占当年 GDP 增长率的比重（M 值）（表 16-2）。

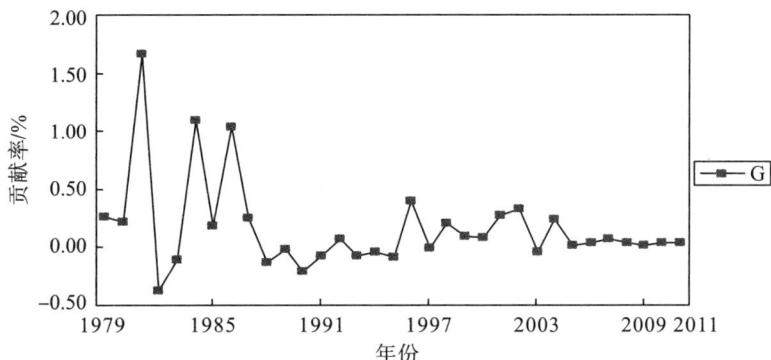

图 16-1　1979~2011 年西藏自治区产业结构变动对经济增长的贡献率

表 16-2　1979~2011 年西藏自治区产业结构变动贡献占当年 GDP 增长率的比重

年份	M 值/%	年份	M 值/%	年份	M 值/%
1979	2.66	1990	−1.83	2001	2
1980	2.32	1991	−0.63	2002	2.43
1981	14.1	1992	0.61	2003	−0.31
1982	−4.17	1993	−0.6	2004	1.69
1983	−1.47	1994	−0.32	2005	0.13
1984	10.07	1995	−0.66	2006	0.27
1985	1.38	1996	3.13	2007	0.52
1986	9.48	1997	−0.05	2008	0.3
1987	2.48	1998	1.53	2009	0.08
1988	−1.26	1999	0.73	2010	0.28
1989	−0.15	2000	0.6	2011	0.29

1979~2011 年西藏自治区产业结构变动对经济增长的贡献平均为 0.17%，相应地其占当年 GDP 增长率的比重（M 值）平均为 1.38%，即区域生产总值增长的 1.38% 是由产业结构变动造成的。各"五年计划"时期 M 值见表 16-3，"十五"以来 M 值明显上升。在这五年间，西藏地区产业结构得到进一步优化，从"一三二"产业结构，演变成"三

一二"产业结构,最终演变为"三二一"产业结构,极大地促进了经济的发展。

表 16-3　分时段 M 值变化

时段	M 值/%	时段	M 值/%	时段	M 值/%	时段	M 值/%
1979~1986 年	4.3	"六五"	3.98	"八五"	−0.32	"十五"	1.19
1987−2011 年	0.45	"七五"	1.74	"九五"	1.19	"十一五"	0.29

由图 16-1 可见,G 值变化大体可分为两个阶段。第一阶段:1979~1986 年,各部门产值增幅变化较大,因而 G 值波动较大,平均为 0.5%。党的十一届三中全会以后,在农牧区实行"包产到户",推行责任制,全面提高了农牧民的生产积极性;综合开发"一江两河",改善农业基础条件;青藏公路路面改建,提高运输能力和效率等。这一时期,各部门产值增长幅度较大,因而 G 值变化较大。第二阶段:1987~2011 年,经济总量基数增大,各部门产值波动较小,因而 G 值波动幅度较小,平均为 0.06%,西藏经济趋于平稳增长。随着产业结构调整的结束,西藏经济的稳定性在逐步增强,产业结构变动对经济增长的贡献也在逐步减少。G 值在波动缩小的趋势中平稳上升,说明产业结构变动对经济增长的贡献在缩小的趋势中平稳上升,经济的稳定性相较于第一阶段有很大的提高,但在稳定程度增加的过程中伴有不稳定因素增加的趋势。为进一步分析这种趋势的具体来源,以下从部门和空间两方面进行分析。

鉴于统计数据的可得性,以各经济部门划分区域经济系统,因而需要进一步考察不同区域的各个部门的结构性变动对经济增长贡献的稳定性(图 16-2)。

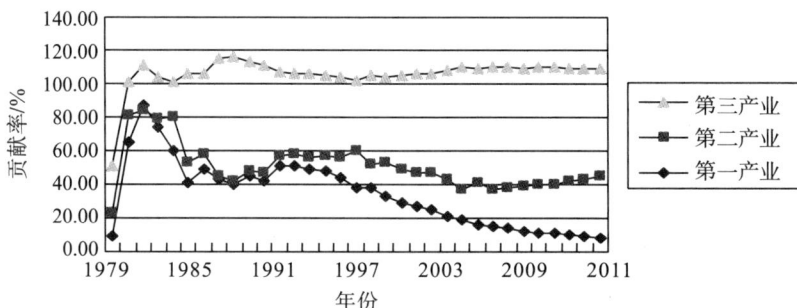

图 16-2　1979~2011 年西藏自治区各产业结构变动对经济增长的贡献率

由此可见,第三产业的 G 值呈现平稳上升趋势,第二产业有明显上升趋势,第一产业明显呈下降趋势,从而第一产业结构性变动对增长的贡献在下降,第二产业却在上升。也就是说,通过第二产业的结构性变动能够明显刺激西藏经济的增长。西藏地区的轻重工业的比例失调以及基础设施的落后,影响了西藏经济的长足发展。加强基础设施建设,平衡第二产业结构,对经济增长有显著作用。

由于数据的可得性问题,难以对细分的产业结构的经济贡献进行进一步研究,以下将从各地区产业结构变动对区域经济增长贡献的稳定性方面进行分析。

从图 16-3 中可以看出,2007 年以前,那曲地区、阿里地区和昌都地区产业结构变动对经济增长的贡献较大,高于区域平均水平。各地区 2007 年前 G 值均值排序分别是那曲地区（0.0721）、阿里地区（0.0521）、昌都地区（0.0204）、山南地区（0.0119）、日喀则地区（0.0117）、拉萨地区（0.0038）和林芝地区（0.0027）。2007 年以后，林芝地区产业结构变动对经济增长的贡献在大幅上升，经济增长的不稳定性增大，其他地区产业结构变动对经济增长的贡献减小（但趋于平稳上升）。所以应当进一步向林芝地区倾斜资源，发挥该地区产业结构变动对经济增长的显著带动作用。

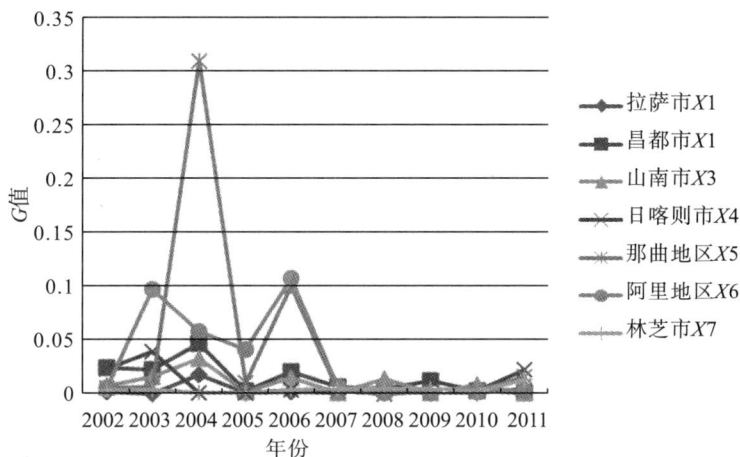

图 16-3　各地区 G 值及其变化过程

四、结论与对策

通过实证分析产业结构对区域经济增长的贡献可知，在西藏经济增长中第三产业的边际增长贡献最高，三大产业按经济拉动作用排序依次是第三、第二和第一产业。而加入三大产业的产值占比进行分析发现，历史悠久和劳动熟练程度较高的第一产业效率最高；第二产业的增加也会使总产值有所增加，但不特别明显；第三产业相对于第一、第二产业而言，已经过大，它的增加值对总产值的贡献已经制约了其他产业对总产值的贡献。

随着产业间结构调整的结束，西藏经济的稳定性在逐步增强，产业结构变动对经济增长的贡献也在逐步减少。产业结构变动对经济增长的贡献在缩小的趋势中平稳上升，经济的稳定性有很大的提高，但在稳定程度增加的过程中伴有不稳定因素增加的趋势。其中第一产业结构变动对增长贡献的稳定性在上升，第二产业的波动性在上升。通过第二产业的结构性变动能够明显刺激西藏经济的增长。西藏地区的轻重工业的比例失调以及基础设施的落后，影响了西藏经济的长足发展。改善基础设施建设，平衡第二产业结构，对经济增长有显著作用。2007 年以后，林芝地区产业结构变动对经济增长的贡献在大幅上升，经济增长的不稳定性增大，其他地区产业结构变动对经济增长的贡献减小（但趋于平稳上升）。所以应当进一步向林芝地区倾斜资源，发挥该地区产业结构对经济增长的显著带动作用。

以上结论的启示在于：在西藏自治区的产业结构调整中，应扩大第一产业和第二产业比重，加快发展第一、第二产业，使经济保持健康稳定的良性增长。与此同时，平衡第二产业结构变动和林芝地区产业结构变动，推动西藏经济增长。具体地，推进农牧业集约化发展，提高产品附加值，以市场需求（而非传统习惯）定位产品的供给，才能实现利润最大化。与此同时，通过进一步的投资激励改善现有的基础设施条件，通过财税政策和信贷政策优惠，改变第二产业这种规模小、数量少、轻重工业发展不协调的现象，促进经济增长，这一结构调整的经济影响在林芝地区尤为明显。

参 考 文 献

葛新元，王大辉，袁强，等. 2000. 中国经济结构变化对经济增长的贡献的计量分析 ［J］. 北京师范大学学报（自然科学版），(2)：43-48.

西藏统计局. 2012. 2012 年西藏统计年鉴 ［M］. 北京：中国统计出版社

杨斌，潘明清. 2010. 改革开放以来西藏产业结构演变及对经济增长的贡献分析 ［J］. 西藏大学学报（社会科学版），(6)：33-38.

Chenery B. 1960. Patterns of Industrial Growth，The American Economic Review，50，624-654.

Gregory P，Griffin J M. 1974. Secular and Cross-Section Industrialization Patterns，Some Further Evidence on the Kuznets-Chenery Controversy. The Review of Economics and Statistics，56，360-368.

Kuznets. 1949. National Income and Industrial Structure，Econometrics，17，205-241.

Romer D. 2000. Advanced Macroeconomics. Boston：Mc Graw-Hill.

第十七章 西藏银行业支持地方经济增长问题研究[*]

侯 霞

摘要： 自 20 世纪 80 年代后期始，工、农、中、建四大国有银行相继进军西藏，中国农业发展银行、国家开发银行、中国人保财险公司、人保寿险公司、安帮保险公司、证券交易所、邮政储蓄银行、中国银联等金融机构也迅速在西藏落户。2012 年，西藏银行也在一片喧嚣声中挂牌了，西藏银行业是否对当地经济的增长具有政府所期望的促进作用，促进作用有多大，是否会像政府所希望的那样，银行越多、发展越超前对地方经济增长支持力度越大，会不会出现金融发展与经济增长的"悖论"，本章拟对这些问题进行研究。

关键词： 西藏银行业；经济增长；对策。

一、西藏经济与银行业现状

(一)西藏经济发展现状

2013 年，我区 GDP 达到 802 亿元，同比增长 12.5%；农牧民人均纯收入 6520 元；第二产业增加值 287.23 亿元；固定资产投资完成 910 亿元，同比增长 28%[①]。我区经济的总体特征：一是经济总量小，以政府购买力为主导；二是市场发育不全，资源配置机制缺失，这种经济环境不但会导致资源效力低下，还会导致资源浪费；三是银行业效率不高，贷存比较低。若淡化时序数据的其他影响因素，抛开经济增长中的其他因素，假定银行贷款与 GDP 增长呈正相关关系，以银行业贷款为自变量、GDP 为因变量，利用一元直线模型对 1990~2013 年西藏自治区 GDP 和银行业贷款统计数据进行自回归，结果表明，一元钱的 GDP 中，银行业贷款投入贡献了 0.41 元。

(二)西藏自治区银行业发展状况

至 2013 年年末，西藏金融机构总资产为 2652.10 亿元，同比增加 481.85 亿元，总负债为 2600.94 亿元，同比增加 468.86 亿元。2003 年，西藏金融机构实现利润同比增盈 15.89 亿元。从西藏自治区存、贷款规模上看，2013 年年末，全区金融机构本、外币各

---

[*] 原载于《西藏大学学报(社会科学版)》2014 年第 3 期。

① 本章所引用关于西藏自治区经济与金融的数据，均来自《西藏自治区统计公告》。

项存款余额为 2500.94 亿元，比年初增加 446.28 亿元，增长 21.72％。年末，全区金融机构本外币各项贷款余额为 1076.58 亿元，比年初增加 412.27 亿元，增长 62.02％。从金融效率上看：西藏自治区银行业 1990～2013 年存贷比值都大于 1，说明西藏银行业的功能更多表现为储蓄动员功能，花大量精力挖掘储蓄，而不是促进投资。动员的储蓄资金很大比例没有用于当地经济建设，资金外逃现象突出，金融效率严重低下。

二、西藏经济增长与银行业发展的模型构建

（一）指标选择

所以本章选取以下指标衡量西藏自治区银行业的发展情况：

1）银行业发展程度指标 CR。CR＝银行业贷款总额（余额）/GDP。

2）银行业对企业的支持指标 PC。PC＝工商业贷款总额（余额）/GDP。本指标用于衡量西藏金融市场化程度，同时也可以衡量银行业对当地经济的支持力度。

3）银行业效率指标 P。P＝存款/贷款。用于衡量银行业将存款转化为贷款的效率，P 值越大说明效率越低，越小说明效率越高。

4）实际人均 GDP 增长率 RGDP。本章通过选择在实际人均 GDP 减去上年实际人均 GDP 所得结果的基础上除以上年的实际人均 GDP 而逐项算得。以 1990 年的实际增长量为 0。

5）资本存量 K。在西藏这种投资拉动型经济中，资本存量代表着经济增长潜力。

（二）模型构建与实证分析

1.　时序数据样的线性特征与模型构建选择

在选择了研究指标后，用 EViews5.0 对选取的两个经济增长因变量 RGDP 和 K 与银行发展自变量 P、PC 和 CR，分别进行线性作图分析，EViews5.0 输出的结果如图 17-1 和图 17-2 所示。

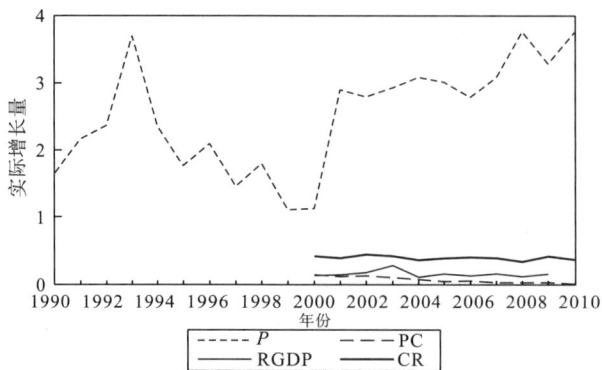

图 17-1　RGDP 与 P、PC、CR 线性分析输出结果

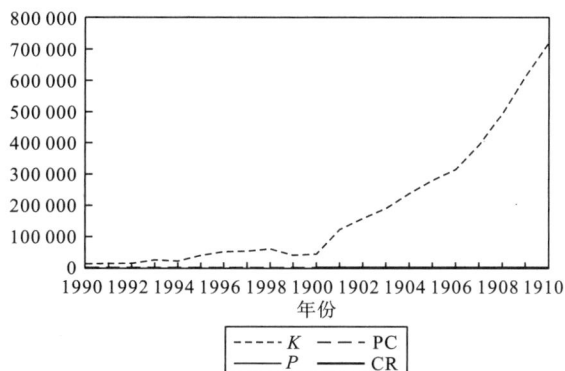

图 17-2　K 与 P、PC、CR 线性分析输出结果

从 RGDP、K 与 PC、P 和 CR 的线性分析图来看，这两个经济增长关系指标与此三个金融发展关系指标，之间分别呈近似直线相关关系。因此，模型构建的思路取向为直线研究模型，基本型为 $y = c + kx + u$。其中，y 为因变量，x 为自变量，k 为系数，c 常数，u 随机误差项。

本章的基本模型假定为：$RGDP = C + X1PC + X2P + X3CR + U$，$K = C + K1PC + K2P + K3CR + U$。其中，$C$ 分别为人均 GDP 和资本存量 K 两个回归模型的常数，$X1$、$X2$、$X3$ 分别为人均 GDP 回归模型中银行业发展程度指标 CR、银行业对企业的支撑指标 PC、银行业效率指标 P 的三个系数；$K1$、$K2$、$K3$ 分别为资本存量 K 回归模型中 CR、PC、P 的回归系数，U 分别为两个回归模型中的随机误差项。

2. 时间序列的平稳性检验（ADF 单位根检验）

本章根据西藏自治区 1990～2013 年的统计数据分析西藏自治区银行业发展与经济增长之间的关系。鉴于引用数据是时间序列数据，要进行 Granger 检验，故保证序列数据的平稳性是必需的，以免出现伪回归问题。检验时间序列数据的平稳性标准方法是单位根检验（ADF 检验）。采用 Eviews5 计量软件，选用一阶差分进行分析（表 17-1）。

表 17-1　时间序列平稳性 ADF 检验

变量	检验形式 (C, t, Y)	ADF 检验值	5% 临界值	SCI	P 值	T 统计量
P	(C, 0, 1)	-2.366608	-3.05217	2.205056	0.0001	-6.14913
$D(P)$	(C, 0, 1)	-5.545968				
PC	(C, 0, 1)	-1.55635	-3.32097	-4.47125	0.0046	-5.24608
$D(PC)$	(C, 0, 1)	-4.13481				
CR	(C, 0, 1)	-2.425684	-3.5196	-3.76595	0	-13.1922
$D(CR)$	(C, 0, 1)	-5.156523				
$RGDP$	(C, 0, 1)	-1.784379	-3.69485	-2.76469	0.0001	-30.2872
$D(RGDP)$	(C, 0, 1)	-4.68881				
K	(C, 0, 1)	-1.703937	-3.05217	22.96703	0.0035	-4.41388
$D(K)$	(C, 0, 1)	-5.403246				

注：表中 C 表示常数项，t 表示时间趋势，Y 表示滞后期项。

表 17-1 采用 ADF 检验情形二，一阶差分，滞后 1 期，SCI 标准进行检验。表中反映，变量的 ADF 检验值全部大于 5% 的临界值，单位根存在，说明原来的时间序列是非平稳的。但 D(X) 指标数据的一阶差分值均小于 5% 的临界值，P 值均小于 0.05，在 0.05 显著性水平下，ADF 拒绝 X（变量）为单位根过程的原假设，一阶差分是平稳的，通过了 ADF 检验。说明如果本时间序列长期延展下将是平稳的。可以作为研究分析之用。

3. 自回归模型（VAR 模型）建立

本章中用来衡量西藏自治区银行业发展与经济增长的指标数据，经 ADF 检验在一阶差分时是平稳的，但数据本身是非平稳的时间序列。这五个变量之间是否存在某种平稳的线性组合？我们用协整检验来判定。

多变量的协整检验是建立在 VAR 模型之上的，所以在检验前我们必须先确定 VAR 的结构。为了使 VAR 模型能够很好地反映经济增长与银行业之间的关系，本章将反映经济的指标 RGDP（人均 GDP 增长率）和 K（资本存量）分别作为因变量，分别与反映银行业发展的指标 CR（银行业发展程度指标）、PC（银行业对企业的支持指标）和 P（银行业效率指标）三个内生变量为因变量，做 VAR 模型，并根据 VAR 模型中变量的个数和 AIC 信息准则确定最佳滞后期。

（1）以 RGDP 为因变量

从图 17-1 中可以看出，以及前面作图分析，根据 VAR 模型中变量个数、AIC 和 SC 准则，最佳滞后期确定为滞后一期。现将 VAR 结果进行整理，建立模型如下：

RGDP = −0.690228 − 0.973RGDP(−1) + 0.943PC(−1) + 0.088P(−1) + 1.725CR(−1)

标准差：　　　　　（0.211）　　　　（0.284）　　　　（0.018）　　　（0.442）

R-squared：　　　0.906　　　　　　0.851　　　　　　0.421　　　　0.653

在 10% 显著水平下，从 VAR 的输出结果可以发现，在滞后一期的情况下，前一期的人均 GDP 和当期人均 GDP 高度正相关，同银行业对企业的支持指标（PC）呈较高度正相关，同银行业效率指标（P）呈微弱正相关关系，同银行业发展程度指标（CR）呈中度正相关。说明前期人均 GDP 与当期人均 GDP 之间紧密联系，具有巨大的连贯性，呈递增状态。与 PC、P、CR 这些银行业发展指标的 R-squared 值分别为 0.851、0.421、0.653，也就是说就人均 GDP 的增长而言，解释变量（PC、P、CR）对被解释变量（RGDP）的解释程度、银行业对企业的支持比较高，银行业发展程度指标比较弱，银行业效率指标非常微弱。

（2）以 K 为因变量

根据图 17-2 中的线形，以及前面作图分析，同样根据 VAR 模型中变量个数、AIC 和 SC 准则，确定滞后一期为最佳滞后期。现将 VAR 向量自回归结果进行整理，建立模型如下：

K = 240191 + 1.276K(−1) + 284577.6PC(−1) − 37141.73P(−1) − 421197.5CR(−1)

标准差：（116872）　（0.09565）　（398036）　　　（14954.4）　　　（282681）

R-squared：　　　　0.995　　　0.888　　　　0.716　　　　　0.455

从输出结果可以看出，10% 的显著水平下，滞后一期的情况下，资本存量 K 与

$K(-1)$ 的 R-squared 值为 0.995，它们之间呈高度正相关关系。说明社会资本存量水平有非常高的连续性，前期存量会在很大程度上影响当期存量，甚至影响以后存量。同银行业对当地工商业支持力度指标 PC、银行业效率指标 P、银行业发展指标 CR 的 R-squared 值分别为 0.888、0.716、0.455，说明三个指标对社会资本存量 K 都成正相关关系、PC 为高度正相关关系、P 呈中度正相关关系，CR 呈比较弱的正相关关系。表明银行业支持当地工商业力度越大，当地社会资本存量将越多，转化为投资也应该越多，符合经济增长规律；银行业效率 P 对社会资本存量的影响相对较大，银行业效率越高社会资本存量增长越迅速；同银行业发展程度指标 CR 呈微弱正相关关系，说明银行业发展程度对社会资本存量影响不大。

4. 协整检验（EG 检验）

通过前面的 ADF、VAR 检验与分析，我们只解决了实证分析中的模型解释变量样本数据特征问题。要对时间序列进行计量分析，必须保持解释变量、被解释变量和误差项均存在稳定或长期稳定的数量关系。否则，就会产生"伪回归"问题。要解决这个问题，传统的做法是对数据进行差分后再进行回归，但这种方法容易导致变量之间长期关系的信息受损。本章采取 Engle 和 Granger 的计量分析方法，在 VAR 基础上进行协整检验和建立误差修正模型。

协整检验是从长期分析经济变量之间稳定比例关系的角度，说明这些经济变量之间的长期均衡关系；协整检验所衡量的变量之间的长期均衡关系都是通过短期波动中不断地、多次连续地调整机制实现的，误差修正模型就是对短期调整机制的研究。

从 VAR 模型和 AIC 准则中看出，本章数据的协整检验应该在滞后一期的基础上进行。我们将经济增长指标 RGDP、K 与银行业发展指标 CR、PC、P 这五个指标进行协整分析，结果如表 17-2 所示。

表 17-2　EG 分析结果输出表

变量个数	样本容量	检验水平（查表数据）		EG 输出量
		1%	5%	
5	21	−4.96	−4.42	−5.51

我们用 EG 检验输出结果，再查 EG 检验临界值表，得到表 17-2。从表 17-2 中我们可以看出，EG 输出量为−3.51。在 0.01、0.05 这两个显著水平下，查表得出的都大于 EG 统计量，没有接受"非均衡误差非平稳"（不存在协整关系）的原假设，也就是说模型存在协整关系，模型残差存在长期稳定的均衡关系。计量模型能够解释银行业与经济增长之间的关系，无伪回归问题。

5. 格兰杰因果检验（Granger 检验）

前面的计量分析说明了西藏经济增长与银行业发展之间存在长期稳定的关系，二者之间是否存在因果关系，则需要进行 Granger 因果关系检验。

（1）人均 GDP 与银行业指标的检验

1）与银行发展指标的 Granger 检验。将山南市人均 GDP 与银行业发展指标进行 Granger 检验，输出结果如表 17-3 所示。

表 17-3　山南市人均 GDP 与银行业发展指标检验结果

滞后长度	原假设	F 统计量	P 值	AIC	LM 的 P 值
1	CR does not Granger Cause RGDP	2.68893	0.15216	−4.0038	0.439328
	RGDP does not Granger Cause CR	0.95537	0.3661	−3.11917	0.378052
2	CR does not Granger Cause RGDP	1.63745	0.33058	−3.80947	0.722092
	RGDP does not Granger Cause CR	0.31569	0.75089	−2.91918	0.678044
3					
4	CR does not Granger Cause RGDP	NA	NA	−3.51009	0.818456
	RGDP does not Granger Cause CR	NA	NA	−2.86314	0.483781
5	CR does not Granger Cause RGDP	NA	NA	−3.483	0.197241
	RGDP does not Granger Cause CR	NA	NA	−3.31476	0.903004

我们选取滞后 1~5 期进行检验。滞后 3 期无检验结果，4~5 期没有 F 统计量及 P 值。从表 17-3 中我们发现，LM(1) 统计量的 P 值均大于 0.05，表明它们的随机误差项不存在一阶自相关性。滞后 1~2 期 F 统计量远大于 0.05，所以在滞后 1、2 期两种假设模型虽然通过了 Granger 因果检验，但对应的 F 统计量的 P 值均远大于 0.05，表明银行发展 CR 不是人均 GDP 的 Granger 原因，人均 GDP 也不是银行业发展 Granger 原因。

2）与银行业效率之间的 Granger 检验。用山南市人均 GDP 指标与银行业效率指标进行 Granger 因果检验，结果如表 17-4 所示。

表 17-4　人均 GDP 与银行业效率之间 Granger 因果关系检验结果输出

滞后长度	原假设	F 统计量	P 值	AIC	LM 的 P 值
1	P does not Granger Cause RGDP	1.40E−05	0.99712	2.543089	0.689447
	RGDP does not Granger Cause P	0.00106	0.97507	−2.72788	0.615191
2	P does not Granger Cause RGDP	0.21036	0.82131	2.741322	0.915278
	RGDP does not Granger Cause P	0.03246	0.9684	−2.53228	0.862683
3					
4	P does not Granger Cause RGDP	NA	NA	3.12161	0.984951
	RGDP does not Granger Cause P	NA	NA	−2.226	0.884051
5	P does not Granger Cause RGDP	NA	NA	3.321461	0.99611
	RGDP does not Granger Cause P	NA	NA	−2.13388	0.839756

用滞后 1~5 期进行检验。从表 17-4 可以看出人均 GDP 与银行业效率之间滞后 3 期无检验结果，4~5 期没有检验值。在 0.05 的显著性水平下滞后 1~2 期通过了检验。LM(1) 的 P 值远大于 0.05，表明它们的随机误差项不存在一阶自相关性。滞后 1~2 期原假设模型 F 统计量的 P 值大于 0.05，说明人均 GDP 与银行业效率之间不存在 Granger 因果关系。

3) 与银行支持企业的 Granger 检验。用人均 GDP 指标与银行业支持企业指标进行 Granger 因果检验，结果如表 17-5 所示。

表 17-5　人均 GDP 与银行业支持企业之间 Granger 因果关系检验结果输出

滞后长度	原假设	F 统计量	P 值	AIC	LM 的 P 值
1	PC does not Granger Cause RGDP	2.00221	0.20681	−3.71724	0.021345
	RGDP does not Granger Cause PC	0.10913	0.75237	−2.83814	0.392923
2	PC does not Granger Cause RGDP	8.04805	0.06227	−3.65764	0.051967
	RGDP does not Granger Cause PC	9.96255	0.04734	−2.65222	0.650683
3					
4	PC does not Granger Cause RGDP	NA	NA	−3.65849	0.122596
	RGDP does not Granger Cause PC	NA	NA	−2.50362	0.576179
5	PC does not Granger Cause RGDP	NA	NA	−3.483	0.197241
	RGDP does not Granger Cause PC	NA	A	−2.47483	0.547992

用滞后 1~5 期进行检验，3 期无法检验，4~5 期无检验值。在 0.05 的显著性水平下，在滞后 1、2 期的情况下两个原假设模型均通过了检验。在滞后 1 期的情况下，PC does not Granger Cause RGDP 对应的 LM(1) 值小于 0.05，RGDP does not Granger Cause PC 对应的 LM(1) 值大于 0.05，表明它们的随机误差项可能存在一阶自相关性。同时，F 统计量的 P 值远大于 0.05，说明两者之间不存在 Granger 因果关系。在滞后 2 期的情况下，LM(1) 的 P 值均大于 0.05，它们的随机误差项存在一阶自相关性。但 RGDP does not Granger Cause PC 对应的 F 统计量的 P 值小于 0.05，推翻了原假设，人均 GDP 指标是银行业支持企业指标的 Granger 因果关系。反之，PC does not Granger Cause RGDP 所对应 F 统计量的 P 值大于 0.05，说明银行业支持企业指标不是人均 GDP 指标的 Granger 因果关系。但只是略大于，表明人均 GDP 与银行业支持企业之间长期比短期因果关系显著。

(2) 资本存量银行业发展指标的检验

1) 与银行业效率的 Granger 因果检验。用经济增长之资本存量指标与银行发展之银行业效率进 Granger 因果检验，结果如表 17-6 所示。

表 17-6　资本存量和银行效率之间因果关系 Granger 检验输出结果

滞后长度	原假设	F 统计量	P 值	AIC	LM 的 P 值
1	P does not Granger Cause K	0.58029	0.45664	1.880337	0.092136
	K does not Granger Cause P	3.48116	0.07942	26.2883	0.001702
2	P does not Granger Cause K	0.46943	0.63486	1.965943	0.221932
	K does not Granger Cause P	1.59915	0.23686	26.38255	0.007236
3	P does not Granger Cause K				
	K does not Granger Cause P				
4	P does not Granger Cause K	0.43084	0.78312	2.064173	0.331321
	K does not Granger Cause P	2.57198	0.11902	26.5293	0.035163
5	P does not Granger Cause K	0.31567	0.88429	2.154777	0.457231
	K does not Granger Cause P	0.69026	0.65295	26.60783	0.061992

我们分别取滞后 1~5 期进行检验，滞后 3 期不能检验，在 0.05 的显著水平下，滞后 1、2、4、5 期其 F 统计量的 P 值均大于 0.05。"P does not Granger Cause K"对应的 LM(1)的 P 值大于 0.05，可以认为模型都存在一阶自相关性。"K does not Granger Cause P"对应的 LM(1)的 P 值都小于 0.05，可以认为模型不存在一阶自相关性。但 F 统计量的 P 值均大于 0.05，说明银行业效率指标与社会资本存量不存在 Granger 因果关系。

2）与银行业发展之间的 Granger 检验。用经济增长之资本存量指标与银行业发展指标之间进行 Granger 因果检验，结果如表 17-7 所示。

表 17-7　资本存量和银行发展之间因果关系 Granger 检验输出结果

滞后长度	原假设	F 统计量	P 值	AIC	LM 的 P 值
1	CR does not Granger Cause K	0.05949	0.8143	−2.38577	0.561402
	K does not Granger Cause CR	1.60217	0.24609	219154.8	0.00292
2	CR does not Granger Cause K	1.75673	0.28343	26.60063	0.547748
	K does not Granger Cause CR	3.53036	0.13078	−3.18137	0.781624
3	CR does not Granger Cause K	5.76032	0.29505	−1.86228	1
	K does not Granger Cause CR	69.2543	0.08805	26.84765	0.019531
4	CR does not Granger Cause K	NA	NA	−1.81228	1
	K does not Granger Cause CR	NA	NA	26.75336	0.029433
5	CR does not Granger Cause K	NA	NA	−1.66271	1
	K does not Granger Cause CR	NA	NA	27.18973	0.085751

我们分别取滞后 1~5 期进行检验，在 0.05 的显著水平下，滞后 1~5 期，除 4、5 期其 F 统计量的 P 值没有数值外，其余均大于 0.05。"K does not Granger Cause CR"等对应的 LM(1)的 P 值小于 0.05，可以认为模型都不存在一阶自相关性，而对应的 F 统

计量的 P 值均大于 0.05，说明 CR 与 K、K 与 CR 均不存在 Granger 原因。

　　3）与银行业对企业支持指标之间的 Granger 因果检验。用经济增长之资本存量指标与银行业对企业支持指标之间进行 Granger 因果检验，结果如表 17-8 所示。

表 17-8　资本存量与银行业对企业的支持之间的 Granger 因果关系检验输出结果

滞后长度	原假设	F 统计量	P 值	AIC	LM(1)的 P 值
1	PC does not Granger Cause K	0.18229	0.68223	25.77442	0.006038
	K does not Granger Cause PC	1.00661	0.34913	−3.69582	0.030427
2	PC does not Granger Cause K	0.48679	0.64682	26.60063	0.547748
	K does not Granger Cause PC	3.99683	0.11123	−3.18137	0.781624
3	PC does not Granger Cause K	1.96425	0.47297	−3.03675	0.925659
	K does not Granger Cause PC	3.83231	0.35531	26.7423	0.748448
4	PC does not Granger Cause K	NA	NA	−1.4997	1
	K does not Granger Cause PC	NA	NA	27.44299	1
5	PC does not Granger Cause K	NA	NA	−1.37176	1
	K does not Granger Cause PC	NA	NA	27.68347	1

　　我们分别取滞后 1~5 期进行检验，在 0.05 的显著水平下，滞后 1~5 期，除 4、5 期其 F 统计量的 P 值没有数值外，其余均大于 0.05。滞后 1 期的 LM(1)的 P 值均小于 0.05，可以认定模型在滞后 1 期都存在一阶自相关性。所以 PC 和 K 相互不存在 Granger 原因。

（三）检验结果分析

　　经过计量分析，结果表明，银行业发展与经济增长之间存在长期正相关关系，但计量模型残差不稳定，表明 1990~2013 年西藏经济增长与银行业发展不存在长期均衡稳定的关系。同时，经济增长与银行业发展之间的 Granger 原因也有待进一步研究。综合 Granger 滞后 1~5 期的结果，随着时间的延长，人均 GDP 与银行业发展、银行业效率虽然通过了 Granger 检验，但基本没有因果关系。人均 GDP 与银行业支持企业指标之间，银行业支持企业指标不是人均 GDP 的 Granger 原因，而人均 GDP 则是银行业支持企业指标的原因。经济增长的另一个指标资本存量 K 与银行业发展这三个指标，经过 Granger 检验发现，它们没有明显的因果关系。

三、结论与政策建议

（一）结论

　　本章采用理论与计量相结合的分析。

第一，在银行业发展与经济增长的关系上，在西藏"金融悖论"问题确实存在。银行的发展虽然对经济的发展具有一定的支持作用，但远不如经济对银行业的支持。第二，西藏经济与银行业之间的关系更多地表现为各自发展，没有必然因果关系。银行业对经济增长之间明显处于"需求遵从"地位。第三，西藏银行业发展对当地经济增长的促进缺乏效率，其对经济的促进作用不仅没有理论阐述得那么美好，也没有人们希望的那么巨大。

(二)政策建议

第一，减少政府对银行业发展的干扰，促进银行业自发地发展。实践证明，银行业在促进经济增长方面有独特的作用，不应该局限在政府政策的执行上。人为地干扰银行业的自发、自主、合理发展，将致使银行业恶性竞争，功能不能很好地发挥，最终成为当地资本的"抽水机"。所以，社会各界尤其是能够掌控宏观层面的政府，要客观正确认识银行业对当地经济增长的作用，让经济增长推动银行业的发展，正确引导银行业的发展，不要人为干扰其正常发展，更不能拔苗助长。

第二，充分认识银行业金融机构的企业属性。企业必须以盈利为目的。地方要想留住银行业金融机构，构建适合银行业金融机构生存、发展的社会环境是至关重要的。禾苗离不开土地，鱼儿离不开水，银行业金融机构生存的土壤是发达的社会经济基础。所以发展经济，健全市场机制，大力发展各类性质的经济实体，创造银行业机构生存发展空间，"放水养鱼"，让银行业金融机构的企业属性能够得以扎实实现是至关重要的。必须正视银行金融机构是企业，而不是政府机构，更不是慈善机构。企业必须有利可图，不能"不栽梧桐树，妄求金凤凰"。

第三，注重当地经济实体经营管理能力的提升，以适应现代商业银行经营管理的需要。政府必须制定相应政策、采取相应措施，促进当地经济实体练好内功，不仅是为了适应商业银行的需要，也是提升当地经济实体管理水平，提高企业自身经济效益，进一步提升当地经济层次的关键。

第四，加强同国有商业银行沟通，了解商业银行经营管理政策措施。重要的是要吃透商业银行所掌握的优惠金融政策，充分利用好这些政策为当地经济建设服务。尤其是要了解经济金融理论，了解银行业与经济增长之间的关联、相关以及因果关系，避开不利因素，抓住有利因素，为银行业促进当地经济增长创造条件。

第五，建立起良好的金融生态环境和高效的金融生态空间，建立健全融资担保、保障制度，培育全社会诚信体系，构建门类齐全、服务到位的社会、政府服务体系，是现代金融业发展的必要条件。

参 考 文 献

黄隽. 银行竞争与银行数量关系研究——基于韩国、中国和中国台湾的数据 [J]. 金融研究，(7)：78-93.

雷震，彭欢. 2009. 我国银行业改革与存贷款市场结构分析——基于推测变分的结构模型 [J]. 管理世界，(6)：29-39.

林毅夫，孙希芳. 2008. 银行业结构与经济增长 [J]. 经济研究，(9)：31-45.

吕剑. 2006. 外资银行进入对我国银行业的影响——基于面板数据的分析 [J]. 国际商务·对外经济贸易大学学报.

(5)：23-27.

王馨. 2006. 中国银行业竞争效率分析 [J]. 金融研究，(12)：64-72.

吴延瑞. 2008. 生产率对中国经济增长的贡献：新的估计 [J]. 经济学(季刊)，7(3)：827-842.

西藏统计年鉴 2012、2013. 国家统计局.

第十八章　西藏农区金融发展状况分析 [*]

贡秋扎西、尼美旦真　张阿兰　德吉央宗

摘要：本章借鉴金融发展理论和 SCP 产业分析范式构建了金融发展的分析框架。基于课题组入村和入户获取的一手数据资料，运用该框架对西藏农区金融发展的实证分析后认为：农行西藏分行处于完全垄断地位，主要提供"政策性"金融服务，而商业性金融服务稀缺是当前西藏农区金融结构的显著特征，此结构决定了信贷和利率控制供给的垄断行为，从而最终导致政策和社会效益绩效相对突出而市场效率低下的绩效特征。由此建议：提高政策性金融机构在农村的覆盖率和到达率，同时促进竞争以提升市场效率，加速完善西藏农区的金融体系。

关键词：西藏；农区；金融发展；SCP 分析范式；完全垄断。

随着市场的深化，金融已成为我国促进"三农"发展的重要手段之一。《中共中央、国务院关于推进社会主义新农村建设的若干意见》明确提出要加快推进农村金融改革，党中央、国务院以及中国人民银行和中国银行业监督管理委员会制定了一系列关于改革和完善农村金融体制的政策措施，如《关于调整放宽农村地区银行业金融机构准入政策更好支持社会主义新农村建设的若干意见》《深化农村信用社改革试点方案》和《农村信用社改革试点资金支持方案实施与考核指引》等，极大地促进了农村金融和经济的发展。

相对来说，农业的"弱质性"和农民的"弱势性"特征在西藏更加显著，因此，"城乡协调"和"三农"问题在西藏尤为突出紧迫。近年来，西藏政府和相关组织机构有效贯彻落实上述各项政策，西藏农村金融体系建设取得了显著成效，农村金融发展获得了快速发展。但由于经济社会处于较低发展水平和受高原自然环境制约等影响，西藏农村金融体制改革依然滞后，建设完善任重道远。

主要基于自然资源禀赋导致的生产方式差异，西藏农牧区经济呈现出较显著的地域差异性，由此在政策和统计层面将西藏农村经济划分为三大区域：以种植为主的农业经济区（拉萨、山南、林芝和日喀则）、以养殖为主的畜牧业区（那曲、阿里和昌都）以及种植和养殖兼业的半农半牧区（昌都、林芝）。与此相应，三者之间尤其是农区和牧区的金融发展水平也将呈现较大的差异。当前，课题组完成了山南、日喀则、林芝和拉萨等农区经济的抽样调查，共调查 14 县、31 乡镇、211 户，获得了调查乡镇农业银行乡级营业所、乡镇经济年报和农户经济特征等三个经济主体、三方面的数据和资料，本章以此数

* 原载于《财经科学》2010 年第 3 期。

据实证分析西藏农区经济的金融发展状况[①]。

本章研究逻辑框架为：首先简要分析金融发展的内涵以及衡量方式；其次借鉴 SCP 产业分析范式框架，运用金融发展理论相关指标，以调研获取的数据和材料实证分析西藏农区金融的发展状况；最后总结并提出建议。

一、金融发展的内涵和衡量

（一）金融发展的内涵[②]

自 20 世纪 60 年代始，以戈德史密斯、麦金农和肖等为代表的经济学家开始关注金融发展问题，并以实证研究得出了一些金融发展的典型性事例，如引致增长效应、金融抑止和深化、货币化以及金融自由化等，进一步深化和丰富了金融理论。但就金融发展的内涵，各学派和经济学者尚未达成完全一致的共识：戈德史密斯侧重金融结构的演化，麦金农和肖及我国经济学者饶余庆(1983)及林志远(1995)等注重货币化程度和金融深化；王广谦认为各类金融机构的大量设立、金融工具的不断涌现和金融商品的价格形成，服从市场规律是现代金融产业完成形态的三个标志；还有学者认为金融发展就是金融自由化等。本研究主要借鉴彭兴韵的定义，借用产业组织理论的"结构－行为－绩效"(structure-conduct-performance，Bain，1959)，即 SCP 分析范式理念，将金融发展界定为：金融机构、金融工具和金融市场的数量增长和结构演进，金融服务功能不断得以完善、扩充和金融效率不断提高进而促进经济社会发展的一个量质动态演进过程。这一界定既体现了量的积累和质的变化，符合发展观念，又涵盖金融深化、金融抑制和自由化等某一阶段金融体系的典型演进事例，体现了金融行业发展历史的特征。

金融作为经济的子系统，由机构、工具和市场构成，三者中任一构成部分的演进都表现为金融的发展。当然，类如生物的成长发展——生理结构的演进以自发为主且为其行为及绩效的基础——和传统 SCP 分析范式的观念，这三部分之间存在典型的因果关系模式，即金融发展首先表现为金融产业结构的演进，在此基础上，金融企业的行为积极性和能力不断得以改善，从而使金融产业的最终绩效不断得以优化。但正如 SCP 分析范式本身的变化[③]，结构演进、行为改善和绩效优化的关系并非单向的因果关系，而是交互影响的多重关系。

---

① 除非特别注明，文中的数据均来自本项目组的实地调查。

② 本研究课题就金融发展进行了专门研究，已完成一篇题为《农村金融发展的决定因素和机制——一个文献综述》的理论分析文章，较全面而深入地探讨了金融发展的内涵、衡量和发展机制与原理。因此，本章就金融发展问题仅做简要分析。

③ SCP 分析范式经历了以梅森(E. Mason)和贝恩(J. Bain)为代表的哈佛学派到以斯蒂格勒(J. Stigler)为代表的芝加哥学派的变化，其变化实质为：由认为市场结构决定市场行为，而市场行为又决定市场绩效的单向因果关系转变为三者之间存在交互影响的多重关系理论范式。

（二）金融发展的衡量

对金融发展内涵的定性界说不一，导致定量分析的差异乃至结论的迥异。戈德史密斯、麦金农和肖等经济学家的研究被学界普遍关注和认可，但他们的研究角度不一，衡量指标差异较大，且主要突出金融工具及其结构的演化发展，如戈德史密斯的金融相关率、麦金农和肖的货币化程度及金融深化等。本章根据上文定性界说，借鉴 SCP 分析方式理念，尝试从结构、行为和绩效三方面对金融产业的发展予以衡量。

1. 金融结构

SCP 范式指的"结构"为以集中度为主要指标（其他相关指标还有产品差异、规模经济、进入障碍和政府管制等）的市场结构，但本章所指的"结构"除能衡量金融产业的市场结构外，还包含金融机构和金融工具的结构。

以绝对数衡量，金融市场、机构和工具的种类和数量越多，金融发展水平相对就越高。

从结构角度考察，集中度越低，市场准入制度相对越公平，竞争程度就越强，产品和价格的差异化选择空间越大，即金融市场越接近完全竞争结构，市场的效率就越高，发展程度也越高；金融机构结构的发展则呈现出体系化：行业角度由以单一的银行类机构演化为银行、保险和证券等包容并蓄的金融机构体系，并形成多样化的服务目标体系，即公共（政策性）金融服务和商业金融服务目标体系；金融工具结构可直接借鉴歌德史密斯、麦金农和肖的金融相关率和货币化程度等予以衡量。

2. 金融行为

"行为"在 SCP 分析范式中主要涉及企业的营销和研究开发等，本章借鉴组织行为学的理论，除了从内部和公共行为两大方面分析衡量金融企业行为之外，也分析农户的金融行为特征。种类的多样化同样适用于衡量行为的改善，因为组织行为种类越多，分工也就越细，专业化程度越强，组织行为越发达。因此，内部行为可以用组织结构的纵向层次高低和横向职能部门多少予以量化；而外部行为则主要表现为竞争（差异化、领先或回避策略等）、合作（资金、技术和人力等资源的横向或纵向合作）和政策响应。

3. 金融绩效

SCP 分析范式的"绩效"包括资源配置效率、利润率、生产率等，王广谦（1999）从金融机构效率、金融市场效率、金融宏观效率和中央银行的调控效率等四个方面加以衡量金融的效率。本章综合这些研究，从金融的组织效率、市场效率和社会效益三个层面衡量金融效率。

基于经营目标的差异，可将金融组织分为商业化的金融企业和政策性金融服务机构。由于目标的差异，衡量两类组织运行效率的指标也不同。对于金融企业来说，利润率、投入产出率或资本收益率等财务指标是反映其经营效率的主要综合指标，而对于政策性金融机构来说，在财务持续性的基础上，金融服务的覆盖率和到达率是衡量其经营效率的关键指标。

市场的运行效率取决于价格形成和价格发现。而价格之外的信息是价格形成和通过价格发现获利机会的关键。因此，价格的信息弹性或敏感度是衡量市场有效性的一个主要指标，由此，信息公开制度安排也成为影响市场效率的关键因素之一；另外，交易成本理论揭示，在现实经济中，交易成本的高低决定着市场和组织之间的替代程度，即交易成本也是衡量市场交易效率的又一重要指标。综合以上分析，借鉴 J. 托宾的资本市场有效性分析，可从利率或金融工具的价格对信息敏感度即弹性、每笔金融交易的交易成本(签约、执行和履约成本等)以及相关信息的公开制度量化金融市场运行的效率。

结构的演进和行为的改善除使金融自身发生成本和获得收益外，对其他产业将产生外部效应。外部效应即交易双方或第三方发生的交易之外的成本和收益。

以上分析，可归结为表 18-1 所示衡量金融发展的指标体系，下文以该指标体系为框架实证分析西藏农区金融的发展状况。

表 18-1 衡量金融发展的指标体系

一级指标	二级指标	量化指标	具体指标
结构演进	机构结构	绝对数和种类	
	工具结构		金融相关率、货币化程度等
	市场结构		集中度、准入门槛和支配结构等
行为改善	内部行为	种类	职能部门数、组织结构层次和授权等
	外部行为	种类	竞争、合作策略以及政策响应度
	农户行为	种类	存款和贷款量，投资量
绩效优化	组织效率	利润率、投入产出率、覆盖率和到达率	
	市场效率	利率的信息弹性、交易成本、信息公开和透明度	
	社会效益	溢出效应(或外部效应)	交易外成本和收益

二、金融结构状况

总体判断，与现代金融体系的机构、工具和市场门类齐全、数量庞大以及竞争充分的发达状态相比，当前西藏农区金融结构的演进尚处于"发育"状态：金融机构和工具种类单一、数量相对稀缺；金融市场为农业银行完全垄断供给的结构，"非正规"或民间金融处于萌芽状态。

(一)金融机构结构

当前，直接为西藏农区提供金融服务的"正规"金融机构只有中国农业银行西藏自治区分行①(以下简称为"农行西藏分行")，并由其兼业提供政策和商业性的存贷款服务

---

① 目前还有 1 家国际基金组织即西藏扶贫基金会为部分偏远、贫困乡村提供小额信贷金融服务，但其服务带有试验性质，短暂而区域范围狭窄。

（下文简称该特性为"混业"），机构种类单一①。而在其他省区，金融机构种类相对丰富，即有提供政策性服务的国家农业开发银行，也有农业银行、邮政银行和农村信用社以及中国人民保险公司等机构提供商业性金融服务，还有众多的事业性机构和国际基金机构和 NGOs 提供小额信贷等微型金融服务，形成了较完整的农村金融机构体系。

那么，什么因素妨碍了西藏农村金融机构的设立和发展？对金融发展的研究显示：新古典经济学中经济增长的因素（即制度、技术、劳动、资本和土地等）（戈德史密斯，1993；麦金农，1993；王广谦，1999；郑志刚，2007；王曙光，2007；彭兴韵，2007等）、分工（杨小凯，2003；李敬　等，2007）以及实质经济（戈德史密斯，1993；王广谦，1999；王曙光，2007；彭兴韵，2007）等决定着金融的发展。课题组以这些因素和理论机制为考量，结合调研观察和数据资料分析，得出的假设性判断是：制度和分工水平是妨碍西藏农村金融机构乃至金融系统发展的主要因素②。

由于金融工具（产品）的权证特性，制度对金融发展具有更深广的影响③，尤其体现为市场准入方面。课题组在调研中也发现，制度在很大程度上决定了农区金融机构的发展：同等条件下，西藏农区金融机构（信用社、银行等）设立的审批相对其他省区更为谨慎而繁复；由于边疆民族地区的情况特殊，具有国际基金背景的小额信贷或其他微型金融在西藏的限制相对更多，比如政策限定了西藏扶贫基金会开展小额信贷的地域范围和利率；除正式制度外，崇尚"节欲"等佛教信仰价值体系，亦即非正式制度也在很大程度上抑制了商业乃至金融的发展。

杨小凯继承和发展了古典经济学思想，认为经济乃至金融发展是分工的结果，即运输条件决定市场，市场决定分工，分工决定经济和金融发展；李敬、冉光和和万广华（2007）借鉴分工思想对我国区域金融发展差异的实证分析认为：区域之间经济地理条件和国家制度倾斜是区域金融发展差异的主要原因，其平均贡献率为 39.78%。西藏的高原地理特征使交通困难和农户的居住更为分散④，导致市场发育滞后和分工水平低下，制约了金融的发展。

实质经济的发展是金融发展的又一个重要决定因素，而收入是反映实质经济发展的主要变量，但农户的收入不能有效解释西藏农区金融覆盖率垫底的现实。虽然西藏农户的收入在全国处于下游水平，但未垫底且与全国农户平均收入水平差距不大，2007 年全国农村居民年人均纯收入为 4140 元，西藏为 2788 元；西部 12 省区农村居民的人均纯收入平均值为 3004 元，西藏农村居民的收入排中游水平（表 18-2），排在西藏之后的青海等

---

① 在 2004 年，国家农业开发银行虽然在拉萨设立了分支机构，但据课题组了解，其大部分业务依然由农业银行代理。

② 课题组完成的题为《农村金融发展的决定因素和机制——一个文献综述》论文中，总结了金融发展的决定因素和机制；另一篇正在撰写的题为《西藏农区金融发展的现状和原因》的论文中，专门论述了西藏农区金融发展相对滞后的原因及机制。

③ 郑志刚（2007）就金融发展的决定因素做了一个文献综述，认为法律渊源、利益集团、社会规范、社会资本和文化宗教等是导致金融发展差异的决定因素。从广义范畴的制度视角看，除利益集团外，其他因素都可归结为制度因素。

④ 2007 年度西藏的人口密度为 2.23 人/km²，为全国最低；截至 2008 年末，西藏行政村公路交通通达率为 64.5%，而全国 2005 年末的平均数据为 77%。

5 省区的农村金融发展水平都相对好于西藏。因此，实质经济发展的差距并非为西藏农村金融发展垫底的主要解释变量。

表 18-2　2007 年度西部 12 省区农村居民年人均纯收入情况　　（单位：元）

省、区	内蒙古	四川	重庆	广西	新疆	宁夏	西藏	青海	陕西	云南	贵州	甘肃
农村人均纯收入	3953	3547	3509	3224	3183	3181	2788	2684	2645	2634	2374	2329

数据来源：《西藏统计年鉴 2008》。

（二）金融工具结构

现代金融体系提供的金融工具种类繁多、数量庞大。从种类看，涵盖存贷款、保险和证券等三大行业，牵涉几乎所有货币类资产的时空和主体转移活动领域；从数量看，随着经济金融的发展，金融工具总量的价值超过国民生产总值即经济的金融化趋势是普遍趋势或金融发展的典型事实。与金融机构发展垫底相应，西藏农户能够获取的金融服务即工具种类和数量也属全国最低水平，总体特征可概括为以"政策性"金融工具业务为主，商业性业务稀缺。

货币是基础性的金融工具种类，决定着其他金融工具的产生和发展，因此，货币资产在国民收入中的比率或以货币交换的商品和劳务占商品总量的比例，即货币化程度，是衡量一个经济体经济和金融发展水平的重要指标。货币化程度指标数值越低，表明经济和金融发展水平越低。由于有关货币资产的数据资料很难获取，难以直接计量西藏农区的货币化程度，因此用决定农户货币资产的农产品商品化率和收入结构等指标间接反映西藏农区的货币化程度。图 18-1 显示了西藏农产品商品化程度数值在近年来的变化，虽然有平稳趋高态势，但其最高值仅为 0.43。而在 2006 年，我国农产品商品化率平均值接近 0.6，发达国家则平均达到 85%，美国、日本、法国和澳大利亚等国甚至超过了 90%。

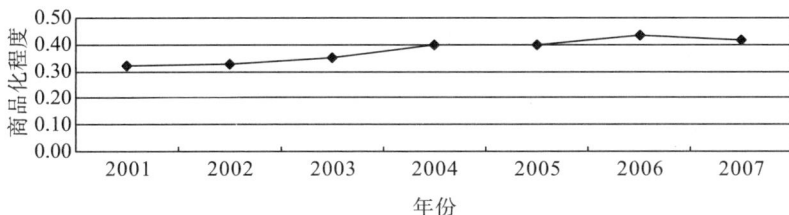

图 18-1　西藏农业商品总值与农村社会总产值比值变化

数据来源：《西藏统计年鉴 2008》。

货币化程度的低下，在很大程度上限制了西藏农区其他金融工具的发展。信用工具以传统的银行业务即存款和贷款业务为主，保险和证券的服务尚处于空白状态。即使是存贷款业务，也为最基本的种类，即存款只有活期和定期的划分，而贷款则以消费性信贷为主。

从存款看，农牧户存款资产稀少，品种单一。从课题组获取的有效数据资料分析，农牧户存款储蓄稀少，在农行营业所存款储蓄资产中占比极低，平均占比为 9.4%，且几乎单一为活期存款（图 18-2）；而对昌都地区的专项调查显示，在 101 家样本户中，有存款资产的只有 9 户。

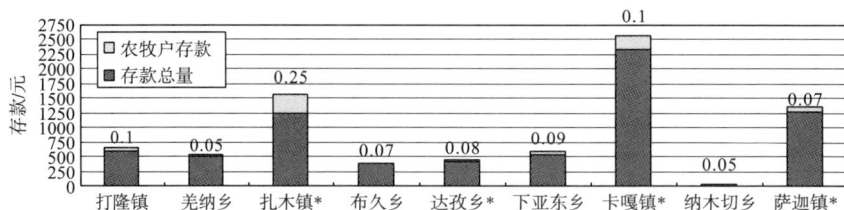

图 18-2　2007 年度农牧户存款占所在营业所存款总量比

注：带 * 的乡镇表示 2 个乡或镇共享 1 家营业所；各柱上方数值为农牧户存款占当年营业所存款总量的比值。

从贷款看，形式和品种单一，未能有效满足农户的资金需求偏好。

品种单一，即农户享受较全面的政策类贷款而几无选择性较强的商业类贷款。农行西藏分行的经营具有典型的商业和政策"混合"特性，既提供政策性贷款也供给商业性贷款。但由于农户的收益低、风险高和抵押资产稀缺等经济特征，农行的涉农贷款以政策性贷款为主，尤其是小额信贷，而商业性贷款稀少：在 2007 年，农业贷款占全区贷款总量的 2.89%；农行在全区农村累计发放涉农贷款 284580 万元，占全行各项贷款总额的 42.50%；发放小额信用贷款证 355257 本(含钻石卡 1291 张)，累计发放贷款余额 80.9 亿元；累计发放扶贫贷款 68012 万元，占全行贷款总额的 10.16%；累计发放安居贷款 42239 万元，占全行贷款总额的 6.31%；粮食贷款余额达 52636 万元①。从课题组的调查情况经验判断，自 2001 年推出小额信贷以来，抽样农户除了获取小额信贷外，几无其他形式的贷款。

形式单一，即小额信贷在全区通行统一的资信等级，而未体现区域和农户资信的差异性和变化。农业银行根据年人均纯收入和贷款情况为主要标准，划分了农户和村的资信等级以及信贷额度(表 18-3)，在西藏统一执行，但各地市的农牧户年人均纯收入差异较大(表 18-4)，信用差异亦较显著。因此，"一刀切"的措施虽然节省了实施差异化经营的成本，但不能有效切合农户的实际经济特征，在一定程度上抑制了农户获取贷款的积极性，反过来也影响了农行自身的收益。

表 18-3　农牧户的资信等级评定条件及可获得的相应贷款证和信用额度

资信等级	优秀	较好	一般	较差
条件	①三年内在本营业所贷款并按期偿还本息；②家庭年人均纯收入在 1500 元以上②；③贷款人若是搞多种经营的，其自有资金比例应在 30% 以上	①有稳定可靠的收入来源，曾有贷款欠息和贷款到期不能偿还的情况，但已主动还清；②家庭年人均纯收入在 1300 元以上	①家庭有基本劳动力；②家庭有一定的收入；③有脱贫致富的愿望；④信用良好，无不良嗜好和违法乱纪行为	①有贷款本息及其他欠款没有归还；②信用记录不好，故意不偿还银行贷款本息，经银行采取多种措施后，收回其贷款本息未满三年的；③有不良嗜好和违法乱纪行为；④无致富愿望
贷款证信用额度③	金卡贷款证 10000 元	银卡贷款证 6000 元	铜卡贷款证 3000 元	无 0 元

资料来源：《中国农业银行西藏自治区分行〈农牧户贷款证〉管理暂行办法》(2003 年 8 月 1 日修订)。

---

① 数据资料来源于农行西藏分行《2007 年度工作总结与 2008 年工作计划安排》，部分百分比数据由作者计算。

② 年人均纯收入按当地政府的有关统计确定，下同。

③ 从 2005 年起，"三卡"的授信额度被调整为："金卡" 10000～20000 元、"银卡" 6000～10000 元、"铜卡" 3000～6000 元。截至 2007 年末，只在山南等腹心地区的部分县乡执行，尚未在全区全面执行。

表 18-4　2007 年度调查地区农牧民年人均纯收入　　　（单位：元）

地区	林芝	拉萨	山南	日喀则	昌都
年人均纯收入	3596	3250	2893	2534	2490

数据来源：《西藏统计年鉴 2008》。

（三）金融市场结构

金融市场的结构可从量和质两个层面予以衡量，种类和数量反映了量的发展程度，而集中度和市场准入门槛等指标可衡量质的发展水平。在发达经济体中，作为要素，子市场的金融市场本身也发展出信用、证券和保险以及资本和货币等多层面、层次的子市场体系，且各子市场的集中度和准入门槛都相对较低。

当前，西藏农区的金融市场以信用市场为主，尚未发展出保险和证券市场。而信用市场也主要是以农业银行为主的"正规金融"为主，民间信用即"非正规金融"近乎空白。

与内地特别是与沿海地区相比，西藏农区的民间信用发展程度极其低下。课题组调研的 31 个乡镇中，只有 2 个乡存在民间信用的事例，且信用主体几乎全部为农户，未产生类似"合会"等形式的互助组织，组织化程度低，贷款额度和利息都相对内地的民间借贷低，借款主要用于消费。在山南、林芝、日喀则三个地区只发现 1 个调查村存在民间信用事例。

个案 1：林芝地区波密县古乡嘎朗村某户，借款总额 10000 元，借期 1 年，到期一次性偿还，利息为月息 2%（户主透露，本村农户间借贷较多，牵涉约 1/4 的本村户名，月息一般在 2%~3%）。贷款人为本村一富户，除经营农业之外，兼业运输和本村零售店。借款人为搬迁户，户主为妇女，约 50 岁，带 2 女，大的 16 岁、小的 5 岁。借款经村干部协调和村委担保，借款主要用于建材的购买和食物消费。还款来源于采集蘑菇、贝母和虫草等售卖获取的收入。大女儿当年获得的采集售卖收入约为 7000 元（2007 年 7~9 月）。

昌都地区的民间借贷较普遍，课题组在 4 个调查县都发现民间借贷的事例。

个案 2：昌都地区察雅县某户，借款总额 2.5 万元，其中 2006 年贷款 1 万元用于建房支出，放款人为乡所在寺院，利息为 1330 元/年，以房屋抵押担保方式保证；2008 年贷款 1.5 万元，放款人为所在村，为信用贷款，投资自家个体商店。两项贷款均为不定期贷款（何时有钱何时归还）。该户基本资源状况为：总人口数 5 人，男性 2 人，除 1 人上小学外，其余 4 人为劳动力；土地面积 2.5 亩，主要种植青稞、小麦；该户在村里有一商店，商店实际货币收入不详，主要用于补贴日常开支，通过在荒山种植树木获得国家每年 800 元的补贴，采集获得的收入每年大约在 1200 元。借款人的还款收入主要来源于副业和采集，其中副业占 80%。

因此，以集中度衡量，西藏农区金融的供给几乎为农业银行完全垄断的市场结构。经济学原理揭示，完全垄断将丧失竞争效率且负外部性严重（如腐败和"机会主义"行为）。集中度高即意味着市场准入门槛高。市场准入门槛由多种因素构成，大体有政策门槛、自然门槛、技术门槛和规模经济门槛等。基于金融产品的权证和标准化程度相对高的特性，金融市场的准入门槛主要体现为政策和规模经济门槛。我国属于转轨经济，体制改革的"路径依赖"即计划经济的运行惯性，导致我国农村金融市场的政策准入门槛相对较高,由于市场化进程相对滞后,这一市场准入门槛的效用在西藏农区尤为显著。因此,近年来我国农村金融市场深化的一个主线就是不断降低农村金融市场的准入门槛,2006 年 12 月,中国银行业监督管理委员会出台的《关于调整放宽农村地区银行业金融机构准入政策　更好支持社会主义新农村建设的若干意见》(银监发〔2006〕90 号)政策措施,大幅降低了投资人资格、组织形式、注册资本规模和业务范围等各层面的准入门槛,取得了良好成效[①]。

农行西藏分行能够完全垄断的另一原因是其业已形成的规模经济优势,如金融机构结构中分析显示,农行西藏分行农村金融服务实现了很高的覆盖率和到达率,能够提供批量和集中业务,从而有效降低农户零散业务特性产生的成本。

市场的结构一方面取决于供给,另一方面取决于需求[②]。由经济发展水平决定,西藏农村的经济主体主要是农户和乡(镇)村政府,企业类经济主体稀少,在课题组调研的 31 个乡中,只有 2 个乡有农户建立的 2 家企业。而乡村政府依赖于财政资金,因此,农户主导着西藏农村金融的需求。从意愿分析,农户的贷款需求较强,而存储需求萎靡。对信贷意愿的调查显示,在 191 户中,153 户即 80% 的农户将在未来 3 年中继续借款,其中 117 户的预借款额高于其当前的资信等级授信额度,占借款户总数的 76.5%;而以年人均纯收入为基础的还贷能力分析,可断定西藏农户的贷款需求在全国处于垫底水平(表 18-3);从贷款用途结构分析,消费性贷款主导了西藏农户的信贷需求,样本户中的农户将贷款用于食品和建房等为主的消费。

三、金融行为状况

在竞争程度相对高的市场结构中,作为供给方的企业,要求自身行为的系统化和对外行为的多元化,即体现为健全的内部组织结构和竞争、合作以及公共关系等多元化的外部行为;而作为需求方,则意味着在产品和价格方面存在较多的差异化选择空间。但基于完全垄断和"混业"经营的市场结构特性,作为供给方的农行西藏分行,只以专业部门管理涉农金融,而外部行为则主要体现为政策响应;作为需求方的农户,其金融行为主要体现为"逆来顺受"和"自给自足"。

农行西藏分行有专业部门管理涉农业务,管理层级和集权程度高。虽然涉农业务约占了一半,但在自治区级却只设有一个处室即农业贷款综合管理处,由其负责对全区涉农贷款的管理;相应地,地区和县级农业银行也由农业贷款管理科室管理涉农业务,只有乡级营业所直接针对农户提供金融服务。由此,单从农行西藏分行层级分析,构成了自治区-地区-县-乡 4 级管理层级,加之农行总部和区域管理中心,管理层级畸高,导致营业所仅为业务部门而几无决策权限,且既需服从直属银行的管理,又得接受专业部

---

①　该政策措施 2007 年年初在中西部为主的四川、青海、甘肃、内蒙古、吉林、湖北 6 省份试点,至 2007 年 10 月向全国 31 省(市、区)推广施行。信息来源于:http://www.cbrc.gov.cn/。

②　课题组已完成一篇题为《西藏农村金融需求分析》的论文,专门分析了西藏农村金融需求的决定因素和计量关系。该论文正处于投稿期。

门的指挥，极大地抑制了营业所的主动性和积极性。

　　课题组的调研发现，所有调查营业所的人员编制都为 2 人，分为主任和办事员①。具有从属领导关系的 2 人编制存在诸多欠缺。一是不能形成有效的权力制衡和监督，操作风险极大。二是业务分工不足。即使相对简单的传统金融业务即存款和信贷也要求会计编制、现金出纳以及信用、风险和收益评估与管理等多样化的业务知识和技能素质，这要求从业人员具有较高的综合素质或在组织层面予以有效分工。而系统内部的研究表明："（农业银行）营业所员工文化业务素质普遍较低，全辖（指阿里，作者注）营业所员工 52 人，小学文化占 72%，最高学历的 2 名为高中文化，绝大部分未经过专业的系统培训，在业务的办理、金融政策法规的宣传解释、农牧区金融信息的反馈等方面力不从心"，这不是阿里地区的个案，而是全区存在的普遍现象。2 人编制也无法实现有效的分工，课题组在调研过程中比较频繁地遇到的一种情况是：主任不在（往往是县支行开会）、营业所不营业，也即办事员不能独立完成相关业务。

　　处于完全垄断的市场地位，农行西藏分行在农村金融市场既无竞争对手，也缺乏或排斥横向合作组织②。因此，其外部行为主要表现为垄断的"专横"和政策响应的"机会主义"。在学理层面，垄断以控制产品供给量和价格获取垄断利益。虽然基于农业产业的基础性特性和农民"弱势群体"的处境，加之西藏的特殊性，西藏农户在金融服务的获取（尤其是利率）方面享受了最大的优惠，但从供需支配结构看，农行西藏分行处于支配和优势地位，垄断供给结构决定了其在金融服务产品供给和价格决定上的支配地位，农户只能被动接受有限的金融服务产品和给定的利率水平，可概括为控制信贷和利率的"专横"行为：信贷形式单一，违约处罚"蛮横"。自 2003 年以来，农户获取的信贷形式就单一为小额信贷，虽然在政策层面宣称对年人均纯收入不足 1300 元的农户提供扶贫贷款，但在课题组的调查样本中未发现，当然，课题组发现部分农户以担保和抵押（加关系）等保证形式获取了额度较高的信贷，但仅为个案，约占课题样本的 1%；另外，若农户出现严重的违约现象，即延期 3 年左右还不能偿还信贷，则取消所在村全部农户的信贷。在利率方面，金、银、铜和钻信用贷款证有所差异，平均分别为 4.8%、3.68%、1.08%和 6%，总体上比城镇和内地优惠，但在具体操作中存在随意和频繁变动的现象。另外，部分乡镇营业所的工作人员在发放信贷过程中存在较严重的违规行为：一是向农户收取"手续费"，即每笔信贷收取 50～100 元的放贷费（约有 2 个乡）；二是关系信贷现象（约有 7 个乡）较普遍而严重。

　　"机会主义"的政策响应行为是农行西藏分行完全垄断的又一外部行为特征。政策或体制是农行西藏分行获得和维持完全垄断地位的主因，因此，为获取垄断利益，积极响应政府的惠农金融政策就成为其理性的行为选择。

　　当前，"自给自足"依然是西藏农户经济行为的主要特征，反映在金融行为上，就体现为"持币""惜借"和"守信"。"持币"即货币收入中的储蓄基本以现金方式持有，既

---

　　① 2 乡（镇）共享营业所的人员基本为 3～4 人，分为正副主任和办事员 1 或 2 名。

　　② 课题组在与西藏扶贫基金会的接洽过程中发现，该机构一直尝试给予农行西藏分行资金担保和风险管理服务以向农牧民提供多元化的信贷金融服务，如创业资金贷款和教育培训贷款等，这些贷款的授信额度远高于当前农牧户获得的农行西藏分行的小额信贷。农行西藏分行未予合作。

不存入银行也无其他融出行为，在课题组获取的样本户中，有存款资产的只有 11 家，占样本总量的 3.8％；"惜借"在观念上表现为"无债便是福"，即除非"万不得已"或有"外生诱因"如"安居工程"优惠，农户就基本不借款，"万不得已"的情况主要为消费支出匮乏，除"安居工程"贷款外，在样本中基于消费支出需要而借款的农户占 90％；"守信"即农户的银行借款还款率极高，在课题组的样本中，还款率为百分之百，无 1 例信用违约案例。

当然，由于自然资源、地缘、能力异质性和社会文化的差异，农户获取的货币收入、对借贷的观念、借贷行为和"守信"程度等在各地区和各乡村之间也存在一定的差异。大体来说，由于林材资源丰裕且位处 318 国道沿线，林芝地区农户的货币收入能力和金融需求是相对最强的，山南则基于丰富的人文旅游资源而位居其次，日喀则的自然资源和人文旅游资源虽与山南不相上下，但由于偏离拉萨加之相对浓郁的传统文化约束，在调查地区中垫底。

四、金融绩效状况

西藏农村金融的完全垄断结构使得只需分析农行西藏分行一家的金融供给情况，但基于机密特性，其经营运行的内部数据既难于获取，又不便公开。因此，难以分析其内部或商业经营绩效，但基于其涉农业务政策性突出的特征和相关数据较易获取，在此侧重分析其"政策性"和社会效益。总括而言，农行西藏分行的绩效特征是："政策性"和社会效益突出而市场效率低下。

覆盖率和到达率是衡量其政策性业务经营优劣的有效指标。

1. 覆盖率

农行西藏分行的数据显示，截至 2007 年 12 月底，全区共分布有 387 家乡级营业所。营业所的乡级覆盖率达 71.40％[①]；县平均金融机构网点为 5.45 个，乡镇平均金融机构营业网点为 0.56 个，即约 2 个乡共享 1 家营业所，在课题组抽样调查的 31 个乡镇中，农业银行的营业所分布为：1 乡(镇)1 所的 18 例，2 乡或镇共享 1 所的 7 例，共享县级农业银行分行的 6 例[②]；平均 16 个村民居委会、约 1100 户共享 1 家营业所。基于西藏农区自然条件的恶劣和公路、市场发育等基础设施及制度环境建设的落后，农行西藏分行取得的成就既来之不易又是巨大的。但与全国平均水平相比，差距依然巨大：王双正(2007)的研究显示，全国县平均金融机构网点达 50 多，乡镇平均金融机构营业网点近 3 个。

2. 到达率

据农行西藏分行的数据，截至 2007 年年末，共计发放贷款证 355257 本，发证面(户

---

① 全区共有 542 个乡，若再计入 140 个镇，则乡镇总覆盖为 56.67％；2007 年年末的全区农牧户总数为 42.8 万。《西藏统计年鉴 2008》。

② 课题组抽样调查的 31 个乡镇中，无样本内乡镇共享 1 家营业所的案例，都为样本内外共享的案例。

到达率)达 89.51%，实际使用率 87.10%；累计发放贷款余额 80.9 亿元，年均环比增长速度为 117.43%；年平均回收率为 99%；全区共评出 47 个信用乡、27 个信用镇、820 个信用村[①]。由于受交通条件和时间限制，课题组调研的乡镇基本靠近国道或省道和县城，显然，这些乡镇的金融服务也较易到达，课题组的调查数据统计显示，发证面或户到达率平均为 83%。但实际使用率低于农行西藏分行的统计，为 70.45%，如果除去两个极值，则使用率为 64.53%；而若除去由于"安居工程"实施产生的外部信贷激励因素，则贷款证的实际使用率将更低[②]。

3. 对农户收入和消费的影响

在货币经济条件下，金融资源已成为有效整合其他资源的核心。西藏农区的货币经济在不断深化，货币和信用为主的金融资源在农户收入增长和消费结构调整层面的影响也愈趋深入。在样本户中，60% 的农户通过信贷实现了家电的添置或更新，10% 的农户将信贷用于非农生产经营而实现大幅的货币增收。

4. 市场效率

利率弹性反映了金融市场运行的效率，尤其是利率的信息弹性，反映了市场化程度、市场广度和深度等效率特性。基于我国尚处利率市场化改革进程中和西藏农区市场化改革的相对滞后，加之农行西藏分行的完全垄断地位，西藏农区信贷利率依然主要取决于政策，其变动周期为 1 年，几无信息、收入和需求弹性，不能有效反映政策、农业技术、农户收入和需求变化对利率的影响。

从交易成本角度考察，由于农区人口密度低、农户居住分散，加之交通和信息等基础设施欠缺，农行西藏分行和农户都承担着极高的交易成本，米地等的研究指出："阿里地广(30.5 万 km^2)人稀(不足 8 万)，平均每个营业所仅服务 2600 多农牧人口。2001 年农牧民人均收入 1490 元，贫困人口超过 50%，营业所人均存款 64 万，仅为阿里金融机构人均存款的 1/3，其中人均存款仅 33 万的营业所就有 3 个。明显的规模不足状态，是造成营业所业绩低下，全线亏损的主要原因之一。"该现象也是全区普遍存在的问题。课题组在调研中发现，农户为了获得信贷也承担了极高的交易成本，如为迎合营业所集中办理业务的特征，或跋山涉水或放弃一些必为的农活如浇水(由于灌溉系统的落后，耕地浇水往往采取轮期形式)，或如前文提及的"信贷费"和"关系费用"。

5. 社会效益

溢出效应是经济学揭示的反映社会普遍联系特征的重要概念。营业所的外部性主要体现为农户信用观念的巩固和节俭意识的强化。基于生产和生活方式决定，社会学意义的信用即诚实和守信是农民普遍的特质之一，但具有限定于血缘、姻缘和地缘等"熟人社会"内的特征，在市场经济深入的条件下，信用(经济层面)的发展具有转化为或泛化为借贷关

---

① 数据来源于中国农业银行西藏自治区分行 2008 年年初的工作报告。
② 相关数据统计和论证见课题组论文《小额信贷在西藏的实践评析》，《西藏研究》2008 年第 5 期。

系的趋势，即信守承诺的范围由"熟人社会"泛化到陌生人社会领域。市场制度在西藏农村的"外生"或"嵌入"特征突出，而营业所扮演了乡镇正规机构中(乡镇政府、派出所和营业所等)的"市场形象"代表(尽管其政策性特性也显著)，课题组在访谈中认识到：一方面，营业所提供的存储和信贷服务不仅深化了农户对市场交易的认识和认同，也促使农户的信用由"熟人社会"泛化拓展到陌生领域；另一方面，还贷压力和违约处罚等信贷约束条件进一步强化了农户的节俭意识和行为，并促成了理财知识和技能的进步。

五、结论和建议

从产业视角，综合运用 SCP 分析范式和相关金融指标，可从金融结构、行为和绩效等层面全面描述和衡量金融的发展，是一个有效的研究框架和方法，本章运用该框架实证分析西藏农区金融发展状况的结论有以下几项。

1)从结构看，西藏农区金融机构和金融工具结构单一，金融市场为完全垄断结构。金融机构单一表现只有农行西藏分行 1 家金融机构为农户提供政策性和商业性的"混业"金融服务，体制改革的"路径依赖"、市场化改革的滞后、基于地缘和民族政治的政策安排等制度因素以及分工水平低下是造成单一机构结构的主要原因；只有活期存款和小额信贷服务是金融工具结构单一的表现，除去完全垄断供给结构和有效需求不足等原因外，货币化程度的低下是一个重要原因；从市场角度考量，除了农行西藏分行完全垄断提供"正规"信贷金融服务外，西藏农区的"非正规"金融尚处于萌芽状态。

2)从行为看，完全垄断地位决定的垄断供给和积极"响应"政策以维持垄断利益是农行西藏分行显著的行为特征；而"自给自足"依然是西藏农户当前金融行为的突出特性。

3)从绩效看，农行西藏分行以政策性业务为主导的金融服务在覆盖率、到达率和外部性等方面取得了积极而显著的成效，也极大地促进了农户收入的增长和消费水平的提高。与此同时，地域、随时适宜性和价格发现能力差等市场功能不足问题依然突出。

总而言之，单一金融机构结构或完全垄断市场结构和"政策性"业务主导而商业性业务稀缺是当前西藏农区金融结构的显著特征，由此导致了控制信贷和利率的垄断"专横"行为，从而引致政策社会效益绩效突出而市场效率低下的绩效特征。因此，破解当前西藏农区金融发展困境的政策安排应当是加速完善金融体系[①]，即促进和提高实质意义上的政策性金融机构在农村的覆盖率和到达率，同时建立竞争性的金融市场结构。具体建议有以下几项。

第一，借鉴西藏扶贫基金会[②]和其他 NGOS 在内地省区发放小额信贷的经验，利用民政部门或农牧局等职能或事业组织在农村广泛分布的分支机构和与农户关系密切等资源，由其具体负责发放小额信贷，并明确定位于相对贫困农牧户，突出扶贫功能。该措

---

① 1994 年以农业发展银行的建立和 1996 年以信用社与农业银行行政隶属关系的解除为标志，我国沿海和内地省区已逐步建立起了政策性、商业性和合作等金融机构形式分工协作的较完善金融体系。

② 有关西藏扶贫基金会在西藏实施小额信贷的经验见课题组的论文：《小额信贷在西藏的实践评析》，《西藏研究》2008 年第 5 期。

施的实施，既可分置或吸收部分劳动力，又能在充分吸取西藏扶贫基金会的经验条件下，使农牧民获取技能而实现收入增长的持续性，达到良好的扶贫成效。

第二，商业化是中国农业银行的改革取向，因此，农业银行西藏分行的小额信贷应明确定位于商业性目标，逐步取消中国人民银行的小额信贷贷款和财政的利息补贴，这将有利于克服当前的市场效率低下状态和"机会主义"行为。

第三，利用邮政储蓄银行的成立、其营业网点分布深入乡村和农村市场空间较大等时机和条件，借鉴中国农业银行西藏分行和西藏扶贫基金会的经验，鼓励邮政储蓄银行西藏分行开展针对农牧户的商业性小额信贷业务。这既有利于邮政储蓄银行避免在城市市场的激烈竞争，又有利于充分利用乡村网点的资源，还可以通过竞争提升中国农业银行西藏分行和邮政储蓄银行在农村市场的金融服务效率，促进农户资源的有效配置和收入增长。

参 考 文 献

爱德华·S·肖. 1997. 经济发展中的金融深化 [M]. 上海：上海人民出版社原版.

贡秋扎西，德吉央宗，张阿兰，等. 2008. 小额信贷在西藏的实践评析 [J]. 西藏研究，(5)：81-91.

何广文、冯兴元，郭沛，等. 2005. 中国农村金融发展与制度变迁 [M]. 北京：中国财政经济出版社，3：71-74.

胡必亮，刘强，李晖. 2006. 农村金融与村庄发展 [M]. 北京：商务印书馆：84-86.

焦瑾璞，杨骏. 2006. 小额信贷和农村金融 [M]. 北京：中国金融出版社，2006：2，3，4.

雷蒙德·W. 戈德史密斯. 1993. 金融结构与发展 [M]. 北京：中国社会科学出版社：367-380.

雷蒙德·戈德央密斯. 1996. 金融结构与金融发展 [M]. 上海：上海人民出版社.

李敬，冉光，万广华. 2007. 中国区域金融发展差异的解释——基于劳动分工理论与 Shapley 值分解方法 [J]. 经济研究，(5)：42-54.

李燕凌. 走有中国特色的农业现代化道路. http://www.cass.net.cn/file/20090227218181.html.

林志远. 1995. 社会主义货币经济学 [M]. 沈阳：辽宁人民出版社.

罗纳德·I·麦金. 1997. 经济发展中的货币和资本 [M]. 上海：上海人民出版社原版.

米地，尼玛扎西，蔡海斌. 2002. 自发性金融成长与多重均衡：西藏农行基层营业所发展问题研究 [J]. 金融研究，(8)：122，123.

牛晓帆. 2004. 西方产业组织理论的演化与新发展 [J]. 经济研究，(3).

彭头韵. 2002. 金融发展的路径依赖与金融自出化 [M]. 上海：上海人民出版社.

彭兴韵. 2002. 金融发展的路径依赖与金融自由化 [M]. 上海：上海人民出版社：20.

乔·贝恩. 2012. 新竞争者的壁垒 [M]. 北京：人民出版社.

饶余庆. 1983. 现代货币银行学 [M]. 北京：中国社会科学出版社.

王广谦. 1999. 经济发展中金融的贡献与效率 [M]. 北京：中国人民大学出版社：73.

王曙光. 2007. 经济转型中的金融制度演进 [M]. 北京：北京大学出版社：47-49.

王双正. 2007. 中国农村金融发展研究 [M]. 北京：中国市场出版社：2.

伍海华. 2002. 西方货币金融理论 [M]. 北京：中国金融出版社：302-321，235-236，309.

杨小凯. 2003. 发展经济学：超边际与边际分析 [M]. 张定胜，张永生译. 北京：社会科学文献出版社：1，402-403.

郑志刚. 2007. 金融发展的决定因素——一个文献综述 [J]. 管理世界，(3)：138-151.

第十九章　西藏金融与经济发展现状分析及实证研究[*]

肖彩波　刘红卫

摘要：各种研究表明金融与经济发展之间关系密切，研究西藏金融和经济发展的现状及其之间的逻辑关系，对促进西藏经济的跨越式发展具有重要意义。本章选取西藏GDP和"金融相关率"分别作为经济发展和金融发展指标，利用计量经济分析方法，发现西藏金融对经济发展具有促进作用，但还存在很大提升空间。

关键词：金融；经济；协整检验；格兰杰因果检验

世界各国对金融与经济关系的研究表明金融发展与经济增长之间具有一定的相关性。早在20世纪初Schumpeter(1912)就提出了银行通过为企业提供资金，帮助其完成技术创新和生产力的提高，进而促进企业和地区经济增长。20世纪50年代，国外经济学家对金融与经济发展的关系做了大量研究。Patrick(1966)提出了著名的Patrick假说，把金融与经济发展的关系分为需求跟随模式和供给导向模式，发达国家更多地表现为需求跟随模式，即金融发展伴随着经济增长；发展中国家更多地表现为供给导向模式，即金融发展推动了经济增长。Woo S Jung(1986)利用实证分析验证了金融发展与经济增长之间的关系。Ross Levine(1997)总结了关于金融发展与经济增长之间关系的不同观点。Levine和Zervos(1998)对金融发展与经济增长的相互关系进行了系统研究，他们对1976~1993年42个国家的金融行业与经济增长相关数据进行了研究，发现银行业和保险业与经济增长之间有显著的正向关系，而股市与经济增长之间的关系并不稳定。César Calderòn和Lin Liu(2002)对109个发展中国家和工业化国家做了检验分析，发现金融业的发展通常会引起当地经济增长；金融发展与经济增长之间互为格兰杰因果关系；在发展中国家金融发展对经济增长的贡献远高于对工业化国家的贡献。Fase和Abma(2003)搜集了东南亚新兴经济体至少25年的数据，分析研究这些数据发现：金融发展与经济增长关系密切，金融结构是经济增长的主要原因之一，因此作者提出各国金融结构改革的主要目标应是提高经济增长速度。

改革开放以来，随着我国金融市场的逐步发展，对金融与经济发展之间关系的研究也日益增加。曹啸和吴军(2002)采用实证方法研究了金融发展和经济增长的关系，发现金融发展是经济增长的格兰杰原因。米建国和李建伟(2002)通过实证分析认为金融适度发展是经济实现最优增长的必要条件，金融抑制或过度均会损害经济增长。梁琪和滕建洲(2005)采用1994~2004年相关金融数据研究了银行、股票市场与经济增长之间的关

---

*　原载于《西南交通大学学报(社会科学版)》2014年第5期。

系，认为我国股票市场与经济增长之间的因果关系较弱，银行发展与经济增长之间的双向因果关系显著。

国内对金融发展与经济增长之间关系的研究较多，但查阅文献发现，研究西藏金融与经济之间关系的定量研究较少，主要有严思勃(2009)分析了西藏金融业与经济发展不协调的几个因素，从经营理念、组织体系、服务和金融生态环境四个方面提出了促进西藏金融业与经济协调发展的建议。王雪峰(2009)从金融贡献率和贡献度两个方面进行了研究分析，认为西藏的金融服务业对经济的促进作用不是很显著。丁业现和彭克强(2011)研究了改革开放以来西藏金融发展与经济增长之间的关系，认为人均收入、银行贷款及地方财政支出都是西藏经济增长的长期重要因素。综合各种文献我们发现，经济增长离不开金融的发展，金融业的发展是促进西藏经济发展并实现经济发展方式转变的有效途径之一，研究西藏金融发展与经济增长之间的关系具有理论意义和现实意义。

一、西藏地区金融发展现状

自 1951 年西藏和平解放以来，西藏金融发展速度较快，地区生产总值从 1978 年的 7.3 亿元增长到 2013 年的 802 亿元，增长了约 110 倍；地区经济发展实力显著增强，GDP 增长率位居全国前列。西藏地区的银行业、保险业和证券业也进入了快速发展期，银行数量不断增加、服务质量不断提升，保险覆盖率不断提高、许多名优企业连续上市，西藏金融业呈现出蓬勃发展态势。

(一)银行业发展现状

西藏银行业机构不断增多(表 19-1)，经营效益稳步提高。2011 年西藏首家城市商业银行——西藏银行组建；中国农业发展银行西藏分行批准设立；国家开发银行西藏分行挂牌；2013 年民生银行入驻拉萨，西藏多方位的金融服务体系日臻完善。2012 年西藏银行存贷额迅速增长，资产规模不断扩大、盈利能力稳步提升，不良贷款呈现下降趋势。截至 2012 年年末金融机构本外币存款余额为 2054.25 亿元，增长了 391.75 亿元。金融机构本外币各项贷款余额为 664.05 亿元，同比增长 62.34 亿元，存贷增量和增幅达到历史最高。西藏金融机构总资产为 2168.89 亿元，同比增长 616.32 亿元，实现利润同比增盈 2.46 亿元；不良贷款余额和不良贷款率迅速下降，为金融业的良性循环创造了良好的条件。

表 19-1　2011 年西藏银行业金融机构情况

机构类别	机构个数/个	从业人数/人	资产总额/亿元	法人机构/个
1. 大型国有银行	554	6151	1492	0
2. 国家开发银行和政策性银行	1	39	11	0
3. 城市商业银行	1			1
4. 信托公司	1	22	4	1
5. 邮政储蓄	74	242	46	0

（二）证券业发展现状

2012 年以来西藏证券规模有所扩大，证券机构数量升至 2 家，包括 2011 年新成立的中国建银投资证券有限公司和西藏中信证券。证券规模的攀升为西藏企业的融资提供了更加广阔的平台，自 1995 年的西藏明珠上市，至 2012 年西藏上市公司已达 11 家，其中有 10 家 A 股上市公司，1 家 H 股上市公司。截至 2012 年年底，10 家上市公司累计募集资金 129 亿元，上市的 11 家公司总市值达到 572.34 亿元，占西藏 GDP 的 85％以上。

（三）保险业发展现状

近几年西藏保险业蓬勃发展，保险机构数量不断增加，服务质量不断提升，险种不断增多。截至 2012 年年底，在藏保险机构达到了 5 家，从业人数从 2008 年的 200 多人发展到现在的 1500 多人。保费收入在 2000 年以后有了突飞猛进的增长，2010 年后更是增速迅猛，2012 年西藏保险业实现保费收入为 7.72 亿元（图 19-1），增长迅速，增速位居全国第一，尤其寿险增长突出，增幅达到了 25％。西藏保险业的赔付能力显著增强，截至 2012 年 9 月末，全区共赔付 2.4 亿元，同比增长 37.8％。

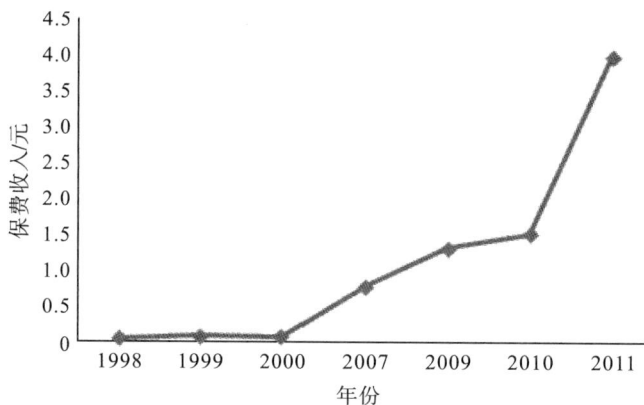

图 19-1　保费收入

二、西藏经济运行情况

（一）地区经济实力不断增强

西藏经过几十年的发展，生产力水平显著提高，经济实力明显增强。1978 年，西藏生产总值仅为 6.65 亿元，人均生产总值为 375 元。2011 年西藏生产总值突破 600 亿元大关（图 19-2），连续三年增速超 12％，连续三年增长超近百亿元。随着中央援藏力度的不断增加，西藏自身造血能力的不断提升，经济总量增长迅速，人均生产总值不断增加，西藏经济进入了黄金发展期，西藏经济跨越式发展进入了关键期，需求结构和产业结构调整将迎来新一轮的挑战和升级。

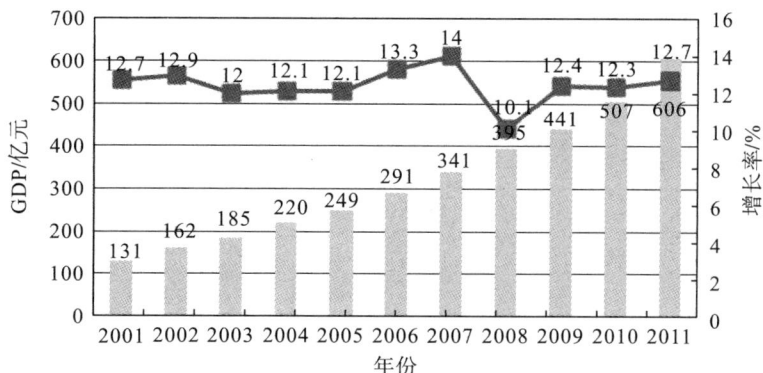

图 19-2　西藏 GDP(亿元)和增长率

(二)产业结构不断优化

从西藏的产业结构来看,产业增加值对西藏 GDP 贡献率由 1959 年的 73.6：12.6：13.8变为 2011 年的 12.3：34.6：53.1,在 50 余年的时间里,西藏产业结构发生了翻天覆地的变化,已由最初的以农牧业为主变为第三产业占主导地位,西藏经济发展已由生产型变为服务型,西藏的产业结构由"一二三"转为"三二一"的产业结构,说明地方经济的发展已步入持续健康发展的轨道。

三、西藏地区金融发展与经济增长的实证分析

本章通过选取衡量金融发展和经济增长的两个指标:金融相关率(FIR)和西藏 GDP,对 2001~2011 年西藏 GDP 数据的平稳性进行检验,并在此基础上做协整检验,建立回归模型,并利用残差检验和格兰杰因果关系检验对西藏金融和经济发展之间是否存在长期的稳定关系和因果关系进行检验。

(一)指标选取

从近几年部分省份经济发展情况来看,全国经济发达省份金融对 GDP 的贡献率不断增加,有些省份甚至已经达到了 20％以上,而目前西藏经济发展在很大程度上还依赖于财政支出,造成了政府对经济的干预较高,市场对资源配置的低效率。但随着西藏地区金融业的不断发展,金融对经济的推动作用正在逐步显现。因此研究二者之间的因果关系,对西藏金融和经济发展具有重要的现实意义。

西藏地区生产总值代表了西藏经济发展的水平,金融相关率代表了金融发展的规模,金融相关率指标是由戈德史密斯在 1969 年提出的,定义为一定时期内社会金融活动总量与经济活动总量的比值。但基于西藏的实际,社会金融总量的数据难以取得,因此在衡量西藏金融发展水平时,本章根据实际情况采用金融机构存贷款之和所占 GDP 的比重作为金融相关率(FIR),即 FIR=(金融机构存款余额＋金融机构贷款余额)/GDP。

（二）数据分析

本章选取 2001～2011 年西藏实际生产总值（GDP）和存贷款余额。各项数据来源于《西藏统计年鉴 2012》。在此基础上经过整理和计算得出的相应数据（表 19-2）。

表 19-2　lnGDP 和 FIR 数据

年份	2001	2002	2003	2004	2005	2006	2007	2008	2009	2010	2011
lnGDP	4.936	5.088	5.221	5.395	5.517	5.637	5.833	5.979	6.089	6.229	6.407
FIR	2.22	2.49	2.51	2.40	2.52	2.57	2.53	2.5	2.89	3.15	3.42

1. 数据的平稳性检验

在对时间序列做回归分析之前，要检验数据的平稳性（表 19-3）。由于西藏地区生产总值数据是时间序列，因此可利用单位根对数据进行检验，若存在单位根，说明序列是非平稳的，反之序列是平稳的。

表 19-3　单位根检验结果

| 变量 | 检验形式 (C, T, P) | ADF 统计量 | 临界值 | | | 结论 |
			1%	5%	10%	
lnGDP	$(C, T, 0)$	−1.2274	−4.4983	−3.6584	−3.2689	非平衡
DlnGDP	$(C, T, 0)$	−3.9989	−4.5325	−3.6736	−3.2773	平稳
lnFIR	$(C, T, 1)$	−1.6432	−4.3867	−3.6238	−3.2428	非平稳
DlnFIR	$(C, T, 0)$	−4.5936	−3.7344	−2.9917	−2.6346	平稳

注：其中 C 代表常数项，T 代表趋势项，P 代表滞后阶数，D 代表变量进行一阶差分。

从表 19-3 中可以看出，原有时间序列 lnGDP 数据在显著的水平下是不平稳的，各个显示水平下的临界值小于 t 统计量的值，说明 lnGDP 序列存在单位根。取一阶差分后的序列 DlnGDP，t 统计量的值小于各个显著水平对应的值，因此在显著水平下是平稳的。这表明 lnGDP 是非平稳的一阶差分单整时间序列变量，服从 $I(1)$ 过程，从而可以进一步研究变量之间是否存在长期均衡的协整关系。

2. 协整检验

研究非平稳时间序列变量是否存在平稳的线性组合，这就是协整理论。协整检验通常有两种方法：基于向量自回归模型的最大似然估计检验法和基于回归残差的 Engle-Granger 两步法检验，本章采用最大似然估计检验法。为了检验 lnRGDP 和 lnFIR 是否存在协整关系，对两变量做 OLS 回归分析，得到回归方程为

$$\text{lnGDP} = 3.8791 + 1.9256\text{lnFIR}$$

$$23.8765 \qquad 7.9867$$

$$0.0000 \qquad 0.0000$$

$$R^2 = 0.68034, \quad F = 56.7803$$

从回归结果可以看出，可决系数达到了 68.03%，模型通过了统计检验，说明西藏

GDP 中有 68.03％的部分是由金融相关率水平决定的。lnFCI 的弹性系数为 1.92，说明 lnFCI 每变化一个单位，西藏地区生产总值的对数大致可增长 1.92 个单位。这也充分说明了银行信贷对促进西藏经济发展起到了较为明显的杠杆效应。

3. 对模型的残差进行平稳性检验

由于残差序列的均值为 0，因此选择无截距项。对无趋势项的 ADF 进行检验，结果见表 19-4。

表 19-4　平稳检验

名称	ADF 统计量	临界值			概率
		1％	5％	10％	
残差项	−7.18432	−2.6735	−2.0212	−1.6987	0.0023

从表 19-4 可以看出在显著水平下的临界值大于 t 检验统计量的值−7.18，从而说明残差序列是平稳序列，lnGDP 和 lnFIR 存在长期的稳定均衡关系，满足协整理论。从长期来看，西藏银行存贷对西藏经济的发展有明显的推动作用。西藏银行存款数量的增加在一定程度上满足了各经济主体对生产经营资金的需求，保障了正常生产经营活动的进行。此外，银行在信贷过程中的约束，也促进了企业自身的发展和完善，进而促进西藏经济的持续快速发展。

4. 格兰杰因果关系检验

协整检验表明西藏 GDP 与金融相关率之间存在长期稳定的均衡关系，但之间的因果关系并无法进行判断，为此还要进一步研究西藏金融和经济增长之间的因果关系。本章采用格兰杰因果检验法进行验证。结果见表 19-5。

表 19-5　格兰杰因果关系检验

原假设	滞后阶数	F 统计量	概率
lnFIR 不是 lnGDP 的 granger 关系	3	5.52332	0.00983
lnFIR 是 lnGDP 的 granger 关系	3	0.60342	0.67323

表 19-5 结果表明：lnFIR 是 lnRGDP 的格兰杰关系，说明从短期来看，西藏的金融发展对西藏 GDP 增长具有正向效用，金融发展是经济增长的诱因之一，这也验证了 Patrick 假说。结合文献中"金融适度发展是经济实现最优增长的必要条件，金融抑制或过度均会损害经济增长"的观点，也说明西藏金融开发和发展仍具有很大的增长空间。

四、结论与建议

西藏金融体系经过近几十年的发展，从无到有、从小到大、从少到多，不断壮大，形成了银行、证券、保险服务功能较为齐全，并与西藏经济社会发展相适应的现代金融服务体系。从实证分析中我们可以看到西藏的金融业发展对促进西藏经济发展效果比较显著，但仍有很大的提升空间。为更好地发挥西藏金融对经济发展的推动作用，首先，应充分利用好国家对西藏实行的特殊优惠金融政策，通过"低利率、低费率和费用补贴"等手段，降低社会各界的融资成本，刺激社会对金融的供给和需求。其次，要鼓励各类银行向农牧区增设网点和机构，为农牧民提供更加便捷的金融服务，增强民间零散资金的筹集能力，增加银行的信贷资本。最后，要加大对中小企业的信贷投入，加速储蓄投资的转化率。

参 考 文 献

曹啸，吴军. 2002. 我国金融发展与经济增长关系的格兰杰检验和特征分析 [J]. 财贸经济，(5)：40-43.

陈先勇. 2005. 中国区域金融发展与区域经济增长 [M]. 武汉：武汉大学出版社.

达莫达尔·N. 古扎拉蒂. 2000. 计量经济学(第3版) [M]. 林少宫译. 北京：中国人民大学出版社.

丁业现，彭克强. 2011. 改革开放以来西藏金融发展与经济增长关系的实证研究 [J]. 西藏研究，(4)：38-48.

梁琪，滕建洲. 2005. 股票市场、银行与经济增长：中国的实证分析 [J]. 金融研究，(10)：9-17.

林毅夫，孙希芳，等. 2009. 经济发展中的最优金融结构理论初探 [J]. 经济研究，5(8)：4-15.

毛阳海. 2007. 西藏实现跨越式发展的财政政策研究 [M]. 拉萨：西藏人民出版社.

米建国，李建伟. 2002. 我国金融发展与经济增长关系的理论思考与实证分析 [J]. 管理界，7(4)：46-48.

沈坤荣，张成. 2009. 金融发展与中国经济增长——基于跨地区动态数据的实证研究 [J]. 管理世界，5(7)：15-21.

王雪峰. 2009. 金融业对西藏经济增长贡献的分析 [D]. 拉萨：西藏民族学院，5-26.

旺堆. 2007. 对西藏金融机构存差问题的理性思考 [J]. 西南金融，2(6)：28-31.

严思勃. 2009. 西藏金融业与经济发展协调性研究 [J]. 西南金融. (2)：12-14.

詹姆斯·D. 汉密尔顿. 1999. 时间序列分析 [M]. 刘明志译. 北京：中国社会科学出版社.

赵小克，李惠蓉. 2003. 金融发展和经济增长关系的再检验 [J]. 统计与决策，5(6)：32-35.

赵振全，薛丰慧. 2004. 金融发展对经济增民影响的实证分析 [J]. 金融研究，3(8)：94-99.

郑长德. 2006. 四川省金融发展与经济增长关系的实证分析 [J]. 西南金融. 6(11)：15-17.

2012. 西藏统计年鉴 [M]. 北京：中国统计出版社.

Arestis P，Bolton P. 1995. Financial Development and Economic Growth [J]. Riview of economic studies，6(59)：195-209.

Arestis P，Demetriades P O，Luintel K B. 2001. Financial DeVeloPment and Eeonomic Growth：The Role of Stock Markets [J]. Money，Credit and Banking，6(32)：16-41.

Cesar C，Lin L. 2002. The clirection of cascsality between financial derelopment and economic growth. Journal of Development Economics，72(1)：321-3341.

César Calderòn，Lin Liu. 2003. The direction of causality between financial development and economic growth. Journal of Development Economics，5(72)：678-692.

Fase M M G，Abma R C N. 2003. Financial environment and economic growth in selected Asian countries [J]. Journal of Asian Economics，4(14)：126-143.

Levine R，Sara Z. 1998. Stocr markels banks and economic grwth [J]. American Economic Revievs，88：537-558.

Levine R. 1997. Financial Development and Economic Growth：Views and Agenda [J]. Journal of Economic Literature，6(35)：456-471.

Patrick H T. 1966. Financial Development and Economic Growth in Developing Countries [J]. Economic and Cultural Change，6(45)：201-219.

Schumpeter J. 1912. The Theory of Economic Development [M]. Cambridge：Harvard University Press.

Woo S. Jung. 1986. Financial Development and Economic Growth：International Evidence [J]. Economic Development and Culture Change，12(34)：192-205.

第二十章　循环经济视角下西藏矿业价值链优化模式研究

陈青姣　王晓芳

摘要：发展循环经济是区域经济转型升级的重要思路。从循环经济视角优化矿业价值链对矿业可持续发展、环境保护和社会资源节约均具有重要意义。以发展"高效、节约、环保的可循环矿业价值链"为目标，以"循环经济"和"价值链"为理论基础，结合西藏实际，解析西藏矿业企业价值链和产业价值链的构成与特点，从"行为主体—优化途径"两个维度构建西藏矿业价值链优化矩阵，提出四种优化模式，体现了企业与政府在优化过程中的不同角色定位。

关键词：循环经济；矿业；价值链；西藏；优化模式。

"十三五"规划继续重点强调生态文明建设和资源节约利用的重要性。基于此，循环经济在区域经济转型升级中的作用尤为重要。西藏自治区（以下简称"西藏"）作为中国领土的重要组成部分，由于特殊的地理位置和地貌特征，成为中国、南亚、东南亚的生态安全屏障，且具有丰富的矿产资源。矿产资源作为不可再生资源在全球范围内日益枯竭，而在西藏却含量丰富，且是西藏经济发展的重要支柱。截至 2014 年底，西藏矿业从业人员达一万余人，矿业产值占全区工业总产值的 28％以上。西藏矿业发展与环境保护的关系、集约化发展问题亟待解决。循环经济作为一种兼顾经济发展与生态文明、资源节约利用的经济形态，成为解决矿业发展与社会环境矛盾的首要选择。而针对西藏矿业研究循环经济嵌入途径的成果凤毛麟角。矿业发展之所以带来环境问题和资源浪费现象，根源在于价值链的治理。矿业的集约化生产、生态化发展模式与价值链之间存在密切关系。现有西藏矿业价值链中，粗放型增长占据主导地位，西藏矿业企业发展思维局限于"资源依赖"和"初级加工"，价值链存在"发展理念落后"、"各环节孤立发展"、"链条结构不完善"和"创新不足"等问题。于是，"如何在兼顾企业、环境和社会三方利益的前提下，发展更为高效、节约、环保的价值链"成为西藏矿业。本章以构建利润大于零的循环经济价值链为目的，提出西藏矿业循环经济价值链的四种优化模式，为人与自然和谐发展的西藏新格局建设提供借鉴。

一、概 念 界 定

(一)价值链

价值链理论以波特的"价值链模型"为确立标志，逐步壮大。波特认为价值链是由设计、生产、营销、交货以及对产品起辅助作用的各种活动的集合。可见，波特的价值链偏重于企业内部价值活动的分析。随后，Shank 和 Govindarajan 提出应把企业自身的价值链放到行业链中考虑，于是将企业价值链的研究视野扩大到了整个行业。Normann 和 Ramírez(1993)认为价值活动的参与者不只是某一方，还包括供应商、员工、管理者等多个利益相关者；价值链的经济活动流程所涉及的内容也不只是上下游的关系，还包括相互间的交互合作、共同创造等的关系。总之，价值链是围绕核心企业，从原料供应商到产品销售、最终客户的价值群，价值群内的关系呈网状结构。价值链的研究范畴从企业内部到产业、再到网状结构，为价值链的增值与升级提供了更为广阔的视野。

(二)循环经济与循环经济价值链

循环经济最早由美国经济学家 Boulding 在 20 世纪 60 年代提出，根据研究内容可归结为三类："人与自然的关系""生产技术规范"和"新型经济形态"。循环经济本质上是一种"资源—产品—再资源"的经济形态。对循环经济的界定也达成了一致：用"减量化"(reduce)、"再使用"(reuse)、"再循环/资源化"(recycle)的"3R"标准界定循环经济。可见，循环经济是运用技术创新和制度创新正确处理经济发展与环境保护、社会利益的新型经济形态，以资源的高效和循环利用为核心，以减量化、再使用、再资源化为原则，以低投入、低消耗、低排放、高效益为特征，符合可持续发展理念的经济增长模式，属于资源节约型和环境友好型的经济形态。

矿业循环经济中的 3R 原则可做如下界定：减量化——针对输入端，使用较少的水、电、土地等原料与能源，提升资源利用效率，在保证正常运营的前提下最大限度节约资源，减少对动植物群及自然环境的损害；同时，要清洁生产，减少环境负面影响。再使用——勘探、采矿、选矿、生产加工等过程中遵循"能量阶梯使用"原则和共享共用原则，控制矿业运行过程中废弃物排放量。再循环/资源化——针对输出端，对生产运营过程中产生的副产品、废弃物的回收利用与无公害化处理，使其在其他价值链或延伸价值链中"再资源化"，产生新的用途。总之，循环经济价值链的目的是在保证正常生产运营的情况下，用较少的投入获得较多产出，将环境污染、社会公害、资源浪费等外部不经济性降至最低。

"利润非负"是循环经济在业界得以推行的前提，而这须有价值链的支持。于是，价值链理论与循环经济理论的结合成为必然。循环经济价值链就是要最大程度挖掘废弃资源的价值，实现废弃资源的价值增值，即通过废弃资源流动形成的产业链带动价值创造链条的延伸。循环经济价值链更侧重于价值链延长和价值链网状化。

二、西藏矿产资源及矿业发展概况

据西藏国土部门评估，西藏矿产资源的潜在价值达 6000 亿元以上。截至 2010 年，西藏已发现矿床、矿点及矿化点 3000 余处，涉及矿种 102 种，国内总矿种数为 173 种。在已查明矿产资源储量的矿产中，有 12 种矿产居全国前 5 位、18 种居前 10 位，铬、铜的保有储量位列全国第一（拉巴次仁，2010）。国家紧缺矿产铬、铜在西藏储量大、品位高，具有极高的开采价值。西藏矿产资源的丰富性为中国能源安全提供了重要保障。在中国西部能源储备战略中西藏占据重要地位。由于西藏经济发展相对落后，西藏矿业发展起步较晚，矿业发展程度与其资源丰富性并不相称。截至 2014 年，西藏共有开发矿点 155 个，其中，大、中、小型矿点依次为 5 个、12 个、138 个。表 20-1 更为详细地展现了西藏矿业发展概况。据以上数据，西藏矿业发展呈以下特点。①企业规模小、产能低。截至 2014 年底，西藏矿业企业共 230 个，规模以上的矿业企业 38 个，不足 20%。②盈利低，亏损面广。规模以上 38 个，其中亏损企业 17 个，亏损面高达 44.7%。

表 20-1　2014 年年末西藏自治区矿业行业相关数据

项目 / 行业分类	企业个数/个	工业产值/万元	企业平均产值/(万元/个)	规模以上企业个数/个	规模以上企业总产值/万元	规模以上企业亏损数/个
煤炭开采和洗选业	2	1686	843	—		
黑色金属矿采选业	17	27545	1620.29	4	22682	3
有色金属矿采选业	46	262433	5705.07	13	245902	5
非金属矿采选业	52	18770	360.96	1	1316	—
其他矿采选业	—	—	—	—		
非金属矿物制品业	95	288895	3041	19	237462	8
黑色金属矿冶炼及压延加工业	1	4163	4163	1	4163	1
有色金属矿冶炼及压延加工业	2	45	22.5			
金属制品业	15	2985	199			
合计/平均	230	606522	2637.05	38	511525	17

数据来源：《西藏统计年鉴 2015》。

由以上数据可见，西藏矿产资源丰富，但矿业发展落后，矿业资源利用效率低，矿业循环经济发展水平低。

三、西藏矿业价值链解析

(一)西藏矿业企业价值链解析

依据波特的价值链模型分析矿业企业内部价值链，如图 20-1 所示。从循环经济视角，西藏矿业企业内部价值链存在如下主要问题。①技术与开发力度不够，输入原料的采购缺乏标准规范。企业对设计与研发重视不够，资金和人力投入少，主要靠引进、购买专利技术支撑现有运作，导致流程工艺技术落后、成本高、可持续发展性差。对采购设备效能缺乏严格规范和科学检验，对原料尤其是化工原料的环保标准限制不严格，使输入端的原料存在环境隐患。②内部后勤管理不善、生产作业过程粗放、服务环节不完善。在内部后勤管理中，仓储能力差，导致内部原料调用效率低下，资源闲置、资源短缺现象时有发生，设备维护不及时，导致设备折旧率大。生产作业环节中的问题是矿业企业的核心问题，主要包括以下几点。一是，清洁生产能力差。二是，深加工能力差。企业价值链以粗加工为主，处于微笑曲线的两端，是行业的"挖掘工"。三是，资源综合利用效率低。在资源的综合利用上，国际上对废金属的回收利用率达 96%，有些国家超过 98%，而中国尚不足 90%，西藏更低。与发达国家相比，中国矿产资源综合利用水平低，尾矿利用处于起步阶段，废旧矿产品的回收利用率和产值都很低。与国内同类企业相比，西藏的尾矿处理起步更迟、发展更慢，废旧矿产品的回收利用率和产值更低。四是，废弃物排放量大，废弃物处理欠妥，生产运作流程中产生大量环境问题。五是，对产品价值的维护重视不够，未意识到服务环节的重要性。总之，西藏矿业企业内部价值链整体特点：内部价值链呈单向线形，高投入、高消耗、高排放、高污染；低开采、低利用、低效率、低产出。生产运作高科技含量低，过多依靠资源红利，劳动密集型、粗放型增长方式。

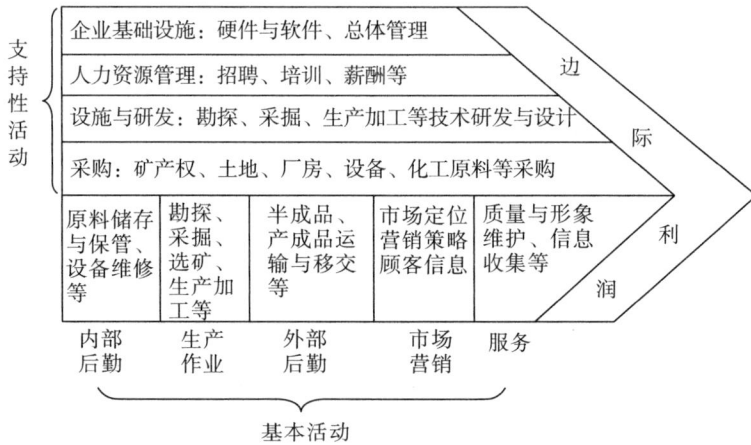

图 20-1　矿业企业内部价值链

(二)西藏矿业产业价值链解析

Kaplinsky(2000)将波特的企业价值链模型进行了扩展，把企业间的联系考虑进去，提出了产业价值链概念。与微观层面的企业内部价值链相比，产业价值链的范围更加宽广，需要考虑的不仅是单个企业的内部价值活动，还包括上游原料、设备等供应商价值链，同行业的竞争者价值链，中游的互补品价值链，下游市场与销售价值链，以及终端的消费环节，直至末端的垃圾处理。矿业产业价值链如图 20-2 所示。从循环经济视角看，西藏矿业产业价值链主要存在以下问题。①行业价值链供应环节规范性不足、人才要素匮乏。西藏矿业权在数量上得到了一定控制，但对矿业权发放的时间和位置布局依然缺乏科学性，矿产资源整体开发制度不完善。矿业水电供应缺乏适当的价格调节机制，导致水电原料使用率低。高级人才要素不足，如矿业高技术人才和高素质职业经理人等匮乏，致使行业发展水平提升缓慢。②产业价值链短、环节不健全，行业生态意识与循环经济意识差。资源勘探环节缺乏合理规划、勘探技术落后；采矿环节，"掘富弃贫"现象严重，供、伴生矿采掘率低；闭矿环节的尾矿利用和生态复位意识差；加工与制度环节，清洁生产能力差。资源二次使用环节不健全、废弃物处理环节不健全，工业"三废"处理欠妥。据《西藏统计年鉴》（2013~20215）：2012 年，西藏首次涉足废弃资源综合利用业，共 1 家注册企业，而此企业次年便退出市场，退出原因不详。截至 2014 年底，西藏没有废弃资源综合利用企业。可见，西藏废弃物处理尚处于萌芽阶段，这是导致矿业废弃物综合利用率低的重要原因之一。③行业价值链呈单一、线性形态，缺乏行业系统内资源的共享与协同，导致资源浪费、资源综合利用率低和生态隐患。

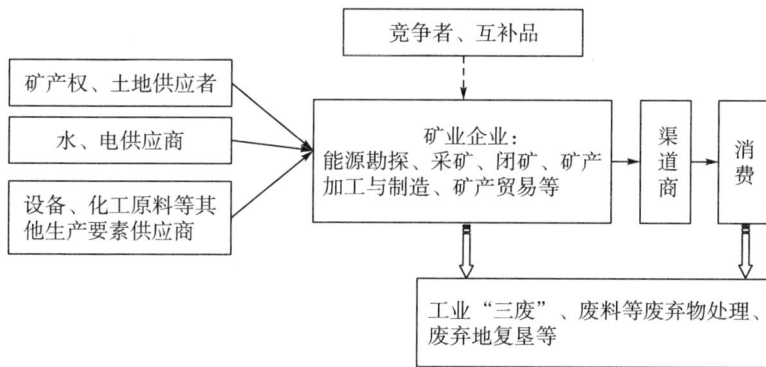

图 20-2　矿业产业价值

四、基于循环经济的西藏矿业价值链优化模式

　　循环经济包含三个循环：企业内部循环、产业层面循环、社会整体循环，因此应从企业、产业和社会三个层面研究矿业循环经济价值链的优化模式。在三个层面中涉及三个行为主体：政府、企业和社会公众。但在优化矿业价值链中，起主要作用的是企业和政府两个主体，尤其是企业，是优化矿业价值链的核心行为者。循环经济视角下的价值链优化需要两个途径：价值链的治理和价值链的升级。价值链中各环节如何安排及各环节之间的联系方式都会影响到价值链成本。价值链治理是通过一定方式正确处理价值链各环节的运行方式，起到优化资源配置和降低内耗的作用；价值链升级，是依靠一定的技术、知识或先进理念实现价值链的转型升级。据此，以"行为主体"和"优化途径"为维度构建西藏矿业价值链优化矩阵（图 20-3），形成四种优化模式。

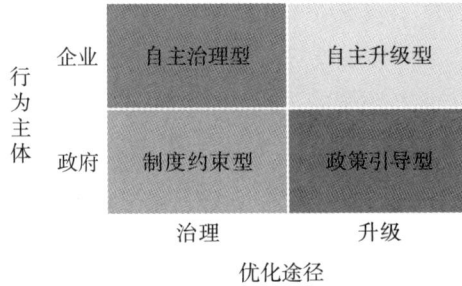

图 20-3　西藏矿业价值链优化矩阵

(一)模式1：自主治理型

自主治理型以"企业"为行为主体、以"治理"为优化途径。该模式的优化思路从操作到理念，包含三个部分：建立循环经济价值链操作流程、健全价值链管理体系和培育循环经济文化。

1. 以"1E+1C+3R"标准构建循环经济价值链操作流程

Kaplinsky以"流程"的思维方式归纳了企业价值链的四个基本环节，据此制定西藏矿业企业价值链各环节的优化标准(图 20-4)。

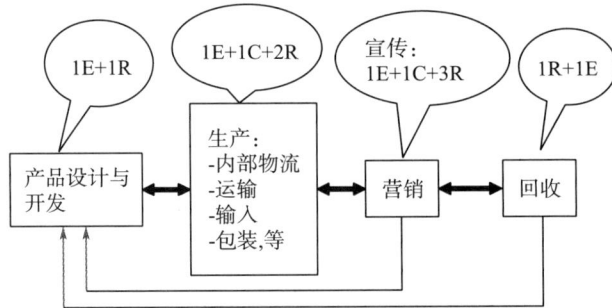

图 20-4　价值链的四个基本环节及各环节标准

数据来源：根据 Kaplinsky(2000)改编。

在"产品设计与开发"环节，以"1E(eco-friendly，环保)"和"1R(reduce)"为设计理念。此环节是内部价值链的起点，此环节的理念决定输入端的能耗量和对环境的态度，从源头节约、保护矿业资源。

在"生产"环节，以"1E(eco-friendly，环保)"、"1C(clean，清洁)"和"2R(reduce，reuse)"为标准。"1E"要求尽可能减少对生态的破坏，尤其是不可逆的破坏活动。"1C"要求生产作业过程采用清洁技术，降低工业三废的排放。"reduce"要求企业使用节能、低耗的设备，注重设备的维修与检测，确保设备高效运转。"reuse"要求资源循环利用、共伴生矿产资源和矿业三废的综合利用，实施"能源阶梯使用"、资源二次或多次再利用，实现价值链反哺。"杜邦模式"为能源的阶梯使用提供了良好的借鉴。

在"营销"环节，制定循环经济宣传模块，加大"1E+1C+3R"循环经济操作流程的宣传，强调自身在循环经济发展中所承担的社会责任，提升企业社会形象，为获得社会认同、增强社会美誉度增加砝码。此环节是促进企业获得优化收益的重点环节。

在"回收"环节，重点执行"1R(recycle)"和"1E(eco-friendly)"：大力推进尾矿、废渣、废水的综合循环再利用，为企业带来额外收益；力所能及地降低生态损坏度，积极从事生态复位、土地复垦、净化污染河流等工作。在生态脆弱的西藏，此环节尤为重要。

循环经济流程的推行需要企业按照上述各环节的标准制定详细操作手册，这是标准得以执行的根本保障。

2. 健全价值链管理体系

严格的价值链管理体系是创造价值和实现循环经济的保障。首先，正确协调内部价值链各环节，使内部各环节实现管理、技术、人员的共享与协作。其次，严格控制价值链各环节的动向。从"方案设计"、"原料投入"到"废弃物处理"各环节均需严格的管理控制。完整的价值链衔接可提升资源使用率、减少资源浪费。

3. 推行可持续发展战略，培育循环经济企业文化

可持续发展战略可减少企业短期行为，使企业遵循商业伦理道德，承担相应社会责任；培育循环经济企业文化，树立"环保、节约、低耗能"的企业使命；利用西藏的民族优秀文化培养员工节约、低碳观念，减少员工操作过程中的浪费现象；塑造"低开采、低排放、高利用"的矿业企业价值链。

(二)模式2：自主升级型

自主升级型以"企业"为行为主体、以"升级"为优化途径。该模式指通过系统的学习、重构、重新定位探索新的发展方式，实现企业内部价值链各环节的优化。该模式一方面可避免企业核心竞争力僵化，增强企业动态能力；另一方面，其路径依赖性成为企业难以模仿的竞争优势。参照 Kaplinsky 和 Morris 的研究，模式2的实现方式可以归结为四类：过程升级、产品升级、功能升级和链条升级。

1. 过程升级

过程升级可从三方面进行。一是，通过流程重组提升企业内部过程的效率，加强勘探、采矿、选矿、生产加工与制造等过程管理，增强价值链各环节的协同与整合，减少价值链的过程内耗。二是，着力培育高素质技术人才和管理人才。三是，结合高原地质特征，引进或研发先进技术与理念，改进采、选、冶等工艺，引进或研发清洁生产技术、废物利用技术、污染治理技术、生态恢复技术，提升矿产资源开采回收率、选矿回收率，降低采矿贫化率，从根本上解决西藏矿业现有的"掘富弃贫"的突出问题，实现价值链管理效率提升。例如，引进 ERP 系统提升设备运转效率；采用氰化法、酸性排气法(scrubbers)、闪速冶炼法、污水净化法等先进清洁技术实现生产过程清洁；采用尾矿地微生物分解法实现环境零污染等。

2. 产品升级

矿业企业产品升级主要指产品技术升级和产品附加价值升级。西藏矿业企业应加大科研投入，实现技术升级，并依靠高新技术、先进工艺增加产品附加价值，使企业从资金和劳动密集型粗放式增长方式向技术、知识密集型集约方式转变，从外向型增长向内向型增长转变，实现产品从微笑曲线低端向两端的转变。

3. 功能升级

功能升级指重新审视企业自身综合能力，通过改变价值链的综合活动提升附加价值。西藏矿产资源伴共生矿多、优势矿产突出、生态问题需要格外维护，西藏矿业企业可根据资源禀赋特征和自身价值链优势，重点加强价值链的某个环节，或将某个环节外包。另外，可运用现代技术增强各环节间的衔接，实现企业内价值链总体附加价值的提升。

4. 链条升级

链条升级指价值链专业知识的共享与转移，包含两层含义：一是，企业内部价值链的升级；二是企业产业价值链的延长、升级及价值网的构建。

在内部价值链层级层面，西藏矿业企业可培养自身核心技术，如探矿技术、生态复位技术等，构建技术平台，共享知识与技能，实现价值链的链条升级。

在产业价值链层面，西藏矿业可以通过以下两种方法实现：第一，延伸产业价值链长度。废弃矿物处理与加工产业化，借鉴湖北黄石国家矿山公园等，发展矿山工业旅游。第二，扩大产业价值链的跨度，实现产业价值链网状化，即构建价值网。结合西藏实际，构建以西藏矿业为辐射中心，以电力、水力等生产供应业、水泥、建材等建筑业、尾矿观摩等工业旅游业、生态环保业为主要成员的多元化产业体系；利用战略联盟、企业集团、产业集群平台等正式或非正式组织形式共享产业技术、消费群体，实现技术杠杆作用，发挥产业价值链的网络效应。

(三)模式 3：制度约束型

政府在循环经济发展中主要承担倡导者、规范者和监督者的责任。"制度约束型"优化模式以"政府"为行为主体、以"治理"为优化途径，体现政府规范者和监督者的责任。此模式的主要实现方式有以下几种。

1. 完善地方性矿业法制法规

经济学家吴敬琏提出"制度大于技术"，制度保障是循环经济价值链得以实施的刚性保障。而现有的《矿产资源法》滞后于目前矿业经济的发展，无法解决当前问题；2002年颁布的《清洁生产促进法》和 2008 年通过的《中华人民共和国循环经济促进法》提出了发展绿色矿业、循环经济矿业的指导原则和鼓励性措施，但缺乏实施细则，可操作性差，更没有体现区域矿业价值链的结构特点。西藏地方政府应在全国法律下完善地方性矿业法制法规，结合西藏矿业价值链结构特点制定矿业循环经济实施细则，如针对共伴生矿产资源、废旧金属的综合回收、矿山土地复垦率、清洁生产指标等问题做出明确规定；制定矿业企业清洁生产标准；建立健全循环经济评价标准，等等。

2. 提升矿业准入门槛，严禁违规开采、资源浪费

西藏矿产资源丰富，但资源利用率低，缺乏有效整合；中小企业违规开采、资源浪费现象十分严重。西藏矿业企业资质审查存在缺陷，一部分资质较低的矿业企业依然在生产经营，导致资源浪费，影响了矿业循环经济的发展。西藏地方政府应在国家法律许可范围内，根据西藏地质环境特征，制定更为严格的矿业准入标准，建立健全审查机制，对矿业企业的设备、生产流程、员工技术资格等重点环节进行严格审查，从价值链源头把关从事矿业开采的企业资质，减少资源浪费。西藏矿产资源作为国家的战略储备资源，应有计划地高效开采，须制定更为严格规范的政策法规打击违规开采的企业及相关部门负责人。

（四）模式4：政策引导型

政策引导型优化模式以"政府"为行为主体、以"升级"为优化途径，体现政府倡导者的责任。政府作为循环经济发展中的有形之手，宏观调控、引导是其主要职责。

1. 政策激励

首先，税收政策激励。建立健全"生态税"和"环境税"机制，完善促进循环经济发展的税种。通过税收激励机制引导矿业企业提高资源利用率、积极循环利用资源、减少浪费和污染。采用税收与资源利用效率、废弃物排放量、资源回收与利用挂钩的纳税政策，对高效开采、发展循环经济的矿业企业采取免税、减税政策，对高污染、高消耗的矿业企业采用增税、重税政策。运用税收手段引导企业淘汰低能效设备及生产工艺、改进生产流程，促进节能减排，鼓励资源再利用。国际上很多国家已通过税收政策取得了良好的成效。荷兰与丹麦便是通过税收政策引导循环经济发展的成功典范。荷兰征收污染税，鼓励企业发展循环经济，对治理水污染、土壤污染、废弃物、噪声、节能减排等领域的专用设备的研发，政府出资资助60%的资金，并允许此类设备加速折旧。丹麦是欧盟第一个真正成功通过税收政策发展循环经济的国家。丹麦政府运用税收手段促进节能减排和提高能效，先后通过"能源2000""能源2000跟进计划"等多个税收改革计划，获得了良好效果。另外，日本、美国、瑞典等国的税收激励机制也都为西藏矿业循环经济发展提供了良好借鉴。

其次，科技政策激励。完善循环经济发展的技术支撑体系，加大矿业循环经济价值链优化的科技研发力度，提升企业发展循环经济的补贴力度，加大高效资源利用技术与设备的推广力度。通过优惠政策，鼓励技术创新研究，推广清洁生产技术、废弃物资源化技术及环境工程技术等循环经济技术。

2. 平台建设

通过循环经济发展平台建设，使矿业企业共享循环经济发展资源，加快循环经济发

展步伐。常见的做法有两种：一是搭建循环经济信息平台。在信息平台上披露循环经济发展的最新成就、效益增收及科技成果情况，提升矿业企业发展循环经济的意识。二是建立矿业循环经济发展示范区，大力宣传矿业循环经济价值链发展模式。

五、结　语

　　基于循环经济视角优化西藏矿业价值链，是解决西藏矿业现存问题的根本出路。西藏矿业循环经济价值链的优化需要企业、产业、社会三个层次的相互推动与协作，企业在优化过程中占据核心地位，是矿业价值链优化行为的主要落实者。本章致力于构建利润大于零的循环经济优化模式，以"行为主体"和"优化途径"为维度构建了西藏矿业循环经济价值链的优化矩阵，提出了四种优化模式。其中，模式1和2是西藏矿业价值链优化的实际操作模式；模式3和4为政策制度保障模式。四种优化模式涵盖了价值链优化的主要行为对象和主要领域，体现了企业与政府在优化过程中的不同角色定位，可操作性强，对区域矿产资源可持续发展、建设资源节约型和环境友好型现代矿业体系、提高西藏矿业企业经济效益等均具有一定的指导意义。优化模式的运行机制，以及可行的优化成本方式与收益等将成为后续研究方向。

参 考 文 献

曹望. 2008. 基于循环经济产业价值链的技术创新网络探讨 [J]. 改革与战略, 24(5)：120-122.
陈德敏. 2004. 循环经济的核心内涵是资源循环利用——兼论循环经济概念的科学运用 [J]. 中国人口资源与环境, 14(2)：12-15.
陈建华, 朱磊. 2009. 基于循环经济的企业价值链研究 [N]. 山东大学学报, (2)：71-76.
葛扬, 王棋. 2004. 循环经济持续发展的价值链机制 [J]. 城市环境与城市生态, 17(5)：21-23.
拉巴次仁. 2010. 构建战略能源有色储备基地　西藏基础设施亟待改善 [N]. 经济参考报. 2010-12-06.
李兆前, 齐建国. 2004. 循环经济理论与实践 [J]. 数量经济技术经济研究, (9)：145-154.
林海涛, 李敬湘. 2015. 政府政策促进循环经济发展研究 [J]. 再生资源与循环经济, 8(1)：13-15.
迈克尔·波特. 1997. 竞争优势 [M]. 北京：华夏出版社.
梅村. 2002. 循环经济发展战略探讨 [J]. 经济学前沿. (12)：20-23.
王文页, 王德刚. 2013. 西藏矿产资源勘查项目环境影响评价工作要点探讨 [J]. 西藏科技, (4)：13-16.
王晓琳, 姬长生, 任海兵. 2010. 我国矿业循环经济与矿产资源综合利用问题研究 [J]. 中国矿业, 19(1)：52-54.
吴季松. 2005. 循环经济 [M]. 北京：北京出版社.
伍红. 借鉴国际经验完善我国促进循环经济发展的税收政策 [J]. 企业经济, (5)：156-159.
西藏自治区国土资源厅. 矿山地质环境 [EB/OL] http：//www. xzgtt. gov. cn/zygk/201509/t20150910 _ 1366142. htm
薛亚洲, 王海军, 等. 2010. 发展矿业循环经济的潜力与对策研究 [J]. 矿业研究与开发, 30(3)：109-112.
杨航征, 何磊磊. 2009. 我国矿业领域循环经济立法的探讨 [J]. 经济问题, (9)：63-65.
赵春雨. 2009. 循环经济价值链的价值要素模型研究 [J]. 科技进步与对策, 26(15)：111-115.
Hilson G, Murck B. 2000. Sustainable development in the mining industry：clarifying the corporate perspective [J]. Resources Policy, (26)：227-238.
Humphrey J, Schmitz H. 2000. Governance and Upgrading：Linking Industrial Cluster and Global Value Chain [R]. IDS Working Paper 120, Brighton：Institute of Development Studies.
Kaplinsky R, Morris M. 2001. A Handbook for Value Chain Research [M]. Prepared for the IDRC.

Kaplinsky R. 2000. Globalization and Unequalisation: What Can be Learned from Value Chain Analysis [J]. Journal of Development Studies, 37(2).

Normann R, Ramírez R. 1993. From value chain to value constellation: Designing interactive strategy [J]. Harvard business review, (7-8): 65-77.

Shank J K, Govindarajan V. 1993. Strategic cost management: The new tool for competitive advantage [M]. New York and Toronto: Free Press.

Teece D, Pisano G. 1994. The dynamic capabilities of firms: an introduction [J]. Industrial and Corporate Change, (3): 537-556.

第二十一章　青藏铁路物流发展影响的调查 *

曹志敏

摘要：青藏铁路作为西部地区主要的基础设施建设，为新兴的物流产业提供了强大的依托和赖以生存的条件。西藏的物流发展是其产业转变的重要因素。因此，了解西藏物流发展，尤其是了解拉萨市的物流发展，必将有利于了解西藏产业转变过程中的因时利弊，有利于更加完善市场经济的发展。

关键词：西藏；物流业；调查。

一、物流依托铁路，经济快速发展

物流业是近几年才发展起来的新型行业之一。尤其是在我国，各个行业在把物资和人力定为第一、第二利润源之后，又把物流定为第三利润源，由此可见，物流在各个行业中占据着极其重要的地位。物流为企业从包装、仓储、运输、配送等方面尽可能地节省各项开支，以降低企业的成本而从中赢利。在 2009 年的经济危机中，物流业被国家作为十大振兴产业之一加以发展，物流业在我国未来的发展前景广阔。

从古至今，西藏由于海拔高、地处偏远、自给自足能力有限，大多数物资都是外运的。青藏铁路的建成，可以说是人类发展史上的一个壮举，它不仅改变了西藏过去常年闭塞的交通环境，大大有利于西藏的经济社会发展。同时，青藏铁路运输具有快速、大规模、低运价及不受气候影响的全天候经济技术特点，是现代工业发展不可缺少的运输方式，也是我国西部大开发的重要的基础设施建设。

目前西藏已具备公路、航空、铁路三方面的运输能力。但因公路和航空运输成本较高，运输量有限，铁路运输势必成为货运的主要方式，也是最优于其他方式物流的方式。

（一）西藏现代物流发展状况

由于西藏的物流发展还处于一个初步发展阶段，从各方的调查结果中我们了解到，西藏自治区整个社会还未能形成一个整体的物流畅通体。因此，判断物流发展的基础点，就在于西藏的物流吞吐发展。这其中不仅包括物流的形式——客运和货运，同时涵盖物流的内容——公路、铁路、航空和管道运输，从整个物流的吞吐发展中，以全局的高度来看，就成为反映物流发展的集中体现。笔者在整个调查过程中，受资料收集较为困难

---

* 原载于《西藏论》2013 年第 5 期。

的影响,引用西藏 2000~2010 年 GPD、各运输方式运输量、总运量统计的数据来说明近些年西藏物流运输的发展。根据相关部门对物流发展的统计数据,我们可以看到表 21-1。

表 21-1 西藏 2000~2010 年 GDP、各运输方式运货量、总运量统计——摘自西藏自治区统计公报

年份	GDP/亿元	各运输方式货运量/万 t				总运量/万 t
		公路	铁路	民航	管道	
2000	117.80	196.00		1.30	12.00	209.3
2001	139.16	200.70		1.30	10.00	212.0
2002	162.04	207.70		1.50	10.00	219.2
2003	185.09	266.00		1.44	12.00	279.44
2004	220.34	273.98		1.54	12.00	287.52
2005	251.21	356.00		1.61	12.00	169.61
2006	291.01	346.00	2.10	1.08	11.40	160.58
2007	342.19	360.00	12.41	1.18	11.23	284.82
2008	392.00	293.00	25.60	1.03	12.00	331.63
2009	400.00	920.00	22.80	1.36	15.10	959.26
2010	507.46	952.00	29.90	1.47	13.00	996.37

西藏物流的全局发展情况。西藏物流大货运量每年都在以 9.1% 的增长率持续上涨,公路运输因其较为全面的公路网成为西藏物流发展的主要形式之一。货运量的比例均为 90% 以上,而航运和管道运输因其自身的高成本性和地域性,一直在西藏货运发展过程中扮演着配角的角色,无法全面满足西藏社会货运发展的需求。这就意味着,随着社会物流量需求的增加,西藏的物流运输问题已成为其社会经济发展的主要问题。但由于交通运输能力的严重不平衡,交通问题的解决又成为物流发展的主要问题,也就是说,只要交通问题得以很好地完善,那么西藏的物流发展将成为新兴的经济支柱体。这就为青藏铁路的建设需要铺平了道路。我们从表 21-1 不难看出,自 2006 年后,西藏的货运开始采用铁路运输的方式,且在以成倍的速度增加,这就意味着青藏铁路的建设,为西藏物流的发展打造了一个全新的时代。

(二)"天路"通车运营,物流发展进入全新时代

西藏交通运输业的全面铺成成为西藏物流发展的基础,因此,构建立体的交通网络就成为客观的必然需要。青藏铁路的通车,标志着西藏地区已初步形成现代立体化综合运输体系,为西藏实现物流合理化,大幅降低物流成本提供了物质基础。

青藏铁路的重点建设段为青海省格尔木市到西藏自治区首府拉萨市,沿途分别经过:昆仑山口、不冻泉、可可西里无人区、五道梁、沱沱河沿岸、唐古拉山口,进入那曲地区到达安多,再经那曲当雄、过羊八井进入终点站拉萨。沿线的地区涵盖藏北高原的大部分地区,同时也涵盖西藏主要的矿藏资源区,是内地物资连接青海省进入西藏的必经之路;加之与青藏公路相邻,尤其是拥有大面积土地的特点,为物流基地和物流中心的

建设提供了得天独厚的条件。

　　从表 21-1 显示的数据我们可以得出，过去西藏 GDP 的一半都消耗在车轮上，西藏物流成本远高于全国 20% 的比率。因此，物流运输的均衡分配以及减轻物流成本的需要就成为国家和西藏自治区政府的重点任务，这就为青藏铁路施工建设提供了条件。从近期来看，青藏铁路将对沿线物资运输产生了重大影响。在调查过程中，笔者在自治区统计局相关人员的配合下掌握了大量的可靠数据，以下是对所掌握数据进行的一次统计，将典型的数据进行总结，希望通过这些具体的数据以及表格的表现形式，更加具体地表现青藏铁路通车四年来（截至 2010 年）对西藏自治区各项发展的影响。

　　从表 21-2 的典型的数据中我们可以看到，青藏铁路的作用不仅仅助力西藏的资源产业化发展，同时也为西藏的可持续发展、社会经济的稳定团结做出了不可磨灭的贡献。今后随着铁路相关设施的进一步发展，西藏的仓储、物流有望依托铁路发展成为辐射我国西部、中部地区，通往印度洋、南亚的物流集散地。这其中就包括已建成的那曲物流中心以及正在建的拉萨物流基地。同时从远期来看，我国《中长期铁路网规划》中指出未来还将修建拉萨—林芝、拉萨—日喀则、日喀则—亚东三条线路，远期还要与印度，甚至与尼泊尔、巴基斯坦铁路连接起来。青藏铁路的全线开通，已开始从过去的单一交通枢纽向"两个枢纽和三个中心"转型，力图全力打造西部现代交通枢纽和信息通信枢纽，以及现代物流中心、资源加工转换中心。

表 21-2　青藏铁路通车四年来对西藏各项发展的影响

关键数据	相关信息
2979.9 万人和 13678.6 万 t	据青藏铁路公司最新统计，截至 2010 年 5 月底，该公司运送旅客 2979.9 万人，货物 13678.6 万 t，其中，进藏旅客 288.4 万人，货物 545.4 万 t，出藏旅客 280.7 万人，货物 71.6 万 t，雪域高原的各族人民把青藏铁路称为"经济线"和"幸福线"
437 亿元和 1000 亿元	青藏铁路已经成为助推西藏、青海两省区经济发展的强大"引擎"。统计显示，2007 年、2008 年、2009 年，西藏自治区 GDP 分别比上年增长 14%、10.1%、12.1%。特别是 2009 年西藏 GDP 达到 437 亿元，比通车前的 2005 年增长 59.4%；青海省 2007 年、2008 年、2009 年的国内生产总值分别比上年增长 12.5%、12.7%、10.1%，其中，2009 年突破 1000 亿元
0.12 元	目前，铁路运输执行 0.12 元/(t·km) 的运费标准，比公路运输运费标准低 0.27 元。按照单位运价测算，西宁到拉萨的每吨货物可节约运输成本五百多元。青藏铁路极大地解决了青海、西藏两省区的交通瓶颈问题，降低了进出藏货物的运输成本，加快了区域市场融入国际国内大市场的步伐
550 万人次	青藏铁路进一步带动了青海和西藏旅游业的发展，大量国内外旅客纷至沓来。其中，2009 年西藏接待游客超过 550 万人次，比通车一年多的 2007 年增长 40%，"出国容易进藏难"的说法成为历史
3 万只	青藏铁路穿越珍稀野生动物藏羚羊的乐园——可可西里国家级自然保护区。为了使藏羚羊在迁徙产仔期间免受人类干扰，青藏铁路预留了 33 条野生动物绿色通道。在线路养护施工时，遇到藏羚羊迁徙，严格采取远离等候、撤离及暂停作业等保护措施。青藏铁路通车以来，经过绿色通道的藏羚羊已由过去的每年六七十只增加到 2010 年的近万只，总计超过 3 万只
15 个	青藏铁路非常重视环境保护，在做好沿线植被恢复工作的同时，确保沿线污水和污物零排放。青藏铁路旅客列车设有集污器、集便器，集中收集排放污水和污物。青藏铁路在格拉段一共设置了 15 个污水处理站点，确保污水和污物达标排放，同时，对沿线站区、列车上产生的垃圾等固体废弃物分类收集，集中处理

续表

关键数据	相关信息
52 个和 32 个	青藏铁路沿线设置了 52 个大风监测系点，大风信息可以通过网络实时传入调度台，在唐古拉山等 32 个车站应用了道岔自动融雪装置，保证列车在恶劣天气下全天候运行。全线运输调度指挥和管理实现了运程化、信息化、智能化，以先进的技术设备保障安全运营
13 项	青藏铁路公司建立健全应急救援保障制度，制定了《青藏铁路公司突发公共事件应急救援总体预案》以及行车事故、自然灾害、交通安全、公共卫生事业应急预案等 13 项专业预案，同时设置了格尔木、沱沱河、那曲、拉萨等 4 个救援基地，构建了较为完善的具有高原特点的救援体系

二、构建"三角形"黄金物流旅游战略，促进铁路沿线中小城镇发展

（一）铁路换线建设成为必然，着力打造黄金物流线路

西藏的铁路发展一直是自治区和国家关心的重点问题，区域的发展离不开铁路的发展，而西藏作为我国西南边疆重要的天然屏障和物资富源地，其运输建设，一直是党和中央重点关心的问题。笔者进行调查的时期，正值西藏自治区成立 60 周年之际，期间，笔者切身感受到运输的发展为西藏的经济建设铺平了道路。现如今机场高速的建立，大大缩短了以往从贡嘎机场到拉萨市区的距离，过去这条线路的单程开车就需要两个小时，如今机场大巴的运行，从机场到拉萨市只需要 40 分钟。大量穿山隧道的建立，也为西藏的区域内部公路网络建设提供了更大更多的契机，据笔者了解，在过去漫长岁月里世界唯一不通公路的墨脱县，也因为嘎啦隧道的建立，改变了过去长期与世隔绝的局面，墨脱这个一直深藏闺中的"女子"，也终于实现了成功"嫁出去"的目标，成为我国与越南、老挝等国家交流的重要边陲重镇，未来也必将成为重要的边贸城市，为实现区域的发展做出应有的贡献。

而作为交通运输的主要形式，铁路以其快捷、货量大、灵活性强等特点，一直是世界陆路运输的主要形式，从大量的资料中我们了解到，世界主要的港口货运城市，如利物浦等，其发达的交通运输为城市的发展提供了重要基础因素。笔者翻阅资料了解到，以铁路的方式进入西藏，可环绕西藏自治区的四面八方建立立体三维的铁路交通网络，这其中在东南西北四个方向上主要如表 21-3 所示。

表 21-3　入藏的主要铁路线路

名称	铁路经由
甘藏线	兰州—东乡—玛曲—玉树—那曲—当雄—羊八井—拉萨
川藏线	成都—灌县—昌都—洛隆—波密—林芝—泽当—贡嘎—拉萨
滇藏线	昆明—广通—大理—洱源—德钦—八宿—波密—林芝—泽当—贡嘎—拉萨
青藏线	西宁—格尔木—南山口—不冻泉—唐古拉山口—安多—当雄—羊八井—拉萨

　　这些主要的铁路除青藏线已建成完工以外，其余线路都将在国家未来更长期的规划中得以完善。过去走青藏铁路货物运输只能到达格尔木，到达格尔木后，后期的运输，即从格尔木到拉萨只能依靠汽车，这样一来，运输的畅通不能保证且时间耗损也非常大，所以不仅为了大大缩短运输时间，同时也为从政治、经济、文化等多个方面实现西藏与内陆的沟通，大大实现西藏的全局发展，因此，从格尔木开始的青藏铁路格拉段建设就势在必行。我们可以从地图上看到青藏铁路途经的主要城市有格尔木、可可西里、安多、当雄等，这其中不仅包括我国主要的货物集散城市，也包括有以险峻大美的风景而闻名的高原重镇。

　　另外，川藏铁路作为一条正在规划和前期修建的主要入藏铁路，因其能在原有的货运基础上大大缩短铁路运输时间，而成为继青藏铁路后的又一个重要铁路基础设施建设项目，它从东部入藏的形式，与青藏线以西部入藏的形式巧妙地形成了一个梯形线路。其中，它途经的城市主要有昌都、林芝等西藏藏东南部城市。作为西藏的两大地级区域，昌都到林芝再转入拉萨不仅以其优美壮丽的景色成为入藏旅游的黄金线路及各种驴友发烧热爱的入藏线路，同时作为铁路沿线的重要城市，加之能使今后铁路运输从四川到拉萨的时间保证在 7 个小时以内，从而使今后川藏铁路的施工建设成为必然，大量物资自然能从四川流入西藏，因此等同于青藏铁路的沿线优势。将来这一区域物流的集散也将成为这两个地区主要的经济支点。作者在对大量资料的调查的基础上认为，实现物流运输和旅游黄金线路的重合建设，会为自治区经济的发展提供比单一建设更为优越的经济发展模式。

（二）构建梯形物流旅游黄金线，实现区域经济的更大突破

　　随着跨省区旅游和邻国友好关系的发展以及物流发展的客观要求，在西藏的地图版块上，我们可以看到这样一个梯形模式的旅游线路（图 21-1）。

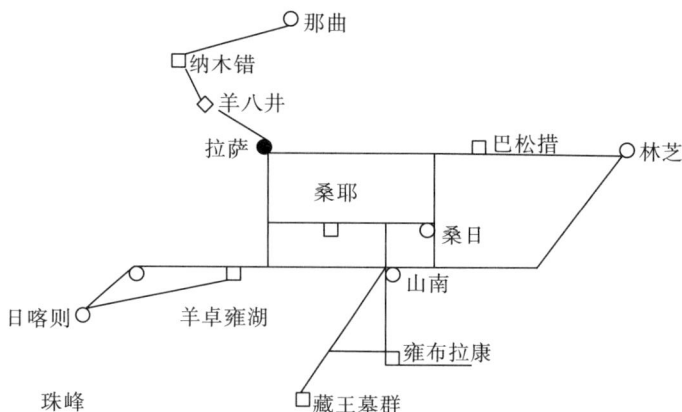

图 21-1　藏东南旅游线路梯形图

　　从图 21-1 中，我们可以看到，在以拉萨为中心的环绕路线里今后可以实现西藏的东南部与西部的连接，形成一个主要的梯形环线，在未来铁路的入藏路线上，物资和客流可以实现从最东端的林芝地区到拉萨，从而促使物流业的发展，节约了大量时间。同时

途经自治区主要风景区——巴松措也必将成为川藏铁路入藏旅客的必游地。另外林芝与山南得天独厚的毗邻优势，桑日、雍布拉康、藏王墓群旅游线路的开发，也必将激发旅游的连带作用，将物流的流通中转承接作用辐射到山南地区。再者，我们往西看，作为青藏铁路的必经地，笔者也已论述作为西部最大的物流集散地，那曲高原物流基地的建设将以其强大的辐射作用影响藏北高原，而青藏铁路途经区的羊八井和纳木错，也已成为如今入藏游旅客的必到之处，作为西藏地热资源的主要基地羊八井，以其独特的地域优势，必将大大吸引投资商的眼光，纳木错则作为青藏铁路的沿途风景，高原神湖的神奇美景，依然会吸引大量内地和海外游客的前往，往下日喀则地区在过去就是西藏主要的矿产资源集散地，今后青藏铁路的衍生段修建工程，也必将使日喀则地区的稀有矿藏走向内陆和海外，特别是对印度等国家的辐射能力将显露无遗。再者，俗话说得好，"酒香不怕巷子深"，羊卓雍湖的开发，将吸引更多的人前往。

因此，从图 21-1 中可以看出，沿铁路环线，跨区域的游线组织和区内物流网络的完善是互动关系，作为核心边缘区理论的现实实现，铁路的作用不容忽视，而且物流业和旅游业的重合，也将成为这一区域的一大特色，它不仅提升了西藏的旅游品牌路线，也实现了物流的大融会贯通，为西藏城市化的发展起到重大的作用，资源的优化配置和资金流的转变都将成为这一区域的集大成发展。

三、青藏铁路沿线物流业的未来期望

（一）扩大基建设施，构建区域交通跨国枢纽

物流的发展因其客观规律性，对区域的发展和区域整个格局的改变都起着至关重要的作用。青藏铁路的建设，使西藏的运输交通网实现了最后的一层立体网络。该铁路自2006 年运营通车以来，吸引了大量人员、物资进入西藏，不仅为西藏的经济发展发挥了重要作用，同时也因铁路运输的优势为西藏社会经济发展带来了不容忽视的效益，未来铁路衍射段，还沟通了南亚次大陆，因此扩大规模和基础建设，成为未来物流发展的重要方向。

（二）构建信息网络化模式，政府部门任重道远

同时，政府部门也应该利用青藏铁路阿里段的巨大物流机遇，加大培育物流市场，做好服务工作，营建良好的市场环境，吸引内陆省份，甚至是国外物流企业到西藏地区投资和发展。最重要的是要做好物流信息网络的建设，西藏立体运输体系网络的初步形成，对西藏物流信息提出了更高的要求，政府主管部门在加强审核和管理的同时，应不断增加物流信息单位的数量和业务范围，鼓励和支持物流企业信息化和物流信息企业的发展。

参 考 文 献

尕藏才旦，尼古拉，扎强，等 . 2010. 西藏物流产业发展特征研究［J］. 西藏大学学报（社科版），（01）：18-25.

郭励弘 . 2006. 青藏铁路与西藏产业结构调整［J］. 中国发展观察，(7)：13-17.

李昌明 . 2009. 西部民族地区经济空间结构演进研究［J］. 延边大学学报(社科版)，(1)：88-93.

乔瑞军，朱晓宁，李熙，等 . 2009. 西藏自治区现代物流发展的现状及需求分析［J］. 物流技术，(10)：1-3.

王辛岩，杜文 . 2005. 青藏铁路对西藏公路运输的影响及其对策策略分析［J］运输标准化，(6)：132-135.

西藏自治区人民政府 . 2009. 青藏铁路和那曲物流中心对那曲的辐射带动作用 . 2009-09-25.

西藏自治区统计局，国家统计局西藏调查队 . 2008. 西藏统计年鉴［M］. 北京：中国统计出版社 .

第二十二章　基于 SCM 下西藏民族手工业成本抑制分析研究[*]

杨阿维　张建伟

摘要：随着拉萨民族手工业园区、日喀则民族手工业园区、扎囊手工业园区和民族手工业专业乡（镇）基地的建设，西藏经济建设始终贯穿大力实施"一产上水平、二产抓重点、三产大发展"的经济发展战略、加快转变经济发展方式这条主线，西藏民族手工业发展面临着重大的机遇和挑战。由于受运输条件、生产条件、气候条件等限制，西藏地区民族手工业销售显示出较强的季节性，运输成本、库存成本、交易成本和风险成本巨大。通过供应链结构分析现在民族手工业供应链中的潜在成本和现实成本，得出削减成本的方法：降低生产者与零售商之间的中间环节以减少运输成本；降低从原材料到成品的一切存货，并通过不断加快交货速度以缩短生产周期；建立提供民族手工业公开信息的系统，方便消费者购买以减少交易成本；加强政府的执行力以降低经营者的风险成本。

关键字：供应链管理；西藏民族工业；成本抑制；分析研究。

一、西藏民族手工业发展概况

民族手工业是西藏的三大传统产业之一，新石器时代卡若遗址出土的"双体兽形罐"，制作工艺受到文物工作者的高度评价。五世达赖喇嘛罗桑嘉措时期，曾于拉萨举办过手工业产品展评，江孜的卡垫、贡嘎姐德秀的围裙、郎杰秀的氆氇、墨竹工卡塔巴村的陶器、拉萨的缝纫、昌都的唐卡、卫藏地区的金银铜器等，都被评为同类制品中的上品。

西藏民族手工业一直是西藏农牧民的主要副业收入，但基本是个体经营方式，生产工艺简单、成本高、效率低、规模小。1959 年民主改革后，西藏民族手工业得到恢复和迅速发展。到 1965 年，全区民族手工涉及 33 个行业，近 100 家企业，年产值由民主改革前的 124 万元上升到 890 多万元，年均增长率为 32%。1981~1989 年国家为了支持西藏民族手工业的发展，拨付了 2340 多万元建设新厂房、引进先进技术、培养专业人才。1994 年以来，西藏自治区大力发展旅游业带动当地手工业商品生产，经济效益明显提高。1996 年，生产旅游商品实现利润 560 万元，比 1985 年增长 76%。旅游商品销售额已占西藏民族手工业产值的 15%，品种规格发展到 730 多个。在人民政府的大力扶持下，全区个体手工业发展到 1000 多户、4500 多人，年产值 290 万元。截至目前，全区 56 家

---

[*]　原载于《经济师》2013 年第 2 期。

定点民族手工业生产企业中，有 70% 以上企业从事旅游产品及旅游纪念品的开发加工，旅游纪念品花色品种多达 800 种，占据了民族手工业产品市场的重要份额。2009 年，西藏旅游业总收入达 55.98 亿元，其中旅游纪念品收入就超过 16.86 亿元，占旅游业总收入的 30% 左右。山南地区民族手工业发展到近 20 家企业，主要产品含二十多类、八百多个品种。藏毯、卡垫、围裙等传统民族手工艺品产值超过 2 亿元，带动农户 2 万余户、家庭作坊式生产专业户一千八百余家。那曲地区具有一定规模的民族手工艺厂商达到了五十余家，具有藏北民族特色的地毯、牛羊骨工艺品、唐卡、民族服饰、金银铜器等二十余种特色产品。2011 年西藏民族手工艺品种类达到两千余种，总产值达到 19.4 亿元，占旅游业收入的 20% 左右，虽已取得长足发展，但仍远远低于国内平均水平。

二、供应链管理与西藏民族手工业研究文献综述

（一）供应链管理文献综述

美国埃米·朱克曼认为，最先进的供应链管理（supply chain management）不仅探索如何提高整个供应链中成本抑制（cost containment）能力，还必须满足消费者对及时高效的产品和服务日益增长的需求，并且要考虑到技术领域的快速变化，从原材料或元部件的供应到送达消费者手中，使企业有能力对整个供应链中生产、物流和库存进行协调，降低存货水平、注入高新技术极速发货、促进质量改进，提高实践供应链管理。

飞利浦照明设备公司前任物流副总裁杰克·科普利顿认为："SCM 的趋势是要通过一套快速响应的体系更加贴近消费者。另一方面，它的目的是缩短与原材料生产者相关的周转时间。于是他们就能够更快地生产出成品，以影响消费者即时的需求，而不是去预测长期的需要。这使供应商得以减少存货生产，同时又提高服务水平。"

供应链管理包括货源的搜索、采购、生产、物流、销售等环节；成本抑制是供应链管理的驱动力；高新技术使准时制（JIT）发货和生产成为可能；物流是供应链中关键的促成因子；经济订购批量降低库存成本；安全库存是确定经济订购批量的保障，这就要求缩短整个供应链的循环周期，促使生产、运输、通信和交易的流程速度提高，达到零库存，以提高成本效益。

（二）西藏民族手工业发展现状文献综述

西藏大学财经学院的贡秋扎西副院长等在《西藏民族手工业发展模式初探》一文中，从供给能力和需求潜力角度评估西藏民族手工业发展水平，民族手工业供给出现以下几个特征：①产品质次价高；②技术设备落后和粗糙；③产量规模小且分布分散；④技术和管理人才严重匮乏；⑤原材料供应存在潜在制约；⑥内源融资能力欠缺而外源融资渠道单一，存在信贷配给等金融抑制现象；⑦政策扶持力度和侧重点有待突出；⑧虽然人均收入低，但城镇消费旺盛；⑨旅游消费季节性显著而增长趋势明显；⑩区外、国际市场对西藏民族手工业产品的需求在不断增长。

西藏大学经济管理学院安玉琴在《西藏民族手工业发展对策研究》中指出，西藏民族手工业发展现状具有以下特点：①行业集中度低，企业竞争力较弱；②企业研发乏力，创新能力严重不足；③产品销路不畅，企业开工不足；④人力资源匮乏；⑤资金匮乏。

这些研究都没有从本质上揭示制约西藏民族手工业发展的关键因素。第一，西藏民族手工业发展最关键的制约因素在于交通运输条件非常薄弱；第二，西藏民族手工业在运营过程中存在的季节性差异，导致库存成本高昂。基于这些原因，本章从西藏民族手工业发展的供应链结构出发，揭示制约西藏民族手工业发展的关键成本因素，以提高西藏民族手工业供应效率。

三、西藏民族手工业供应链管理现状

（一）西藏民族手工业供应链管理现状

西藏民族手工业包括：五金工艺、木、皮、石、布、毛等加工制造业，代表产品有西藏的唐卡、卡垫、藏香、民族服装、民族家具、尼木的藏纸、加查的木碗、拉萨的金银器械、扎囊的氆氇、拉孜的藏刀、仁布的玉器、江孜的地毯、浪卡子的藏被、山南姐德秀的围裙等。

1.　西藏民族手工业供应链结构

在此供应链中(图 22-1)，生产者和消费者的环节不可省略，可省略中间的全部或部分环节：

1)由生产者直接卖给消费者(M—C)；

2)由生产者将民族手工艺品提供给供应商集中发货给消费者(M—S—C)；

3)由生产者直接发货给零售商，消费者在零售商处选择(M—T—C)；

4)由生产者发货给批发商，批发商批发给零售商，消费者在零售商处购买手工艺品(M—W—T—C)；

5)供应商发货给零售商，零售商再卖给消费者(M—S—T—C)；

6)由供应商将手工艺品发货给批发商，批发商批发给零售商，消费者在零售商处选择购买(M—S—W—T—C)。

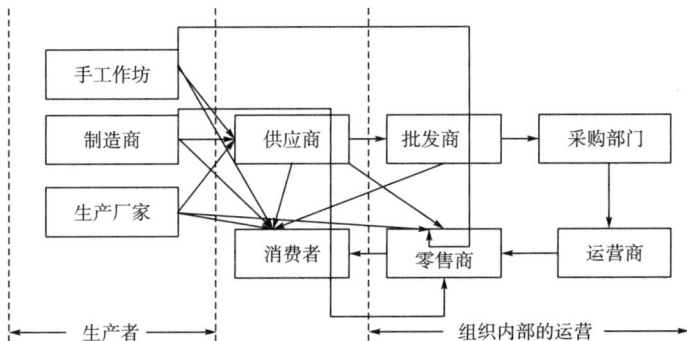

图 22-1　西藏民族手工业供应链结构

2. 西藏民族手工业的采购循环步骤

西藏民族手工业的采购循环步骤如图 22-2 所示。

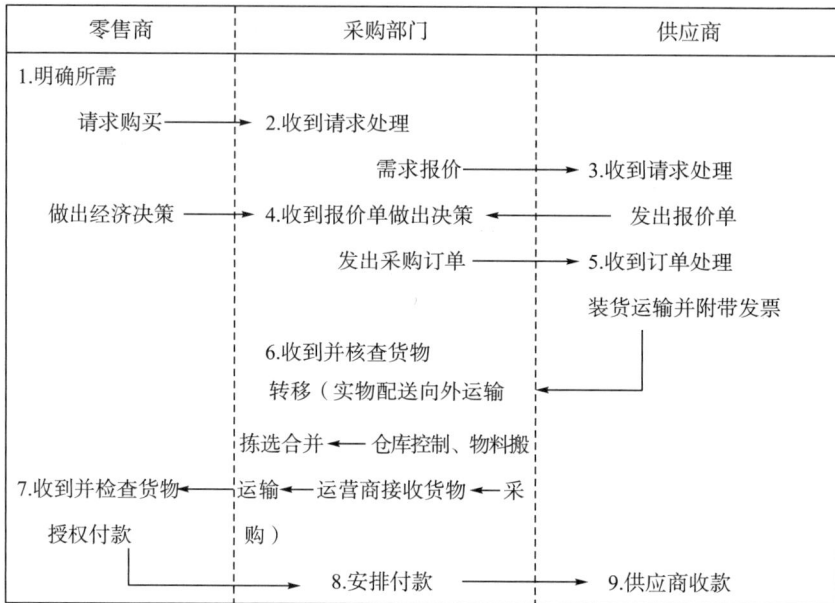

零售商	采购部门	供应商
1.明确所需		
请求购买 ——→	2.收到请求处理	
	需求报价 ——→	3.收到请求处理
做出经济决策 ——→	4.收到报价单做出决策 ←——	发出报价单
	发出采购订单 ——→	5.收到订单处理
		装货运输并附带发票
	6.收到并核查货物	
	转移（实物配送向外运输	
	拣选合并 ←—— 仓库控制、物料搬	
7.收到并检查货物 ←——	运输 ←—— 运营商接收货物 ←— 采	
授权付款	购）	
	8.安排付款 ——→	9.供应商收款

图 22-2　西藏民族手工业采购循环步骤

(二)西藏民族手工业供应链成本现状

1. 运输成本负担

拉萨从地区运送民族手工业的运输线路长、运输周期长，加上油价不断上涨，道路除了拉萨到贡嘎的唯一一条高级公路外，基本上都是二级以下的公路，铁路之类的并没有修进地区。而山南、林芝等地区的民族手工艺市场也是从各乡镇的小作坊和农牧民手中收取，在运输上耗费了大量的人力和财力。

2. 存货成本过高

由于受高原气候的影响，西藏民族手工业的消费呈现出较强的季节性。在每年的劳动节之后，伴随着旅游旺季的到来，手工业市场的销售量开始增加，但是在每年的国庆节之后，除了本地居民的消费，外地游客消费量明显下降，在消费淡季，库存成本很高。

3. 交易费用成本存在

1)供给者在购进西藏民族手工艺品的过程中，承担了大量的交通费、咨询费、人力资本等搜寻成本。

2)在销售前期，消费者根据自己的需求进行搜索，供给者与消费者之间存在信息成本。

3)在买卖过程中，供给者和消费者之间会因为价格、质量、样式等问题形成讨价成本。

4)供给者根据自己的管理费用、财务费用、销售费用和营业成本来预计自己的成本进行定价，与消费者经过讨价还价的过程，确定自己可以接受的价格，这个过程便产生了决策成本。

5)如果消费者不满意自己购买的或预定的手工艺品，但没有事先与供给者达成协议，便形成违约成本。

4. 经营风险成本威胁

1)供应原材料的短缺、供应商对经济收入的欲望变化和交货时间的延迟等供应风险。

2)由于供需季节性变化、消费者消费偏好的改变、新的替代品的出现和区外竞争等市场风险。

3)由原材料、制作工艺、技术、创新、产品产量等引起的产品风险。

4)由于西藏是多民族聚集的地方，商家在经营时也存在安全风险。

5)在买卖过程中的支付、管理费用、资金来源和利润等资金交易风险。

四、基于 SCM 视角下西藏民族手工业成本抑制分析

(一)运输成本

供应商从乡镇零散的民族手工业作坊手中收集加工好的手工艺品，再通过公路运输的方式运往各个地区和拉萨市。如果是按物流货运的话，每千克的物流费用在 15～25 元/kg，超出的按 10～20 元/kg 计算，从乡镇→地区→拉萨的运输成本非常高，往往超出了手工艺品的生产成本。例如，手工艺花的制作工艺非常简单，只需要模型圈、彩纱布、细铁丝、小钳子、纱线和配称的叶子，制作一朵花的成本是 4 元，因运输的中间环节太多，成本要在 10 元左右。

(二)库存成本

由于西藏旅游呈现出较强的季节性变动，那么消费者不确定性需求肯定存在。夏季和节假日是西藏民族手工艺品销售的旺季，而冬季和正常工作日是销售的淡季，缓冲供给和需求、安全库存就成为降低成本的最关键的手段。我们利用民族手工艺品供应效率来选择经营者的最低库存成本及最佳经济订购批量。

假设前置期 T 不变，前置期是当组织购买物料时，在发出订单到物料运送到库之间存在一段时间，是开始准备订单，把订单交给供应商、供应商准备物料并运送到客户手中，客户接受并检验入库的时间。为了确保库存刚好用完时配送到达，就必须在前置期之前订货。经营者希望消费者需求增加，满足更多消费者的需求，他们更关注的是民族手工业产品的短缺。另一种方法是保持附加存货，也就是比预测的需求多，保证安全边

际库存量，结果导致零散购买，企业的持有成本增加，以避免更高的短缺成本，当正常的存货销售完时就会使用安全库存。安全库存对再订购量无影响，我们可以通过经济订购批量（economic order quantity）来确定，经济订购批量指简单的库存系统中最优的订单规模，通常就是成本最小时的民族手工艺品订购量，当持有成本等于再订购成本时，经营成本最小，且经济订购批量为

$$Q = \sqrt{2RD/C}$$

式中，D 为单位时间需求；R 为在订购成本；C 为单位时间的持有成本。经济订购批量会影响订单发出的时间，安全库存可以提高再订购水平，即

前置期的需求＝前置期×需求量

再订购水平＝前置期的需求＋安全库存＝TD＋安全需求

式中，T 为前置期；D 为需求量。

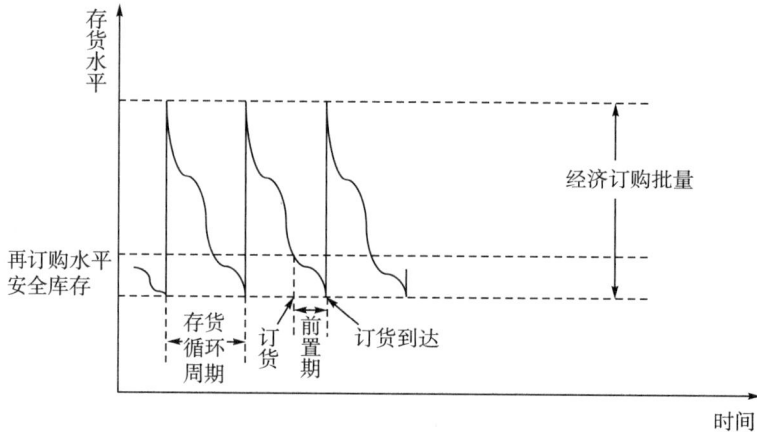

图 22-3　民族手工业安全边际库存量

较高的安全库存对不可预测的需求有较大的缓解作用，但是成本高，由于短缺成本很难能确定，只能根据当前的销售量进行预测，经营者根据预测来确定合适的手工艺品供应效率，用来预测存货直接满足需求的可能性。假如一个企业能够提供80%的同类手工艺品，这意味着它能够利用存货满足80%的订单，不能满足20%的已接订单。商品供应量需要经营经验、竞争、知识、目标和消费者偏好等为基础做出决策。

可以借用民族手工艺品供应效率是满足存货周期内的需求的概率的方法来定义。假设对一种民族手工艺品的需求服从单位时间内的均值为 D、标准差为 σ 的正态分布。若前置期为常值 T，且服从正态分布，其均值为 TD，方差为 $\sigma^2 T$，标准差为 $\sigma \sqrt{T}$，得到此结果是因为方差可以相加。

1 段时期的均值为 D，方差为 σ^2；

2 段时期的均值为 $2D$，方差为 $2\sigma^2$；

3 段时期的均值为 $3D$，方差为 $3\sigma^2$；

那么，T 段时期的均值为 TD，方差为 $T\sigma^2$。

由此可知安全库存的规模取决于民族手工艺品的供应效率，如图 22-4 所示。

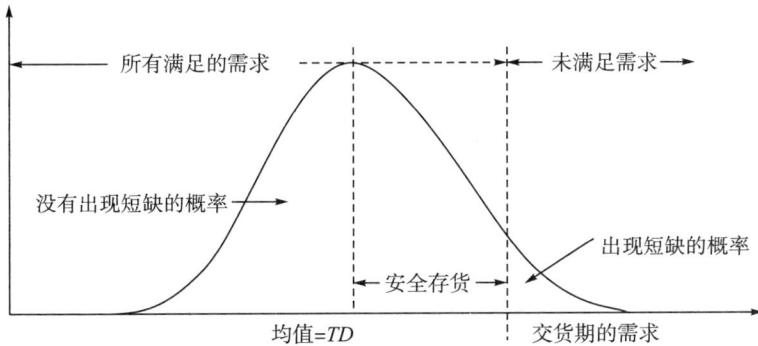

图 22-4　安全库存的规模取决于民族手工艺品的供应效率

　　即前置期的需求服从正态分布，安全库存=U×前置期需求的标准差=$U\sigma\sqrt{T}$。其中，U 是偏离均值的标准差数。

　　我们可以从统计数中得到民族手工业存货短缺的概率。

　　例如，格桑平措藏毯零售店，对藏毯的需求呈正态分布，每周的均值在 300 单位，标准差是 60 单位。再订购成本是 5000 元人民币，持有成本为 200 元人民币，并且前置期固定值为 4 周。确定一种订货方法，使该店能够提供 95％的供应效率，那么该店持有的安全库存为多少？供应效率为 98％时，成本增加多少？

　　解决方案：

　　D=300/周=15600/年，σ=60 单位，R=5000 元/次

　　C=200 元/(单位·年)，T=4 周

　　1)把这些值代入经济订购批量公式

　　$Q=\sqrt{2RD/C}=\sqrt{2\times15600\times5000/200}=883$(单位)(结果取最接近的整数)

　　再订购水平=TD+安全库存=4×300+安全库存=1200+安全库存

　　2)针对 95％的民族手工艺品供应效率 U=1.64 个标准差，那么

　　安全库存=$U\sigma\sqrt{T}$=1.64×60×$\sqrt{4}$=197(单位)(取最接近的整数)

　　则最佳选择是：只要存货下降到 1200+197=1397 单位，就订购 883 单位藏毯。平均来说剩下 197 单位的安全库存时新订的藏毯就会到货。持有安全库存的成本：

　　安全库存×持有成本=197×200=39400(元/年)

　　3)如果民族手工艺品供应效率为 98％，U=2.05，且

　　安全库存=$U\sigma\sqrt{T}$=2.05×60×$\sqrt{4}$=246(单位)

　　这时持有安全库存成本为

　　安全库存×持有成本=246×300=73800(元/年)。

　　由于需求变化的范围非常大，前置期需求的标准差就会很高，需求非常高的安全库存带来几乎 100％的民族手工艺品供应效率，经营者会尽量选择每项商品重要性供应效率，使其供应效率接近 99％，而相对不太重要的商品的供应效率在 95％以下甚至更低。

(三)交易费用成本

　　西藏民族手工艺品的消费主体一般是外地游客，交易费用由消费者承担的比重较大。

交易之前，消费者只能通过咨询当地的居民、网上搜索、市场上自行搜寻等方式搜寻自己所需要的民族手工艺品，承担了更多的信息成本。在买卖过程中，由于对当地民族手工艺品的质量、价格不了解，与经营者的信息不对称、讨价还价的过程，付出了讨价成本。在交易之后，游客基本都已经回到了内地或自己的国家，由于产品质量等问题引起的消费者不满意，消费者承担了更多的违约成本。

（四）经营风险成本

西藏民族手工业的经营风险成本主要来自外界不法分子的威胁和旅游的季节变化。西藏是多民族聚集的地方，由于一些不稳定因素，如违法分子的破坏，经营者在经营时存在安全风险，所以，在自由贸易市场会配备很多保安，这些人的工资基本来源于经营者所缴纳的市场管理费用。随着旅游淡季的到来，商家一方面要根据市场消费者需求量的大小来判断是否进货；另一方面要考虑其他经营者降价销售所带来的竞争压力，面临更多的经营风险。

五、结论与展望

（一）结论

西藏民族手工业在发展过程中运输成本、库存成本、交易成本和风险成本较大。所以，经济库存就显得尤为重要，削减成本的方法就是降低从原材料到成品的一切存货，并通过不断较快交货速度以缩短生产周期；降低生产者与零售商中间的环节以减少运输成本；建立民族手工业公开信息系统，方便消费者购买以减少交易成本；加强政府的执行力来降低经营者的风险成本。本章通过供应链结构分析现在民族手工业供应链中的潜在成本和现实成本，探索适合西藏民族手工业发展的最佳边际效率模式，促进该区经济的发展。

（二）西藏民族手工业发展展望

随着拉萨民族手工业园区、日喀则民族手工业园区、扎囊手工业园区和民族手工业专业乡（镇）基地的建设，西藏"十二五"规划城镇设施重点建设拉萨、日喀则等地（市、县、镇）的城镇道路，城镇客运枢纽站和货运物流站，在一定程度上减轻了商家的运输成本。"十二五"规划还提出"在国家西部地区有重要影响的经济中心，有国际影响力的旅游目的地、中转地和促进国家区域协调发展的重要支撑点，全区最大的综合交通枢纽、商贸物流中心和金融中心，现代工业发展基地和文化产业培育基地"中部经济区；"以昌都地区为主，要发挥毗邻川、滇两省的区位优势，加快推进以公路交通为主的基础设施建设，培育以水能、矿产资源开发为主导，以特色农畜产品及其加工业、旅游业、民族手工业、藏医药业和建材业为支撑的区域经济，积极融入成渝经济圈，加强与藏中地区和周边省份的联系与合作"。东部经济区的建设，西藏民族手工业发展前景广阔。

参 考 文 献

埃米·朱克曼. 2004. 供应链管理 [M]. 北京：华夏出版社.

安玉琴，等. 2006. 西藏民族手工业发展对策研究 [J]. 西藏大学学报，3：92-96.

贡秋扎西. 2006. 西藏民族手工业发展模式初探 [J]. 中国藏学，4：15-21.

唐纳德·沃特斯. 2010. 供应链管理概论 [M]. 北京：电子工业出版社.

佟文英. 2009. 西藏自治区民族手工业发展现状与存在的问题 [J]. 中国集体经济·经济观察：30-31.

西藏"十二五"规划纲要全文(2011—2015). 中国经济网 [R]. 2012.6.

西藏自治区统计局、国家统计局西藏调查总队. 2012. 西藏自治区国民经济和发展统计公报 [R].

第四篇　政　策　篇

第二十三章 西藏特点新型城镇化与制度建设[*]

徐爱燕 杨斌 郭宗娟

摘要：城镇化的发展离不开制度安排的引导和支撑。因此，从户籍、土地、社会保障及财税制度四方面进行合理安排，西藏特点新型城镇化过程才能实现资源的最优配置，实现各种要素的良性互动和持续健康的发展。

关键词：西藏特点；城镇化；制度建设。

世界各国城镇化的发展历程表明，城镇化的发展离不开制度安排的引导和支撑，任何一个国家或者地区的城镇化都需要有与之相匹配的制度安排，以期形成各种要素的良性流动。为此，结合西藏实际，在我国新型城镇化背景下，建设有西藏特点的新型城镇化必须辅之以相应的制度建设，我们认为应从以下几方面着手。

一、户籍制度安排

城镇化建设的核心是人口向城镇集中，实现由农民到市民的转变（胡宝荣，2013），户籍管理作为证明公民身份、确认公民的民事权利能力和民事行为能力的根本行政管理制度（西藏自治区发展和改革委员会，2013），是城镇化中市民化的基础，影响着人口转移的速度、规模和形式以及城镇化发展水平与层次。自改革开放以来，我国城镇化水平不断提升，由17.9％上升至2013年的53.73％；但户籍城镇化率仅为36％左右，相较于全国平均水平，西藏的城镇化一直处于低位，城镇化率在2013年仅为23.7％，而其户籍城镇化率则更低。两个指标中户籍城镇化率更符合市民化的发展要求，但相较而言，其还远远落后于城镇化率。

西藏实现民主化以来，户籍制度安排的变迁大致分为三个时期：第一，1951～1958年自由迁移和无严格户籍管理时期，主要特点是公安部门主管城乡户口工作，公民迁入或者迁出只要求办理手续，没有提出严格限制；第二，1958～1978年二元户籍制度逐步形成并最终确立时期，形成了一个以1958年颁布的《中华人民共和国户口登记条例》为核心的二元户籍管理制度体系，其主要内容是用行政手段将居民分为"非农业户口"和"农业户口"，通过户口迁移审批制度和凭证落户制度两大抓手，以行政手段限制城乡之间的人口自由迁移，并附加定量商品粮油供应制度、劳动就业制度、医疗保健制度以及

---

* 原载于《经营管理者》2014年第36期。

接受教育、军人转业安置、已婚子女落户等具体规定；第三，1978 年至今二元户籍制度的逐步调整与渐进改革时期，这个时期的主要内容是实施居民身份证制度，全面推进城乡户口登记管理一体化，逐步消除附着在户籍上的各种福利歧视和差异。

虽然以二元分割为特征的户籍管理体制开始松动，但自由迁徙的普惠性户籍管理制度仍没有完全实现，已有的西藏户籍制度在执行和贯彻中仍存在以下问题等待解决：首先，城镇化过程中出现了人户分离的不合理状况，大部分农牧民进了城，户口却留在原籍；其次，附加在户籍关系上的社会经济福利存在显著差别，对资源配置效率和社会公平稳定造成负面影响；最后，户籍改革存在空间结构上的供给缺口，相对于墨脱等中小城镇，拉萨等较大型城市才是人口流动主要的需求方向，但这些需求又难以得到有效满足和疏通。

综上可见，首先，西藏城镇化需要考虑进一步优化户籍登记系统，逐层分类放开各级城镇户籍准入条件，努力降低农牧区人口流入城镇的强制性户籍壁垒，并保持城镇可持续的承载能力。西藏自治区内，可以暂时有所保留拉萨、日喀则、八一、泽当、昌都等人口较集中城市的户籍开放程度，而在"一江四河"流域的其他县镇大力推进城乡户籍制度一体化，培育合理流动的劳动力市场。其次，西藏城镇化需要逐步剥离与户籍制度挂钩的教育、医疗、就业等社会保障功能，剔除户籍关系上的种种社会经济差别，真正做到城乡居民在发展机会面前地位平等，流动人口公平享受社会福利保障，但改革这些挂钩制度形成时间久、涉及面广、协调难度大，还需要相关部门配套推进，协力攻坚。最后，西藏城镇化需要适应市场化需求，可以优先发展像拉萨、日喀则等区域和地方中心城市和特色经济城镇，大力推进与之相适应的户籍改革，从而促进人口聚集；适度发展像曲松、桑椰等交通便利、具有特色经济发展潜力的城镇，引导优先发展地区超载人口的逐步转移；稳固发展派镇等生态保育地区，发挥户籍安排的保驾护航作用，促进人口与生态经济适度集中合理分布。结合城镇化空间格局，有步骤有梯度地建立人口自由迁徙的普惠性户籍管理制度。

二、土地制度安排

土地是城镇化进程中的核心资源要素之一，被誉为"世界屋脊"的西藏土地面积虽有 122 万 km²，但自然条件多样、区域差异明显，可开发、可利用的土地主要分布在西藏边境高山深谷和中南部高山宽谷地带，而藏北高原地位高寒、干旱，只有局部草地开发为临时牧场。在发展经济学中，城镇化一般伴随着农业活动比重的下降和非农业活动比重的逐步上升，土地利用在农业与非农业经济活动的调配下向集约化、现代化转型。但在西藏，并没有表现出这种明显的态势，土地交易缺乏市场政策，增值收益分配不均，耕地出现撂荒，现行的土地制度没有实现耕地的集约发展，更没有实现农牧民"带资进城"和促成土地增值的"共享"机制。

西藏的土地制度大致经历了三个阶段。第一阶段，1959 年西藏民主改革不久，土地所有制形式发生了根本性的改变。1959 年 9 月 21 日，西藏自治区筹备委员会通过了《关于废除封建农奴主土地所有制实行农民土地所有制的决议》，并于 1960 年底颁发了第一批二十多万张土地所有证，由此百万农奴开始拥有土地，区内生产热情高涨。第二阶段，家庭联产承包责任制下的土地制度。1980 年，西藏农牧区开始实行以"两个长期不变"为主要内容的家庭联产承包自主经营的责任制，土地和牲畜资料的使用权、所有权由集体转到了个体农牧民手中，使他们有了与各自利益直接挂钩的生产经营自主权和主动权，从而充分调动了千百万西藏农牧民家庭的生产积极性。第三阶段，21 世纪以来实行了"有扶有控"的土地制度，制度上扶助了土地的合理流转。在这一阶段，西藏逐步建立了严格的耕地保护制度，确定了耕地红线，2010 年西藏正式启动了土地确权登记制度，试图从信息的社会化服务方面促进土地资源的合理利用。

西藏的土地制度安排虽然得到了一定的发展，但仍存在以下问题。首先，土地的征收、流转等制度安排在权益配置方面存在明显的非均衡性，如征地拆迁和安置补偿时仍存在农牧权益受损等现象，由此需要改变现有土地征用收益分配格局，建立合理的土地价值评估标准、流转利益补偿和土地增值收益共享机制，使土地增值充分反哺失地农民和土地综合占补平衡。其次，区内形成了一些公路城镇，它们布局分散，建筑占地面积大，容积率较低。因西藏自然环境特殊，地广人稀，交通走廊具有更低的流动成本优势，更有可能是城镇、人口聚集的主要载体，分散式、聚点式的交通干线城镇更符合人口城镇化的经济性。最后，西藏作为世界著名的旅游胜地，其生态环境较为脆弱，生态系统恢复重建很难，甚至不可能，因此林地、草原、农地等生态建设内容不容忽视，土地制度安排在促进土地城镇化的同时，更应注重土地的生态功能，保证土地的质量和总量。另外，可以考虑实施城乡建设用地增减挂钩制度，统筹增量和存量用地，促进城乡统筹和区域协调发展，满足科学发展对土地资源多方面、多层次的需求。

三、社会保障制度创新

建立健全的社会保障制度，既是农村劳动力顺利实现转移的依托，也是城镇化持续推进的重要内容。一般来说，社会保障由社会保险、社会救济、社会福利和优抚安置等组成，其中，社会保险是社会保障的核心内容。截至 2013 年底，全区各项社会保险参保人数达到了 248.89 万人次，征缴各项社会保险费达到了 31.31 亿元。新型农村社会养老保险基础养老金标准提高到 105 元。城镇居民基本医疗保险财政补助标准提高到人均 300 元，政策范围内住院费用支付比例达到 75％以上。

自西藏和平解放以来，西藏的社会保障制度从无到有，大致经历了三个阶段。第一阶段，1953～1987 年是社会保障制度的起步时期。1953 年西藏开始制定劳动保险制度，正式启动了西藏特色保障体系的建设步伐。第二阶段，1987～2008 年社会保障制度不断健全并具备框架。截至 2008 年，以城镇职工为主的养老保险、失业保险、医疗保险、工伤保险、生育保险五大社会保险制度为主体的西藏社会保障体系框架初步建立。第三阶段，2009 年开始，西藏自治区在拉萨市城关区、山南地区扎囊县等 7 个试点县开展新农保试点工作。2010 年 7 月开始，新农保提前在自治区内全面铺开，使农牧民也能享受到城镇居民的社会养老待遇，大大推进了城乡覆盖的社会保障体系建设。

　　虽然西藏社会保障体系已初步建立，但是在经济条件较差的农牧区，特别是较偏僻地方的农牧区，社会保障观念淡薄，很多农牧民还不了解社会保障的真正意义，甚至有的根本不知道什么叫"养老保险"（琼达　等，2013）。如何让更多的西藏百姓享受到更全面的社会保障？首先，完善现有新型农牧区社会养老保险、新型合作医疗、最低保障内容，拓展社会保障的覆盖范围，也为农牧民设立好"安全保障网"，减少农牧民进入城镇的后顾之忧。其次，加快城乡社会保障制度的衔接，逐步消除城乡养老待遇的不一致性，健全多层次的城乡医疗保障体系，为城镇化过程中人口的流动减少交易成本。最后，建立多元化筹资渠道，进一步提高社会保障能力和水平，使人民群众期盼的"老有所养、病有所医、贫有所济、困有所助"的美好愿景变为现实。

四、财税制度

　　合理的财税制度安排是区域产业发展和结构调整的重要支柱，更是城镇化实现公共服务均等化的重要保障。近年来，伴随着经济的快速增长，西藏的税收收入从 2006 年开始以年均 37.4% 的增速一路攀升，2012 年税收收入首次过百亿元，2013 年经调整的公共财政预算收支为 10211.127 万元。可见，西藏最近几年的税收收入规模呈现出稳步增长趋势，但相对于全国而言，西藏的财政支持能力仍相当有限。从财政收入来源看，主要是中央财政补贴，财政自给率较低。

　　梳理实现民主化以来西藏地方财税体制的历史演进大致分为三个时期。第一时期为 1951～1984 年，这一时期国家整体经济形势相对不稳定，中央对西藏的财政支持政策相对有限，对西藏的财政补助力度呈缓慢增长态势。1980 年，中央对西藏实行了"划分收支、分级包干"政策，并延续之前对民族地区实施"财政三照顾"的政策。第二时期，1984～1994 年，全国开始推进利改税、中央和地方财政分权，中央财政收入整体吃紧，但西藏地方财政收入于 1989 年结束了持续八年的负数，同时国家对西藏的财政补助总额比上一时期明显增加，1988 年中央重新调整财政补贴措施，采用定额补助方式。第三时期，1994 年至今，1994 年 3 月 1 日，西藏自治区开始实行分税制，主要内容有关税和海关代征的消费税和增值税，国家在西藏征收的其他中央和地方共享税的中央部分全部返还，作为日常资金调度全部留给西藏；对进口自用商品的关税、进口增值税、消费税实行先征后返政策。2000 年西部大开发战略，进一步加大了对西藏的财政支持力度。特有的分税制度安排和西部开发政策使西藏的产业发展、基础建设得到了大量配套资金支持，在其他省份中也是绝无仅有的。

　　现行"输血"式的财政制度安排为西藏特色农业的形成、第三产业的发展发挥了积极作用（陈爱东，2012），但仍存在一些弊端，在财政支出方面，基础设施建设的财政投资重点不明确，也没有配合自治区的产业发展战略规划，农业相关的财税政策在特色农业方面的支持相对不足，抵抗农业风险方面的制度安排相对薄弱；在财政收入方面，国家财税上的照顾对实现西藏新型城镇化的目标是不够的，但目前西藏的财政自给能力又难以内生出可持续的"造血"功能。

进一步发挥财税制度安排对新型城镇化的动力作用，有以下几点设想。第一，财政收入方面，通过产业结构升级、农村劳动力转移和城镇化进程加快等方式促进经济增长，在提高中央倾斜性政策的利用效率时，创造产生财政收入的"造血干细胞"，找到西藏自身稳定的财税来源，为城镇化进程中所需的财政支持提供流动性保障。第二，财政支出方面，需要发挥市场的决定性作用，破除以政府垄断经营、财政投资为主的公共服务格局，进而减少不必要的财政负担；注重西藏特色产业的财政培育，提高财政支出的效能；配合自治区城镇化发展规划，加大对基本公共服务相关的功能性财政支出，如基础设施、农牧民教育和技能培训、社会保障、公共就业服务等。第三，财政结构方面，以财政支出为例，虽然财政支出可以发挥增长效应和涓滴效应，但财政的支出是一定的，而且不合理的财政支出还会产生极化效应，由此需要优化财政支出结构，建立法治、透明和责任的政府，保障财政公平合理有效运转，进而促进西藏的城镇化发展，最终实现人口的城镇化。

参 考 文 献

陈爱东. 2012. 西藏特殊财税政策在西藏产业发展中的效应分析 [J]. 财政监督，(33).

胡宝荣. 2013. 论户籍制度与人的城镇化 [J]. 福建论坛(人文社会科学版)，(12).

李振京，张林山. 2014. 我国户籍制度改革的主要问题与总体思路 [J]. 宏观经济管理，(3).

刘红岩. 城镇化进程中土地制度改革的境外经验与启示 [J]. 国家行政学院学报，

琼达，次仁央金，次仁央宗. 2013. 西藏农牧区妇女接受教育培训需求状况调查分析 [J]. 西藏研究，(2).

西藏自治区发展和改革委员会. 2013. 西藏统筹城乡发展研究 [M]. 拉萨：西藏藏文古籍出版社.

张晓平，朱道林，许祖学. 2014. 西藏土地利用多功能性评价 [J]. 农业工程学报，(6)：185-192.

第二十四章　西藏提前退休政策的影响分析[*]

顾正纲

摘要：本章基于西藏自治区下发的《西藏自治区人民政府关于机关事业单位工作人员提前退休和离岗休养有关问题的通知》，分析此文件的退休政策不同于内地政策的特点，深入研究该文件对西藏公共事业带来的影响，并对现存问题提出相应的合理化建议。

关键字：西藏；提前退休；影响。

2010 年退休人员取走养老金 1.3 万亿元，而年轻人却仅贡献养老金 1.5 万亿元。政府能够动用的社会账户金额仅有 1.1 万亿元，却要支付 1.3 万亿元给退休人员。年轻人缴纳的大部分金额转给退休人员，等退休的时候或许养老金会出现亏空，自己的养老变得有困难。

中国银行近期发布的一项研究报告显示：2013 年养老金缺口达到 18.3 万亿元。全国老龄工作委员会办公室发布的《中国人口老龄化发展趋势预测研究报告》显示：2014 年中国老年人口达到 2 亿元，2026 年达到 3 亿元，2037 年达到 4 亿元，2051 年达到最大值之后会一直维持在 3 亿~4 亿元规模。经济合作与发展组织发布的全球养老报告进一步表明，2012 年出生的孩子，直到 77 岁才能领取养老金。

在人口老龄化冲击下，养老金统筹账户将给财政造成巨大负担，多方专家建议尝试延迟退休、国有股划拨、机关事业单位改革等多种措施以缓解压力，从而引发了各阶层的争论。尤其在退休政策方面，由原来的工作 42 年享受 12 年退休金，改为工作 47 年享受 7 年退休金。然而一反内地潮流的是，西藏自治区推行了提前退休政策，这一政策无疑给我国财政带来新的影响。

一、我国退休政策发展历程

新中国成立后，所采用的是企业与事业单位人员不同的养老制，后者的养老待遇明显优于前者。1958 年，为了减轻经济危机时的财政负担，国务院颁布了《国务院关于工人、职员退休处理的暂行规定》，促使养老双轨制暂时退出历史舞台。然而财政危机一旦得到缓解，公职改革又有迟缓，重现双轨制则是必然。

"文化大革命"后，政府出现严重的机构臃肿和干部老年化现象，养老双轨制重新复活。1980 年，政府为了加快老干部的退休，采取赎买措施提高社会效率。显然，短期的

---

[*] 原载于《时代经贸》2015 年第 235 期。

赎买政策不可能成为长期发展的基础政策，却是摸着石头过河方式的必然选择。

自从 1992 年国企改革倒逼养老金制度改革开始，养老金制度一直处于逐渐改革的状态，始终未能从根本上解决问题。原先政府承诺对国企职工社保方面实行包揽，在现收现付制度下，职工的社保费虽未缴纳并且没有个人账户，但是却被相应地扣除用于兴建国企。但当养老制度转向统涨结合时，原先用于兴建国企的上缴部分就需要返还到社会统筹账户和个人账户两部分当中。不对国企职工两亿多元的欠账进行返还，将国企职工的养老单纯地推向市场，严重加大了社保的养老成本。

尽管企业的市场化改革促使工人以缴纳社保费用的方式实现养老，但机关事业单位仍然由政府负担。后者稳定的工作和良好的养老制度导致人员进一步膨胀，最终只能由纳税人埋单。

二、西藏的提前退休政策

西藏自治区人民政府于 2012 年 5 月 11 日下发了《西藏自治区人民政府关于机关事业单位工作人员提前退休和离岗休养有关问题的通知》（藏政发〔2012〕64 号）（简称"64 号文件"），其中相关规定惠及在藏工作多年的工作人员，是对为西藏建设和发展做出巨大贡献的人们工作的充分肯定和贴心关怀，也充分体现了以人为本、关爱健康、珍爱生命的理念。文件对执行范围和对象以及工作年限已做出明确规定：我区机关事业单位的正式在编人员，凡符合男年满 55 周岁，女年满 50 周岁，且工作年限满 20 年的、工作年限满 30 年的、在藏工作年限满 25 年的其中条件之一都可以办理提前退休，其中现有担任职称八年以上者可以按晋升一级职称计算退休金。

除此之外，凡在海拔 4300m 及以上地区工作的，相关人员提前退休时，其退休年龄给予适当放宽 5 岁，同时给予工作年限也放宽 5 年的规定。

退休待遇方面规定，机关事业单位工作人员经组织批准提前退休时，应按照正常晋升的级别工资、岗位工资、薪级工资、固定工资等推算到国家规定退休年龄（干部：男 60 周岁，女 55 周岁；工人：男 60 周岁，女 50 周岁），并从批准退休的次月起享受国家和自治区关于退休人员的相关待遇。

近年来，尽管我国经济存在着一些历史积弊，但总体上还是发展迅速，短期内不会重蹈 20 世纪 50 年代末让双轨制养老退出历史舞台的覆辙；反而会模仿 80 年代为了加快老干部的退休，采取赎买措施提高社会效率的办法。但可以看到的是，这种短期的赎买政策终究不会成为长期的发展政策。

三、形成原因分析

1. 地理位置与气候条件

影响退休年龄的因素多种多样，其中一个至关重要的因素是人均寿命的长短，而这一因素不仅取决于各地区的经济发展水平，更重要的是取决于不同地区的地理位置和气候条件。西藏地处我国西南边陲，为喜马拉雅山脉、昆仑山脉和唐古拉山脉所环抱，平均海拔在 4000m 之上，是青藏高原的主体。具有地形复杂多样、自然条件恶劣、高辐射、气温低、温差大、气压低、含氧量少以及空气稀薄等特点。在这种条件下，工作三十年后都会形神羸弱、众疾交攻，频繁往返会产生严重的高原反应，严重影响各项生理机能，严重者甚至不能再次返藏。提前退休政策无疑体现了对西藏工作人员的亲切关怀和以人为本的理念。

2. 维稳压力

西藏高校等机关事业单位的稳定关乎西藏的稳定，西藏的稳定关乎全国的稳定。由于西藏经济社会的快速发展，积弊也难以避免，不断出现的新问题和新矛盾对西藏维稳工作提出了严峻挑战。西藏自治区维稳工作的复杂性，来自内、外部两个方面。就外部而言，西方敌对势力不断挑唆"藏独"势力，并利用各种渠道对爱国人士进行分化，而民族区域恰好是破坏势力不断渗透的重点区域，也是反分裂的前沿阵地；就内部而言，随着国家政策的不断倾斜，西藏自治区取得了长足发展，国内外游客不断增多，区域自身也不断开放，各种思想文化通过多样的传播渠道不断交汇，传播迅速、泥沙俱下，对原有传统文化冲击较大、影响程度较深，增强了不稳定性。因而，维护西藏安全稳定无疑是具有现实意义的当务之急。

3. 公共政策

2011 年 8 月，河北省委副书记陈全国任西藏自治区书记。上任一年来，积极提出了三件大事：西藏供暖、驻村工作以及促进公务员就业。其中，西藏供暖方面，于 2012 年以调查问卷方式听取民意，最终决定实施天然气供暖工程。在驻村工作方面，选派优秀工作人员到艰苦的县域工作环境中去改善当地的生产生活环境，除平均每人每天 50 元补助外，外加金额不等的驻村活动经费。促进公务员就业方面，加大了机关事业单位的招聘力度，对政治过硬、学业合格以及公务员考试过关的考生实行零失业就业政策。但一切创新工作的基础是稳定，失去了稳定就失去了发展；保证了稳定基础上的公共工程，才能有更长足的发展。这种就业政策，进一步导致机关事业单位人员过多、效率低下，只能加速新老交替。

4. 社保体系不完善

现有的失业保险计划难以容纳庞大的劳动力大军，而提前退休政策会增加退休人数并对养老保险产生巨大压力，在养老金亏空数额较大的现实条件下，进一步加大了对中央财政的依赖。

四、影 响 分 析

1. 特殊人群的福利损失

许多退休人员处于政策边缘，文件因没有进一步补充规定而影响了该人群的福利。

按照西藏事业单位相关规定，工作满 1 年即可享受休假，而那些全面完成了 2011 年全年工作，并与其他职工一起离岗且至今没有完全办理完退休手续的相关退休人员，可以在 2012 年 1~2 月享受休假待遇再予办理退休手续。但由于相关文件在边缘问题上比较模糊，至今还没有统一的答案，致使相关人员的福利遭受损失。

2. 公共政策对私人经济的替代效应

在西藏劳动力市场上，存在着显性和隐性两方面的压力，相对较少的劳动力总量相对于西藏薄弱的产业需求而言还是供过于求。但这一公共政策对私人部门存在严重的替代效应，良好的公务员就业政策导致本来流向其他产业的优秀人才被公共系统垄断，进一步打击了西藏的私营经济。

3. 诱发提前退休

事实上，在我国的经济社会中，提前退休并不罕见。退休动机主要以经济因素和健康因素为主导。在高原地理环境、事业单位改制、西藏事业单位收入偏低以及西藏退休政策的合力下，个人更热衷于高调一级提前退休，毕竟推迟退休或多或少存在风险。因为在现行养老保险制度下，养老金尚未与所缴费用形成紧密的精算关系。而目前事业单位改革正在不断向前推行，企业化和市场化可能成为未来发展的重要方向。

4. 特殊事业单位难以执行

教育以及卫生等特殊事业单位，拥有特殊的社会服务功能，其自身的稳定性决定社会的稳定性。医院与教育单位都是依靠技能积累来实现自身发展的，倘若符合条件的退休人员较多，而新进人员难以胜任原有工作，这样会极大地影响西藏社会事业的发展。

5. 养老金的财富转移功能

目前，内地省份因严重失衡的劳动与退休人员比例，而在研究延迟退休政策，让更多的人延长养老保险缴费年限。而另一方面，西藏的提前退休政策导致大量劳动力直接退出生产性劳动，减少养老保险缴费人数的同时，增加养老金的需求量。这样，西藏退休政策就具有了将内地财富转移到西藏的功能。

五、合理化建议

1. 加强养老金缴费力度

尽管养老金的缴费额度高达 28%，但实际上部分事业单位、私人、个体以及公务员、大型企业等都未缴纳，对养老保险制度带来极大的支付压力。为此，需要逐步完善养老保险制度，加快拓宽缴费对象范围，以缓解养老金支付压力。

2. 加强相关文件的补充规定

对处于政策边缘的相关人员给予明确答复，提出可以办理的相关条件，凡符合相关条件的政策边缘的退休人员可以享受该文件规定的退休福利。实施过程中要更多地听取民意，才能保证社会的稳定，从而进一步促进西藏社会事业的长足发展。

3. 建立健全养老金保值平台

美国的养老金事实上从未出现过支付危机，因为其将养老金投资在股市，而为了保证养老金拥有足够的回报、老有所养，政府确保美国股市70年平均收益在7.5%以上。政府卸下担子，不去一味地补贴无底洞，而是对股市实行法治并压低通胀，其他全由民营经济承担。

4. 借鉴经验，完善退休政策

这种短期赎买式的退休政策作为长期发展的基础政策不具有可持续性，借鉴相关经验完善退休政策是大势所趋。西藏退休制度的改革，一方面应注意学习和吸收其他国家和地区退休政策的有益经验。毕竟从退休制度运行机制的角度看，许多国家和地区在长期的实践中形成了许多经验与教训，值得我们认真借鉴，但基本立足点应该是西藏地区的实情。

参 考 文 献

中国人口老龄化发展趋势预测研究报告 [R]. 全国老龄工作委员会办公室，2006-2-24.

郭福栓. 2009. 我国提前退休政策状况分析及建议 [J]. 财会研究，(9).

Oecd Pensions Outlook 2012 [R]. 2012-11.

第二十五章 西藏环境质量动态评价及环境政策市场化工具选择[*]

王晓芳　刘佩珊

摘要： 西藏是亚洲乃至世界最大"江河源"区，生态环境地位十分重要，生态功能作用显著，同时生态环境又非常脆弱，自然或人为原因都不同程度地对西藏生态环境带来影响，本章通过对历史数据的分析，对西藏生态环境质量进行了动态分析评价，并据以提出西藏环境政策市场化工具选择。

关键词： 西藏；环境质量；市场化工具。

一、西藏地区生态环境现状

（一）土地

西藏土地资源丰富，是我国传统的五大牧区之一，有天然草地 12.31 亿亩，约占全国天然草地面积的 21%，占土地总面积的 68.11%。天然草地面积超过内蒙古、新疆，位居全国第一，是我国主要的牧区之一；耕地集中分布在藏南河谷及河谷盆地中，东部和东南部也有少量分布，总面积达 36 万公顷，占土地总面积的 0.3%[①]。全区土地资源一大特点是未利用土地多，约 55504.53 万亩，占土地总面积的 30.71%，可利用潜力很大。

草原退化、土地荒漠化问题是西藏生态环境所面临的最严峻的问题。草地退化主要特点是单位面积牧草产量和质量的下降，意味着有毒杂草增长，更意味着草地植被结构变坏和环境恶化。根据前期文献资料可知，西藏全区草地退化面积已经达到 6.4 亿亩，尤其是以那曲为主的藏北草原退化趋势更为严重，退化草地面积已达到 2.05 亿亩，约占当地草地面积的 49%。全地区 2530 万公顷可利用草原中，退化面积已达 1366 万公顷，占 54%，而且每年还以 3%~5% 的速度发展[②]。

西藏土地荒漠化主要分布在阿里、那曲、日喀则、山南；全区总面积 122.84 万公顷，截至 2010 年，西藏荒漠化土地为 43.27 万 km^2，沙化土地达 21.62 万 km^2，随着全

---

* 原载于《西藏大学学报(社会科学版)》2012 年第 4 期。

① 西藏的自然资源，http://www.chinanews.com.cn/kong/news/2009/02-11/1559158.shtml。

② 杨松. 西藏的生态环境与可持续发展战略 [J]. 中国藏学，2004(3)：75.

球气候变暖，沙化土地和荒漠化土地面积正逐年扩大。而且，据初步调查，西藏受荒漠化危害的耕地面积约 3 万公顷，约占耕地面积的 8%；受荒漠化危害的草地面积约 1698.84 万公顷，占草原面积的 26%，因此减载 405 万个羊单位①。

(二)气候

独特的地理位置，决定了西藏独特的高原气候，总体呈现西北严寒干燥、东南温暖湿润，以及多种多样的区域气候和明显的垂直气候带。①高原缺氧、空气稀薄。每立方米空气中只含氧气 150~170g，相当于平原地区的 62%~65.4%。②日照充足。西藏是中国太阳辐射能最多的地方，比同纬度的平原地区多一倍或三分之一倍，日照时长也是全国的高值中心，拉萨市的年平均日照时数达 3021h。③气温偏低，年温差小，但昼夜温差大。拉萨、日喀则的年平均气温和最热月气温比相近纬度的重庆、武汉、上海低 10~15℃。拉萨、昌都、日喀则等地的年温差为 18~20℃，阿里地区海拔 5000m 以上的地方，8 月白天气温为 10℃以上，而夜间气温降至 0℃以下。④降水较少，且季节分配不均。干季和雨季的分界非常明显，而且多夜雨。年降水量自东南低地的 5000mm，逐渐向西北递减到 50mm。每年 10 月至翌年 4 月，降水量仅占全年的 10%~20%；5~9 月，雨量非常集中，占全年降水量的 90% 左右。

(三)水环境

西藏的水资源相当丰富，据统计，全区水资源总量 4482 亿 m^3（不含地下水），冰川和地下水平均年径流总量为 3959 亿 m^3，占全国总数的 12% 左右。西藏有数百座雪山，是我国冰川最多的省区，冰川面积 2.62 万 km^2，约占我国冰川总面积的 1/2，这使西藏堪称一个巨大的天然水库。有大小湖泊共 1500 多个，面积达 2.4 万 km^2，约占全国湖泊总面积的 1/3。有河流 356 条，其中流域面积大于 1 万 km^2 的河流有 20 余条，大于 2000 平方千米的河流有 100 多条。众多河流水量充沛、落差大，其天然水能理论蕴藏量达 2.006 亿 kW，占全国的 30%，在全国各省、区中居首位。西藏 500kW 以上电站可开发水能为 5659.3 万 kW，年发电量 3300 亿度，占全国的 17.1%，在全国各省市中仅次于四川、云南，居第三位。目前已开发利用的水力资源只占资源总量的 1%（表 25-1）。

表 25-1　西藏地区的水资源主要指标（2010 年）

水资源总量/亿 m^3	4482
地表水资源量/亿 m^3	3375
人均地表水资源占有量/万 m^3	16.18

数据来源：《西藏统计年鉴 2010》。

由于受气候变暖等因素影响，西藏水资源储量不断下降。以 2010 年的水资源数据与 2003 年的水资源数据相比较（表 25-2），水资源总量、地表水资源总量、人均水资源均量有较大幅度下降。

---

① 袁文丽，丁云春. 西藏土地荒漠化成因分析及防治初探 [J]. 林业建设，2009(1)：79.

表 25-2　西藏地区水资源总量变化情况

指标	单位	2003 年	2010 年	增加量	增加幅度
地表水资源量	亿 m³	4757.1	3375	−1382	−29.05%
地下水资源量	亿 m³	1081	1107	26	2.41%
人均地表水资源占有量	万 m³	177174.7	16.18	−177159	−99.99%

分析数据来源:《西藏统计年鉴 2010》。

(四)生物多样性

1. 野生动物资源

目前,西藏地区已发现野生哺乳动物 142 种,鸟类 488 种,爬行类动物 56 种,两栖类动物 45 种,鱼类 68 种。西藏野生脊椎动物共计 799 种,形成了西藏的动物资源优势。在这些动物资源中,野驴、野牦牛、马鹿、白唇鹿、黑颈鹤、小熊猫等 123 种被列为国家重点保护动物,占全国重点保护动物种类的 1/3 以上;其中藏羚羊、野牦牛等系青藏高原特产珍稀动物,白唇鹿为中国特有的世界珍稀动物。鸟类中的西藏黑颈鹤也为中国所特有。西藏还拥有 2307 种陆生无脊椎动物,其中华缺翅虫、墨脱缺翅虫是国家重点保护动物。

2. 野生植物资源

西藏目前有野生植物九千六百多种、高等植物六千四百多种,其中国家重点保护野生植物 39 种,是名副其实的植物王国。西藏几乎包含了北半球从热带到寒带的各种植物物种科属和生态类型,同时还保留了一部分古老的孑遗植物种群,是最丰富、最独特的野生植物宝库。另外,西藏植物中的野生药用类植物非常丰富,达一千多种,其中常用中草药有四百多种,比较著名的有冬虫夏草、贝母、天麻、三七、党参、灵芝等。西藏林区内有两百多种菌类,其中松茸、猴头菌、獐子菌、香菇、黑木耳等都是上好的食用菌,灵芝、茯苓、雷丸等则是名贵的药用菌。

由于受全球气候变化的影响,高原冰川退缩、雪线上升,部分湖泊、河流因水源供给减少而萎缩甚至干枯,进而影响到这一区域的生物资源;人口的增加以及人们滥砍、滥伐、滥挖、滥捕等不良行为不仅使植被、天然林遭到严重破坏,而且对野生动物的生存环境造成威胁,使野生动物种群数量及自然分布区日趋下降,野生动物种群数量下降,生物多样性受到威胁。

另外,西藏地质结构不稳定,地表环境敏感,加之人类活动强度的不断加大,使西藏成为我国地质灾害最严重的地区之一。不仅如此,西藏的地质灾害还具有分布广且类型多样的特点。西藏的地质灾害类型主要有崩塌、滑坡、泥石流、土地沙漠化、冻融、盐碱化、碎石流、雪崩、地震、冰湖溃决等类型。除此之外,风、雪、干旱、冰雹等时有发生;其中雪灾频率上升,灾害强度日益增大。

二、西藏地区生态质量动态评价

目前，对生态环境质量评价尚无统一的标准，研究者由于研究目的、研究视角的不同，采用了不同的指标体系。在评价方法选取上，定性、定量的评价方法均有采用，并取得了一些成果。在定量评价方面，主要采用的方法有层次分析法、生态足迹法、因子分析法等；但是分析的数据一般采用截面数据，侧重于对生态环境的结构、功能、状态的静态评价，缺乏动态的评价。

考虑数据的有限性，本章在评价上难以构建合理模型进行评估，加之需要研究由于经济活动的干扰而造成的西藏生态环境的动态改变，因此，放弃了对权重的考虑，只是在等权重的背景下对西藏环境的生态建设与生态保护做时间序列的对比分析，旨在揭示西藏环境的动态变化趋势。由于数据量纲的不同，在评价时，相关数据均经过如下方式进行标准化处理。

正指标：$X_b = \dfrac{X_i - X_{\min}}{X_{\max} - X_{\min} \times 100}$

逆指标：$X_b = \dfrac{X_{\max} - X_i}{X_{\max} - X_{\min}} \times 100$

由于数据的可获性较差，因此，这里只是针对 2007～2012 年的数据进行对比分析，分析结果也只是揭示变化趋势。

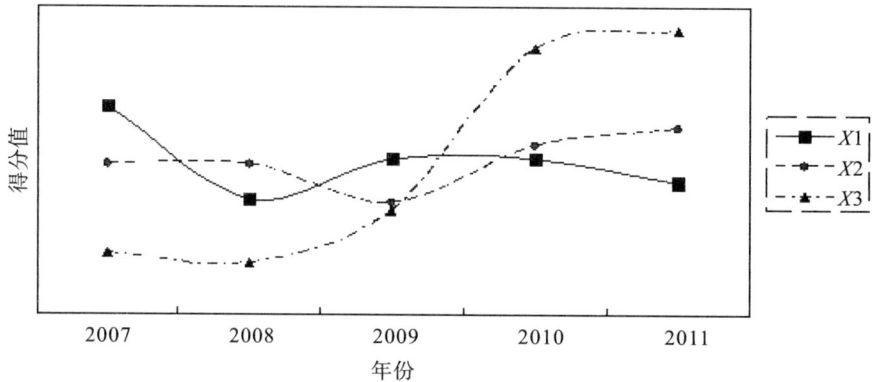

图 25-1　西藏地区生态质量分类变化图

分析数据来源：《西藏统计年鉴 2012》，中经网。

通过对表 25-3 的二级指标数据进行标准化处理，采用等权重得到一级指标的分值。为了便于比较，最后将一级指标的得分值在组内进行归一化处理，处理结果形成的趋势图见图 25-1。

表 25-3　生态质量评价指标体系

一级指标	二级指标	指标性质
自然生态变量 X1	水资源总量/亿 m³	+
	森林覆盖率/%	+
	土地调查面积/万 hm²	+
	森林火灾发生次数/次	－
	地质灾害造成直接经济损失/万元	－
	地质灾害发生起数/次	－
	自然保护区数量/个	+
	自然保护区面积比率/%	+
人为干扰变量 X2	环境污染与破坏事故次数/次	－
	工业固体废物排放量/万 t	－
	工业废水排放量/万 t	－
	工业废气排放量/(mg/m³)	－
	城市垃圾及粪便清运量/万 t	－
	退耕还林工程造林面积/万 hm²	+
	人工造林面积/万 hm²	+
人类生存变量 X3	人均用水量/L	+
	人均土地面积/(hm²/人)	+
	人均农用地面积/(hm²/人)	+

由图 25-1 可知，自然生态变量($X1$)虽然从总体上看呈现好转趋势，但是在 2007~2009 年呈现倒"U"形态势，说明自然生态处于一种不稳定的状态。由 $X1$、$X2$ 的曲线对应关系可以看出二者具有一种负相关的关系：当人为干扰变量值($X2$)上升时，则自然生态变量($X1$)就呈现出一种恶化的倾向，反之，则具有好转的倾向(由表 25-4 可见，二者呈现一种轻微的负相关关系，相关系数为－0.188)。

表 25-4　X1 与 X2 的相关系数表

变量	X1	X2
X1	1	
X2	−0.188	1

由图 25-1 可知，人为干扰变量($X2$)是一条相对平稳的曲线，这表明西藏在 2007~2011 年，人类干扰生态的行为处于一种相对平稳的状态(在此期间内人均地区生产总值指数几何平均增长率为 4.345%，而 1991~2007 年的地区生产总值指数几何平均增长率为 8.423%)。这与钟诚等(2005 年)利用 GIS 方法评价的人为干扰西藏生态环境的稳定性所得出的结论基本一致：(2005 年)西藏地区人为干扰比较严重的区域主要分布于雅

鲁藏布江中下游宽谷及其两侧山地、昌都地区山地河谷区和那曲地区东部河谷区，面积109.877公顷，占自治区面积的9.14%，这些地区的生态稳定性越来越差，生态环境处于退化态势；其他地区(占自治区面积的90.86%)则处于相对稳定的状态。

人类生存变量($X3$)则呈现出较好的上升势头，这与近年来西藏地区生态技术在生产中的逐渐运用以及强化了耕地保护政策等因素有密切的关系。

对以上三项数据进行等权重加总，得到2007～2011年环境质量总的变化趋势图(图25-2)。

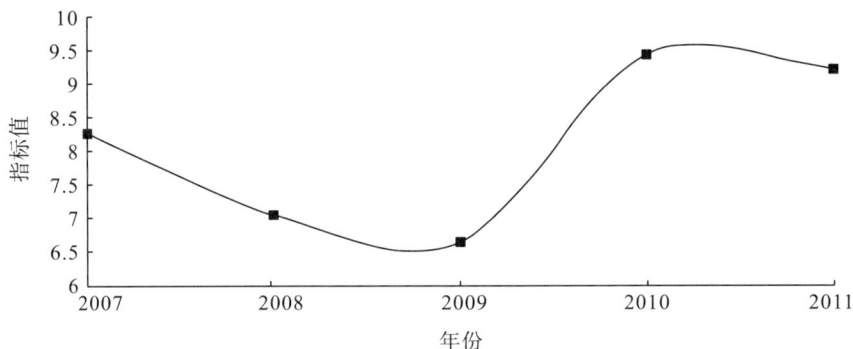

图 25-2　西藏地区环境质量走势图

数据来源：《西藏统计年鉴 2012》。

由图25-2可见，在2007～2011年这个时间段内，西藏地区的环境质量处于一种"治理、污染、再治理"的趋势，质量趋势图呈倒"S"形，环境质量时好时坏，尚未形成一种稳定向好的趋势。

针对西藏地区环境质量呈倒"S"形的状况，作者做如下解释。

第一，产业结构调整及生态技术应用对西藏地区环境质量的影响。随着人均收入的增长，经济规模变得越来越大，需要更多的资源投入。而随着经济增长和资源消耗的增加，废弃物排放量也相应增长，从而使得环境的质量水平下降，即规模效应引发环境恶化，而这种规模效应主要是西藏地区高能耗、高污染的第二产业引起的。随着产业结构升级(包括生态技术的支持)，生态环境质量从2009年之后逐步得到改善。

第二，政府政策与扶持的影响。在20世纪90年代，中国正处于经济发展的攻坚阶段，政府的财政收入有限，而且整个社会的环境意识还很薄弱。而西藏地方财政更为有限，对环境污染的控制力较差，环境受污染的状况随着经济的增长而恶化。随着中央政府与西藏地方政府财力的增强和管理能力的提高，一系列环保法规日趋完善，环境污染行为开始得到遏制。同时，由于西藏地区生态的脆弱性以及重要性，中央政府对西藏的环境保护直接提供财政支持及提供政策支持，实施退耕还林还草工程，扩大了自然保护区的建设面，加强了白色污染治理，使环境逐年得到改善。

第三，文化观念对西藏环境质量的影响。20世纪90年代，西藏地区的经济处于发展的起步阶段，人均收入水平较低，政府、市民关注的焦点是如何摆脱贫困以及地区经济的快速增长，再加上这时西藏地区的环境污染程度较轻，人们对环境服务的需求较低，从而忽视了对环境的保护，导致环境状况恶化。但是，21世纪后，西藏地区的政府、企业、居民也逐渐开始关注环境保护问题，环境服务开始成为正常品，环境恶化的现象逐步减轻。

三、西藏地区环境政策市场化工具选择

环境政策的市场化工具指避免由政府单一指导，充分引入社会化资本，建立多元化的投资主体，将环境保护作为公共物品进行市场化运作，从而达到弥补行政化政策不足和提高环境政策效率的相应制度和安排。

从上文对西藏生态环境质量的动态评价可以清晰地看出人为干扰因素对西藏生态环境的影响及发展趋势。2007 年青藏铁路顺利通车后，人为因素对西藏环境质量的影响日渐突出：旅游业的迅速发展与工业化进程不断提速，一些污染严重的企业和国家明令禁止的淘汰落后工艺、设备以招商引资等形式到西藏安家落户，造成污染物排放量增加；人流、物流的增加加速了西藏城镇化进程，汽车尾气污染、噪声污染、饮食油烟污染、白色污染、医疗废物增加等环境问题不断出现，废气、废水、固体废物产生量不断增加。鉴于西藏地区政府能力、市场和社会自治能力以及公民社会三方协调联动不足的现状，笔者在众多环境政策工具中寻求和选择，坚持以西藏政府管制为主体的环境治理模式，加强对排污收费、排污权交易、绿色信贷等市场化工具探索应用，把经济主体"高碳行为"的外部性转化为内部成本，通过市场化政策工具促使和激励经济主体减少碳排放，以实现西藏地区控制环境污染的最优目标。

（一）排污收费工具

排污收费工具是按照污染者付费的原则应用的，其基本的政策导向在于通过把污染成本内化，促进企业改进生产方式、改进技术设备，从而降低企业污染。同时收取的环境污染费是为了改善环境而进行支出。

排污收费工具在我国环境政策中得到了广泛应用，也是我国最早实施的市场化工具。经过多年的试点实施，排污收费工具在环境保护的实践促进环境保护资金的筹集环节，对减少企业的环境污染行为确实起到了一定的作用。从表 25-5 可以清晰地看出排污收费工具在环境政策的实践中起到了一定的作用，资金筹集每年都有所增加，二氧化硫排放量呈现降低的趋势，废水排放量增长率降低。

表 25-5　全国主要污染物排放量、污染费收益以及增长率（2004～2010 年）①

（单位：万 t；亿元；%）

年度	2004	2006	2008	2010
废水排放量	482.4	536.8	571.7	237.4
增长率/%	23	11	7	−58
化学需氧排放量	1339.2	1428.2	1320.7	1238.1

① 根据国家环境保护部（环保总局）（2003～2008 年）全国环境统计公报整理。

续表

年度	2004	2006	2008	2010
增长率/%	−0.4	1.0	−4.4	−6.0
二氧化硫排放量	2254.9	2588.8	2321.2	1864.4
增长率/%	4.5	1.5	−5.9	−20
排污费收益	94.2	144.1	185.2	491.2
增长率/%	28.86	16.96	6.70	165

与其他地区一样，随着经济的发展、人类不合理开发及不合理干扰的加剧，西藏地区的生态环境越来越受到人类活动的影响。进入 20 世纪 90 年代，西藏地区的经济呈现跨越式发展的特征，人均 GDP(RGDP)快速增长，但是固体废弃物(IWR)、废气(IWG)、废水(IWW)三废的排放总量也在这个时候快速增长(表 25-6)。

表 25-6　三废污染及排放状况

项目	指标	1995	2000	2005	2010
废水排放	废水排放总量/百万 t	4200	5204	3253	2374
	废水排放达标量/百万 t	3500	4477	2230	2263
废气排放	废气排放总量/亿标准立方米	18500	12000	125701	519168
	烟尘排放量/t	5200	1150	1480	826.1
	工业粉尘排放量/t	14600	7380	1132	603.2
固体废物排放	工业固体废物产生量/亿 t	0.51	17.05	9.00	24
	工业固体废物排放量/百万 t	0.22	17.04	7.00	4.98

虽然西藏地区已有相对完备的排污收费制度，但是在制度安排上，特别是具体的收费标准设置上，只是针对污染物超标最高项进行征收，而且还执行不力。这种"单一因子收费，使排污单位在治理污染时，往往仅注重被收费污染因子的治理，忽视其他污染因子的治理，而从污染物对环境损害而言，各种污染物对环境的毒害具有叠加作用"[1]。

因此，针对西藏地区现状，排污收费工具的具体设置上要减少企业等污染单位的逃避行为，建议政府制定科学、合理的征收标准，逐步探索多因子总量收费，改变单一因子排放最高的收费标准，而按照污染单位对污染物排放的总量进行征收。

(二)排污权交易工具

排污权交易(pollution rights trading)是指在一定区域内，在污染物排放总量不超过允许排放量的前提下，内部各污染源之间通过货币交换的方式相互调剂排污量，从而达到减少排污量、保护环境的目的。它是西方国家在探索环境政策市场化工具时进行的尝试，其基本的依据是科斯定理。一般来说，排污权交易工具的应用有两个基础性条件，即排污许可证工具以及排污定额。排污许可证就是对排污权的初始产权的分配，如果没

① 许昆林，倪弘. 我国排污收费制度的改革进程 [J]. 价格理论与实践，2004. (9)：16.

有对污染权进行确定，那么市场机制的交易形式就不能发生。其次是排污定额，基本的条件就是确定污染物的排放总额。在自然环境所能够承载的最大污染量确定的情况下，对排污权交易的总量进行控制，如果没有对排污权总量的定额，就不能够达到有效利用排污权交易减少环境污染，提高环境资源使用效率的目的。

20世纪80年代，我国开始实施了排污许可证工具，并在上海、山西太原、辽宁本溪、云南开远、广西柳州、内蒙古包头、河南平顶山等工业发达、环境污染比较严重的地区和城市设立了排污权交易的试点。2009年4月8日，杭州产权交易所在杭州市公共资源交易中心拍卖厅对排污配额进行公开交易，此项排污权交易活动标志着我国排污权交易走上了发展的道路，促进了企业有偿使用排污权，是市场化政策工具在环境保护和节能减排活动中的重要探索。

从产业发展来看，虽然西藏地区不是工业发达、环境污染比较严重的地区，二产也不是西藏地区发展的重点，但是西藏地区生态环境脆弱，加之近年来随着经济社会的发展，西藏地区的废水、废气及固体废物的排放也呈逐年上升的趋势，且有加速上涨的势头。在现实的管理实践中，从全国不同区域的试点结果来看，一种比较普遍的观点认为，排污权交易是比较切实可行的污染管理政策工具，实施排污权交易可以达到理想的管理效果。因此，在低碳经济的理念指导下，排污权交易工具是西藏地区目前环境保护政策的首选工具。然而排污权交易作为一种政策工具，若发挥其功能和作用，必须在政府发放初始排污权的基础上，建立完善的市场机制，为企业之间进行排污权的交易提供良好的制度和法律条件。因此，西藏地方要选择应用排污权交易工具，首先，西藏地方政府及相关职能部门，可以考虑构建一个开放式的排污权交易市场，通过排污权交易，将环境保护从政府的强制行为转为企业自主的市场行为，有效调动企业节能减排的积极性。其次，西藏地方政府要正确认识经济发展与环境保护之间的联动关系，与市场、公众共同协商，科学制定合理的污染物排放总量，在交易市场上将排污权形成一种稀缺资源，排污企业没有排污权就无法正常生产，而交易市场则将排污指标进行公开交易，从而使排污企业对此颇感兴趣，不断抬高它的价格，而积极减排的企业自然会从中获益。通过排污权资源带来的收益会逐步流向高效益、低污染的产业(如民族手工业、藏药产业、新能源产业等)，以此可以加速有效推进西藏地区产业结构调整。

(三)绿色信贷工具

运用绿色信贷"green-credit policy"等金融政策工具来治理环境问题是国际上采取的惯例，是环保总局、人民银行、银监会三部门为了遏制高耗能高污染产业的盲目扩张，于2007年7月30日联合提出了一项全新的信贷政策。通过"绿色信贷"的推出，将环保调控手段通过金融杠杆具体实现。通过在金融信贷领域建立环境准入门槛，对限制和淘汰类新建项目，不得提供信贷支持；对淘汰类项目，应停止各类形式的新增授信支持，并采取措施收回已发放的贷款，从源头上切断高耗能、高污染行业无序发展和盲目扩张的经济命脉，有效地切断严重违法者的资金链条，遏制其投资行为，解决环境问题[1]。

---

[1]　baike.baidu.com/view/1349015.htm.

　　鉴于西藏生产力水平低，经济发展起点低，地方政府财政自给率低，建议加强企业发展绿色信贷金融政策支持[①]。①对西藏地区继续实行货币、信贷指导性计划，对发展环保产业的企业和个人实行有区别的利率政策和有管制的贷款利率浮动政策。人保财险西藏分公司继续执行低于该公司全国统一费率的优惠政策。②中央政府和西藏地方政府应加快地方性商业银行筹建、政策性银行和其他股份制商业银行引进等工作，引导各金融机构制定符合西藏实际的业务规划，积极开发促进西藏环保生态产业发展的金融产品。③与排污权交易工具联合使用，购买了排污指标、环保部门已经发放排污许可证的企业，可以用此证作抵押向商业银行申请贷款，用于生产经营活动。④在相关金融机构建立企业信息系统，将企业环保信息纳入信贷全流程管理，将企业产品质量安全及生产安全状况纳入客户管理的全过程，对因质量和生产经营安全影响企业持续经营的，实行"一票否决制"，坚决不予授信。

四、结　　论

　　改革开放三十多年来，特别是青藏铁路的顺利开通，使西藏地方经济得到了快速发展，但与此同时，环境污染问题也逐步呈现出恶化的趋势，选择合理有效的政策工具，推进西藏环境保护进程势在必行。而在西藏地方政府逐步由计划经济时代的"大政府"向市场经济条件下的"服务型政府"转变的同时，社会也逐步呈现出多元化和异质化的特点，因此，随着政府职能的缩小、市场发育程度和社会自治能力的不断加强，西藏地区在环境保护过程中应该继续保持以政府管制为主体的环境治理模式的应然状态，加强市场化工具的选择和应用。

参 考 文 献

国家环境保护部(环保总局). 2004—2010. 全国环境统计年鉴 [M]. 北京：中国统计出版社.

金世洵，刘治福. 2005. 西藏县域经济发展战略研究 [M]. 中央民族大学出版社：8.

马俊. 2005. 西部环境与经济增长之关系研究 [J]. 西北民族研究，(3)：184-192.

西藏自治区统计局，国家统计局西藏调查总队. 2004—2011. 西藏统计年鉴 [M]. 中国统计出版社.

徐爱燕，安玉群. 2009. 论构建西藏生态产业体系 [J]. 商场现代化，(576)：137-138.

杨筠. 2007. 生态建设与区域经济发展研究 [M]. 成都：西南财经大学出版社.

杨松. 2004. 西藏的生态环境与可持续发展战略 [J]. 中国藏学，(1)：29-39.

叶亚平，刘鲁君. 2000. 中国省域生态环境质量评价指标体系研究 [J]. 环境科学研究，(3)：130-136.

张燕. 2007. 区域循环经济发展理论与实证研究 [M]. 北京：经济科学出版社，9：

赵桂慎. 2008. 生态经济学 [M]. 北京：化学工业出版社.

中经网. http://192.168.30.168/index/index/index.asp.

钟诚，何宗宜，刘淑珍. 2005. 西藏生态环境稳定性评价研究 [J]. 地理科学，10(5)：573-578.

[①] 刘荣利，试论利用金融政策优化我国产业结构 [J]. 济宁学院学报，2009(2).

第二十六章　提升西藏民俗文化旅游的对策研究[*]

张晓莉　钱小荣

摘要：民俗文化是对民间民众的风俗生活文化的统称，是指民族地区集中聚集的人们所创造和传承的风俗生活习惯。西藏地区是以藏族为主的少数民族聚集地，民俗文化旅游资源得天独厚。本章从西藏民俗文化旅游资源的现状入手，分析了西藏民俗文化旅游的经济效益和社会效益，提出了提升西藏民俗文化旅游的对策。

关键词：民俗文化；效益分析；对策。

民俗是生活在某一特定地域的民族或人们在长期的生产生活中形成的习俗惯制，文化是人类在社会活动中创造的物质财富和精神财富。而民俗文化则是对民间民众的风俗生活文化的统称，是指民族地区集中聚集的人们所创造和传承的风俗生活习惯。它是最古老、最具有生命力的文化现象。只有民族的才是世界的，失去自己民族独有的民俗文化特色，也就基本失去了旅游生命力。利用民俗旅游资源发展旅游产业是民族地区旅游有无地方特色和民族吸引力的重要问题。据最近国内一次抽样调查表明，来西藏旅游的游客中游历西藏自然山水的占 30％，而对藏民族的生活方式、风土人情感兴趣的却达70％。西藏民俗文化在旅游开发中占有显著的位置。

一、西藏民俗文化旅游的现状

在青藏高原，藏族分布在整个西藏自治区，主要从事农业，兼营畜牧业和野生资源采集业。门巴族和珞巴族是自古就生息、繁衍于西藏高原的土著居民。门巴族主要分布在本区南部的门隅地区，墨脱、林芝、错那等地亦有分布。主要从事农业，也兼营林业、牧业和野生采集。珞巴族主要分布在西藏东南部的珞瑜地区，察隅、墨脱、米林、隆子、朗县一带也有零星分布。他们大多从事种植业，如种植稻、谷、玉米、豆类等；还普遍兼营畜牧、纺织、狩猎、采集等业。除此之外，僜人、夏尔巴人也是西藏独有的土著居民。他们共同创造的西藏民俗文化富有浓郁的民族气息和鲜明的地方特色，具有很高的旅游开发价值。

西藏民俗文化的内容很丰富，包括信仰和行为、习俗和节日、故事和诗词、歌谣和戏曲、民族手工业等。这些都是青藏高原一道绵延流长的亮丽文化景观，而蕴含其间的

　＊　原载于《长春教育学院学报》2015 年第 1 期。

工艺技术、生活情趣、审美观念、道德伦理、宗教信仰都可成为研究西藏文化的活化石，成为吸引外地和国外游客了解西藏文化、探索神秘西藏民俗的动力。

（一）信仰和行为

西藏地区以藏族为主的民众信仰藏传佛教，藏传佛教也称喇嘛教。藏传佛教于 7 世纪传入藏族社会后，逐渐渗透到历史、政治、经济、文化、教育和风俗习惯中，迄今影响着人们的生产生活。在西藏喇嘛教艺术中、为数众多的寺院建筑中，最引人注目的、较为著名的、宗教地位最高的是哲蚌寺、色拉寺、甘丹寺。在旅游区内还有西藏现存一座规模较大保存较好、文物及实物较丰富的封建农奴制庄园——帕拉庄园。西藏的民族运动异彩纷呈，摔跤、马术、射弩、押加、北嘎、吉韧等项目集运动与表演于一体，吸引着很多游客参与。娱乐有歌舞、棋类、球类、抱石、赛马、摔跤等形式。

（二）习俗和节日

习俗是比徽章和制度更有约束力的活动，过林卡是藏族人民的传统娱乐方式，仅拉萨市就有近百家"林卡"，其中最著名的、最有代表性的是已经被列入《世界遗产名录》的罗布林卡，成为游客了解民俗文化旅游的必经之地。藏民族特别重视节日和各种庆典活动，每一节日和庆典都是展示藏民族精神文化的集大成活动。山南市的雅砻文化节、日喀则市的珠峰文化节、拉萨市的雪顿节、林芝市的工布节所具藏民族特色的节日和庆典仪式，不但能充分展示出藏民族的民族特点和民族风情，更成为民俗文化旅游的重要组成部分。尤其雪顿节的展佛仪式，吸引着数十万的游客参观膜拜，景象蔚为壮观。

（三）故事和诗词

藏、门、珞都有"猴子变人"的神话，藏族有《格萨尔王》的故事，门巴族有《三兄弟河》的传说，珞巴族有《阿巴达尼和阿巴达珞》的神话。六世达赖仓央嘉措的诗词和故事更是在广大旅游者中口口相传。

（四）歌谣和戏曲

拉萨的《文成公主》大型实景剧演出、林芝的《寻找香巴拉》的大型原生态歌舞剧、昌都的《热巴鼓韵》大型歌舞剧，每年都吸引着成千上万的游客，尤其是《文成公主》的演出更具原发性、宗教性、神秘性，在旅游旺季时更是一票难求。在各种宗教节庆上，有《白玛文巴》《诺桑法王》《朗萨雯蚌》《文成公主》《卓娃桑姆》《苏吉尼玛》《顿月和顿珠》和《智美更丹》八大藏戏剧目，亦有藏戏、羌姆、格萨尔说唱艺术等。

（五）民族手工业

手工艺品典型地代表了传统民俗文化。藏族绘画，其特点是色彩对比强烈、面貌丰满、有感情、有性格，闻名于世的是彩绘"唐卡"。此外建筑、雕刻、藏族服饰、藏毯、藏香、藏刀艺术无不向国内外的游客展示着西藏古老、丰富的文明和民俗文化。城关区古艺建筑美术公司被命名为国家级文化产业示范基地，吞米岭·藏艺文博园被评为自治区级文化产业示范园。布达拉宫经过几千年的风霜洗礼依然有保存完好的壁画和珍珠唐卡，让中外游客叹为观止。这些民俗文化旅游资源以其丰富的人文内涵而独具魅力，从而造就了规模越来越大的民俗文化旅游。

二、西藏民俗文化旅游的效益分析

我国国家旅游局曾推出民俗风情旅游年，是对民俗文化旅游的肯定。一个地区的旅游开发，往往可以通过对民俗文化旅游资源的利用而更具效益。

(一)西藏民俗文化旅游对发展本地经济、增加农牧民收入具有重要意义

西藏民俗文化旅游的发展，使得经营民俗文化旅游项目的农牧民收入增加，解决了剩余劳动力，增加了就业机会，从而实现了脱贫致富。比如拉萨市堆龙德庆县桑木村，发展民俗文化旅游，游客们可以欣赏到村民们表演的纯乡土味的民间歌舞，游客还可以和乡亲们一起拉起手来跳锅庄。到 2012 年底解决了本村大部分年轻人的就业，村里平均每户收入增加了 2100 元以上。堆龙德庆县"桑木村—觉木隆村"将打造"藏地乡村民俗体验区"和"藏戏生态博物馆"。林芝市鲁朗镇扎西岗村的村民平措在采访中透露，他们的家庭旅馆现在一年接待客人两千多人，收入差不多 10 万元。同时，民俗文化旅游对增加本地的财政收入，发展本地经济具有重要意义。据统计，2012 年西藏旅游达 1058.4 万人次，比上年增长 21.7%；国内旅游收入 126.47 亿元，增长 30.3%。

(二)西藏民俗文化旅游对促进西藏民俗文化的传承和保护有不可替代的作用

西藏的民俗文化旅游促进了西藏民俗文化的传承和保护，当地一些原先几乎被人们遗忘的传统习俗和文化活动重新得到开发和恢复，像传统的体育运动竞技北嘎、吉韧、碧秀、押加；传统的手工艺品因市场需求的扩大重新得到发展，2013 年拉孜旅游文化发展有限公司投资 300 万元进行拉孜藏刀研发与销售，西藏罗占民族手工艺发展有限公司投资 60 万元进行西藏金属锻铜文化产业园区建设；而且传统的音乐、舞蹈、戏剧等得到重视和发掘，2013 年西藏政府投资 7.5 亿元打造《文成公主》大型实景剧，以高科技手段呈现非物质文化遗产，把戏剧、音乐、舞蹈和现代舞美手段熔为一炉，构成华美乐章。昌都市文化局和昌都市财政局投资 90 万元进行《热巴鼓韵》大型歌舞剧的创作。

三、四川藏羌民俗文化旅游保护对西藏的启示

四川省拥有 15 个少数民族，少数民族分布地区占全省面积的 60%。是全国最大的彝族居住区，彝族人口大概有 150 万人；是我国第二大藏区，藏族人民大概有 100 万人之

多；四川省也是我国唯一的藏羌自治州，而羌族是四川省的独有民族，现有人口 19.8 万人，主要集中在茂汶自治县。四川省是青藏高原向长江中下游平原的延伸地带，所以四川省的民俗文化表现为东、西差异明显，东部盆地地区以农耕文化为主，而西部是紧邻西藏高原的少数民族地区的民俗文化，所以青藏高原的边缘地带甘孜藏族自治州和阿坝藏族羌族自治州的藏族民俗文化习惯和西藏高原的藏族民俗文化非常相似；因为羌族没有自己的文字，长期使用汉字，又因为长期和藏族人居住在一起，一部分人信仰原始宗教，另一部分人信仰藏传佛教。四川的藏族和羌族地区由于拥有众多而奇妙的民俗文化，加上地理位置相对西藏高原平坦，使得游人纷至沓来，给当地的经济文化带来很大的效益。其中包括民俗文化旅游使当地人民发家致富，而且拓宽了当地人的眼界，使他们能更直观地接受汉族人的先进理念。但也存在追求市场化和物质化的过度倾入，使现代文明对传统文化的破坏严重，一些民俗文化为了迎合旅游业的需要发生了重大改变，令人痛心疾首。

（一）四川藏羌民俗文化旅游存在的问题

1. 过度开发使民俗文化资源破坏严重

四川省是市场经济发达地区，加上地理位置面向中南和华南等富庶地区，随着经济的开展旅游开发很早，旅游设施也很完善。但是我们也痛心地发现，一些地区为了获得更多的经济利益，致使旅游资源破坏严重尤其是民俗文化，一些少数民族的遗址被破坏，一些民族特色的东西为了迎合游客的需要被随意改动，复制一些民族建筑使其失去了原有的文化根基；更有甚者将专属藏传佛教使用的明黄和褚红随意用在其他建筑上，比如艺术馆和体育馆；民间手工艺术品用机器大批量制作，失去了原有的民族特色和所蕴含的文化价值。

2. 粗放型经营使民俗文化商业化和庸俗化

受市场经济的影响，民俗文化旅游实行模式化、程序化、舞台化的开发，这种短、平、快等快餐式的经营，使民俗文化旅游丧失了乡土气息，民俗文化被民俗经济代替。为了满足游客求新、求奇、求乐的需求，许多民俗文化资源被篡改、被改变。对一些有求知欲的游客，随意编造一些民族故事和祖先的规矩进行欺骗。还有一些民族地区在金钱的诱惑下，钻市场监管不力的空子，出现坑蒙拐骗、价值观败坏等现象，严重破坏了本民族的特色，使民族文化带上商业化和庸俗化的标签。

3. 粗糙的模仿使民俗文化旅游同化、易逝

民俗文化从形成到被本民族人民认可再到遵从经历了很长时间，而一旦形成一种规范就在本民族中具有顽强的生命力和稳定性。但是在经济利益的驱使下，有些民族地区摒弃本民族的民俗文化，粗糙地模仿其他民族的风俗文化吸引游客、拉拢顾客，原有的民俗特征被其他民俗的风情取代，使旅游的风吹到哪里，哪里的民俗风情就顺势而为，传统的面貌就随之改变。使人们有无论哪个民族都是载歌载舞欢乐祥和的错觉，没有本

民族的特色。而且居住很近的民族还进行联合营销，久而久之民俗文化同化，也失去了本民族的特色。

4. 对民俗文化的不重视使文化人才流失

当今社会现代文明对民俗文化的冲击不容小觑，民俗文化传承艺人凭借着精湛的手艺赚取微薄的收入已经很难养活自身和家人，便没有了生存发展下去的空间和动力，更妄论寻找到传人了。我们在社会调研中发现，现在的民俗艺人有的已经年逾70岁，有的已经过世，有的已经改行另谋生路，一些手艺丧失了市场需求而逐渐销声匿迹。皮影、糖画、剪纸、纯手工制作的刀具、传统造纸术等面临失传或已经失传的困境。

(二)四川藏羌民俗文化旅游的保护措施

在现代化的进程中，各种不同的民俗文化受到冲击，掠夺性开发民俗文化旅游和民俗文化的庸俗化、商业化，虚伪民俗文化吸引旅游，排外、媚外、坑蒙拐骗等现象屡禁不止等迫使四川省一些专家呼吁"救救四川的民俗文化"，拯救和保护少数民族的民俗文化迫在眉睫。这需要实地调研，统一分类，加强市场监管力度，确定需要保护民俗旅游的季节性和地域性；更需要政府的大力支持，因地制宜、因势利导地发展民俗旅游项目。

1. 抢救性地保护一些濒临消亡的民俗文化

文物部门应该肩负起责任，对近代民俗文物保护予以充分重视，用文字、图片、录音、摄像等方式保护和抢救濒临消亡的民俗事项，编写《文化志》记录当地从古到今的民俗文化的传承历程和形成轨迹，恢复一些濒临消失的民俗文化，让游客对已经消亡的民俗意象的文化内涵有更深刻的理解。比如甘肃裕固族原来有自己的文字回鹘语或者回纥语，经过历史长河的洗涤和磨砺，文字已经消失，只有口口相传的语言。这是我们民俗文化的悲哀，抢救这种文化成为文物部门义不容辞的责任。对于一些反映少数民族优秀文化的民俗应该申报非物质文化遗产保护，非物质文化遗产名录的建立将从产权高度保护民俗文化。

2. 建立民俗村寨、生态博物馆、主题公园、文化村、少数民族商品街等

除了国家文物部门的努力，当地政府也应该群策群力，组织专家实地考察，研究少数民族民俗意象的文化内涵，在此基础上凭借古建筑或者古碑、古墓的盛名，建立民俗村寨、生态博物馆或者主题公园、文化村。民俗博物馆在民俗旅游中占有重要的地位，是发展生态旅游、旅游业可持续发展的重要形式，是民俗文化历史的见证和展示。美国民俗文化旅游对遗迹、遗址、遗物的保护极为重视，法国拥有手工艺与纺织、鞋业、造船博物馆等，给四川民俗文化旅游保护许多启示。

3. 高品位开发和保护，防止庸俗化和商业化

民俗文化旅游虽然强调游客的互动性和参与性，但是民俗文化旅游必须做到雅俗共赏，"俗"不是低俗和粗俗，是指通俗易懂，各个阶层的人都能参与和理解。不能为了片

面地发展经济，增加当地农民的收入而歪曲景点所在地的民俗文化，肆意亵渎当地民俗风情。要正确认识本地风俗风情的文化底蕴，结合周边环境，开发民俗文化旅游资源中的高尚底蕴，防止商业化下的庸俗和诋毁。另外要减少少数民族地区为了商业发展，牵强附会地建造各种人造民俗景点，编织一些不切实的故事或者传说。

4. 采取相对封闭措施，保持民俗文化的民族性

云南的泸沽湖景区和基诺山寨的文化旅游就是一个很好的模式，选择一部分对外开放，供游人参观和商业活动，其他大部分地区保持独有的民族文化的特色，相对封闭。有些表演节目和风俗具有季节性、地域性，对于民间的节庆庙会绝不能随意改动时间，著名的自贡灯会、成都花会、广元女儿节等，都必须在固定的地方举办，采取相对封闭的措施，防止民俗风情的同化和相互效仿，保持民俗文化的真实性和民族性。

（三）四川藏羌民俗文化旅游保护对西藏的启示

四川省虽然也处于我国的西南地区，但是市场经济相对于西藏要成熟，市场开发程度高，对民俗文化旅游保护的理念比较先进，组织系统严密，对民俗风情的重视程度也高。西藏的民俗文化旅游和保护都处于探索阶段，尽管一些民俗文化旅游的保护取得了重视，如门巴族和珞巴族民俗文化在开发时就比较注意商业的渗透和原汁原味的民俗特征，但是在结合西藏区情的情况下还应该借鉴四川藏羌民俗文化旅游保护的先进经验，"藏羌彝走廊"的建设为我们西藏民俗文化保护提供经验和支持。

由于西藏物产丰富、地理气候不尽相同，而且西藏最古老的苯教、民间宗教和主导西藏社会、经济、文化的藏传佛教同时共存，在西藏可以说是"百里不同俗，千里不同风"，不同地域的民俗文化包罗万象，民俗文物多姿多彩。而四川藏羌民俗文化旅游保护对西藏的启示有：第一，对西藏民俗文化进行详细的田野调研，收集和整理相关的文献资料。比如对宗教民俗和民俗风情进行分类保护。宗教民俗包括各大寺庙的展佛活动、僧人辩经和法事活动，民俗风情包括过林卡、民俗运动会等。第二，建立西藏民俗文化的知识库或者民俗博物馆，以地图、文字、器皿或者古墓为依托，让游客了解西藏民俗文化的历史和发展过程，展示西藏神秘面纱下的民俗风情。第三，采取"只加固原有历史遗址，不重建复建"的原则，尊重历史的真实性和宗教的庄严性。西藏文化厚重，宗教气息浓郁，西藏民俗文化的包容性和宗教之间的差异性显而易见，尊重西藏的民俗文化就是尊重西藏的文化传承和保护。第四，重视西藏民俗文化人才的技艺，防止人才流失。《格萨尔王》的说唱、藏刀的手工打造、藏香藏纸的制作、普达雕刻等都面临市场的冲击和技艺的失传，当务之急是申报非物质文化遗产，抢救和重视这些民俗文化的技艺，让这种技艺流传于世。

四、提升西藏民俗文化旅游的对策

在西藏民俗文化旅游资源的开发过程中，我们发现存在很多问题。第一，对西藏民

俗文化的宣传力度不够，对西藏民俗文化旅游资源的管理缺乏经验。比如拉萨市堆龙德庆县的桑木村民俗文化非常丰富，但是由于缺乏整体的旅游规划，缺乏有效的控制与管理手段，村内各类不规范建筑和商铺蜂拥而起，极大地破坏了村内的整体旅游氛围。第二，为了满足旅游的观赏性，民俗文化的商业化严重，缺乏原汁原味的民俗特征。比如西藏的朗玛厅遍地开花，游客把朗玛厅当作了解西藏文化的一个窗口。但是朗玛厅为了迎合游客的口味，将很多现代元素引入音乐和舞蹈中，集酒吧和歌舞厅于一体，成为朗玛厅新的卖点和市场空间。第三，过度开发民俗文化资源，使一些濒临消亡的民俗现象逐渐走出人们的生活，民族文化遗址得不到重视，任由自然风化和摧毁；一些民间艺术品为了满足游客的购买需求批量生产，成为机器制作的工艺品，完全丧失了它所蕴含的文化价值。

要从根本上解决民族地区旅游开发过程中民族文化的保护与旅游开发之间的矛盾与冲突，必须提升民俗文化旅游的对策。

（一）要将静态开发民俗文化资源和动态开发民俗文化资源相结合

静态开发是指游客以静态观看为主的游览方式。西藏拥有西藏历史博物馆，让旅游者近距离感受古代西藏人民的生活劳作情况。今后还应该建立自然博物馆和社会博物馆，让更多的人了解西藏的民俗文化和风土人情。建立民俗文化村，充实民俗博物馆。比如2013 年 6 月在拉萨市尼木县吞巴乡，即藏文字创始人、藏香创始人吞弥·桑布扎的故乡，建立了全国第一座以藏文字为主题的博物馆，使游客深切地体会到藏文字散发出来的浓浓墨香和悠久历史。动态开发是指游客参与到各种民俗文化活动中，比如闻名世界的八角街里有很多家庭旅馆，旅游者在游览八角街的同时，可以和当地的藏族同胞共同感受西藏浓郁的民俗文化，也可以和藏族同胞一起过林卡、跳广场舞，参与到他们的饮食、歌舞、劳作、游戏中。

（二）要将物质民俗文化资源和非物质民俗文化资源结合起来

旅游的六要素：吃、住、行、游、购、娱。西藏丰富多彩的民族手工艺品和备受中西方关注的藏医藏药是旅游者青睐的产品。除此之外，西藏拥有独树一帜的藏戏表演和闻名遐迩的藏传佛教信仰，《文成公主》的实景剧和《寻找香巴拉》的歌舞剧以及西藏的民俗节日无不在游客心中留下挥不去的印象。西藏的民俗文化旅游就应该将丰富的旅游产品这些物质民俗文化资源和西藏传统文化这些非物质民俗文化资源合理地结合起来，使西藏独一无二的民俗文化给游客带来精神享受。

（三）要将原生自然式开发与主题式开发结合起来

原生自然式开发是在一个单一民族或多民族居住相对集中的地区选择一个民俗底蕴深厚、交通比较便利的村落、以村民的自然生活生产和村落的自然形态的旅游。比如林芝地区鲁朗镇，分布着工布、波密、门巴、珞巴、僜人五个充满不同民族风情的村寨，能让游客体会到原汁原味的民俗文化风情。在民俗文化旅游中如何从区域文化中选择最适宜于打造区域文化旅游品牌的文化进行主题式开发，是民俗文化旅游需要重视的问题。比如拉萨市的宗角禄康主题公园，节假日就吸引着很多游客前往。

　　由于民俗文化具有民族性和敏感性的特征，我们在旅游开发中必须尊重民俗，避免开发过程中随意和盲目破坏民俗文化，保持民俗文化的完整性和继承性，使西藏民俗文化旅游更具特色并保留原生态特点，促进西藏的旅游业发展。

参 考 文 献

曹瑞琴. 2011. 浅议民俗文化的旅游价值及其开发策略 [J]. 现代经济信息, (8): 219.

陈莹婷. 2011. 民俗旅游之浅析 [J]. 中国集体经济, (13): 149.

次珍. 2007. 试论开发西藏民俗文化旅游资源的重要意义 [J]. 西藏科技, (6): 25-26.

顾雅惠. 2004. 西藏民俗文化与西藏旅游产业可持续发展之管见 [J]. 西藏民族学院学报, (6): 46-48.

林丽花, 张敏, 吕永磊. 2008. 关于西藏民俗文化旅游资源开发的思考 [J]. 四川林勘设计, (3): 44-47

刘波. 2007. 试论四川藏羌民俗旅游开发及其保护 [J]. 西藏民族学院学报(哲学社会科学版), (11): 12-15.

唐勇, 刘妍, 方艳, 等. 2007. 民俗文化旅游资源深度开发探讨－以四川地区为例 [J]. 西南科技大学(高教研究),
　　(3): 75-78.

张海鹰. 2004. 民俗旅游可持续发展策略研究 [J]. 高师理科学刊, (5): 67-70.

张晓雯. 2007, 西藏民俗文化旅游资源的开发 [J]. 成都大学学报(社科版), (2): 79-82.